Thomas Klinkert

# Literarische Selbstreflexion im Medium der Liebe

Untersuchungen zur Liebessemantik bei Rousseau und in der europäischen Romantik

ROMBACH WISSENSCHAFTEN · REIHE LITTERAE

herausgegeben von Gerhard Neumann und Günter Schnitzler

**Band 92**

Thomas Klinkert

# Literarische Selbstreflexion im Medium der Liebe

Untersuchungen zur Liebessemantik bei Rousseau und in der europäischen Romantik (Hölderlin, Foscolo, Madame de Staël und Leopardi)

ROMBACH VERLAG

Umschlagbild: Jean Michel Moreau le Jeune: Julie und Saint-Preux im elterlichen Garten – der erste Kuß.

Gedruckt mit Unterstützung der Deutschen Forschungsgemeinschaft.

Die Deutsche Bibliothek – CIP-Einheitsaufnahme

**Klinkert, Thomas**:
Literarische Selbstreflexion im Medium der Liebe: Untersuchungen zur Liebessemantik bei Rousseau und in der europäischen Romantik / Thomas Klinkert.
– 1. Aufl. – Freiburg im Breisgau : Rombach, 2002
(Rombach Wissenschaften : Reihe Litterae ; Bd. 92)
Zugl.: Regensburg, Univ., Habil.-Schr.
ISBN 3-7930-9308-5


Lektorin: Dr. Edelgard Spaude
Umschlaggestaltung: Barbara Müller-Wiesinger & Ulrike Höllwarth
Satz: post scriptum, Freiburg im Breisgau
Herstellung: Rombach Druck- und Verlagshaus GmbH & Co. KG, Freiburg im Breisgau
Printed in Germany
ISBN 3-7930-9308-5

# Inhalt

## Vorbemerkung

Die vorliegende Untersuchung wurde im Juli 2000 bei der Philosophischen Fakultät IV der Universität Regensburg als Habilitationsschrift eingereicht und im Januar 2001 angenommen. Zu danken habe ich Hermann H. Wetzel, der die Entstehung der Arbeit begleitet und mir die für ihre zügige Fertigstellung erforderlichen Freiräume bereitwillig zugestanden hat. Neben ihm haben die Arbeit der Begutachtung freundlicherweise übernommen: Jochen Mecke, Mathias Mayer (beide Regensburg) und Winfried Wehle (Eichstätt). Ihnen allen danke ich für ihre Mühe und für konstruktive Kritik. Die Arbeit wurde vom Verein der Freunde der Universität Regensburg mit dem Habilitationspreis 2001 ausgezeichnet. Die dafür erforderlichen zusätzlichen externen Gutachten stammen von Ursula Link-Heer (Bayreuth) und Frank-Rutger Hausmann (Freiburg). Ihnen sowie Gerhard Ernst als Dekan, Helmut Altner als Rektor und dem Vorsitzenden des Vereins der Freunde, Alfons Metzger, sei für die mir erwiesene Ehre gedankt. An der Entstehung der Studie waren Rita und André Chademony maßgeblich beteiligt, in deren Pariser Wohnung im März 1997 das Rousseau-Kapitel verfaßt wurde und an deren herzliche Gastfreundschaft ich mich gern erinnere. Wertvolle Hinweise erhielt ich von Manuel Braun (München), der Teile des Manuskripts kritisch gelesen hat. Besonderen Dank schulde ich meinen Regensburger Studentinnen und Studenten, die zwischen 1995 und 2000 an Seminaren zu den hier behandelten Autoren teilgenommen haben und mir eine Entwicklung und kritische Prüfung meiner Gedanken ermöglichten. Für Diskussionsanregungen danke ich Gertrud Rösch, Friedmann Harzer, Ulrich Winter und Alexander Wöll ebenso wie für die jahrelange gute und freundschaftliche Zusammenarbeit. Gerhard Neumann (München) hat mich dazu ermutigt, ihm das fertige Manuskript vorzulegen, und er hat es zusammen mit Günter Schnitzler für die Publikation in der Reihe »Litterae« angenommen. Der Deutschen Forschungsgemeinschaft danke ich für die großzügige Druckkostenbeihilfe, dem Rombach-Verlag und insbesondere Edelgard Spaude für die editorische Betreuung. Gewidmet sei das Buch meiner Frau Weertje und unserem Sohn Steen Johann, der am 22.12.2001 das Licht dieser Welt erblickte.

Regensburg, im Januar 2002

# 0. Literarhistorische und methodologische Grundlegung

## 0.1 Romantik als Epoche?

Die Romantik markiert einen grundlegenden Einschnitt in der Geschichte literarischer Kommunikation; sie ist eine Art Parallelaktion zur politischen Revolution von 1789 im Bereich des Ästhetischen. Darüber herrscht in der Forschung heute ein weitgehender Konsens. Worin allerdings das Neuartige an der Romantik besteht, wie sich die heterogenen Erscheinungen dieser ästhetischen Revolution auf einen Nenner bringen lassen, wie genau die Romantik gegenüber anderen literarischen Strömungen und Epochen abzugrenzen ist, darüber gehen die Meinungen nach wie vor auseinander. Noch komplizierter ist die Lage, wenn man die Romantik nicht aus nationalliterarischer, sondern, wie dies hier geschehen soll, aus europäischer Perspektive betrachtet.

Epochen haben nur zum Teil ein *fundamentum in re,* sie sind in erster Linie Konstrukte der Geschichtsschreibung. Das heißt, sie sind nicht absolut wahr oder falsch, sondern perspektivisch an ein bestimmtes Erkenntnisinteresse gebunden und somit abhängig von der Auswahl und Privilegierung bestimmter Definitionskriterien. Ihr wissenschaftlicher Wert ergibt sich zum einen aus der Transparenz und Kohärenz der verwendeten Bestimmungskriterien und zum anderen aus der heuristischen Funktion der jeweiligen Epochenkonstruktion. Dieser prinzipielle Vorbehalt gilt für alle Epochen. Im Hinblick auf die Romantik kommt erschwerend hinzu, daß der schillernde Begriff *Romantik (romantisme, romanticismo, romanticism)* in typologischer wie in historischer Bedeutung bereits von den Zeitgenossen, und zwar in programmatischer und in polemischer Absicht, verwendet wurde. Eine weitere Schwierigkeit ist die (phasenversetzte) gesamteuropäische Verbreitung des Begriffs. In Deutschland, Italien und Frankreich, denen im folgenden unser Augenmerk gelten soll, gab es bekanntlich literarische Gruppierungen, die den Begriff in poetologischer Funktion verwendeten und denen er in der Folge dann wie ein Etikett angeklebt wurde.

Einen konzisen und prägnanten Überblick über die Begriffsgeschichte gibt Ernst Behler.[1] Der Verfasser stützt sich dabei hauptsächlich auf eigene For-

1 »Romantik, das Romantische«, in: Joachim Ritter/Karlfried Gründer (Hg.), *Historisches Wörterbuch der Philosophie,* Bd. 8, Darmstadt 1992, Sp. 1076–1086.

schungen[2] und auf Veröffentlichungen von René Wellek[3] und Hans Eichner.[4] Im vorliegenden Zusammenhang ist von Interesse, daß der Begriff des Romantischen in der deutschen Frühromantik, die als programmatische Avantgarde der Literaturrevolution um 1800 eine vor allem durch die Vermittlung von August Wilhelm Schlegel und Mme de Staël bewirkte gesamteuropäische Ausstrahlung hatte, keineswegs, wie man glauben möchte, zur Selbstbeschreibung verwendet wurde. Zwar wurde der bis dahin in poetologischem Zusammenhang vorwiegend pejorativ gebrauchte Begriff durch die Brüder Schlegel positiviert und aufgewertet. Gemeint sind damit im typologischen Sinn die Qualität der Stilmischung und im literarhistorischen Sinn die Dichtung des Mittelalters und der Renaissance (Dante, Ariosto, Shakespeare, Cervantes). Die Aufwertung einer als eigenständig empfundenen antiklassizistischen europäischen Dichtungstradition impliziert aber bei den Schlegels nicht die Forderung nach deren vorbehaltloser Restitution. Es geht im Gegenteil um eine künftig zu leistende dialektische und somit spannungsreiche Vermittlung von Klassik und Romantik, von klassischer Beschränkung und romantischer Universalität beziehungsweise Progression, die sich, so Friedrich Schlegel, in Goethes Werk anzukündigen scheint.[5] Die vermeintliche Frontstellung zwischen Klassik (Goethe, Schiller) und Romantik (Schlegel, Novalis usw.) erweist sich aus dieser Sicht als nachträgliche Konstruktion der Literaturgeschichtsschreibung. Die deutschen Romantiker haben sich jedenfalls selbst nicht als solche bezeichnet. Die Zuschreibung stammt von ihren Gegnern und Kritikern (etwa Voß, Hegel, Heine) und wurde dann von den Germanisten übernommen. Auch Mme de Staël fordert keinen Aufstand der Romantik gegen den Klassizismus, sondern eine Ausweitung und Modifizierung des klassizistischen Literaturverständnisses durch Öffnung für die ›nordischen‹ Literaturen und durch die Verschmelzung von französischem »goût« und deutscher »imagination«.[6] Erst in den polemischen Auseinandersetzungen um ein neues, antiklassizistisches Literaturverständnis in Italien (ausgelöst durch Mme de Staëls 1816 erschienene Schrift *Sulla maniera e la utilità delle traduzioni*) und den in der *Bataille d'Hernani* 1830 kulminierenden Polemiken im Frankreich der 1820er Jahre wird der

2 Vgl. Behler, »Kritische Gedanken zum Begriff der europäischen Romantik« (1972), in: *Studien zur Romantik und zur idealistischen Philosophie,* Paderborn u. a. 1988, S. 86–115.

3 »The Concept of Romanticism in Literary History« (1949), in: ders., *Concepts of Criticism,* hg. v. Stephen G. Nichols, New Haven/London 1963, S. 128–198.

4 Vgl. Eichner (Hg.), *›Romantic‹ and its Cognates. The European History of a Word,* Toronto/Manchester 1972.

5 Behler, »Kritische Gedanken zum Begriff der europäischen Romantik«, S. 88–98.

6 Ebd., S. 89.

Romantikbegriff im identifizierenden Sinne nicht mehr nur als Schmähbegriff, sondern auch als positiv besetzter Kampfbegriff verwendet.
Für den Literarhistoriker stellt sich daher die Frage, ob man als romantisch nur Werke derjenigen Autoren bezeichnen soll, die den Begriff verwendeten beziehungsweise denen er von den Zeitgenossen oder auch im nachhinein zugeschrieben wurde, oder ob man seine Gültigkeit zum Epochenbegriff verallgemeinern darf.[7] Die Beantwortung dieser Frage hat weitreichende Konsequenzen. Im Bereich der deutschen Literatur etwa muß man sich entscheiden, ob man die bekannte Dichotomie Klassik vs. Romantik aufrechterhält und einen Gegensatz zwischen Goethe und Schiller auf der einen Seite und den Brüdern Schlegel, Novalis, Tieck, Brentano usw. auf der anderen Seite sieht oder ob man im Gegenteil eher die zahlreichen Gemeinsamkeiten dieser um 1800 schreibenden Autoren hervorhebt. Ganz zu schweigen von der Zuordnung von Jean Paul, Hölderlin und Kleist, die weder zur einen noch zur anderen Gruppierung gehören und daher in Literaturgeschichten aus Verlegenheit meist als eigene ›Gruppe‹ behandelt werden. Ein wenig anders gelagert, aber durchaus vergleichbar ist das Problem in Italien, wo als Protagonisten der romantischen Bewegung eher zweitran-

7 Vgl. hierzu Behler, »Kritische Gedanken zum Begriff der europäischen Romantik«, S. 107–115, der, nachdem er auf die zahlreichen Probleme hingewiesen hat, die sich einer Verwendung als gesamteuropäischer Epochenbegriff aufgrund begriffsintensionaler und -extensionaler wie zeitlicher und nationaler Unterschiede entgegenstellen, dennoch für eine »kritische[.] Beibehaltung« (S. 111) plädiert und dabei auf die ursprüngliche Bedeutung des Begriffes *romantisch* verweist: »Damit wurde ja indirekt eine Erfahrung bezeichnet, die nicht so sehr an den für sich bestehenden Dingen orientiert war, sondern unsere Antwort auf sie darstellte, die Welt in der Subjekt-Objektbeziehung erscheinen ließ. Diese Bewußtseinsstufe, die mit dem ursprünglichen Wort romantisch umrissen wurde, erfuhr Anfang des 19. Jahrhunderts eine höhere Potenzierung und führte zu einer Haltung, die sich über die bestehenden literarischen Traditionen in einer sich selbst bewußt gewordenen Geisteshaltung erhob.« (ebd.) In diesem Sinne einer gesteigerten (Selbst-)Reflexivität und der damit implizierten Vorläufigkeit und Fragwürdigkeit aller Erkenntnis läßt sich die Romantik dann auch als Beginn einer als Makroepoche konzipierten Moderne auffassen, wie ein jüngst erschienener Sammelband zu zeigen versucht. In der Einleitung sprechen die Herausgeber von der »konstitutiven Leitfunktion der Romantik für die ästhetische Moderne« (Silvio Vietta / Dirk Kemper, »Einleitung«, in: *Ästhetische Moderne in Europa. Grundzüge und Problemzusammenhänge seit der Romantik*, München 1998, S. 1–55, hier S. 15). Diese Leitfunktion bringen sie auf folgenden Nenner: »Nicht aufgrund einzelner Erscheinungen wie Autonomie, Subjektivität, neuer Zeiterfahrung begründet die Romantik die ästhetische Moderne, sondern weil sie – und in dieser inneren Gegenläufigkeit erstmals in der Geschichte der Literatur und Künste – mit der Setzung solcher Leitbegriffe und Erfahrungsformen zugleich auch deren prinzipielle Hinterfragbarkeit und Destruierbarkeit mitdenkt und mitgestaltet. Von der Romantik an konstituiert sich ästhetische Moderne als eine Epoche krasser Widersprüche und innerer Zerrissenheit.« (ebd.)

gige Autoren wie di Breme, Berchet oder Ermes Visconti genannt werden, während die aus europäischer Sicht bedeutendsten italienischen Romantiker Foscolo und Leopardi vielfach als Neoklassizisten oder gar als Anti-Romantiker gelten. In Frankreich wiederum scheint eine programmatische Romantik sich erst mit Stendhal und Hugo zu etablieren, während Mme de Staël und Chateaubriand der romantischen Literatur eher als Theoretiker und Wegbereiter zugerechnet werden.

Folgt man den herkömmlichen Einteilungen und Zuordnungen, so ergibt sich, wie auch immer diese im einzelnen ausfallen mögen, das Bild einer Asynchronizität der europäischen Literaturen um 1800: Klassiker und Romantiker koexistieren in Deutschland, verfolgen aber poetologisch und ideologisch unterschiedliche Ziele; Italien und Frankreich werden von der romantischen Bewegung, die in Deutschland um 1795 einsetzt, erst mit einer Verspätung von etwa zwei Jahrzehnten erfaßt. Dieses Bild ist jedoch trügerisch, weil es grundlegende Gemeinsamkeiten der betroffenen Texte übersieht. Solche Gemeinsamkeiten möchte ich im folgenden an ausgewählten Beispielen untersuchen. Nun soll hier nicht behauptet werden, daß es zwischen den um 1800 schreibenden Autoren in Deutschland, Italien und Frankreich keinerlei signifikante Unterschiede gäbe. Wenn man aber Texte von Autoren wie Hölderlin, Foscolo, Mme de Staël und Leopardi miteinander vergleicht, so werden insbesondere hinsichtlich der in diesen Texten dominanten Liebesthematik und ihrer Funktionalisierung zahlreiche Gemeinsamkeiten sichtbar, die nicht zufällig sein können, sondern auf grundlegende Übereinstimmungen der literarischen Evolution in Deutschland, Italien und Frankreich schließen lassen.

## 0.2 Das Aufschreibesystem 1800

Um diese Übereinstimmungen, die im Hauptteil der Untersuchung durch vergleichende Textanalysen ausführlich belegt werden sollen, entsprechend perspektivieren und interpretieren zu können, ist es hier zunächst erforderlich, einen geeigneten Theorierahmen zu entwerfen. Eine wichtige Voraussetzung für das Verständnis alles Weiteren ist die Tatsache, daß die ›Literatur‹ im modernen, uns vertrauten Sinne eine ›Erfindung‹ des späten 18. Jahrhunderts ist.[8] Unser alltäglicher wissenschaftlicher und nicht-wissen-

8 Vgl. hierzu die begriffsgeschichtlichen Studien von Robert Escarpit, »La définition du terme ›littérature‹« (1962), in: *Le littéraire et le social. Éléments pour une sociologie de la littéra-*

schaftlicher Umgang mit literarischen Texten tendiert nur allzu leicht dazu, diese Tatsache zu verschleiern. Wenn wir ›Homer‹, Dante und Goethe lesen, dann sind wir uns meist nicht darüber im klaren, daß es sich jenseits aller Unterschiede auf der Ebene der Textgestalt und ihrer Semantik um grundsätzlich Verschiedenes handelt. Die Texte der genannten ›Autoren‹ unterscheiden sich nämlich prinzipiell dadurch voneinander, daß sie Produkte je verschiedener Aufschreibesysteme sind. Friedrich A. Kittler, der diesen Begriff in die Literaturwissenschaft eingeführt hat, versteht darunter »das Netzwerk von Techniken und Institutionen [...], die einer gegebenen Kultur die Adressierung, Speicherung und Verarbeitung relevanter Daten erlauben«.[9] Es handelt sich um die technischen und medialen Voraussetzungen zeitversetzter Kommunikation, das heißt der Herstellung von Texten (im Sinne von Konrad Ehlich).[10] Kittlers medienwissenschaftliche Spezifizie-

*ture,* Paris 1970, S. 259–272, und Rainer Rosenberg, »Eine verworrene Geschichte. Vorüberlegungen zu einer Biographie des Literaturbegriffs«, in: *Zeitschrift für Literaturwissenschaft und Linguistik* 20/77 (1990), S. 36–65. Escarpit verweist darauf, daß das uns bekannte Konzept von Literatur sich erst seit der Mitte des 18. Jahrhunderts abzuzeichnen beginnt und zwischen 1770 und 1800 in Deutschland, Frankreich und England genügend Eigenständigkeit erlangt, um nach einer eigenen Bezeichnung zu verlangen (»La définition du terme ›littérature‹«, S. 265). Was sich aus dem Bereich der die Disziplinen Grammatik, Rhetorik, Philosophie, Poesie und Geschichte umfassenden *humanae litterae* oder, wie es seit dem 17. Jahrhundert hieß, der *belles-lettres,* ausgegliedert hatte, wurde dann seit dem späten 18. Jahrhundert zunehmend mit den einzelsprachlichen Varianten des humanistischen *litteratura*-Begriffs, der ursprünglich ›Gelehrsamkeit‹ bedeutete, bezeichnet (Rosenberg, »Eine verworrene Geschichte«, S. 37). Schon d'Alembert verwendet im »Discours préliminaire« der *Encyclopédie* (1751) neben dem gängigen *belles-lettres* den Begriff *littérature* im modernen Sinn, das heißt in Abgrenzung zu den anderen Künsten (Malerei, Bildende Kunst, Musik) wie auch zur Philosophie. Noch lange Zeit aber besteht Unklarheit über die Extension des Begriffs. Mme de Staël etwa versteht in ihrem 1800 erschienenen Werk unter *littérature* »la poésie, l'éloquence, l'histoire et la philosophie« (*De la littérature considérée dans ses rapports avec les institutions sociales.* Nouvelle édition critique établie, présentée et annotée par Axel Blaeschke, Paris 1998, S. 45). Rosenberg, »Eine verworrene Geschichte«, S. 39, weist darauf hin, daß das Wort *Literatur* sehr lange noch in Konkurrenz zu *poésie* und *lettres* verwendet wurde. Wichtig ist im vorliegenden Zusammenhang aber weniger der Signifikant als die von diesem bezeichnete Sache, nämlich das Kommunikationssystem Literatur als autonomes Teilsystem der modernen Gesellschaft (s. u.).

9 *Aufschreibesysteme 1800 • 1900* (1985), München [3]1995, S. 519.

10 »Eine Sprechhandlung kann also aus ihrer unmittelbaren Sprechsituation herausgelöst und in eine zweite Sprechsituation übertragen werden. Die Sprechhandlung bleibt in allen oder in mehreren ihrer Dimensionen gleich – nicht jedoch Sprecher, Hörer und die Sprechsituation als ganze. / Ich schlage nun vor, für eine solche, aus ihrer primären unmittelbaren Sprechsituation herausgelöste Sprechhandlung, die für eine zweite Sprechsituation gespeichert wird, den Ausdruck ›Text‹ zu verwenden. Nach dieser Auffassung sind Texte also durch ihre *sprechsituationsüberdauernde Stabilität* gekennzeichnet.« (Konrad Ehlich, »Text und sprachliches Handeln. Die Entstehung von Texten aus dem Bedürf-

rung der Diskursarchäologie in der Nachfolge Michel Foucaults beruht auf der Prämisse, »daß Literatur (was immer sie sonst noch in Leserkreisen bedeuten mag) Daten verarbeitet, speichert, überträgt«.[11] Es geht Kittler um die materiellen Bedingungen solcher Datenverarbeitung. Er operiert folglich nicht wie die Hermeneutik mit dominant ideellen Begriffen wie *Sinn, Werk* und *Überlieferung,* die die Materialität des Aufschreibesystems stillschweigend voraussetzen und damit, indem sie die medienspezifischen Modi der literarischen Datenverarbeitung weitgehend ignorieren, wichtige historische Unterschiede einzuebnen tendieren.

Kittler versucht nun, auf der Ebene des diskursiven und medialen Apriori anzusetzen und das Aufschreibesystem um 1800 zu rekonstruieren, das heißt die technisch-medialen, institutionellen, pädagogischen, psychologischen und ideologischen Rahmenbedingungen zu beschreiben, unter denen die literarische Kommunikation in der Goethezeit stattfindet und die die uns vertrauten Umgangsweisen mit Literatur erst hervorgebracht haben. Dazu gehört insbesondere die Hermeneutik als neuartiger Umgang mit Zeichen, als Umstellung von einer »Logik der Signifikanten«, wie sie für die rhetorische Semiotik der alteuropäischen Gelehrtenrepublik grundlegend war, auf eine »Logik der Signifikate«.[12] Diese »Queste nach dem transzendentalen Signifikat«[13] demonstriert Kittler an der Art und Weise, wie der Gelehrte Faust den Anfang des Johannesevangeliums übersetzt.[14] Bekanntlich sucht Faust nach einer adäquaten deutschen Wiedergabe des griechischen Wortes *logos,* wobei er in einer »Sequenz iterierter Durchstreichungen«[15] die Begriffe *Wort, Sinn, Kraft* einsetzt und wieder verwirft, um sich schließlich für *Tat* zu entscheiden. Damit wählt er eine sowohl semantisch als auch pragmatisch freie Übersetzung, da er das griechische Wort weder wörtlich übersetzt noch seine Übersetzung einer externen Diskurskontrolle unterwirft.[16] Hermeneutik ist in dieser Perspektive eine »Phantastik, bei der ein unersetzliches Signifikat alle ersetzbaren Signifikanten ersetzt«,[17] bei der die Diskurskontrollinstanz »Geist« den Sinn einer Äußerung garantiert[18] und bei der

nis nach Überlieferung«, in: Aleida Assmann/Jan Assmann/Christof Hardmeier (Hg.), *Schrift und Gedächtnis,* München 1983, S. 24–43, hier S. 32; Hervorh. im Text.)

11 *Aufschreibesysteme 1800 • 1900,* S. 520.

12 Ebd., S. 19.

13 Ebd., S. 18.

14 Vgl. Goethe, *Faust I,* Studierzimmer, V. 1220ff.

15 *Aufschreibesysteme 1800 • 1900,* S. 18.

16 Ebd., S. 21.

17 Ebd., S. 19.

18 Ebd., S. 25.

Verstehen an die Stelle des hergebrachten Auswendiglernens tritt.[19] Ihr eignet etwas Divinatorisches oder Halluzinatorisches.

Diese neuartige semiotische Praxis findet ihr Korrelat in tiefgreifenden institutionellen Veränderungen. Die Universität wird von einer kirchlichen in eine staatliche Institution verwandelt, deren Aufgabe es ist, Beamte auszubilden. Zugleich entsteht das Konzept Autorschaft im modernen Sinne durch die rechtliche Fundierung geistigen Eigentums. Beide institutionellen Veränderungen werden im *Allgemeinen Landrecht für die Königlich Preußischen Staaten* von 1794 verbrieft.[20] Ebenfalls um 1800 wird im Bereich der Pädagogik von Heinrich Stephani die Lautiermethode zum Lesenlernen entwickelt, die auf eine Oralisierung des Alphabets abzielt[21] und die Illusion erzeugt, »es gäbe eine Alphabetisierung ohne Schrift«.[22] Im Zentrum der neuen Sprachpädagogik steht die Mutter als »Diskursursprung«.[23] Ihre Aufgabe ist es, den Kindern das Lesen beizubringen, indem sie Schrift durch Stimme ersetzt. »Der Muttermund erlöst also die Kinder vom Buch. Eine Stimme ersetzt ihnen Buchstaben durch Laute, ganz wie Faust den Zuschauern seiner Gelehrtentragödie Wörter durch Bedeutungen ersetzt.«[24]

In Wechselwirkung mit den genannten Veränderungen entsteht ›die Literatur‹. Sie ist der Ort, wo das neue Aufschreibesystem gewissermaßen zu sich selbst findet. Denn durch die Lautiermethode werden die Kinder idealtypisch zu Beamten und Dichtern ausgebildet. »Der Diskurs, den die Mutter im Aufschreibesystem von 1800 nicht hält, sondern macht, heißt Dichtung.«[25] Die von der Mutter vermittelte Lesetechnik zielt auf die Ausblendung der Signifikantenebene. Lesen wird dadurch zu einem Vorgang, der das Signifikat unter Umgehung des Signifikanten förmlich halluziniert. Dies wird befördert durch Johann Friedrich Ungers Typographiereform, die die alte Frakturschrift durch Verzicht auf Druckerschwärze aufhellt und ausdünnt und dadurch bequemer lesbar macht. *Wilhelm Meisters Lehrjahre* ist einer der ersten Romane, der in Ungers Reformtypographie gedruckt wurde. Diese »buchstäbliche Entmaterialisierung« der Schrift befreit die Augen davon, »die Materialität von Buchstaben auch nur wahrnehmen zu müssen«.[26]

19 Ebd., S. 29.
20 Ebd., S. 27.
21 Ebd., S. 43.
22 Ebd., S. 46.
23 Ebd., S. 38.
24 Ebd., S. 45.
25 Ebd., S. 35.
26 Ebd., S. 117.

Ergebnis dieser neuen Lesemethode ist jene »Bibliotheksphantastik«, von der Foucault im Hinblick auf Flaubert gesprochen hat,[27] die aber laut Kittler schon bei E. T. A. Hoffmann, insbesondere in seinem »Märchen aus der neuen Zeit« *Der goldne Topf*, nachweisbar ist: Der Protagonist Anselmus halluziniert beim Lesen und Abschreiben einer ihm unbekannten indischen Schrift eine imaginäre Bedeutung (»Von der Vermählung des Salamanders mit der grünen Schlange«), und prompt materialisiert sich in der Bibliothek seines Auftraggebers, des Archivarius Lindhorst, jene Schlange, die ihm zuvor schon in einem Holunderbusch erschienen war und die er mit Lindhorsts Tochter Serpentina identifiziert.[28] Diese Art Bibliotheksphantastik, so Kittler, »wiederholt also bloß die Buchtechnik, in der [romantische Erzählungen] gesetzt sind.«[29]
Es zeigt sich, daß aus Kittlers diskursarchäologischer Perspektive die von der traditionellen Literaturgeschichtsschreibung aus ideologischen Gründen so sehr betonten Differenzen zwischen ›Klassik‹ und ›Romantik‹ ihre Bedeutung verlieren. Beide Bewegungen haben in gleicher Weise Anteil an der um 1800 sich vollziehenden Etablierung eines neuen Aufschreibesystems. Zur Illustration von dessen Wechselwirkungen mit der Literatur zitiert Kittler folgerichtig Autoren wie Goethe, Jean Paul, Friedrich Schlegel und E. T. A. Hoffmann. Die Differenzen zwischen ›Klassikern‹ und ›Romantikern‹ werden auf den Status eines Oberflächenphänomens reduziert, weil auf der archäologischen Ebene des Aufschreibesystems fundamentale Gemeinsamkeiten bestehen, die, so Kittler, an den Texten ablesbar sind.

## 0.3 Die Epochenschwelle 1800 aus soziologischer, historischer, ästhetikgeschichtlicher und diskursarchäologischer Sicht

Diese Gemeinsamkeiten lassen sich aus soziologischer Sicht als Indizien eines tiefgreifenden Strukturwandels der europäischen Gesellschaften interpretieren, der zwar schon seit längerer Zeit im Gange ist, sich aber erst in der zweiten Hälfte des 18. Jahrhunderts im zeitgenössischen Bewußtsein nie-

27 »Un ›fantastique‹ de bibliothèque« (1964), in: ders., *Dits et écrits,* 4 Bde, hg. v. Daniel Defert/François Ewald, Bd. I, Paris 1994, S. 293–325.

28 E. T. A. Hoffmann, *Der goldne Topf,* in: *Gesammelte Werke in Einzelausgaben.* Bd. 1: *Fantasiestücke in Callots Manier.* Textrevision und Anmerkungen von Hans-Joachim Kruse, Berlin/Weimar 1994, S. 221–315, Zitat: Achte Vigilie, S. 280.

29 *Aufschreibesysteme 1800 • 1900,* S. 117.

derschlägt. Nach Niklas Luhmann erfolgt dieser Wandel auf der Ebene der Differenzierung des Gesellschaftssystems. Luhmann unterscheidet drei Formen der Systemdifferenzierung: die segmentäre, die stratifizierte (auch: stratifikatorische) und die funktional differenzierte. Segmentäre Gesellschaften bestehen aus verschiedenen Teilbereichen wie Familien, Siedlungen oder Stämmen, die prinzipiell gleichwertig sind, deren faktische Ungleichheit aber dazu dient, die »Zuordnungen von Gütern, Menschen und Schicksalen zu ordnen«.[30] Stratifizierte Gesellschaften dagegen verankern die Ungleichheit nicht mehr auf der Ebene des Schicksals, sondern auf der Ebene der Sozialstruktur, in Form von sozialen Hierarchien. »Die Einheit der Gesellschaft liegt in der Rangdifferenz, die nicht in Frage gestellt werden kann, ohne daß die Gesellschaft in Frage gestellt werden würde; und diese Differenz ermöglicht dann eine Regulation des Verhaltens für Alltags- und Notlagen.«[31] Funktional differenzierte Gesellschaften schließlich unterscheiden nicht mehr nach dem Schicksal oder nach der durch Geburt bestimmten Rangzugehörigkeit, sondern nach Funktionen. Sie bestehen aus auf je eine Funktion spezialisierten Teilsystemen wie Politik (Funktion: Regelung von Machtbeziehungen und somit der Möglichkeit, bindende Entscheidungen zu treffen), Wirtschaft (Funktion: Verteilung knapper Güter), Recht (Funktion: Regelung normativer Erwartungen), Wissenschaft (Funktion: Gewinnung neuen, unwahrscheinlichen Wissens), Religion (Funktion: Transformation unbestimmbarer in bestimmbare Komplexität, Ausschaltung von Kontingenz) und Kunst (Funktion: Sichtbarmachung des Unbeobachtbaren), die zwar alle miteinander interagieren, aber zueinander nicht im Verhältnis funktionaler Äquivalenz stehen und daher einander nicht wechselseitig in ihrer Funktion ersetzen können.[32] Aus der Sicht eines Teilsystems stellen die jeweils anderen Teilsysteme die Umwelt dar. Da kein Teilsystem außerhalb seiner selbst operieren kann, indem es die für sein eigenes Funktionieren geeigneten Umweltbedingungen herstellt, kommt es zu Diskrepan-

30 Luhmann, »Das Problem der Epochenbildung und die Evolutionstheorie«, in: Hans Ulrich Gumbrecht/Ursula Link-Heer (Hg.), *Epochenschwellen und Epochenstrukturen im Diskurs der Literatur- und Sprachhistorie,* Frankfurt a.M. 1985, S. 11–33, hier S. 22. – Vgl. auch die ausführliche Darstellung der drei Typen gesellschaftlicher Differenzierung in Luhmann, *Die Gesellschaft der Gesellschaft,* 2 Bde (1997), Frankfurt a.M. 1999, Bd. 2, S. 634–776.

31 Ebd., S. 22f.

32 Vgl. die bündige Zusammenfassung der in Luhmanns Schriften verstreuten Aussagen zu den einzelnen Teilsystemen und ihren Funktionen bei Detlef Krause, *Luhmann-Lexikon. Eine Einführung in das Gesamtwerk von Niklas Luhmann* (1996), Stuttgart 21999, S. 189ff., von dem ich einige der oben in Klammern gesetzten Funktionsbeschreibungen in verkürzter Form übernommen habe.

zen zwischen »Erwartungen in Bezug auf Funktionserfüllung« und der »Einsicht, daß man die Bedingungen der innergesellschaftlichen Umwelt [...] nicht kontrollieren kann«.[33] Im Vergleich zur segmentären und zur stratifizierten ist bei der funktional differenzierten Gesellschaft »die Form, in der Einheit als Differenz erscheint, ins Extrem getrieben«, woraus besondere Probleme bei der »Innenlenkung des Systems« resultieren.[34] Man kann beispielsweise, wie die tägliche Erfahrung zeigt, aufgrund der Komplexität des modernen Gesellschaftssystems und aufgrund der operativen Geschlossenheit der Teilsysteme nur schwer das Funktionieren des Wirtschaftssystems durch politisches Handeln beeinflussen. Auch im ausdifferenzierten Kunstsystem macht man seit etwa 200 Jahren die Erfahrung, daß der Preis für die gewonnene Autonomie darin besteht, daß die Kunst als Kunst auf andere Teilsysteme nicht mehr pädagogisch, politisch, religiös usw. wirken kann. Dieses Problem aber wird in den hier zu analysierenden Texten aus der Zeit um 1800 reflektiert. Auf die realgeschichtliche Ausdifferenzierung antwortet die Literatur um 1800 mit Entdifferenzierung auf der Ebene der Selbstbeschreibung.

Der Schritt von segmentären zu stratifizierten und von stratifizierten zu funktional differenzierten Gesellschaften bringt mithin jeweils eine Zunahme an Komplexität mit sich; er läßt sich daher als Kriterium für Epocheneinteilung verwenden. Während der Übergang von segmentären zu stratifizierten Gesellschaften welthistorisch mehrfach stattgefunden hat, ist die Entstehung funktional differenzierter Gesellschaften auf das neuzeitliche Europa beschränkt. Der Wandel setzt schon im 12. Jahrhundert ein, kommt aber erst am Ende des 18. Jahrhunderts zum Abschluß, so daß man die Gesellschaft zwischen Anfang und Ende dieses Transformationsprozesses als »Übergangsgesellschaft«[35] einstufen könnte. Da ein Bewußtsein für diesen Wandel und entsprechende Reaktionen darauf erst in der zweiten Hälfte des 18. Jahrhunderts konstatierbar sind, bezeichnet Luhmann jene Zeit als »Epochenschwelle«.[36]

Nun spricht einiges für die Existenz eines epochalen Einschnitts gegen Ende des 18. Jahrhunderts, zumal wenn man die Ergebnisse von Forschern verschiedener Fachrichtungen und methodischer Observanz zum Vergleich heranzieht. So bezeichnet der Historiker Reinhart Koselleck das 18. Jahrhun-

33 Luhmann, »Das Problem der Epochenbildung und die Evolutionstheorie«, S. 23.

34 Ebd.

35 Ebd., S. 24.

36 Ebd.

dert als Beginn der Neuzeit.[37] Im Anschluß an eine allgemeine Reflexion über die Problematik von Epocheneinteilungen zeigt er, daß im 18. Jahrhundert ein völlig neues Zeitbewußtsein entstanden ist, aus dem heraus unsere heutigen Schwierigkeiten mit Epocheneinteilungen erklärbar sind. Während man bis zum 17. Jahrhundert mit »theologisch vorgegebenen großen Zeiträumen«[38] rechnete und voraussetzte, »daß sich bis zum Weltende nichts prinzipiell Neues mehr ereignen könne«,[39] versucht man im 18. Jahrhundert erstmals, unter Verzicht auf theologische Weltalterlehren die eigene Zeit als etwas absolut Neues zu begreifen.[40] Hintergrund dieser Entwicklung ist die Erfahrung der Beschleunigung, die als allgemeines Kriterium der Neuzeit gelten kann.[41] Daraus resultiert ein andersartiges Zeitbewußtsein: »Die Zeit wird metaphorisch dynamisiert zu einer Kraft der Geschichte selber.«[42] Die Zukunft wird dementsprechend als offene aufgefaßt, man beginnt in Kategorien von Fortschritt und Entwicklung zu denken. Die Geschichtsschreibung wird dadurch verzeitlicht, der Historiker nimmt selbst eine historische und daher relative Perspektive ein, so daß erstens die Vergangenheit erst aus einer größeren Distanz sich dem Betrachter zur Einheit fügt und zweitens das Vergangene niemals eindeutig und für alle Zeiten gültig beschrieben werden kann.[43] Aus der Erfahrung der Beschleunigung und der daraus resultierenden Erwartung einer offenen Zukunft ergibt sich bei den Zeitgenossen in der zweiten Hälfte des 18. Jahrhunderts das Bewußtsein, daß man in einer Zeit des Übergangs lebe.[44]

Auch aus der Sicht der Ästhetikgeschichte und der Semiotik stellt das späte 18. Jahrhundert einen wichtigen Einschnitt dar. Dieser ist terminologisch an die in der zeitgenössischen Ästhetikdiskussion vorgenommene Gegenüberstellung von Symbol und Allegorie gebunden. Die bekannten Umstellungen im Bereich der Ästhetik – Abkehr von der Imitatio-Poetik, Trennung des Schönen und des Nützlichen, Autonomie und Intransitivität des Kunstwerks, Ausdruck statt Repräsentation usw. – sind auf semiotischer Ebene allesamt mit dem emphatisch verwendeten Symbolbegriff verknüpft, der in Opposition zu dem bis etwa 1790 weitgehend synonymen Begriff der Alle-

37 Vgl. »Das achtzehnte Jahrhundert als Beginn der Neuzeit«, in: Reinhart Herzog/Reinhart Koselleck (Hg.), *Epochenschwelle und Epochenbewußtsein,* München 1987, S. 269–282.

38 Ebd., S. 274.

39 Ebd.

40 Ebd., S. 275, mit Hinweis auf Chladenius.

41 Ebd., S. 277f.

42 Ebd., S. 278.

43 Ebd., S. 279.

44 Ebd., S. 280.

gorie gestellt wird. Das Symbol gilt nunmehr als produktiv, intransitiv und motiviert, hat eine paradoxe Verweisungsfunktion[45] und verkörpert durch seine die Ratio überschreitenden Eigenschaften die romantische Poesie schlechthin. Die Allegorie ist demgegenüber transitiv, arbiträr und rational, das heißt, sie folgt einem vorgegebenen Muster oder Klischee, ist codeabhängig, also unoriginell. Als solche verkörpert sie die traditionelle Poesie, die die Romantik zu überwinden trachtet. So kommt Tzvetan Todorov, der die ästhetischen Diskussionen der Goethezeit aus semiotischer Sicht darstellt, zu dem Ergebnis, daß sich die romantische Ästhetik auf einen Begriff kondensieren lasse, den des Symbols: »[...] toute l'esthétique romantique serait alors, en fin de compte, une théorie sémiotique. Réciproquement, pour comprendre le sens moderne du mot ›symbole‹, il est nécessaire et suffisant de relire les textes romantiques. Nulle part le sens de ›symbole‹ n'apparaît de façon aussi claire que dans l'opposition entre symbole et allégorie – opposition inventée par les romantiques et qui leur permet de s'opposer à tout ce qui n'est pas eux.«[46]

45 So heißt es etwa bei Goethe, der hier mit den Auffassungen von August Wilhelm Schlegel, Schelling, Ast und anderen übereinstimmt (vgl. Tzvetan Todorov, *Théories du symbole* (1977), Paris 1985, S. 235–259): »Es ist ein großer Unterschied, ob der Dichter zum Allgemeinen das Besondere sucht oder im Besondern das Allgemeine schaut. Aus jener Art entsteht Allegorie, wo das Besondere nur als Beispiel, als Exempel des Allgemeinen gilt; die letztere aber ist eigentlich die Natur der Poesie, sie spricht ein Besonderes aus, ohne ans Allgemeine zu denken oder darauf hinzuweisen. Wer nun dieses Besondere lebendig faßt, erhält zugleich das Allgemeine mit, ohne es gewahr zu werden, oder erst spät.« (*Werke. Hamburger Ausgabe in 14 Bänden.* Bd. 12: *Schriften zur Kunst.* Textkritisch durchgesehen von Erich Trunz, kommentiert von Herbert von Einem. *Schriften zur Literatur. Maximen und Reflexionen.* Textkritisch durchgesehen und kommentiert von Hans Joachim Schrimpf, 91981, Nachdruck München 1982, S. 471.) Das »letztere« ist das Symbolische, welches, »ohne ans Allgemeine zu denken oder darauf hinzuweisen«, dieses ausdrückt und somit eine paradoxe, weil nicht-markierte und nicht erkennbare Verweisungsfunktion besitzt.

46 Todorov, *Théories du symbole,* S. 179–260, Zitat S. 235. – Paul de Man, »The Rhetoric of Temporality«, in: Charles S. Singleton (Hg.), *Interpretation – Theory and Practice,* Baltimore 1969, S. 173–209, geht ebenfalls aus von der in der Romantik als Werteopposition definierten Unterscheidung Symbol vs. Allegorie, stellt die Tauglichkeit des Symbolbegriffs zur Selbstbeschreibung der Romantik jedoch in Frage. Am Beispiel von Rousseaus *La Nouvelle Héloïse* zeigt er, daß sich dort neben der symbolischen Sprachverwendung (in der Meillerie-Episode) eine auf ältere Traditionen zurückführbare allegorische Verwendung (Elisée) findet, in welcher sich die genuine romantische Erfahrung als eine der Zeitlichkeit enfaltet. Dies erlaubt eine Reformulierung der Basisannahme romantischer Epistemologie: »The dialectical relationship between subject and object is no longer the central statement of romantic thought, but this dialectic is now located enirely in the temporal relationships that exist within a system of allegorical signs. It becomes a conflict between a conception of the self seen in its authentically temporal predicament and a

Eine Übereinstimmung der Luhmann-These ergibt sich interessanterweise auch mit der auf ganz anderen Kriterien beruhenden diskursarchäologischen Epocheneinteilung von Michel Foucault. Dieser untersucht die in Europa seit dem 16. Jahrhundert herrschenden impliziten Voraussetzungen des Denkens beziehungsweise der Konzeption und Definition von Ordnung. Er fragt danach, auf welche Weise Ordnung wahrgenommen wurde, und zwar in der (Reflexion über) Sprache, im Austausch von Gütern und in der Einteilung der Natur, und welche Arten von Ordnung erkannt wurden, die dann den »socle positif des connaissances«[47] bildeten, auf dem die einzelnen Bereiche des Wissens basierten. Im Gegensatz zur Ideen- oder Wissenschaftsgeschichte geht es der Foucaultschen Diskursarchäologie nicht um die Inhalte des Wissens einer Gesellschaft, sondern um die Voraussetzungen, das Apriori dieses Wissens.[48] Im einzelnen unterscheidet Foucault seit dem 16. Jahrhundert drei Epistemen oder »champ[s] épistémologique[s]«,[49] die in einer diskontinuierlichen Abfolge zueinander stehen. Nach Maßgabe der jeweils dominanten apriorischen Ordnungsmuster kann man diese Wissenskonfigurationen als die Episteme der Ähnlichkeit (französische Renaissance, also 16. Jahrhundert), die Episteme der Repräsentation (*âge classique,* also 17. und 18. Jahrhundert) und die Episteme der Geschichte (seit dem letzten Viertel des 18. Jahrhunderts) bezeichnen.
Die Renaissance-Episteme steht im Zeichen der universellen Analogie; alle Elemente des Kosmos verweisen wechselseitig aufgrund von Ähnlichkeit aufeinander. Die Sprache ist mit den von ihr bezeichneten Dingen untrennbar verbunden, sie ist ihnen gewissermaßen eingeschrieben, so daß kein Unterschied besteht zwischen dem, was man sieht, und dem, was man liest. Der daraus resultierende absolute Primat der Schrift ist auch der Grund, weshalb jede schriftliche Äußerung sofort durch eine sie kommentierende Äußerung gedoppelt wird – Foucault spricht in diesem Zusammenhang vom »ressassement du commentaire«.[50] Dem Analogiedenken korrespondiert eine ternäre Zeichenkonzeption: das Zeichen besteht aus einer Markierung, der von ihr bezeichneten Sache und der Ähnlichkeit, durch die die

defensive strategy that tries to hide from this negative self-knowledge. On the level of language the asserted superiority of the symbol over allegory, so frequent during the nineteenth century, is one of the forms taken by this tenacious self-mystification.« (S. 191)

47 *Les mots et les choses. Une archéologie des sciences humaines,* Paris 1966, S. 13.

48 Vgl. ebd.: »[Cette étude] s'efforce de retrouver à partir de quoi connaissances et théories ont été possibles […].«

49 Ebd.

50 Ebd., S. 54.

Markierung an die Sache gebunden ist.[51] Diese ternäre Struktur aber ist instabil, weil die Ähnlichkeit ein Merkmal sowohl der Markierung als auch der bezeichneten Sache ist, so daß die drei distinkten Elemente des Zeichens in eins zusammenzufallen drohen.[52]

Im 17. Jahrhundert vollzieht sich ein fundamentaler Wandel in der Auffassung von Zeichen und Sprache. Das ternäre Schema wird durch ein binäres ersetzt (Signifikant vs. Signifikat), welches die Grundlage einer stabilen Zeichenkonzeption bildet. Die Sprache hört auf, den Dingen eingeschrieben zu sein, sie wird zu einem Instrument der Repräsentation. Durch die Trennung von Wörtern und Dingen wird die Sprache zu einem transparenten Instrument des Denkens und der Verständigung. Die Ähnlichkeit als »expérience fondamentale et forme première du savoir«[53] wird ersetzt durch die Dichotomie von Identität und Differenz. Das Denken wird dadurch sozusagen neu justiert. Anstatt nach Ähnlichkeiten sucht man nun nach Differenzen; die unendliche Serie der Ähnlichkeiten, die der Grund für den zugleich unerschöpflichen und tautologischen Charakter des Renaissance-Wissens war, wird durch die Möglichkeit eines vollständigen Inventars der Dinge ersetzt. Als möglich gilt nun eine »connaissance absolument certaine des identités et des différences«,[54] während die Kenntnis des Systems der Ähnlichkeiten bestenfalls einen hohen Grad an Wahrscheinlichkeit erlangen konnte. Im Bereich des institutionalisierten Wissens erfolgt eine Trennung von Buchgelehrsamkeit *(histoire* oder *érudition)* und Erfahrungswissenschaften *(sciences)*. Foucault untersucht hier im einzelnen die Bereiche der *grammaire générale*, der *analyse des richesses* und der *histoire naturelle*, die auf eine vollständige taxonomische Vermessung der ihnen zugeordneten Wissensfelder zielen. Die Konzeptionen von Wissen und Wahrheit werden völlig neu organisiert: »La vérité trouve sa manifestation et son signe dans la perception évidente et distincte. Il appartient aux mots de la traduire s'ils le peuvent; ils n'ont plus droit à en être la marque. Le langage se retire du milieu des êtres pour entrer dans son âge de transparence et de neutralité.«[55] Dieser strikten Trennung von Wörtern und Dingen entspricht die binäre Struktur des Zeichens. Das Zeichen ist nicht Teil der bezeichneten Sache, sondern repräsentiert diese, verweist auf sie. Damit man aber als Zeichenbenutzer ein Zeichen als solches erkennen kann, muß es nicht nur auf ein Bezeichnetes verweisen,

51 Ebd., S. 57.
52 Ebd.
53 Ebd., S. 66.
54 Ebd., S. 69.
55 Ebd., S. 70.

sondern auch auf seine eigene Zeichenfunktion. Es muß sich selbst als Zeichen sichtbar machen. »L'idée signifiante se dédouble, puisque à l'idée qui en remplace une autre, se superpose l'idée de son pouvoir représentatif.«[56] Die in sich gedoppelte Repräsentation besteht somit aus einer Fremdreferenz (»rapport à un objet«) und einer diese überlagernden Selbstreferenz (»manifestation de soi«).[57] Die Welt der Zeichen schließlich ist koextensiv mit dem Denken; Ideen und Zeichen verweisen in wechselseitiger Transparenz aufeinander. Die Koextension von Zeichen, Repräsentation und Denken macht den Vorgang der Bezeichnung *(signification)* selbst unsichtbar, so daß es keine Theorie der Bezeichnung geben kann.[58] Wenn man im klassischen Zeitalter über Signifikate spricht, redet man immer auch von den sie repräsentierenden Zeichen, und umgekehrt. Diese Identität bleibt jedoch verborgen.

Die epistemologischen Grundlagen des abendländischen Denkens wandeln sich erneut grundlegend in den letzten Jahrzehnten des 18. Jahrhunderts. War das übergeordnete Prinzip des Wissens in der klassischen Episteme die Ordnung, so ist das Leitprinzip der sie ablösenden Episteme die Geschichte.[59] Während man zuvor nach Identitäten und Differenzen fragte und die Felder des Wissens taxonomisch vollständig zu vermessen suchte, richtet sich nun das Augenmerk auf Organisationen und ihre internen Strukturen.[60] Im Bereich der Sprachwissenschaft wirkt sich dies dahingehend aus, daß man sich nicht mehr wie bisher um die logische Analyse der Sprache und der Repräsentation bemüht (Theorie des Verbs und der Proposition, Theorie der Wortarten und der Art und Weise, in der sie die Repräsentation zergliedern, usw.), sondern um die historische Abstammung und die Verwandtschaftsverhältnisse zwischen den einzelnen Sprachen. Die Sprache verliert ihre Transparenz und schiebt sich als Objekt, das Spuren seiner Historizität in sich trägt, vor das Auge des Betrachters. Das Studium der

56 Ebd., S. 78.

57 Ebd., S. 79. – In die Sprache der Systemtheorie übersetzt, kann man sagen, daß hier der klassische Fall eines Wiedereintritts *(re-entry)* der System/Umwelt-Differenz in das System vorliegt. Foucault nennt dies »un décalage inévitable de la figure à deux termes, qui recule par rapport à elle-même et vient se loger tout entière à l'intérieur de l'élément signifiant« (*Les mots et les choses,* S. 78).

58 Ebd., S. 80.

59 Daß das zentrale Problem der im 18. Jahrhundert entstehenden Moderne mit einer neuen Wahrnehmung von Zeit und Zeitlichkeit zu tun hat, ist eine These, die auch in einigen der oben zitierten Untersuchungen vertreten wird, vgl. Koselleck, »Das achtzehnte Jahrhundert als Beginn der Neuzeit«, und de Man, »The Rhetoric of Temporality«.

60 *Les mots et les choses,* S. 230.

Flexionsendungen bewirkt eine Umkehrung der Prioritäten: Hatte man zuvor die nach universellen Prinzipien funktionierende Repräsentation (das heißt die Beziehung der Sprache zur außersprachlichen Realität) und die etymologischen Wurzeln als Zeichen für die gemeinsame Abstammung der Sprachen von den Urlauten in den Mittelpunkt gestellt und dabei die formale Seite der Sprachen als nebensächliches und zufälliges Merkmal betrachtet, so wird man sich jetzt dessen bewußt, daß die Bedeutung von Sprache zu Sprache äußerst instabil ist, während die formale Organisation, etwa das Flexionssystem, eine hohe Konstanz aufweist. Dadurch verschiebt sich die Aufmerksamkeit weg von der klassisch-universellen Ordnung hin zur historisch bedingten Organisation, von der synchronen zur diachronen Betrachtung. Die Sprache wird nun nicht mehr als transparentes Instrument der Repräsentation, sondern als opaker Gegenstand betrachtet, dessen interne, historisch gewachsene Organisation aufgedeckt werden muß. Diese Historisierung erfaßt auch die anderen institutionalisierten Bereiche des Wissens. An die Stelle der drei von Foucault untersuchten Wissensgebiete *grammaire générale, histoire naturelle* und *analyse des richesses* treten die modernen *sciences humaines:* Philologie, Biologie und Politische Ökonomie.[61] Sie alle fragen nach der Geschichte ihrer Gegenstände und damit nach deren verborgener Tiefendimension: »Ainsi, la culture européenne s'invente une profondeur où il sera question non plus des identités, des caractères distinctifs, des tables permanentes avec tous leurs chemins et parcours possibles, mais des grandes forces cachées développées à partir de leur noyau primitif et inaccessible, mais de l'origine, de la causalité et de l'histoire.«[62]

Die Episteme der Geschichte hat zwei im vorliegenden Zusammenhang besonders wichtige Konsequenzen. Die erste Konsequenz betrifft den Status des Subjekts, die zweite den der Literatur. Was die erste Konsequenz angeht, so lautet Foucaults These, daß das Subjekt als Mensch *(l'homme)* ein Produkt, eine Erfindung der neuen Episteme sei, und zwar in Abhängigkeit von der neuen Sprachkonzeption. »Dans la pensée classique, celui pour qui la représentation existe, et qui se représente lui-même en elle, s'y reconnaissant pour image ou reflet, celui qui noue tous les fils entrecroisés de la ›représentation en tableau‹, – celui-là ne s'y trouve jamais présent lui-même. Avant la

61 Genau genommen, so Foucault, *Les mots et les choses,* S. 220, handelt es sich nicht um eine Ersetzung, sondern um die Entstehung neuer Disziplinen in den von den alten nicht abgedeckten Zwischenräumen und Leerstellen. Die Neuorganisation des Wissens in den letzten Jahrzehnten des 18. Jahrhunderts sei so grundlegend, daß sie nicht als eine bruchlose Anknüpfung an die alten Fragestellungen beschrieben werden könne.

62 Ebd., S. 263.

fin du XVIIIe siècle, l'*homme* n'existait pas.«[63] Die transparente Sprache der klassischen Episteme – *le Discours* im emphatischen Sinne – ist der Ort, an dem die Dinge und ihre Repräsentation (das heißt die menschliche Vorstellung von den Dingen) in Übereinstimmung gebracht werden. Infolgedessen kann ›der Mensch‹ als Subjekt dieser Sprache und dieser Repräsentation sich selbst nicht objekthaft gegenübertreten, er nimmt sich selbst nicht als problematisches Erkenntnissubjekt wahr. Unter Hinweis auf Descartes formuliert Foucault dies wie folgt: »Le passage du ›Je pense‹ au ›Je suis‹ s'accomplissait sous la lumière de l'évidence, à l'intérieur d'un discours dont tout le domaine et tout le fonctionnement consistaient à articuler l'un sur l'autre ce qu'on se représente et ce qui est.«[64] Aufgrund der vollständigen Transparenz der Sprache in bezug auf die Dinge bleibt nicht nur, wie oben erwähnt, der Vorgang der Bezeichnung *(signification)* ausgeblendet, sondern auch das denkende, wahrnehmende und sprechende Subjekt. Wenn aber nun, wie dies gegen Ende des 18. Jahrhunderts geschieht, die Sprache nicht mehr als transparent konzipiert wird, sondern selbst als Objekt in Erscheinung tritt, dann erhält auch das Subjekt der Sprache ein Bewußtsein seiner selbst. Es kann sich sozusagen nicht mehr im reibungslos funktionierenden Repräsentationsdiskurs verstecken. Das Subjekt spaltet sich auf in ein »sujet qui connaît« und ein »objet pour un savoir«[65] oder, um es in der Sprache der Kantschen Philosophie zu formulieren, ein transzendentales und ein empirisches Ich.[66] Nach Foucaults Diagnose ist dieses seiner selbst innewer-

63 Ebd., S. 319 (Hervorh. im Text).

64 Ebd., S. 322.

65 Ebd., S. 323.

66 Manfred Frank, »Fragmente einer Geschichte der Selbstbewußtseins-Theorie von Kant bis Sartre«, in: ders. (Hg.), *Selbstbewußtseinstheorien von Fichte bis Sartre,* Frankfurt a. M. 1991, S. 413–599, hier S. 435, bezeichnet die Kantsche Auffassung vom transzendentalen Ich als »Reflexionsmodell des Selbstbewußtseins«. Dieses Reflexionsmodell »besteht im wesentlichen darin, das Bewußtsein, das wir von uns selbst besitzen, nach dem Vorbild (des Repräsentationsmodells) der Vorstellung zu interpretieren: als Ergebnis der Rückwendung der Vorstellung auf sich selbst, die sich damit zum Gegenstand macht.« (ebd.) Da das Repräsentationsmodell aber die Existenz zweier getrennter Instanzen (Subjekt und Objekt) voraussetzt, führt seine Anwendung auf das Selbstbewußtsein zu dem Paradox, daß die zunächst präsupponierte Differenz negiert werden muß, »denn sonst erreichte ich am Ziel der Rückwendung auf mich nicht mich selbst, sondern anderes oder anderswen.« (ebd.) Die Paradoxie des Reflexionsmodells versucht Fichte zu lösen, indem er von der »völligen Nichtunterschiedenheit von Subjekt und Objekt im Selbstbewußtsein« (ebd., S. 448) ausgeht, was er als »intellektuelle Anschauung« bezeichnet. Die Fichtesche Kritik am Reflexionsmodell wiederum wird von Autoren wie Hölderlin und Novalis rezipiert und radikalisiert (ebd., S. 449–482). – Die unlösbaren Paradoxien des Denkens, die aus solcher Radikalisierung resultieren, werden dann in der romantischen Literatur bekannt-

dende Subjekt *(l'homme)* ein hybrides und gespaltenes Subjekt, das er auch als »étrange doublet empirico-transcendantal« bezeichnet.[67] Dessen transzendentale Reflexion bezieht ihren Anstoß nicht mehr wie noch bei Kant aus einer Kenntnis der Natur, sondern aus der stummen Existenz eines »non-connu«, das den Menschen dazu aufruft, sich selbst zu verstehen.[68] Die Frage, die das Subjekt sich stellt, lautet also: »[...] comment peut-il se faire que l'homme pense ce qu'il ne pense pas, habite ce qui lui échappe sur le mode d'une occupation muette, anime, d'une sorte de mouvement figé, cette figure de lui-même qui se présente à lui sous la forme d'une extériorité têtue?«[69] Es handelt sich mit anderen Worten um ein sich selbst als etwas Fremdes erfahrendes Ich, dem sich unauslotbare Tiefen in sich selbst auftun.[70] Das romantische Ich läßt sich somit als Effekt einer bestimmten Sprachkonzeption beschreiben. Sprache und Subjekt sind eng aufeinander bezogen.

Die zweite aus der Episteme der Geschichte resultierende Konsequenz betrifft den Status der Literatur. Die Sprache, die in der Renaissance-Episteme als »prose du monde« den Dingen eingeschrieben war, um dann im klassischen Zeitalter als Instrument der Repräsentation unsichtbar zu werden, kehrt am Beginn der modernen Episteme in doppelter Gestalt zurück. Zum einen als Gegenstand wissenschaftlicher Betrachtung in der Philologie, zum anderen im Bereich der Literatur, die sich eben in jener Zeit als »contre-discours«[71] neu organisiert. Die klassische Ordnung des Diskurses, die auf der Gleichung *langage = connaissance = discours*[72] und somit auf der epistemologischen Priorität der Sprache beruhte, wird aufgelöst. In der neuen Episteme, die an ihre Stelle tritt, ist die Sprache nur noch einer von vielen Gegenständen der Erkenntnis. Sie unterliegt einer Nivellierung, die allerdings durch mehrere Erscheinungen kompensiert wird, deren wichtigste

lich fiktionalisiert, insbesondere in der Figur des Doppelgängers bei Jean Paul, der sich explizit auf Fichte bezieht *(Siebenkäs, Titan)*, und bei E. T. A. Hoffmann (z. B. in *Die Elixiere des Teufels*).

67 *Les mots et les choses*, S. 329.

68 Ebd., S. 334.

69 Ebd.

70 Vgl. Manfred Frank, »›Ein Grundelement der historischen Analyse: die Diskontinuität‹. Die Epochenwende von 1775 in Foucaults ›Archäologie‹«, in: Reinhart Herzog/Reinhart Koselleck (Hg.), *Epochenschwelle und Epochenbewußtsein*, München 1987, S. 97–130, der darauf hinweist, daß Foucaults Formulierungen nichts anderes als die »romantische Umdeutung des transparenten Subjekts in ein Selbstverhältnis ohne auslotbaren Grund« (S. 122) meinen.

71 *Les mots et les choses*, S. 59.

72 Ebd., S. 309.

»l'apparition de la littérature« ist.[73] Darunter versteht Foucault eine völlig neuartige diskursive Praxis, die nicht mehr in der Tradition von ›Homer‹ und Dante steht. Er beschreibt sie als »isolement d'un langage singulier dont la modalité propre est d'être ›littéraire‹«.[74] Die Literatur ist der Ort, wo die zum Objekt der Philologie herabgesunkene Sprache in ihrer ursprünglichen Gestalt wiederaufersteht und mit dem reinen Akt des Schreibens in Bezug gesetzt wird. In der Folgezeit entfernt sich der literarische Diskurs zunehmend vom »discours d'idées« und wird radikal intransitiv. Die Wertbegriffe, denen die Literatur im klassischen Zeitalter unterstellt war *(goût, plaisir, naturel, vrai),* werden von gegenteiligen Begriffen abgelöst *(scandaleux, laid, impossible).* Die traditionellen Gattungen werden aufgelöst; statt dessen wird die Literatur zur »pure et simple manifestation d'un langage qui n'a pour loi que d'affirmer – contre tous les autres discours – son existence escarpée«.[75] Die Literatur transportiert keine Information mehr, sie wird selbstreferentiell, »comme si son discours ne pouvait avoir pour contenu que de dire sa propre forme«.[76] Die literarische Rede richtet sich entweder an sich selbst als »subjectivité écrivante«, oder sie versucht, in ihrem eigenen Entstehungsvorgang die Essenz des Literarischen zu erfassen. Der Fluchtpunkt, auf den die Literatur sich zubewegt, ist der Akt des Schreibens.

Was Foucault im Sinn hat, wenn er mit solchen Worten von ›der Literatur‹ spricht, sind vor allem Autoren wie Hölderlin, Mallarmé und Artaud,[77] also eine um 1800 einsetzende Traditionslinie der modernen Literatur, die man vereinfachend als »poésie pure« bezeichnen könnte. Dieser emphatische und von Foucault mehr beschworene als analytisch fundiert verwendete Literaturbegriff darf sicher nicht vorbehaltlos verallgemeinert werden. Dennoch trifft er einen wesentlichen Aspekt jener diskursiven Praxis, die sich um 1800 im Rahmen des neuen Aufschreibesystems etabliert und die wir als

73 Ebd., S. 312f. – Die Literatur im emphatischen Sinne, so wie sie von den Romantikern geprägt und theoretisch fundiert wurde, hat demnach eine die Nivellierung der Sprache kompensierende Funktion. In funktional analoger Weise wird, wie im folgenden zu zeigen sein wird, nach der These von Luhmann, *Liebe als Passion. Zur Codierung von Intimität* (1982), Frankfurt a.M. 1995, die Extensivierung unpersönlicher Beziehungen in der funktional differenzierten Gesellschaft aufgefangen durch die Intensivierung persönlicher Beziehungen, die sich des symbolisch generalisierten Kommunikationsmediums Liebe bedient. Diese funktionale Homologie auf der Ebene der Sprache und auf der Ebene der persönlichen Beziehungen ist einer der Gründe für die besondere Affinität von Liebe und Literatur in der Romantik. Die beiden Funktionen werden aneinander gekoppelt.

74 *Les mots et les choses,* S. 313.

75 Ebd.

76 Ebd.

77 Ebd., S. 59.

Literatur bezeichnen: die Selbstreflexivität. Was darunter zu verstehen ist beziehungsweise wie dieser Begriff analytisch nutzbar gemacht werden kann, soll weiter unten entwickelt werden (vgl. Kap. 0.4 bis 0.7). Hier ist jedoch zunächst auf ein Problem hinzuweisen: Foucaults Rede vom literarischen »contre-discours« ist sicher nicht falsch, wenn man sie auf einen Teilbereich der seit 1800 entstandenen literarischen Texte bezieht. Man könnte die Hypothese wagen, daß sie tendenziell für ästhetisch innovative Texte gilt, die vom Erwartungshorizont des zeitgenössischen Publikums so weit abweichen, daß sie den herrschenden Diskurs subvertieren oder doch in Frage stellen und durch ihr provokatives Potential, das bis zur Inkommensurabilität reichen kann, eine offene Serie von Auseinandersetzungen auslösen. Solche »ästhetische Distanz« ist nach Hans Robert Jauß[78] ein wichtiges Kriterium für die Qualität, den Kunstcharakter eines literarischen Textes. Andererseits ist Foucaults Rede vom literarischen »contre-discours« unspezifisch und nicht zuletzt deshalb unbefriedigend, weil die Literatur ja als diskursive und kommunikative Praxis um 1800 fest institutionalisiert ist. Es gibt ein Sozialsystem Literatur mit den Handlungsrollen Literaturproduzent, Literaturvermittler, Literaturrezipient und Literaturverarbeiter.[79] Dieses System ist Teil des Kunstsystems und es ist wie alle Funktionsbereiche der modernen, funktional differenzierten Gesellschaft »operativ autonom«,[80] das heißt, die Funktion, die es im Rahmen dieser Gesellschaft erfüllt, kann von keinem anderen Teilsystem übernommen werden. Wenn Foucault also von der Konterdiskursivität der Literatur redet, so ist danach zu fragen, welchen Stellenwert solche Konterdiskursivität diesseits des von Foucault zugrundegelegten engen, emphatischen Literaturbegriffs im Literatursystem haben kann. Es ist sicherlich nicht die Funktion der seit dem 19. Jahrhundert quantitativ mehr und mehr anwachsenden Unterhaltungsliteratur (man denke an den *roman-feuilleton,* die Boulevardkomödie oder den Kriminalroman), die Darstellungsfunktion hinter sich zu lassen und die Sprache in ihrem ursprünglichen Sein zum Vorschein zu bringen. Und selbst wenn man als Literatur nur den schmalen Bereich des Höhenkamms zuläßt, scheint es zumindest diskutabel, ob man mit Foucaults Charakterisierung etwa dem realistischen Roman gerecht wird. Der von Foucault vorgeschlagene Literaturbegriff ist also trotz seiner Suggestivität mit Vorsicht zu genießen.

78 *Literaturgeschichte als Provokation,* Frankfurt a.M. 1970, S. 177ff.

79 Vgl. Siegfried J. Schmidt, *Die Selbstorganisation des Sozialsystems Literatur im 18. Jahrhundert,* Frankfurt a.M. 1989.

80 Niklas Luhmann, *Die Kunst der Gesellschaft,* Frankfurt a.M. 1995, S. 129.

Wenn man die referierten Positionen von Kittler, Luhmann, Koselleck, Todorov und Foucault vergleicht und synthetisiert, so ergibt sich als übereinstimmendes Resultat die Diagnose einer epochalen Umstrukturierung um 1800. Diese erklärt sich auf der Ebene der Gesellschaftsstruktur daraus, daß der Umbau der alteuropäischen, stratifizierten Gesellschaft in eine historisch völlig neuartige, funktional differenzierte Gesellschaft nunmehr weitgehend vollzogen ist und Gegenstand der gesellschaftlichen Selbstbeschreibung wird. Die Etablierung einer neuen Gesellschaftsstruktur geht einher mit einer Neuorganisation des epistemologischen Apriori.[81] Dem entspre-

81 Ob es sich dabei um eine bloße Koinzidenz oder um eine Kausalbeziehung handelt, ist unklar. Foucault blendet bei seiner Betrachtung die Realgeschichte weitgehend aus, so daß Korrelationen der epistemologischen mit anderen Ebenen des Gesellschaftssystems nicht erkennbar werden. In seiner Analyse bleibt die Diskontinuität zwischen den Epistemen unerklärt, und zwar mit Vorbedacht: »Pour une archéologie du savoir, cette ouverture profonde dans la nappe des continuités, si elle doit être analysée, et minutieusement, ne peut être ›expliquée‹ ni même recueillie en une parole unique.« (*Les mots et les choses,* S. 229; vgl. auch S. 64f.) Die Diskontinuitätsthese wurde mehrfach kritisiert, etwa von Manfred Frank (»›Ein Grundelement der historischen Analyse: die Diskontinuität‹«, S. 113ff.), der die Diskontinuität als solche in Frage stellt, mit dem Argument, daß schon in der Aufklärungsphilosophie bei Leibniz der Begriff der *repraesentatio* nicht mehr ausschließlich in dem für die klassische Episteme gültigen Sinne einer vollkommenen Transparenz verwendet wurde (vgl. hierzu auch Hendrik Birus, »Zum Verhältnis von Hermeneutik und Sprachtheorie im 18. Jahrhundert«, in: *Sprache der Gegenwart* 71 (1986), S. 143–174), und von Karl Eibl, *Die Entstehung der Poesie,* Frankfurt a. M./Leipzig 1995, S. 274, der Foucault vorwirft, er vermeide die Frage nach den Gründen der Veränderung und könne diese dann folgerichtig nur als diskontinuierlich bestaunen. Der Übergang von der klassischen zur modernen Episteme sei demnach allmählich und kontinuierlich erfolgt. Nun kann man aber auch aus einigen von Foucaults eigenen Formulierungen – trotz seines Insistierens auf der Diskontinuität zwischen den Epistemen – eine Relativierung des klassisch-modernen ›Epochenbruchs‹ herauslesen, insbesondere wenn er auf die gegenüber der Renaissance neuartige, binäre Zeichenkonzeption des klassischen Zeitalters verweist (*Les mots et les choses,* S. 79) und wenn er von einer »[i]mmense réorganisation de la culture« spricht, »dont l'âge classique a été la première étape, la plus importante peut-être, puisque c'est elle qui est responsable de la nouvelle disposition dans laquelle nous sommes encore pris – puisque c'est elle qui nous sépare d'une culture où la signification des signes n'existait pas, car elle était résorbée dans la souveraineté du Semblable« (S. 58). Der eigentliche Epochenbruch würde dadurch zeitlich nach vorne verschoben, er läge zwischen analogischer und klassischer Episteme. Die klassische und die moderne Episteme wären dann zwei Phasen einer den Umbau der alteuropäischen Gesellschaft begleitenden Wissenskonfiguration, die sich, um die in der zweiten Hälfte des 18. Jahrhunderts immer deutlicher erkennbaren Folgen der Modernisierung bewältigen zu können, in sich wandeln muß. Für die Kontinuität zwischen klassischer und moderner Episteme spricht auch die Tatsache, daß die Binarität des Zeichens noch für Saussure und die strukturale Linguistik grundlegend ist. Wenn man Foucaults These vom Epistemenbruch dergestalt relativiert, dann tut dies der Einordnung des späten 18. Jahrhunderts als Epochenschwelle keinen Abbruch, während sich andererseits die Möglichkeit ergibt,

chen auf der Ebene der Institutionen die Entstehung neuer Disziplinen (der *sciences humaines*) sowie die von Kittler beschriebene Etablierung eines neuen Aufschreibesystems, das durch rechtliche, institutionelle und mediale Innovationen gestützt wird. All dies hat zwangsläufig Auswirkungen auf das Verhältnis zwischen Individuum und Gesellschaft und auf jenen gesellschaftlichen Funktionsbereich, den wir als Literatur bezeichnen. Das Verhältnis zwischen diesen drei Größen (Individuum, Gesellschaft und Literatur) muß nun genauer beschrieben werden.

## 0.4 Liebe als Gegenstand gesellschaftlicher Selbstbeschreibung

Die moderne Gesellschaft besteht nach Luhmann aus voneinander unabhängigen, operativ geschlossenen Funktionssystemen wie Politik, Wirtschaft, Wissenschaft, Recht, Religion und Kunst. Zu ihrer Selbstbeschreibung besitzt diese Gesellschaft etwas, das Luhmann als »Semantik« bezeichnet. Da die Gesellschaft nach der systemtheoretischen Auffassung von Luhmann nicht aus Individuen, sondern aus Kommunikationen besteht und da sie als übergeordnetes System in die genannten Teilsysteme aufgegliedert ist, stellt sich die Frage, wo genau diese Semantik ihren Platz findet. Luhmann sagt dies nicht explizit, aber seine Verwendung des Begriffs legt nahe, daß die Literatur ein Teil jener Semantik ist beziehungsweise daß sie diese mit konstituiert.[82] Die Semantik wäre also ein Teil des Kunst- und

die Ergebnisse der Foucaultschen Diskursarchäologie mit denen der Luhmannschen Systemtheorie zu kombinieren und sie anschlußfähig für eine literaturwissenschaftliche Untersuchung zu machen. – Zur Modernität der französischen Klassik aus literaturwissenschaftlicher Sicht vgl. Karlheinz Stierle, »Die Modernität der französischen Klassik. Negative Anthropologie und funktionaler Stil«, in: Fritz Nies/Karlheinz Stierle (Hg.), *Französische Klassik. Theorie – Literatur – Malerei,* München 1985, S. 81–128, und Joseph Jurt, *Das literarische Feld. Das Konzept Pierre Bourdieus in Theorie und Praxis,* Darmstadt 1995, S. 111–129. – Zur Spezifizierung von Foucaults Epistemeneinteilung aus literaturwissenschaftlicher Sicht vgl. Bernhard Teuber, *Sprache – Körper – Traum. Zur karnevalesken Tradition in der romanischen Literatur aus früher Neuzeit,* Tübingen 1989, der den Übergang von der Analogie zur Repräsentation auf der Ebene des sprachtheoretischen Diskurses ins 16. Jahrhundert vorverlegt und zeigt, daß die Literatur des 16. Jahrhunderts (insbesondere Rabelais) als Rückzugsbereich des Analogiedenkens fungiert, und Joachim Küpper, *Diskurs-Renovatio bei Lope de Vega und Calderón,* Tübingen 1990, S. 230–304, der die Episteme der Analogie ins Mittelalter zurückverfolgt.

82 Zur Definition siehe Luhmann, *Gesellschaftsstruktur und Semantik. Studien zur Wissenssoziologie der modernen Gesellschaft,* Bd. 1 (1980), Frankfurt a.M. 1998, S. 19. Unter *Semantik* versteht er dort die »*Formen* einer Gesellschaft« (Hervorh. im Text), die dazu dienen, Sinn zu

Literatursystems. Das ist ein erster Hinweis auf die Relevanz der Literatur im vorliegenden Zusammenhang. Fragt man nun nach dem Verhältnis zwischen Individuum und Gesellschaft, so ist zu konstatieren, daß sich durch die Umstellung auf funktionale Systemdifferenzierung der Status des Individuums und mithin der Begriff der Individualität radikal ändern.[83] In segmentären wie in stratifikatorischen Gesellschaften ist die Position des Individuums durch soziale Inklusion definiert. Segmentäre Gesellschaften sind dabei noch stärker am Individuum orientiert, während stratifizierte Gesellschaften individuelle Eigenschaften durch soziale Repression und Selbstdisziplinierung reduzieren und die Inklusion des Individuums durch dessen Zugehörigkeit zu Schichten, Kasten oder Ständen gewährleisten. Dabei wird die ältere, segmentäre Ordnung innerhalb der Stratifikation bewahrt, denn die Schichten bestehen nicht aus Individuen, sondern aus Familien oder Haushalten, den Basiseinheiten der segmentären Gesellschaft. Das ändert jedoch nichts am Prinzip der Inklusion. Wichtig ist dabei, daß jedes Individuum »einem und nur einem Subsystem der Gesellschaft an[gehört]«.[84] Wird die stratifikatorische durch funktionale Systemdifferenzierung abgelöst, dann ist die Partizipation des Individuums durch Inklusion unmöglich geworden. Die Einzelperson kann nun nicht mehr nur einem Teilbereich

typisieren; der »semantische[.] Apparat« ist der »Vorrat an bereitgehaltenen Sinnverarbeitungsregeln«. »Unter Semantik verstehen wir demnach einen höherstufig generalisierten, relativ situationsunabhängig verfügbaren Sinn.« Wird diese Semantik als Gegenstand bewahrenswerter Kommunikation vertextet, so spricht Luhmann von »gepflegter Semantik«. Damit ist man konzeptuell nicht mehr weit entfernt von dem Bereich, für den auch die Literatur zuständig ist. Zur konkreten Verwendung des Semantik-Begriffs vgl. zum Beispiel Luhmann, »Individuum, Individualität, Individualismus«, in: *Gesellschaftsstruktur und Semantik. Studien zur Wissenssoziologie der modernen Gesellschaft,* Bd. 3 (1989), Frankfurt a. M. 1993, S. 149–258, wo es um das Verhältnis von Gesellschaft und Individuum geht und um die Funktion der Semantik im Hinblick auf die Beschreibung dieses Verhältnisses (S. 153). Luhmann rekonstruiert die historische Genese des modernen Begriffs vom Individuum und rekurriert dabei immer wieder auch auf Beispiele aus der Literatur, unter anderem auf die französischen Moralisten (S. 179), Mme de Lafayette (S. 182), den englischen Roman des 18. Jahrhunderts (S. 184) und Diderot (S. 196). An anderen Stellen allerdings scheint er zwischen der offiziellen Semantik einer Gesellschaft und dem durch Literatur vermittelten Wissen zu unterscheiden; der englische Roman des frühen 18. Jahrhunderts »gibt mehr Aufschluß über das sich wandelnde Individualitätsbewußtsein als die mit diesem Begriff arbeitende Semantik, die erst gegen Ende des 18. Jahrhunderts nachzieht.« (S. 184) Wie dem auch sei, Literatur und Semantik haben zumindest eine gemeinsame Schnittmenge.

83 Vgl. zum folgenden ausführlich Luhmann, »Individuum, Individualität, Individualismus«.

84 Ebd., S. 157.

angehören, sie spaltet sich gewissermaßen auf: »Sie kann sich beruflich/professionell im Wirtschaftssystem, im Rechtssystem, in der Politik, im Erziehungssystem usw. engagieren [...]; aber sie kann nicht in einem der Funktionssysteme allein leben.«[85] Der einzelne verliert dadurch den Ort, »wo er als ›gesellschaftliches Wesen‹ existieren kann. Er kann nur außerhalb der Gesellschaft leben, nur als System eigener Art in der Umwelt der Gesellschaft sich reproduzieren, wobei für ihn die Gesellschaft eine dazu notwendige Umwelt ist.«[86] Diese Exklusion des Individuums führt dazu, daß es auf der Ebene der Semantik zum Problem wird. Es wird »nicht mehr als *bekannt,* sondern als *unbekannt* (als spontan, inkonstant, black box usw.) eingeschätzt«.[87] Auf die Exklusion des Individuums reagiert die Semantik, indem sie dessen »Wiedereintritt als Wert in die Ideologie«[88] betreibt.

Dies ist die sozial- und funktionsgeschichtliche Erklärung für die Tatsache, daß in der zweiten Hälfte des 18. Jahrhunderts das Individuum zu einem zentralen Gegenstand des literarischen, des philosophischen und auch des pädagogischen Diskurses wird. Eine Schlüsselrolle spielt bei dieser Entwicklung Jean-Jacques Rousseau, der schon in seinem *Discours sur l'inégalité* (1755) dem Individuum eine phylogenetische Priorität gegenüber der Gesellschaft einräumt, im *Émile* (1762) ein wirkungsmächtiges Konzept von individueller Erziehung entwirft und schließlich mit den *Confessions* (postum 1782/89) die erste moderne Autobiographie als Apologie eines individuellen und einmaligen Charakters vorlegt. Aufgrund seiner zentralen Stellung innerhalb des modernen Individualitätsdiskurses wird Rousseau im Hauptteil der vorliegenden Arbeit den Ausgangspunkt bilden, wobei die Aufmerksamkeit vor

85 Ebd., S. 158.

86 Ebd.

87 Ebd., S. 158f. (Hervorh. im Text).

88 Ebd., S. 159. – Die damit erklärbare ›Selbstvergottung‹ des Individuums ist das zentrale Definitionskriterium für Romantik bei Carl Schmitt, *Politische Romantik* (1919), München/Leipzig 1925, S. 22ff. und S. 115ff., der die Romantik als »subjektivierte[n] Occasionalismus« versteht: »Die Romantik ist subjektivierter Occasionalismus, weil ihr eine occasionelle Beziehung zur Welt wesentlich ist, statt Gottes aber nunmehr das romantische Subjekt die zentrale Stelle einnimmt und aus der Welt und allem, was in ihr geschieht, einen bloßen Anlaß macht. Dadurch, daß die letzte Instanz sich von Gott weg in das geniale ›Ich‹ verlegt, ändert sich der ganze Vordergrund und tritt das eigentlich Occasionalistische rein zutage.« (S. 24) Der subjektivierte Occasionalismus sei das Produkt der individualistischen Gesellschaft des 18. Jahrhunderts: »Nur in einer individualistisch aufgelösten Gesellschaft konnte das ästhetisch produzierende Subjekt das geistige Zentrum in sich selbst verlegen, nur in einer bürgerlichen Welt, die das Individuum im Geistigen isoliert, es an sich selbst verweist und ihm die ganze Last aufbürdet, die sonst in einer sozialen Ordnung in verschiedenen Funktionen hierarchisch verteilt war.« (S. 26) Dies kommt der Luhmannschen Analyse frappierend nahe.

allem auf seinem fiktionalen Hauptwerk, dem Briefroman *Julie, ou La Nouvelle Héloïse* (1761), liegen wird, weil in diesem Text alle großen Themen und Ideen des Autors enggeführt und mit dem für das 18. Jahrhundert und die Romantik so wichtigen Thema Liebe verknüpft werden.

Die Umstellung von stratifikatorischer auf funktionale Differenzierung wirkt sich nach Luhmann nachhaltig auf die Position und die Selbstwahrnehmung des Individuums aus. Durch die Exklusion des Individuums aus der Gesellschaft kommt es zu einer verstärkten Wahrnehmung von Differenzen zwischen dem einzelnen und seiner sozialen Umwelt. Dies wird zum Anlaß, die »Differenz zur Umwelt [...] auf die eigene Person zurückzuinterpretieren, wodurch das Ich zum Focus des Erlebens und die Umwelt relativ konturlos wird.«[89] Die Auswirkungen dieses Wandels lassen sich nun besonders deutlich an der Evolution der Liebessemantik studieren.[90] Das Ich-Bewußtsein als System / Umwelt-Differenz, die durch den Wandel der sozialen Umwelt überhaupt erst wahrnehmbar geworden ist, muß, so Luhmann, nun permanent bestätigt werden, will das Ich in einer durch extensive unpersönliche Beziehungen gekennzeichneten Umwelt nicht den Halt verlieren. Als passendes Gegengewicht zur Extensivierung unpersönlicher Beziehungen bietet sich die Intensivierung persönlicher Beziehungen wie Liebe und Freundschaft an. Hier aber ergibt sich ein Kommunikationsproblem. Interpersönliche Kommunikation nämlich wird in dem Maße unwahrscheinlich, in dem sich der einzelne nicht mehr durch objektive Eigenschaften wie Reichtum, Schönheit und Stand definiert (über deren Wert und Bedeutung man sich dann nach einem vorgegebenen Code verständigen kann), sondern allein durch seinen idiosynkratischen Weltbezug. Das Ich wird zur »weltkonstituierenden Individualität« und stellt sein Gegenüber vor die Alternative, »den egozentrischen Weltbezug des anderen zu bestäti-

89 Luhmann, *Liebe als Passion*, S. 17.

90 Da literarische Texte in maßgeblicher Form an dieser Evolution beteiligt sind, bietet sich hier natürlich ein Brückenschlag zur Literaturwissenschaft an. Dementsprechend wurden insbesondere in der Germanistik die Luhmannschen Untersuchungen zur Liebessemantik schon vielfach aufgegriffen. Einen Schwerpunkt bilden dabei das 18. Jahrhundert und die Romantik. Einen Forschungsüberblick bietet Julia Bobsin, *Von der Werther-Krise zur Lucinde-Liebe. Studien zur Liebessemantik in der deutschen Erzählliteratur 1770–1800*, Tübingen 1994, S. 10–15; neuere Studien zur Codierung von Liebe in der Goethezeit versammelt Walter Hinderer (Hg.), *Codierungen von Liebe in der Kunstperiode*, Würzburg 1997. Eine der jüngsten Untersuchungen ist die Habilitationsschrift von Niels Werber, *Liebe als Roman*, Bochum 2000 (erscheint voraussichtlich: München 2002). An diese und andere Studien kann die vorliegende Arbeit anknüpfen. Mein besonderer Dank gilt Niels Werber, der mir das ungedruckte Manuskript seiner Habilitationsschrift überlassen hat.

gen oder abzulehnen. Diese Komplementärrolle des Weltbestätigers wird einem zugemutet, obwohl mitimpliziert ist, daß dieser Weltentwurf einzigartig, also eigenartig, also nicht konsensfähig ist.«[91] In dieser Perspektive erscheint Liebe als Kommunikationsmedium, dessen Funktion darin besteht, das eigentlich Unwahrscheinliche dennoch zu ermöglichen, das heißt zwischenmenschliches Verstehen zu befördern.[92] Da aber grundsätzlich die Art und Weise der Wahrnehmung und der Informationsverarbeitung beim Gegenüber nicht beobachtet werden kann, setzt der emphatische Verstehensbegriff voraus, daß über das Beobachtbare hinausgegangen und dabei paradoxerweise »Kommunikation unter weitgehendem Verzicht auf Kommunikation«[93] möglich wird. Daraus erklärt sich, daß schließlich »alle objektiven, generalisierten Indikatoren für Liebe im Sinne von Verdienst, Schönheit, Tugend abgeworfen werden und das Prinzip, das das Unwahrscheinliche ermöglichen soll, mehr und mehr personalisiert wird.«[94] Der Verzicht auf solche »objektiven, generalisierten Indikatoren« bedeutet eine Entsubstantialisierung des Subjektbegriffs: »[...] es kommt in der Tat darauf an, den anderen in Relationen zu der für ihn fungierenden Umwelt und in Relationen zu sich selbst aufzulösen und ihn dann nicht mehr von Eigenschaften, sondern von Funktionsweisen her zu begreifen.«[95]

Der Zusammenhang von Wahrnehmung und Kommunikation ist nicht nur für die Liebe, sondern auch für die Kunst von zentraler Bedeutung.[96] Wahrnehmung ist für Luhmann eine »Spezialkompetenz des Bewußtseins«[97] und

91 *Liebe als Passion,* S. 25.

92 Luhmann spricht in diesem Zusammenhang von »symbolisch generalisierten Kommunikationsmedien« und er definiert diese als »semantische Einrichtungen, die es ermöglichen, an sich unwahrscheinlichen Kommunikationen trotzdem Erfolg zu verschaffen.« (*Liebe als Passion,* S. 21) Liebe, die wie Wahrheit, Geld und Macht zu den symbolisch generalisierten Kommunikationsmedien gehört, hat demnach die Funktion, durch das Überwinden einer »Unwahrscheinlichkeitsschwelle« die »Annahmebereitschaft für Kommunikationen so zu erhöhen, daß die Kommunikation gewagt werden kann und nicht von vornherein als hoffnungslos unterlassen wird.« (ebd.) Dies ist eine wesentliche Voraussetzung für das Zustandekommen sozialer Systeme, deren Eigenschaft es ist, auf Kommunikation zu beruhen. Eine theoretische Fundierung des von Parsons entwickelten und von Luhmann modifizierten Konzepts der symbolisch generalisierten Kommunikationsmedien findet sich bei Luhmann, »Einführende Bemerkungen zu einer Theorie symbolisch generalisierter Kommunikationsmedien«, in: *Soziologische Aufklärung 2. Aufsätze zur Theorie der Gesellschaft,* Opladen 1975, S. 170–192.

93 *Liebe als Passion,* S. 29.

94 Ebd., S. 28.

95 Ebd., S. 29.

96 *Die Kunst der Gesellschaft,* Frankfurt a. M. 1995, S. 13–91.

97 Ebd., S. 17.

sie ist streng zu unterscheiden von Kommunikation, die Luhmann als Operation sozialer Systeme konzeptualisiert. Psychische und soziale Systeme sind aufgrund ihrer operativen Geschlossenheit einander unzugänglich. Deshalb kann Kommunikation auch Wahrnehmung nicht zugänglich machen, sie kann sie nur bezeichnen.[98] Kunst ist nun »eine Art von Kommunikation, die [...] Wahrnehmung in Anspruch nimmt«;[99] es ist ihre Funktion, »etwas prinzipiell Inkommunikables, nämlich Wahrnehmung, in den Kommunikationszusammenhang der Gesellschaft einzubeziehen.«[100] Kunst trägt durch die von ihr bewirkte »strukturelle Kopplung von Wahrnehmung und Kommunikation«[101] zur Stabilisierung der Gesellschaft bei. Die Gesellschaft erhält nach dieser Theorie ihre Stabilität nicht durch Subjekte, denn diese werden durch die strikte Unterscheidung von Wahrnehmung und Kommunikation ja gewissermaßen aufgelöst, sondern durch wiedererkennbare Objekte, die zum Anlaß von Kommunikationen werden. Wenn solche Objekte zu dem Zweck der Stabilisierung des Sozialsystems eigens erfunden werden, so handelt es sich um »Quasi-Objekte« (Luhmann übernimmt diesen Begriff von Michel Serres). Das können Fußbälle, Könige oder auch Kunstwerke sein.[102] Dies erklärt, ohne daß Luhmann es explizit sagte, im Rahmen seiner Theorie die zentrale Bedeutung literarischer Texte im Zusammenhang mit Kommunikation über Liebe. Literatur und Liebe ziehen sozusagen an einem Strang, beide haben die Funktion, den Zusammenhalt der modernen, funktional differenzierten Gesellschaft, die Individualität durch Exklusion erzeugt, zu gewährleisten. Damit wäre neben der oben in Anmerkung 73 erwähnten funktionalen Homologie zwischen Literatur (als Kompensation der Nivellierung der Sprache im Sinne Foucaults) und Liebe (als Gegengewicht zur Extensivierung unpersönlicher Beziehungen im Sinne Luhmanns) ein zweiter gewichtiger Grund für die Affinität von Liebe und Literatur genannt.

Einer der wesentlichen, insbesondere für die Literaturwissenschaft fruchtbaren Gedanken in Luhmanns komplexem Theorieentwurf ist die Einbeziehung der Kommunikationsmedien in seine Theorie gesellschaftlicher Systeme und ihrer Evolution. Im Zusammenhang mit dem Kommunikationsmedium Liebe führt dies zu der Erkenntnis, daß ein Motiv wie ›Liebe‹ nicht unabhängig von der Semantik des darauf spezialisierten Mediums entstehen

98 Ebd., S. 21.
99 Ebd., S. 26.
100 Ebd., S. 227.
101 Ebd., S. 80.
102 Ebd., S. 80–82.

kann. Liebe wird nicht als triebgesteuertes, anthropologisches Bedürfnis aufgefaßt, sondern, wie das Medium auch, als »Artefakt soziokultureller Evolution«.[103] Damit ist der Ort markiert, an dem Literaturwissenschaft und Soziologie zusammenarbeiten können. Denn was bei dem Soziologen Luhmann – aus verständlichen Gründen – unberücksichtigt bleibt, ist die eigentlich literarische Dimension der von ihm zitierten Texte: ihr Kunstcharakter und das dadurch bewirkte spezifische Zusammenspiel der inhaltlichen mit der diskursiven Ebene und deren Vermittlung mit ihrer soziohistorischen Funktion. Am Beispiel literarischer Texte aus dem späten 18. und dem frühen 19. Jahrhundert soll in der vorliegenden Untersuchung demonstriert werden, wie ein solch genuin literaturwissenschaftlicher Zugang zu dem Problem des Kommunikationsmediums Liebe aussehen kann. Die Liebe wird in diesen Texten nicht nur, wie zu zeigen sein wird, als Kommunikationsmedium benützt, sondern es wird auch ihr kommunikativ-mediales, das heißt ihr literarisches Apriori reflektiert. Darüber hinaus stehen die verschiedenen Liebeskonzeptionen im Zusammenhang mit bestimmten Entwürfen von Individualität und Gesellschaft. Liebe und Literatur sind eng gekoppelt. Wenn daher die Texte von Liebe sprechen, so sprechen sie von deren sozialer Funktion und zugleich von sich selbst. Liebe wird in der Literatur der Romantik zum Gegenstand literarischer und poetologischer Selbstreflexion.[104] Die Analyse soll die Relationen zwischen Liebe, Kommunikation, Gesellschaft und Individuum im einzelnen nachzeichnen. Damit dies geschehen kann, muß im folgenden genauer auf die historischen Differenzierungen der Liebessemantik eingegangen werden.

103 *Liebe als Passion*, S. 47.

104 Die Selbstreflexion als explizites Theorem spielt in der deutschen Frühromantik eine zentrale Rolle und ist ein wichtiges Indiz für ihre Modernität. Vgl. die Darstellung bei Winfried Menninghaus, *Unendliche Verdopplung. Die frühromantische Grundlegung der Kunsttheorie im Begriff absoluter Selbstreflexion*, Frankfurt a. M. 1987, welche von der Parallelismus-Theorie Roman Jakobsons ausgeht und deren Verwurzelung in der Frühromantik nachweist. Nach der These von Menninghaus antizipiert die Theorie der absoluten Selbstreflexion »mit Grundmotiven des inzwischen ›klassisch‹ gewordenen Strukturalismus zugleich dessen poststrukturalistische Metakritik und Radikalisierung, wie sie vor allem Jacques Derrida geleistet hat.« (S. 25)

## 0.5 Liebeskonzeptionen aus diachroner Sicht

In diachroner Perspektive unterscheidet Luhmann vom Mittelalter bis zum 19. Jahrhundert im wesentlichen drei verschiedene Liebeskonzeptionen. Die höfische Liebe des Mittelalters zeichnet sich durch Idealisierung und Sublimierung aus sowie durch den dominanten Bezug auf die Schicht, an der teilzuhaben das anzustrebende Ziel ist: die Aristokratie. Wichtig ist, daß die sinnliche Erfüllung nur eine untergeordnete Rolle spielt, weil die vulgäre Bedürfnisbefriedigung als unaristokratisch gilt, und daß das Liebesideal quer zur Ehe steht.[105] Die Semantik der höfischen Liebe ändert sich entscheidend erst im 17. Jahrhundert durch eine Schwerpunktverlagerung im Liebescode weg von der Idealisierung hin zur Paradoxierung *(amour-passion)*. Die Paradoxierung äußert sich in einem erhöhten Code-Bewußtsein der Beteiligten: Liebe erscheint ihnen als »literarisch präformiertes, geradezu vorgeschriebenes Gefühl«.[106] Der Gegensatz von ›hoher‹ und ›sinnlicher‹ Liebe löst sich auf durch die Einbeziehung des »symbiotischen Mechanismus« Sexualität als des heimlich stets anzustrebenden Zieles einer – außerehelichen – Liebesbeziehung. Merkmale des *amour-passion* sind Verdacht, Entlarvung und Frivolität.

Diese Konzeption wird im Laufe des 18. Jahrhunderts erneut transformiert und führt schließlich zur romantischen Liebe, die die bisher getrennten Bereiche Liebe und Ehe zusammenzuführen versucht. Der Wandel im Bereich des Liebescodes äußert sich als Übergang von der Paradoxierung zur Reflexion von Autonomie beziehungsweise zur Selbstreferenz, das heißt, Funktion des Codes ist es nunmehr, (die durch funktionale Ausdifferenzierung entstandene) »Autonomie zur Reflexion zu bringen«.[107] Wesentliche Merkmale des romantischen Liebescodes sind die Entdeckung der »Inkommunikabilität von Echtheit«[108] und die selbstreferentielle Motivierung des

105 Zur Evolution der Liebessemantik vgl. Luhmann, *Liebe als Passion,* S. 49–56. Der von Luhmann relativ undifferenziert verwendete Begriff der höfischen Liebe ist in der jüngeren mediävistischen Forschung stark problematisiert worden. Einen Überblick über die Diskussion bietet Rüdiger Schnell, »Die ›höfische Liebe‹ als Gegenstand von Psychohistorie, Sozial- und Mentalitätsgeschichte. Eine Standortbestimmung«, in: *Poetica* 23 (1991), S. 374–424. Insbesondere die Annahme, daß die höfische Liebe Sublimierung und sexuellen Verzicht impliziere, scheint in dieser Pauschalität nicht haltbar zu sein. Richtig ist aber in jedem Fall, daß die in literarischen Texten des Mittelalters vermittelten Liebeskonzeptionen ein Ideal formulieren, zu dem die damalige Realität in krassem Widerspruch stand.

106 *Liebe als Passion,* S. 53.

107 Ebd., S. 51.

108 Ebd., S. 54.

Faktums, daß man liebt: »Die Liebe entsteht wie aus dem Nichts, entsteht mit Hilfe von copierten Mustern, copierten Gefühlen, copierten Existenzen und mag dann in ihrem Scheitern genau dies bewußt machen.«[109] Die Liebe wird neu fundiert, indem Idealisierung und Paradoxierung miteinander verschmolzen werden. Das äußert sich darin, daß die erstrebte »Einheit einer Zweiheit«, die »*Steigerung* des Sehens, Erlebens, Genießens«[110] erst in der Distanz möglich wird. Es geht nicht mehr um Erfüllung, sondern um Selbstreflexion (und man muß hinzufügen: um Selbstgenuß) in Hoffnung und Sehnsucht.

Zwischen Liebe und Individualität besteht ein enger Zusammenhang, denn in der Romantik wird, insbesondere in Deutschland, »die *Konkretheit* und *Einzigartigkeit* des Individuums zum *universalistischen* Prinzip erklärt.«[111] Liebe erscheint in diesem Zusammenhang als »Steigerung *aller* Relevanzen durch Bezug auf *einen* anderen Menschen«.[112] Dies läßt sich in der Romantik allgemein, etwa in Frankreich bei Mme de Staël, nachweisen. Speziell die deutsche Romantik geht darüber noch hinaus, indem sie umstellt von der »Relationierung der Welt *auf* einen anderen zur Aufwertung der Welt *durch* einen anderen«.[113] Welterschließung wird dadurch ins Subjektive verlagert, sie wird dem anderen als Funktion der Liebe zugemutet und aufgebürdet.[114] Die Hypostasierung des Individuellen bedeutet aber, daß der potentielle Liebespartner nicht mit erwartbaren, weil überindividuellen Eigenschaften aus-

109 Ebd.

110 Ebd., S. 172 (Hervorh. im Text).

111 Ebd., S. 167 (Hervorh. im Text).

112 Ebd. (Hervorh. im Text).

113 Ebd., S. 167f. (Hervorh. im Text).

114 Ulrich Beck hat die für unsere Gegenwart charakteristischen Spätfolgen dieser romantischen Liebesauffassung als »irdische Religion der Liebe« beschrieben (Ulrich Beck / Elisabeth Beck-Gernsheim, *Das ganz normale Chaos der Liebe,* Frankfurt a. M. 1990, S. 222–266). Die Generalisierung und dadurch bedingte Trivialisierung der romantischen Liebe und ihrer Sinnbestätigungszumutungen führt bei gleichzeitigem Geltungsverlust traditioneller (moralischer, religiöser, gesellschaftlicher) Ordnungsmuster und aufgrund des ökonomisch bedingten Wandels der Geschlechterrollen, so Beck, zu der Paradoxie, daß die Einheit von Ehe, Liebe und Familie zugleich vergötzt und zersetzt wird (S. 225ff.). »Es entsteht ein Suchen, ein Wissens- und Hoffnungshorizont der Liebe, der seine eigene Gewalt *gegen* alle Realität und Erfüllbarkeit entwickelt und durch Scheidung und Wiederverheiratung seine Handschrift in die Erwartungen, Handlungen, Ängste und Beziehungsmuster der Menschen einschreibt.« (S. 228; Hervorh. im Text.) Dabei scheint die Liebe als quasi-religiöser Sinnhorizont eine Eigenrealität anzunehmen, der man im Zweifelsfall Ehe und Familie zu opfern hat – und dies einer Alltagserfahrung zum Trotz, welche die Tauglichkeit der Liebe als alleiniger Basis langfristiger Beziehungen doch stark in Frage stellt, wie sich an ständig wachsenden Scheidungsziffern ablesen läßt.

gestattet sein kann. Liebe kann folglich nicht mehr durch objektive, äußerliche Merkmale wie Schönheit, Tugend, Reichtum usw. begründet werden. »Die Anleitung und Begründung der Partnerwahl [...] wird in die Symbole des Kommunikationsmediums, in die Reflexivität der Liebe und in die Entwicklungsgeschichte eines Sozialsystems intimer Bindungen verlagert.«[115] In letzter Konsequenz bedeutet dies, daß Liebe aus sich selbst heraus motiviert werden muß.[116] Dies aber führt zu einer paradoxen Situation, indem die Liebe zugleich selbstreferentiell geschlossen und offen für Anschlüsse sein muß, »für alles, was die Liebe anreichern kann«.[117] Die romantische Liebe ist paradox, sie findet auf zwei Ebenen statt: »Es gilt, in der Selbsthingabe das Selbst zu bewahren und zu steigern, die Liebe voll und zugleich reflektiert, ekstatisch und zugleich ironisch zu vollziehen.«[118] Die Übersteigerung der Individualisierung hat auch zur Folge, daß die romantischen Liebenden sich selbst zu unverstandenen Ausnahmewesen stilisieren müssen, woraus dann entsprechend unlösbare Probleme der intersubjektiven Kommunikation resultieren.

Man sieht, daß die romantische Liebe ein höchst komplexes Phänomen ist. Die Liebenden situieren sich sowohl auf der Ebene des Erlebens, wo ihr Ziel die »Konstitution einer gemeinsamen Sonderwelt«[119] und die Verschmelzung mit dem Partner ist, als auch auf der Ebene des Beobachters, der die Illusionen und Paradoxien der an die Liebe gestellten Ansprüche

115 *Liebe als Passion,* S. 170.

116 Diese Selbstreflexivität der Liebe steht im Zusammenhang einer umfassenden Neudefinition des Wissens und der Selbsterkenntnis im 18. Jahrhundert. Der Mensch konstituiert sich als Subjekt nicht mehr wie früher durch seine Differenz zum Tier, sondern durch die »Fähigkeit zur selbstreferentiellen Konstitution eines Weltverhältnisses« (Luhmann, *Liebe als Passion,* S. 173). Somit geht es auch in der Liebe nun um den Menschen als der Welt gegenüberstehendes Individuum, das sich durch soziale Reflexivität auszeichnet. Das Medium Liebe wird universalisiert, und genau deshalb kann die Liebe nicht mehr durch objektive, aber kontingente Eigenschaften wie Reichtum, Jugend, Schönheit, Tugend motiviert werden. Der Verzicht auf solche Eigenschaften wird kompensiert durch »das Lieben des Liebens, das sich sein Objekt sucht und in der Gegenliebe soziale Reflexivität aufbaut.« (S. 174) Liebe wird auf sich selbst gegründet: »Die Liebe richtet sich auf ein Ich und ein Du, *sofern* sie beide in der Beziehung der Liebe stehen, das heißt eine solche Beziehung sich wechselseitig ermöglichen – und nicht, weil sie gut sind, oder schön sind, oder edel sind, oder reich sind.« (S. 175; Hervorh. im Text) Auf den Punkt gebracht ist dieses romantisch-reflexive Liebesverständnis in einer suggestiven Formulierung von Jean Paul: »Alle *Liebe* liebt nur *Liebe,* sie ist ihr eigener Gegenstand.« (Zitiert nach Luhmann, *Liebe als Passion,* S. 175; Hervorh. im Text.)

117 Ebd., S. 177.

118 Ebd., S. 172.

119 Ebd., S. 178.

durchschaut. Die vielleicht größte Zumutung stellt dabei die Einheit von Liebe und Ehe dar. Was in älteren Liebeskonzeptionen getrennt war, wird nun in zirkulärer Form aneinander gekoppelt und soll in selbstreferentieller Geschlossenheit die Dauer der Liebe gewährleisten: »Die Liebe wird zum Grund der Ehe, die Ehe zum immer wieder neu Verdienen der Liebe.«[120] Eine weitere Zumutung ist, daß durch den Verzicht auf objektive Kriterien der Beginn der Liebe dem Zufall überantwortet, das heißt »grundlos gesetzt, ins Voraussetzungslose gebaut« wird.[121] Der Zufall wird aber dann retrospektiv von den Liebenden zur schicksalhaften Notwendigkeit umgedeutet und somit paradoxiert. All dies trägt zur Verabsolutierung der Liebe bei. Spezifisch für die romantische Literatur ist nun, daß sie einerseits die Hypostasierung der vom Zufall ausgelösten, auf die Individualität des Partners als Weltbestätigers und nicht auf objektive Kriterien gegründeten und gerade deshalb als dauerhaft konzipierten Liebe modelliert und andererseits die solcher Übersteigerung innewohnende Gefährdung reflektiert. Sie hat somit die Doppelfunktion, den Wandel der Liebessemantik zugleich »zu vollziehen und zu entlarven«.[122]

## 0.6 Erkenntnisgewinn durch Systemtheorie

Die referierten systemtheoretischen und diskursarchäologischen Forschungspositionen bilden den theoretischen Rahmen und somit den Ausgangspunkt für die folgenden Untersuchungen, in deren Verlauf immer wieder darauf zurückgegriffen wird. Was nun geklärt werden muß, ist das Verhältnis zwischen Theorie und Textanalyse. Denn man könnte ja fragen, wozu der ganze Theorieaufwand betrieben wird, wenn danach ganz ›herkömmliche‹

120 Ebd. – Die Trennung von Liebe und Ehe in älteren Liebeskonzeptionen erklärt sich zum einen sozialgeschichtlich aus der Dominanz dessen, was Foucault als »dispositif d'alliânce« bezeichnet; gemeint ist ein »système de mariage, de fixation et de développement des parentés, de transmission des noms et des biens« (*Histoire de la sexualité 1. La volonté de savoir,* Paris 1976, S. 140). Das Allianzdispositiv läßt eine auf gegenseitiger Neigung beruhende Partnerwahl nicht zu. Zum anderen aber ist die Trennung von Liebe und Ehe eine wichtige Voraussetzung dafür, daß Liebe als etwas besonders Wertvolles und Erstrebenswertes, aber nicht jedermann Gegebenes konzipiert werden kann. Liebe steht außerhalb gesellschaftlicher Institutionen; sie kann daher nur durch die Überwindung von Widerständen und Hindernissen realisiert werden. Fallen diese aber weg, so ist auch die Liebe gefährdet, wie man bei Mme de Lafayette und Rousseau nachlesen kann (s.u. Kap. 1).

121 *Liebe als Passion,* S. 181.

122 Ebd., S. 179.

literaturwissenschaftliche Textanalysen folgen. Dieser Frage ist mit folgenden Argumenten zu begegnen: Zum einen gibt es keine von Systemtheorie und Diskursarchäologie entwickelte eigenständige Methode zur Analyse von Einzeltexten. An dieser aber führt aus literaturwissenschaftlicher Sicht kein Weg vorbei.[123] Die zitierten Arbeiten von Foucault und Luhmann dienen somit als Anregung für Fragestellungen, die dann mit Hilfe literaturwissenschaftlicher Textanalysen beantwortet werden sollen. Zum anderen wurde mit den bisherigen Ausführungen auch eine historische Situierung der hier zu betrachtenden Texte vorgenommen (das späte 18. Jahrhundert als Epochenschwelle zur Moderne, die Romantik als erste literaturgeschichtliche Manifestation der Moderne, und zwar sowohl aus diskursarchäologischer als auch aus sozialgeschichtlicher Perspektive). Vor dem historischen Hintergrund gewinnen die Einzeltexte dann ihr spezifisches Profil, das natürlich die übergreifenden Entwicklungen nicht immer *in toto* bestätigen muß, sondern durchaus widerständig und in Teilen sogar unverrechenbar sein kann. Schließlich ist, wie nun gezeigt werden soll, insbesondere mit der Wahl der Luhmannschen Systemtheorie eine bestimmte Perspektive vorgegeben, die den Gegenstand in einem neuen Licht zeigt und somit einen Erkenntnisgewinn ermöglicht.

Dietrich Schwanitz hat als einer der ersten demonstriert, in welcher Weise die Literaturwissenschaft von systemtheoretischen Modellen profitieren kann. In seinen Ausführungen zur Selbstreferentialität des Erzählens[124] geht er aus vom historisch je unterschiedlichen Verhältnis zwischen Wirklichkeitsvorstellung und Erzählen. In vormodernen Gesellschaften gilt, daß die Geschichten, die man sich erzählt, wie Legende, Fabel, Märchen, Ex-

123 Grundlage einer als Textwissenschaft konzipierten Literaturwissenschaft muß – trotz gegenteiliger Behauptungen von interessierter Seite (vgl. etwa Christa Bürger, »Statt einer Interpretation. Anmerkungen zu Kleists Erzählen«, in: David E. Wellbery (Hg.), *Positionen der Literaturwissenschaft. Acht Modellanalysen am Beispiel von Kleists »Das Erdbeben in Chili«* (1985), München 31993, S. 88–109, hier S. 88) – eine Methode der Einzeltextanalyse sein. Es gibt nach wie vor keine geeignetere und elaboriertere als die struktural-semiotische Methode. Bei der Analyse kann man natürlich nicht stehenbleiben. Sie muß zu interpretatorischen Zwecken mit Fragestellungen verbunden werden, die aus anderen Bereichen als dem der Textimmanenz stammen, so wie ja auch die Literatur als Teilsystem mit anderen Teilsystemen interagiert und Leistungen für diese erbringt. Die entsprechenden Fragen werden im vorliegenden Fall mit Hilfe von Diskursanalyse und Systemtheorie gewonnen. Vgl. zum Stellenwert der Textanalyse innerhalb der Literaturwissenschaft auch die Argumentation bei Thomas Klinkert, *Einführung in die französische Literaturwissenschaft,* Berlin 2000, S. 11–19, insbesondere S. 17, und S. 238–252 als Beispiel für die Verbindung von Textanalyse und Interpretation.

124 *Systemtheorie und Literatur. Ein neues Paradigma,* Opladen 1990, S. 152–188.

emplum oder Novelle, als stets abrufbarer Erfahrungs- und Wissensschatz fungieren. In der modernen Gesellschaft hingegen treten aufgrund des beschleunigten Entwicklungstempos Erwartung und Erfahrung so weit auseinander, daß man »von der Vergangenheit nicht mehr auf die Zukunft hochrechnen kann«.[125] Den narrativen Gattungen, insbesondere dem Roman, stellt sich damit ein historisch völlig neuartiges Problem: Sie müssen »die laufende Vermittlung von Vergangenheit und Zukunft [...] in einer sich verändernden Welt«[126] erzählerisch gestalten. Und dabei können sie nicht mehr auf typische Erzählschemata wie in vormoderner Zeit zurückgreifen. In dieser historischen Situation entsteht der Typus des ›realistischen‹ Romans, der sich von vormodernen Erzählformen dadurch unterscheidet, daß er die Differenz zwischen Erzählung und Wirklichkeit in sich selbst in problematisierender Weise zur Darstellung bringt. Das historisch erste Beispiel solchen Erzählens ist der *Don Quijote,* dessen Held bekanntlich die in Ritterromanen gelesenen Geschichten mit der Wirklichkeit verwechselt. Systemtheoretisch ausgedrückt bedeutet das, daß die für jegliches Erzählen konstitutive Differenz zwischen System (Erzähltext und damit Fiktion) und Umwelt (Wirklichkeit) in das System in Form eines *re-entry* wiederaufgenommen wird, wodurch es möglich wird, daß das Erzählen durch das Hin- und Herschalten zwischen Selbstreferenz und Fremdreferenz sich selbst Prägnanz und Kontur verleiht und sich dadurch als etwas sowohl von der Wirklichkeit als auch von anderen, obsoleten Formen des Erzählens Unterschiedenes beglaubigt.

> Eine Geschichte weist ihre Plausibilität nun nicht mehr durch den Bestätigungswert aus, der ihr aus der Zugehörigkeit zum Schatz ähnlicher Geschichten zuwuchs, sondern a) durch die innere Konsistenz ihrer eigenen symbolischen Ordnung und b) durch das Bewußtsein von deren Differenz zur Wirklichkeit, was sowieso nur zwei Seiten derselben Medaille sind.[127]

Die Selbstreferentialität dient dem Erzählen also zur Selbstabgrenzung und Beglaubigung in einer Epoche, in der die symbolische Ordnung *(les mots)* und die Ordnung der Dinge *(les choses)* auseinandergetreten sind.[128] Welche

125 Ebd. – Vgl. hierzu auch die oben S. 20f. referierten Überlegungen von Koselleck, »Das achtzehnte Jahrhundert als Beginn der Neuzeit«.

126 *Systemtheorie und Literatur,* S. 155.

127 Ebd., S. 157.

128 Vgl. Foucault, *Les mots et les choses,* S. 60ff., der diesen Sachverhalt als Episteme der Repräsentation analysiert und den *Don Quijote* als erstes literarisches Zeugnis dieser Episteme interpretiert: »*Don Quichotte* est la première des œuvres modernes puisqu'on y voit la rai-

Rolle aber spielt in diesem Zusammenhang die Liebe? Schwanitz weist darauf hin, »daß die Liebe vor allem aus Romanen gelernt wird und daß das dann exaltierte Erwartungen weckt, wovor der Roman selbst wieder warnen kann.«[129] Liebe und Literatur sind traditionellerweise eng aneinander gekoppelt und können einen sich selbst stabilisierenden Rückkopplungsprozeß bilden, was dann die Literatur selbst wiederum bloßlegen kann.
Schwanitz entwickelt nun eingedenk dieser prinzipiellen Affinität zwischen Liebe und Literatur ein komplexes Argument, das den Zusammenhang zwischen Liebesgeschichte und Romanform im 18. und 19. Jahrhundert systemtheoretisch beschreibt und als nicht-beliebig und nicht-zufällig erscheinen läßt. Der ›realistische‹ Roman, der im 18. Jahrhundert in England von Autoren wie Defoe, Richardson und Fielding entwickelt wird und auf erzählerischer Selbstreferentialität beruht, gerät bald in eine Krise, die sich symptomatisch in Laurence Sternes *Tristram Shandy* manifestiert. Dieser Text ist ein »Roman frustrierten Erzählens«,[130] dessen Grundproblem aus der heillosen Interferenz von Erzählakt und erzählter Geschichte resultiert. Das Erzählen will sich selbst erzählen, kann aber nicht mehr zwischen Selbstreferenz und Fremdreferenz unterscheiden, so daß der Text permanent zwischen Erzählakten und Geschichten hin- und herspringt und niemals an ein Ende kommt.
Die Paradoxien, die aus der Nicht-Unterscheidung von Selbst- und Fremdreferenz resultieren, können, so die These von Schwanitz, nur gelöst werden, indem erstens »eine Erzähltechnik gefunden [wird], die eine laufende Vermittlung von Vergangenheit und Zukunft vornimmt, ohne dabei wieder die Interferenzprobleme zwischen Erzählen und Erzähltem zu reproduzieren«, und zweitens »eine Geschichte gefunden [wird], die trotz ihres Weiterlaufens

son cruelle des identités et des différences se jouer à l'infini des signes et des similitudes; puisque le langage y rompt sa vieille parenté avec les choses [...].« (S. 62) Die differenzierte literaturwissenschaftliche Analyse des Romans, welche Ulrich Winter, *Der Roman im Zeichen seiner selbst. Typologie, Analyse und historische Studien zum Diskurs literarischer Selbstrepräsentation im spanischen Roman des 15. bis 20. Jahrhunderts,* Tübingen 1998, S. 197–263, vorlegt, kommt allerdings zu dem Ergebnis, daß der *Quijote* diskurs- und mediengeschichtlich zwischen dem auf Oralität beruhenden mittelalterlichen *mouvance*-Modell des Textes und dem neuzeitlichen, schriftbasierten transzendentalen Textmodell angesiedelt ist und an beiden partizipiert. »Der transzendente Raum für transzendentale Autorschaft hat sich noch nicht konstituiert, denn zwischen Autor, Leser und Text ist das Band, das Welt mit Sprache verbindet, noch nicht durchtrennt.« (S. 246) Damit hat der Text die Episteme der Ähnlichkeit, der »prose du monde«, noch nicht definitiv hinter sich gelassen.

129 *Systemtheorie und Literatur,* S. 157.

130 Ebd., S. 160.

in eine offene Zukunft zu Ende kommt und sich zur Einheit rundet«.[131] Die Lösung findet sich in der bürgerlichen Liebesgeschichte, wie sie im englischen Roman des 18. Jahrhunderts entsteht und in der Romantik bei Jane Austen weiterentwickelt wird. Das von Richardson entworfene Handlungsschema der bürgerlichen Liebesgeschichte stellt eine tugendhafte bürgerliche Frau einem aristokratischen Verführer gegenüber. Der Code des aristokratischen *libertinage* wird durch das tugendhafte Verhalten der bürgerlichen Frau unterlaufen. Es entsteht eine Dialektik der Anerkennung, die um das Problem der Freiheit der Frau kreist. Die Liebe ›zählt‹ nur dann, wenn beide Partner einander aus freien Stücken wählen, sie kann nicht erzwungen werden. Es geht also um das Problem der doppelten Kontingenz: Beide Partner können zustimmen oder ablehnen. Wenn Liebe aber auf Freiheit und Wechselseitigkeit beruhen soll, dann muß sie bei beiden Partnern gleichzeitig und daher autokatalytisch, ohne objektiven Grund ausbrechen. Das gleichzeitige spontane Entstehen der Liebe ist nun aber höchst unwahrscheinlich; außerdem muß die Liebe ja, selbst wenn sie ausnahmsweise einmal spontan entsteht und wechselseitig ist, kommuniziert werden. Es besteht also ein doppeltes Bedürfnis: Zum einen muß die Unwahrscheinlichkeitsschwelle gesenkt, zum anderen die Kommunikation des Unwahrscheinlichen ermöglicht werden.

Auf dieses Bedürfnis antwortet die Konvention des Hofmachens, das vom Mann ausgehen muß. Die Frau muß, will sie annehmen, zunächst vordergründig ablehnen, beziehungsweise ihre Ablehnung muß so ambivalent sein, daß man hinter ihr eine heimliche Zustimmung vermuten kann, was den Mann wiederum dazu ermuntert, ihr weiter den Hof zu machen. Die von der Frau geforderte Ambivalenz aber ist nur möglich um den Preis der Verdrängung: Die bürgerliche, tugendhafte Frau darf sich ihres erotischen Begehrens gar nicht bewußt sein. Die Bewegung der Empfindsamkeit ist, so Schwanitz, eine psycho-historische Kulturrevolution, die »als zentralen Widerspruch das Verbot für die Frauen hervor[bringt], sich ihre Gefühls- und Liebesbereitschaft einzugestehen.«[132] Mit der Verdrängung einher geht aber die Projektion der verdrängten Libido auf den Verführer, der »zugleich attraktiv und verworfen«[133] ist. Das Begehren der Frau bleibt unbewußt, weshalb sie auch ihre eigene Zukunft als Ehefrau des von ihr gezähmten Verführers nicht planen kann. Die Liebe wird also – und das ist historisch

131 Ebd., S. 166.
132 Ebd., S. 172.
133 Ebd.

neu – im Roman des 18. Jahrhunderts zum psychologischen Problem und zur psychischen Belastung. Im Zusammenhang damit manifestiert sich zum ersten Mal so etwas wie das Unbewußte in literarischer Form.[134]

Wenn aber die Zukunft der Liebesgeschichte, die aus der Sicht der Frau erzählt wird, ausgeblendet bleiben muß, so legt das die Wahl bestimmter Erzählformen nahe, während andere ausgeschlossen sind. Es kann unmöglich die Ich-Erzählform gewählt werden, die ja im *Tristram Shandy* zur Konfusion geführt hat. Geeignet ist hingegen die Form des Briefromans und mehr noch die von Jane Austen entwickelte Form der Erzählung in der dritten Person mit ausgeblendeter Erzählsituation, mobiler Erzählperspektive und beruhend auf der historisch erstmaligen systematischen Verwendung der erlebten Rede.[135] Die erlebte Rede nämlich ermöglicht es, »die Differenz von Vergangenheit und Zukunft erzähltechnisch als Einheit«[136] zu fassen und dadurch den Leser an der psychologischen Entwicklung der Figur Anteil nehmen zu lassen. Der notwendige Abschluß der zukunftsoffen erzählten Geschichte wird bei Jane Austen (in den Romanen *Emma* und *Pride and Prejudice*) aus der Handlung heraus motiviert, indem die Heldin in die Verdrängung ihres erotischen Begehrens Einsicht gewinnt und dadurch ihre eigene Geschichte als Liebesgeschichte rekapitulieren kann. Damit taucht der strukturell ausgeblendete Erzählakt in Form eines *re-entry* auf der Ebene des Erzählten am Ende der Geschichte auf und bringt so den Text zum Abschluß. Zugleich wird jener die Liebesgeschichte seit Richardson prägende Verdrängungsmechanismus bloßgelegt.

134 Schwanitz geht sogar so weit zu sagen, daß das Unbewußte damals überhaupt erst entstanden sei (*Systemtheorie und Literatur*, S. 172f.). Eine solche Aussage präsupponiert jedoch erstens, daß das in literarischen Texten Dargestellte außerliterarische Sachverhalte umstandslos abbildet, und zweitens, daß lebensweltliche Phänomene unverzüglich in literarischen Texten abgebildet werden. Beide Aussagen würde Schwanitz selbst so sicher nicht unterschreiben. Es wäre wohl genauer zu sagen, daß damals die Voraussetzungen für die Entdeckung des Unbewußten geschaffen wurden. – Für Sigmund Freud hat das Unbewußte übrigens keineswegs den Charakter einer historisch relativen Erscheinung, wie unschwer daraus zu erkennen ist, daß er die ins Unbewußte verdrängten Triebregungen gegenüber Mutter und Vater nach der in der Tragödie des Sophokles überlieferten antiken Ödipus-Sage benennt und dabei auf das Überzeitliche derselben verweist: »Es muß eine Stimme in unserem Innern geben, welche die zwingende Gewalt des Schicksals im *Ödipus* anzuerkennen bereit ist [...]. Und ein solches Moment ist in der Tat in der Geschichte des Königs Ödipus enthalten. Sein Schicksal ergreift uns nur darum, weil es auch das unsrige hätte werden können, weil das Orakel unserer Geburt denselben Fluch über uns verhängt hat wie über ihn.« (*Die Traumdeutung*, in: *Studienausgabe*, hg. v. Alexander Mitscherlich et al., Bd. II, Frankfurt a. M. 1982, S. 267)

135 *Systemtheorie und Literatur*, S. 174–176.

136 Ebd., S. 175.

Schwanitz gelingt es somit, durch den Einsatz systemtheoretischer Modelle die Evolution des englischen Romans im 18. und 19. Jahrhundert plausibel zu machen. Die Strukturanalyse literarischer Texte wird mit systemtheoretischen Beschreibungen konfrontiert, woraus sich ein überraschender Erkenntnisgewinn ergibt. »Die Liebesgeschichte produziert ihre eigene Erzählbarkeit«, so ist, die Argumentation zusammenfassend, das zentrale Teilkapitel bei Schwanitz überschrieben.[137] Wenn Schwanitz' These stimmt, dann ist der Zusammenhang zwischen Erzähltechnik und erzählter Geschichte im englischen Roman des 18. und frühen 19. Jahrhunderts – unter den gegebenen (als solche natürlich kontingenten) historischen Bedingungen – nicht-kontingent. Diesen Zusammenhang aber habe er, so Schwanitz, erst mit Hilfe der Systemtheorie erkennen können.

In vergleichbarer Weise wie Schwanitz möchte ich in der vorliegenden Untersuchung Systemtheorie und Literaturwissenschaft verbinden, das heißt, es geht mir darum, die Systemtheorie in den Dienst der Literaturwissenschaft zu stellen.[138] Das Ziel kann nicht eine möglichst abstrakte systemtheoretische Reformulierung bekannter Sachverhalte sein. Diese Gefahr, der Luhmann und manche seiner literaturwissenschaftlichen Adepten und Exegeten nicht immer entgehen oder die ihnen gar keine zu sein scheint,[139] soll

137 Ebd., S. 176–180.

138 Im Unterschied zu Schwanitz wende ich die Systemtheorie nicht direkt zur Beschreibung der Texte an, sondern indirekt zu ihrer Situierung in einem historischen Kontext. Daraus ergeben sich dann neue Perspektiven auf die in den Texten dargestellten Probleme. – Einen Überblick über die verschiedenen Versuche einer Verbindung von Systemtheorie und Literaturwissenschaft bieten die Forschungsberichte von Georg Jäger, »Systemtheorie und Literatur. Teil I. Der Systembegriff der Empirischen Literaturwissenschaft«, in: *Internationales Archiv für Sozialgeschichte der Literatur* 19/1 (1994), S. 95–126, Claus-Michael Ort, »Systemtheorie und Literatur: Teil II. Der literarische Text in der Systemtheorie«, in: *Internationales Archiv für Sozialgeschichte der Literatur* 20/1 (1995), S. 161–178, und von Oliver Jahraus / Benjamin Marius Schmidt, »Systemtheorie und Literatur. Teil III. Modelle Systemtheoretischer Literaturwissenschaft in den 1990ern«, in: *Internationales Archiv für Sozialgeschichte der Literatur* 23/1 (1998), S. 66–111. Vgl. auch Jürgen Fohrmann / Harro Müller (Hg.), *Systemtheorie der Literatur,* München 1996.

139 Vgl. etwa Luhmann, »Eine Redeskription ›romantischer Kunst‹«, in: Jürgen Fohrmann / Harro Müller (Hg.), *Systemtheorie der Literatur,* München 1996, S. 325–344, wo gar nicht erst der Anspruch erhoben wird, »mit literaturwissenschaftlichen oder ästhetischen Bemühungen in Konkurrenz zu treten und neue Interpretationen romantischer Texte [...] anzubieten« (S. 325), sondern lediglich »mit systemtheoretischen Mitteln wiederzubeschreiben, was geschah, als die Romantik ihre eigene Autonomie entdeckte und nachvollzog, was schon passiert war, nämlich die gesellschaftliche Ausdifferenzierung eines speziell auf Kunst bezogenen Funktionssystems« (S. 326). Natürlich soll diese Kritik nicht die Vorzüge von Luhmanns »Redeskription« in Frage stellen. Es soll nur auf die prinzipielle Differenz eines soziologischen und eines literaturwissenschaftlichen Ansatzes hingewiesen und damit auch die Berechtigung des letzteren hervorgehoben werden.

vermieden werden, indem die Luhmannsche Theorie von der modernen, funktional differenzierten Gesellschaft lediglich als Ausgangspunkt dient. Es soll hier nicht noch einmal aufs neue belegt werden, daß es diese Ausdifferenzierung gegeben und wie sie sich vollzogen hat. Dies wurde von Luhmann selbst und in seiner Nachfolge im Bereich der Literaturwissenschaft insbesondere von Gerhard Plumpe und Niels Werber in überzeugender Weise getan. Es geht hier vielmehr um den Zusammenhang zwischen Literatur, Liebe und moderner, funktional differenzierter Gesellschaft, so wie er an den Texten selbst ablesbar ist. Meine Prämisse lautet, daß dieser Zusammenhang unter den gegebenen (kontingenten) sozio-historischen Umständen nicht-kontingent ist. Ausgehend von Rousseau soll an Werken von Hölderlin, Foscolo, Mme de Staël und Leopardi exemplarisch gezeigt werden, wie in der europäischen Romantik Liebe und Schreiben aneinander gekoppelt werden,[140] wie durch diese Kopplung Literatur im modernen Sinne entsteht und inwieweit und in welcher Form diese Literatur ihren eigenen Status als funktional differenziertes Teilsystem beziehungsweise ihren System/Umwelt-Bezug reflektiert. Die Systemtheorie dient somit als Folie zur Formulierung eines Problems, das die Texte auf unterschiedliche Weise bearbeiten. Dieses Problem soll nun zum Abschluß dieses einleitenden Kapitels skizziert werden.

## 0.7 Das Wechselspiel von Ausdifferenzierung und Entdifferenzierung

Die bekannte Tatsache, daß im 18. Jahrhundert im Bereich der Kunst von Heteronomie auf Autonomie umgestellt wird, deutet Niels Werber[141] im Anschluß an Luhmann als Beleg für die Umstellung von stratifikatorischer auf funktionale Differenzierung und für die damit implizierte Ausdifferenzierung der Kunst zu einem spezialisierten Funktionssystem. Der alteuropäischen Poetik mit ihrer Vermischung von Kunst und Moral und ihrer Gebundenheit an das Prinzip der Schichtung (man denke etwa an die Ständeklausel, die Stilebenen und vor allem die klassizistische Gattungshierarchie) entspricht »auf gesellschaftsstruktureller Ebene der stratifikatorische Differenzierungstyp mit seiner diffusen Einheit von Recht, Moral, Künsten,

140 Vgl. Friedrich A. Kittler, »Autorschaft und Liebe«, in: ders. (Hg.), *Austreibung des Geistes aus den Geisteswissenschaften. Programme des Poststrukturalismus*, Paderborn 1980, S. 142–173, der diese Kopplung am Beispiel von Goethes *Werther* darstellt.

141 *Literatur als System. Zur Ausdifferenzierung literarischer Kommunikation*, Opladen 1992.

Wissenschaften, Geschmack, Macht und Religion.«[142] Geschmack ist kein universelles Merkmal, sondern man erwirbt ihn durch die Zugehörigkeit zur Oberschicht. Ebenso wie die Gesellschaft ist die Poetik nach hierarchischen Prinzipien strukturiert. In der stratifikatorischen Gesellschaft ist alles, und mithin auch die Kunst, nach dem Prinzip der Schichtung organisiert. »Dieser Gesellschaftsstruktur korreliert eine Semantik, welche die Anschlußfähigkeit von Kommunikationen schichtspezifisch differenziert und Beiträge unter Vorgabe der Differenz ›oben vs. unten‹ sortiert. Ihre bekannteste Figur ist die Hierarchie, die ontologisch und theologisch abgesichert die oberste Schicht prämiert.«[143] Eine Folge der Interferenz von künstlerischen und nicht-künstlerischen Prinzipien im Bereich der Kunst ist, daß die Bestimmung dessen, was in der künstlerischen Darstellung als schön zu gelten hat, abhängig von nicht-künstlerischen Vorgaben ist. Somit kann das Häßliche oder das Böse, welches lebensweltlich negativen Wert hat, auch in künstlerischer Gestaltung nicht schön sein. Die Kunst erhält ihre Schönheit durch die Wahl von Gegenständen, die auch in außerkünstlerischem (gesellschaftlichem, moralischem, religiösem) Zusammenhang als schön gelten. Das Schöne ist zugleich das Nützliche, das Wahre und das Gute. Unter diesen Bedingungen kann Kunst nicht autonom sein.

Dies ändert sich bekanntlich gegen Ende des 18. Jahrhunderts. Es entsteht nun ein »Kunst- und Literatursystem, das nach ausschließlich selbstgesetzten Kriterien seine Umwelt beobachten und codieren kann.«[144] Die Prinzipien der Autonomieästhetik werden in den ästhetischen Schriften von Kant, Schiller und den Brüdern Schlegel besonders deutlich formuliert.[145] Die für die Ästhetik der Moderne vielleicht wirkungsmächtigste Schrift, Kants *Kritik der Urteilskraft* (1790), ist eine »Untersuchung des Geschmacksvermögens als ästhetischer Urteilskraft« in »transzendentaler Absicht«,[146] das heißt, es geht um die Bedingungen, denen ästhetische Urteile allgemein, bei allen Menschen unterliegen, und nicht um eine Anweisung »zur Bildung und Kultur des Geschmacks«.[147] Geschmack wird als allgemeines, angeborenes

142 Ebd., S. 34.

143 Gerhard Plumpe/Niels Werber, »Literatur ist codierbar. Aspekte einer systemtheoretischen Literaturwissenschaft«, in: Siegfried J. Schmidt (Hg.), *Literaturwissenschaft und Systemtheorie. Positionen, Kontroversen, Perspektiven,* Opladen 1993, S. 9–43, hier S. 18.

144 Werber, *Literatur als System,* S. 38.

145 Vgl. die ausführliche Darstellung bei Gerhard Plumpe, *Ästhetische Kommunikation der Moderne,* 2 Bde, Opladen 1993, Bd. 1: *Von Kant bis Hegel.*

146 Immanuel Kant, *Kritik der Urteilskraft.* Herausgegeben von Karl Vorländer. Mit einer Bibliographie von Heiner Klemme, Hamburg $^7$1990, S. 4.

147 Ebd.

Erkenntnisvermögen betrachtet (§ 7), nicht als durch »Interaktion in Oberschichten«[148] zu erwerbende und somit schichtspezifische Kompetenz. Mit diesem grundlegenden Perspektivenwechsel vollzieht Kant, so Werbers Deutung, »semantisch die Umstellung von Stratifikation auf Funktion; von in höfischer Konvention geprägtem Geschmack der Hauptstädte und Residenzen auf einen spezifischen Code anonymer Kommunikation mittels Bücher; von der unitas rerum auf Differenz.«[149] In der Tat beruht die *Kritik der Urteilskraft* auf dem Prinzip der Differenzierung, das darauf zielt, einen eigenständigen Bereich des Schönen und seiner Beurteilung zu definieren. Das Schöne wird abgegrenzt gegen das Gute und gegen das Angenehme (§§ 2–4, 15), das Geschmacksurteil unterschieden vom Erkenntnisurteil und mithin das Ästhetische vom Logischen (§ 1) usw. Besonderes Kennzeichen ist dabei das von Kant postulierte Fehlen von Interesse:

> Interesse wird das Wohlgefallen genannt, das wir mit der Vorstellung der Existenz eines Gegenstandes verbinden. [...] Nun will man aber, wenn die Frage ist, ob etwas schön sei, nicht wissen, ob uns oder irgend jemand an der Existenz der Sache irgend etwas gelegen sei, oder auch nur gelegen sein könne; sondern, wie wir sie in der bloßen Betrachtung (Anschauung oder Reflexion) beurteilen. Wenn mich jemand fragt, ob ich den Palast, den ich vor mir sehe, schön finde, so mag ich zwar sagen: ich liebe dergleichen Dinge nicht, die bloß für das Angaffen gemacht sind, oder, wie jener irokesische Sachem: ihm gefalle in Paris nichts besser als die Garküchen; ich kann noch überdem auf gut Rousseauisch auf die Eitelkeit der Großen schmählen, welche den Schweiß des Volks auf so entbehrliche Dinge verwenden; ich kann mich endlich gar leicht überzeugen, daß, wenn ich mich auf einem unbewohnten Eilande, ohne Hoffnung, jemals wieder zu Menschen zu kommen, befände, und ich durch meinen bloßen Wunsch ein solches Prachtgebäude hinzaubern könnte, ich mir auch nicht einmal diese Mühe darum geben würde, wenn ich schon eine Hütte hätte, die mir bequem genug wäre. Man kann mir alles dieses einräumen und gutheißen; nur davon ist jetzt nicht die Rede. Man will nur wissen: ob diese bloße Vorstellung des Gegenstandes in mir mit Wohlgefallen begleitet sei, so gleichgültig ich auch immer in Ansehung der Existenz des Gegenstandes dieser Vorstellung sein mag. (§ 2)

Diese Stelle macht anschaulich, daß das ästhetische Urteil von anderen, interessegeleiteten Urteilen (mir liegt nichts an der Existenz der Sache, ich halte sie für unmoralisch, ich benötige sie nicht zum Überleben) strikt zu unterscheiden ist. Eine Sache kann schön sein, ganz unabhängig davon,

148 Luhmann, *Gesellschaftsstruktur und Semantik. Studien zur Wissenssoziologie der modernen Gesellschaft,* Bd. 1 (1980), Frankfurt a. M. 1998, S. 72ff.

149 Werber, *Literatur als System,* S. 40.

ob sie nützlich, zweckmäßig oder moralisch gut ist. Kant geht bekanntlich noch weiter, wenn er postuliert, daß das Geschmacksurteil prinzipiell ohne alles Interesse sein muß: »Man muß nicht im mindesten für die Existenz der Sache eingenommen, sondern in diesem Betracht ganz gleichgültig sein, um in Sachen des Geschmacks den Richter zu spielen.« (§2) Der »Bestimmungsgrund des Geschmacksurteils« ist also eine »subjektive Zweckmäßigkeit in der Vorstellung eines Gegenstandes, ohne allen (weder objektiven noch subjektiven) Zweck, folglich die bloße Form der Zweckmäßigkeit in der Vorstellung« (§11). Deutlicher gesagt: Wird an einem Objekt eine Zweckmäßigkeit ohne Zweck wahrgenommen, so halten wir es für schön. In demselben Paragraphen heißt es auch: »[...] das Wohlgefallen, welches wir, ohne Begriff, als allgemein mitteilbar beurteilen«. Das durch das Schöne verursachte Wohlgefallen ist somit an Mitteilbarkeit, an Kommunikation gebunden. Für die Kommunikation über das Schöne aber gibt es einen spezialisierten Funktionsbereich, nämlich die »schöne Kunst«, die Kant definiert als »eine Vorstellungsart, die für sich selbst zweckmäßig ist und, obgleich ohne Zweck, dennoch die Kultur der Gemütskräfte zur geselligen Mitteilung befördert.« (§44)
Bei Kant also ist, so Werber, die Kunst als ausdifferenziertes, autonomes Funktionssystem gültig beschrieben. Er trennt die Bereiche Ästhetik (Urteilskraft), wissenschaftliche Kommunikation (Verstand, Erkenntnisvermögen) und Moral (Vernunft, Begehrungsvermögen). »Kant schärft das Bewußtsein für diese entscheidenden kommunikativen Differenzen: ›Kein Begriff des Guten kann das Geschmacksurteil bestimmen‹ [§11]. Und um eine Blume schön zu finden, muß man kein Botaniker sein [§16]. Wissenschaftliche oder moralische Diskurse verfehlen grundsätzlich die spezifische Sphäre des Schönen und Häßlichen. Allein das Gefühl der Lust und Unlust des Subjekts begründet der Kunst angemessene Geschmacksurteile.«[150] Die Fundierung des Geschmacksurteils im Subjektiven (Schönheit, so Kant, sei »ohne Beziehung auf das Gefühl des Subjekts für sich nichts«, §9) mache der seit der Antike geläufigen Ontologisierung des Schönen ein Ende.[151] Die damit begründete Autonomie des Ästhetischen wird in doppelter Weise gestützt: zum einen durch die »Ablehnung heteronomer Instrumentalisierungen«,[152] zum anderen durch die »Formulierung eines innovativen Orga-

150 Ebd., S. 41 (Einfügungen in eckigen Klammern T.K.).

151 Ebd.

152 Ebd., S. 42. – Allerdings berücksichtigt Werber hierbei nicht, daß Kant an anderer Stelle das Schöne als das »Symbol des Sittlichguten« (§59) bezeichnet, was zu einem gewissen Grad die strikte funktionale Trennung der Bereiche Kunst und Moral wieder zurück-

nisationsprinzips der Kunst« mittels Rückgriff auf die Kategorien Genie und Geschmack.[153] Laut Kant gehören Objekte, die einen fremden Zweck erfüllen, nicht zur Kunst. »Externe Finalisierungen, wie zur Zeit der Aufklärung gängig, und Kunst schließen sich aus. ›Werke‹ gehören in diesem Sinne nur dann zur Kommunikation des Kunstsystems, wenn die Kommunikation entsprechend *codiert* ist (›schön/häßlich‹) und wenn diese Kommunikation *funktional* der Kunst entspricht.«[154] Obgleich nur kunstspezifisch als schön oder häßlich codierte Objekte zur Kunst gehören, schließt Kant nicht aus, daß sie ein externes, kunstfremdes Interesse hervorrufen können. Die Kunst läßt Interesse als Nebeneffekt zu, sie darf sich aber nicht davon leiten lassen. Systemtheoretisch handelt es sich hier um den Gegensatz von Funktion und Leistung. »Von Leistungen spricht man, wenn ein Sozialsystem Selektionen in einem koexistenten Sozialsystem auslöst.«[155] Die Kunst kann Leistungen für die Erziehung, Bildung oder Wissenschaft erbringen, sie definiert sich aber dadurch nicht. »Kunst wird nicht zur Kunst, weil sie Leistungen für Teilsysteme erwirtschaftet.«[156]

Das ausdifferenzierte, operativ geschlossene moderne Kunstsystem spezialisiert sich somit auf die Funktion der Unterhaltung »vor dem historischen Hintergrund der Entstehung von Freizeit als einem gesellschaftlichen Pro-

nimmt: »Der Geschmack macht gleichsam den Übergang vom Sinnenreiz zum habituellen moralischen Interesse ohne einen zu gewaltsamen Sprung möglich, indem er die Einbildungskraft auch in ihrer Freiheit als zweckmäßig für den Verstand bestimmbar vorstellt und sogar an Gegenständen der Sinne auch ohne Sinnenreiz ein freies Wohlgefallen finden lehrt.« (ebd.) Diesen Widerspruch versucht Plumpe zu lösen, indem er auf die Differenz zwischen System und Umwelt zurückgreift: »Unsere These ist, daß Kant, nachdem er die Spezifik des Ästhetischen kategorial analysiert hat, sich dann, und in zweiter Linie, die Frage vorlegt, welche Bedeutung diese ästhetische Sphäre für die Moralphilosophie haben könnte. [...] Mit einer Formulierung der Systemtheorie: Kant durchdenkt ästhetische Kommunikation zunächst als System und dann als Umwelt anderer Kommunikationssysteme, etwa des ethischen. Es geht also keineswegs um so etwas wie eine ›Vermischung‹ oder Integration des Schönen und Guten, sondern allein darum, ob ethische Kommunikation das Recht hat, nach der moralischen Bedeutung des Schönen zu fragen. Dieses Recht gesteht Kant gerade deshalb zu, weil die moralische Thematisierung des Schönen seine Autonomie voraussetzt und respektiert.« (*Ästhetische Kommunikation der Moderne,* Bd. 1, S. 87.) Aus der zitierten Formulierung Kants geht jedoch hervor, daß es sich um mehr als nur eine (kontingente) Leistung des Schönen für seine Umwelt handelt, wenn es in *zeichenhafter,* also intrinsisch-markierter Weise an das Sittlichgute gebunden wird. Der Widerspruch scheint mir durch die Unterscheidung von Funktion und Leistung nicht befriedigend gelöst zu sein.

153 Werber, *Literatur als System,* S. 42.

154 Ebd. (Hervorh. im Text).

155 Ebd., S. 43.

156 Ebd.

blem ungebundener Zeit.«[157] Kunst codiert die von ihr bearbeiteten Materialien nach der Leitdifferenz schön vs. häßlich oder, wie Plumpe/Werber[158] vorschlagen, interessant vs. langweilig. Durch die Bearbeitung und Formung des Materials nach bestimmten, historisch je unterschiedlichen Programmen entstehen Werke als symbolisch generalisierte Kommunikationsmedien. Eine systemtheoretische Definition von Kunst lautet unter Berücksichtigung dieser Faktoren dann wie folgt: »Nicht der Code oder die Funktion allein sind es, die Kunstkommunikation definieren. Vieles kann interessant sein oder unterhalten. Allein die Kombination der Unterhaltungsfunktion des Kunstsystems, seines Codes ›interessant vs. langweilig‹, seines symbolisch generalisierten Kommunikationsmediums ›Werk‹ und seiner Ausdifferenzierung in die asymmetrischen Funktionsrollen des Produzenten und Rezipienten reichen zu einer solchen Definition hin.«[159] Mit dieser Definition verbinden die Verfasser eine Kritik an der »verengten Perspektive programmfixierter, etwa philosophisch-ästhetischer, Kunsttheorien [...], die von ›Unterhaltung‹ nichts wissen wollen, ihrerseits aber keine Funktion von Kunst mehr angeben können oder sich in Spitzfindigkeiten verlieren, die mit der Wirklichkeit kurrenter Kunstkommunikation in der modernen Gesellschaft außer Kontakt geraten.«[160]

So berechtigt diese Kritik an den einseitigen, partialen und meist versteckt normativen Definitionen von Kunst, wie sie beispielsweise in der Hermeneutik, in der Ideologiekritik oder auch im Poststrukturalismus zu finden sind, auch sein mag, so ist doch andererseits ein gerade in der Romantik virulen-

157 Plumpe/Werber, »Literatur ist codierbar«, S. 33. – Hans Ulrich Gumbrecht, »Beginn von ›Literatur‹/Abschied vom Körper?«, in: Gisela Smolka-Koerdt/Peter M. Spangenberg/Dagmar Tillmann-Bartylla (Hg.), *Der Ursprung von Literatur. Medien, Rollen, Kommunikationssituationen zwischen 1450 und 1650,* München 1988, S. 15–50, analysiert die Entstehung von ›Literatur‹ in der frühen Neuzeit vor dem Hintergrund der Entstehung des Buchdrucks und der *»Ausdifferenzierung von Interaktion und Kommunikation«* (S. 40; Hervorh. im Text), und seine These lautet, daß sich aus dem Bereich des interaktionsgebundenen mittelalterlichen Spiels sowohl die schriftgebundene ›Literatur‹ als auch die interaktionsgebundene Handlungssphäre ›Sport‹ entwickelt hätten (S. 42ff.). Damit wären ›Literatur‹ und ›Sport‹ historisch gesehen zwei Seiten einer Medaille, und es erscheint dann um so plausibler, wenn seit dem 18. Jahrhundert zunehmend auch die Literatur für die individuelle Freizeitgestaltung nutzbar gemacht wird. »Wo immer nach 1789 jener neue Horizont der Sinngebung für gesellschaftliches Handeln etabliert wurde, den ›bürgerlich‹ zu nennen wir uns angewöhnt haben, da verloren ›Literatur‹ wie ›Sport‹ ihre überkommenen, meist auf kollektive Interessen gerichteten Begründungen und wurden als komplementäre *Modi zur Bildung des Individuums* erfahren.« (S. 43; Hervorh. im Text)

158 »Literatur ist codierbar«, S. 30–32.

159 Ebd., S. 34f.

160 Ebd., S. 35.

tes Problem nicht zu übersehen. Die dominante Funktion von Kunst und Literatur in einer ausdifferenzierten Gesellschaft ist sicherlich im abstrakten und allgemeinen Sinn die der Unterhaltung, allein schon deshalb, weil es für andere, der Kunst zu früherer Zeit affine Funktionen wie Wissenstradierung, Sinnstiftung, Welterklärung andere ausdifferenzierte Teilsysteme gibt (Wissenschaft, Religion, Philosophie). Das gilt ganz besonders für die große Mehrzahl aller Kunstwerke der letzten 200 Jahre, die, eingebunden in einen eigens dafür vorgesehenen sozio-ökonomischen Distributionsbereich, das Unterhaltungsbedürfnis explizit erfüllen – das entspräche in etwa dem, was Pierre Bourdieu als »production culturelle spécialement destinée au marché« bezeichnet und was im Gegensatz zur »production d'œuvres ›pures‹ et destinées à l'appropriation symbolique« steht.[161] Die Unterhaltungsfunktion gilt auch, wenn man den Begriff der Unterhaltung nicht-pejorativ verwendet, für Texte der letzteren Gruppe, etwa *Hyperion, Heinrich von Ofterdingen* oder *Obermann.* Auch sie erfüllen ein Bedürfnis nach Unterhaltung, und man liest sie, weil sie interessant und künstlerisch gelungen, nicht – oder zumindest nicht primär – deshalb, weil sie philosophisch oder religiös sind. Es muß indes gefragt werden, wie weit man den Unterhaltungsbegriff fassen mag, ob darunter auch Belehrung, Reflexion und modellhafte Welterfahrung[162] zu verstehen sind. Denn selbst Luhmann erkennt ja, wie oben auf S. 37 gezeigt wurde, der Kunst eine sozial stabilisierende Funktion zu, die darauf beruht, daß die Kunst Wahrnehmung, die eigentlich inkommunikabel ist, kommunikativ vermittelt.[163]

Kunst hat also offenbar eine kognitive Funktion, die man nicht nur gesellschaftlich, sondern, wie Karl Eibl dies vorgeschlagen hat, auch anthropologisch fundieren kann. Eibl spricht in diesem Zusammenhang von der »Nichtwelt«; gemeint ist »das Andere, Undefinierte, Unbestimmte«, das, was aktuell nicht ist, aber sein könnte.[164] Kunst ist, so Eibl, neben Religion und Forschung eine der gesellschaftlichen Institutionen, die sich auf die kulturelle Entdeckung der Nichtwelt spezialisiert haben. Poesie (wie er die im 18. Jahrhundert entstandene moderne Literatur bezeichnet) »basiert auf den biologischen Voraussetzungen einer spielerischen Lust an der Aktivie-

161 *Les règles de l'art. Genèse et structure du champ littéraire,* Paris 1992, S. 201.

162 Nach Hermann H. Wetzel, *Rimbauds Dichtung. Ein Versuch, »die rauhe Wirklichkeit zu umarmen«,* Stuttgart 1985, sind qualitativ anspruchsvolle literarische Texte wie die Rimbauds poetische Modelle, die den »Modellcharakter sprachlicher Äußerungen über Wirklichkeit bewußt machen« (S. 17).

163 Vgl. Luhmann, *Die Kunst der Gesellschaft.*

164 *Die Entstehung der Poesie,* Frankfurt a. M./Leipzig 1995, S. 16.

rung und Wahrnehmung genetischer Dispositionen (Spannung, ›Erregung‹), des Vorhandenseins eines Raumes freier Verknüpfung (Phantasie) sowie kommunikativer Medien mit Darstellungsfunktion und Überkohärenz. Auf dieser Basis strukturiert sie die Nichtwelt durch verfremdende Wiederholung von Wirklichkeitselementen (Simultanthematisierung), insbesondere symbolisch generalisierter ungelöster Probleme, und etabliert sich damit ebenso als Organon der Reflexion dieser Aporien (der Problemüberschüsse des jeweiligen Überzeugungssystems) wie als Platzhalter des unreduzierten Ganzen.«[165] Das spezifisch Moderne der Poesie, die Signatur ihrer Autonomie in der funktional differenzierten Gesellschaft besteht darin, daß sie sich »vom Funktionsprimat der Unterstützung von Problemlösungen ablöst und zum Funktionsprimat der Reflexion ungelöster Probleme wechselt.«[166] Eine solche Funktion ist sicher nicht für alle, aber sehr wohl für diejenigen Texte und Werke anzusetzen, die aus guten Gründen bevorzugter Gegenstand der Literaturwissenschaft sind: die kanonisierten Texte des Höhenkamms.

Wenn also die allgemeine Funktion der Kunst die der Unterhaltung ist, so hat zumindest ein Teilbereich der Kunst darüber hinausgehend eine spezifischere Funktion. Nun ist nicht zu übersehen, daß die avantgardistischen Texte um 1800 gerade nicht als bloße Unterhaltung gelesen werden wollen, sondern daß sie für die Literatur einen totalisierenden Anspruch erheben, der als Symptom für die Autonomie der Literatur und ihre Funktion als Reflexionsorgan für ungelöste Probleme gedeutet werden kann. Denn wenn man einen totalisierenden Führungsanspruch für die Literatur reklamiert, so heißt das ja nichts anderes, als daß Probleme bestehen, die man damit lösen möchte. Es geht hier wohl gemerkt nicht darum, aus der Sicht des um die Dignität seines Forschungsobjektes besorgten Literaturwissenschaftlers diese Texte durch Ausgrenzung aus dem Bereich der Unterhaltung valorisieren und ›retten‹ zu wollen; das haben die aus guten Gründen kanonisierten Texte gar nicht nötig. Nicht die Literaturwissenschaftler, sondern die Autoren bemühen sich mit aller Kraft, etwa durch geschichtsphilosophische Zuschreibungen den Texten bestimmte Funktionen aufzubürden, die auf Totalität und Entdifferenzierung zielen und somit der realen Entwicklung des Kunstsystems in seiner Gesamtheit entgegenlaufen. Zugleich aber werden diese Funktionszumutungen als unerfüllbar oder vergeblich dargestellt – »[…] wozu Dichter in dürftiger Zeit?«, heißt es etwa symptomatisch bei

165 Ebd., S. 17.
166 Ebd., S. 134.

Hölderlin.[167] Vor dem Hintergrund der Ausdifferenzierung läßt sich dieses Spannungsverhältnis zwischen Totalisierungs- und Entdifferenzierungsanspruch einerseits und Einsicht in dessen Unerfüllbarkeit andererseits als epochale Signatur der Texte interpretieren,[168] um so mehr, als in allen hier untersuchten Texten ein metaphorisches und metonymisches Verhältnis zwischen Schreiben und Lieben besteht, aus dem hervorgeht, daß beide Bereiche die an sie gestellten Ansprüche aus nicht-kontingenten Gründen nicht erfüllen können. Die scheiternde Liebe wird zu einem Tropus für die Ohnmacht der Literatur als autonomes Teilsystem in der modernen Gesellschaft. Was dies im einzelnen zu bedeuten hat und wie sich das jeweilige Verhältnis zwischen Schreiben und Liebe in den Texten gestaltet, soll in den nun folgenden Textanalysen gezeigt werden.

167 *Brot und Wein,* V. 122.

168 Auch Plumpe/Werber erkennen dieses Problem, sie leugnen aber seine Relevanz, indem sie apodiktisch erklären: »Formeln wie ›Poesie ist Poesie‹ (Novalis) reflektieren die nun überall mitlaufende Selbstreferenz des Systems, dessen Operationen ausschließlich literarisch codiert sind, auch wenn sie sich anders gebärden. Die Literatur kann nun semantisch ihre Grenze zu ihrer Umwelt problematisieren oder gar leugnen und sich als Mythologie oder ästhetische Erziehung ausgeben – ihr Systemstatus wird dabei nicht gefährdet. Auch die neue Mythologie ist nur ein Medium, dessen Formung interessant ist oder langweilig.« (»Literatur ist codierbar«, S. 37f.) Natürlich wird Hölderlins Dichtung nicht zur Mythologie oder zur Philosophie, nur weil das künstlerisch bearbeitete Material aus diesen Bereichen entlehnt wird; ebenso wenig wie Foscolos Roman und seine Dichtung trotz ihrer politischen Thematik etwas anderes sind als Literatur. Meine These lautet aber, daß die Texte etwas anderes sein wollen und zugleich zu erkennen geben, daß dies unmöglich ist, und aus dieser dekonstruktiven Spannung beziehen sie ihren ästhetischen Mehrwert.

# 1. Jean-Jacques Rousseau *(La Nouvelle Héloïse)*

## 1.1 Rousseaus Neudefinition der Liebe

Schon seinen Zeitgenossen und um so mehr deren Folgegeneration galt Jean-Jacques Rousseau (1712–1778), der mit *La Nouvelle Héloïse* (1761) einen der größten Bucherfolge des 18. Jahrhunderts erzielt hat, als Begründer eines neuen literaturgeschichtlichen Paradigmas.[1] So grenzt etwa Madame de Staël in ihrer Rousseau-Schrift von 1788 die Rousseausche Liebeskonzeption sowohl von der antiken, schicksalsbestimmten, als auch von der modernen, heroisch-galanten Liebeskonzeption ab. Rousseau sei der erste gewesen, der die Darstellung der Liebe einzig auf der Grundlage des freien, von Herzen kommenden Gefühls gewagt habe.[2] Die von Rousseau eingeführte Form der Liebe erscheint der Autorin gegenüber älteren, heteronomen Liebeskonzeptionen als eine, die sich durch Autonomie des Gefühls und die freie Entscheidung des Herzens auszeichnet.
Daß in bezug auf die *Nouvelle Héloïse* die Kategorien Liebe und Gefühl als Gradmesser für Rousseaus Innovativität dienen konnten, kommt nicht von ungefähr, galt doch der Roman im 18. Jahrhundert gemeinhin als Textsorte mit dem thematischen Schwerpunkt Liebe.[3] Rousseaus eigene Ablehnung der Romane beruhte auf deren Einschätzung als »livres efféminés qui respiroient l'amour et la molesse«.[4] Zu dieser bei ihm nicht nur die Romane,

1 Zur zeitgenössischen Rezeption der *Nouvelle Héloïse* vgl. Claude Labrosse, *Lire au XVIII$^e$ siècle. La »Nouvelle Héloïse« et ses lecteurs,* Lyon 1985. Anhand der Rezeptionszeugnisse in privaten Korrespondenzen wie in der Presse zeigt der Autor, wie nachhaltig Rousseaus Roman zusammen mit seinen anderen Schriften die Literatur seiner Zeit verändert hat: »Du fait même de l'événement de lecture qu'ils constituent, les textes de J[ean] J[acques] semblent moins participer de la reprise de modes littéraires traditionnels que de l'invention d'une littérature différente.« (S. 35)

2 Vgl. Germaine de Staël, *Lettres sur les ouvrages et le caractère de J.-J. Rousseau.* Avec une préface de Marcel Françon, Genève 1979, S. 43f.: »[...] mais le sentiment qui naît du libre penchant du cœur, le sentiment à-la-fois ardent et tendre, délicat et passionné, c'est Rousseau qui, le premier, a cru qu'on pouvoit exprimer ses brûlantes agitations; c'est Rousseau qui, le premier, l'a prouvé.«

3 Vgl. hierzu allgemein Niels Werbers materialreiche Untersuchung *Liebe als Roman,* Bochum 2000.

4 Rousseau, *Les Confessions,* in: *Œuvres complètes.* Édition publiée sous la direction de Bernard Gagnebin et Marcel Raymond, 5 Bände, Paris 1959–1995, Bd. I, S. 434. Im folgenden

sondern die Literatur im allgemeinen treffenden Ablehnung stand es nun allerdings im eklatanten Widerspruch, daß er 1761 nicht allein einen Roman veröffentlichte, dessen Untertitel die dominante Liebesthematik bereits deutlich ankündigte *(Lettres de deux amans, habitans d'une petite ville au pied des Alpes)*, sondern daß er sich darüber hinaus ganz gegen die Gepflogenheiten seiner Zeit zu der Autorschaft an diesem Text durch die Namensnennung auf der Titelseite auch noch explizit bekannte.[5]

Der von Rousseau nicht minder als von seinen Gegnern erkannte Widerspruch besteht darin, daß der durch seine beiden *Discours* notorisch gewordene Kritiker der Literatur selbst aktiv in den literarischen Diskurs seiner Zeit eingreift, und zwar speziell in den Diskurs der Liebesromane.[6] Diesen Widerspruch versucht Rousseau zu rechtfertigen. Schon in der *Préface de Nar-*

wird nach dieser Ausgabe unter Nennung von Bandnummer und Seitenzahl zitiert. Es sei darauf hingewiesen, daß diese Ausgabe die orthographischen Gepflogenheiten Rousseaus möglichst getreu wiedergibt, so daß es häufig zu aus heutiger Sicht irritierenden Graphien kommt (etwa: *derniere, sentimens, di-moi, respiroient* usw.). Die Leserin/der Leser möge sich daran nicht stoßen.

5 Sicherlich ist hierbei zu bedenken, daß Rousseau in der *Préface* die Frage der Autorschaft bewußt in der Schwebe läßt: »Ai-je fait le tout, et la correspondance entiere est-elle une fiction? Gens du monde, que vous importe? C'est sûrement une fiction pour vous.« (Bd. II, S. 5) In der getrennt von der Erstausgabe publizierten *Préface de la Nouvelle Héloïse: ou Entretien sur les romans, entre l'éditeur et un homme de lettres,* die man auch als *Seconde Préface* bezeichnet, wird die Frage nach der Autorschaft und, damit zusammenhängend, nach der Fiktivität der erzählten Geschichte ausführlich diskutiert. Wenngleich Rousseau sich auch hier einer eindeutigen Beantwortung entzieht, macht er doch immerhin deutlich, daß allein sein namentliches Bekenntnis zur Herausgeberschaft als Skandal empfunden werden muß; schließlich galt er seit der Veröffentlichung seiner beiden *Discours* (1751/55) als unerbittlicher Kritiker der modernen Zivilisation im allgemeinen und der schönen Künste, der Literatur und der Wissenschaften im besonderen. Er rechtfertigt die Namensnennung dadurch, daß er Verantwortung für das Buch übernehmen wolle: »Je me nomme à la tête de ce recueil, non pour me l'approprier; mais pour en répondre.« (Bd. II, S. 27) Aus der Reaktion der Zeitgenossen wird übrigens deutlich, daß man Rousseau nicht nur für den Autor hielt, sondern ihn darüber hinaus kurzerhand mit seinem Helden Saint-Preux gleichsetzte; vgl. etwa die polemischen, Voltaire selbst zugeschriebenen *Lettres à M. de Voltaire sur* La Nouvelle Héloïse (*ou* Aloïsia) *de Jean-Jacques Rousseau, citoyen de Genève,* in: Voltaire, *Mélanges.* Texte établi et annoté par Jacques van den Heuvel, Paris 1961, S. 395–409, hier S. 399: »[Rousseau] s'est fait le héros de son roman. Ce sont les aventures et les opinions de Jean-Jacques qu'on lit dans *la Nouvelle Héloïse* [...].«

6 Dazu äußert Rousseau sich rückblickend im IX. Buch der *Confessions:* »Mon grand embarras étoit la honte de me démentir ainsi moi-même si nettement et si hautement. Après les principes sévéres que je venois d'établir avec tant de fracas [...] pouvoit-on rien imaginer de plus inattendu, de plus choquant, que de me voir tout d'un coup m'inscrire de ma propre main parmi les auteurs de ces livres que j'avois si durement censurés? Je sentois cette inconséquence dans toute sa force [...]« (Bd. I, S. 434f.).

*cisse,* auf die in der *Seconde Préface* zur *Nouvelle Héloïse* ausdrücklich verwiesen wird,[7] hatte er sich gegen den Vorwurf der Inkonsequenz, der Nichtübereinstimmung des eigenen Verhaltens mit den selbstaufgestellten Prinzipien, gewehrt, indem er den zivilisatorischen Sündenfall für irreversibel erklärte und schlußfolgerte, daß »les mêmes causes qui ont corrompu les peuples servent quelquefois à prévenir une plus grande corruption«.[8] Daraus leitet er eine Legitimation für Künste und Wissenschaften im Zustand zivilisatorischer Verderbtheit ab, die nur scheinbar im Widerspruch zu der Fundamentalkritik der beiden *Discours* steht. Denn da der gesellschaftliche Sündenfall nicht rückgängig zu machen sei, müsse man die Völker nicht dazu anleiten, Gutes zu tun, sondern man könne sie allenfalls davon abhalten, Böses zu tun; genau dies sei der Anspruch von Rousseaus eigenen literarischen Texten. Wenn es aber nicht inkonsequent ist, grundsätzlich zwar gegen die Literatur als eine der korrumpierenden Künste zu sein, diese aber angesichts des irreversiblen zivilisatorischen Verfalls *de facto* selbst zu strategischen Zwecken einzusetzen, dann muß es darum gehen, innerhalb der Institution Literatur eine Position zu besetzen, von der aus man gehört wird. Unter diesem Gesichtspunkt mag die »Publikumsbeschimpfung«[9] des *Entretien sur les romans* als gezielte Provokation erscheinen, die dazu dient, dem Verfasser des Romans das Gehör zu verschaffen, das er benötigt, um seine Neudefinition der Konzepte Liebe und Gefühl durchzusetzen.[10]

7 Bd. II, S. 25.

8 Bd. II, S. 972. – Ähnlich schon die Argumentation in Rousseaus Antwort auf die vom polnischen König Stanislaus geübte Kritik an seinem *Discours sur les sciences et les arts,* wo er vorschlägt, die Künste und Wissenschaften als »palliatif« gegen die von ihnen verursachten Übel zu verwenden: »Laissons donc les Sciences et les Arts adoucir en quelque sorte la férocité des hommes qu'ils ont corrompus […].« (Bd. III, S. 56)

9 Den Begriff der »Publikumsbeschimpfung« im Zusammenhang mit der ersten *Préface* verwendet Hans Robert Jauß, »Rousseaus ›Nouvelle Héloïse‹ und Goethes ›Werther‹ im Horizontwandel zwischen französischer Aufklärung und deutschem Idealismus« (1982), in: *Ästhetische Erfahrung und literarische Hermeneutik,* Frankfurt a. M. 1991, S. 585–653, hier S. 599.

10 Darüber, daß die *Nouvelle Héloïse* eine Neudefinition der literarisch vermittelten Liebeskonzeptionen vornimmt, sind sich die beiden Dialogpartner des *Entretien sur les romans* einig (man sieht daran auch, daß die Literatur bei Rousseau noch durchaus heteronom gedacht wird, wenngleich die proklamierte Heteronomie durch die schillernde Widersprüchlichkeit der Texte unterlaufen wird): »*R.* Sublimes Auteurs, rabaissez un peu vos modeles, si vous voulez qu'on cherche à les imiter. A qui vantez-vous la pureté qu'on n'a pas souillée? Eh! parlez-nous de celle qu'on peut recouvrer; peut-être au moins quelqu'un pourra vous entendre. – *N.* Votre jeune homme a déja fait ces réflexions: mais n'importe; on ne vous fera pas moins un crime d'avoir dit ce qu'on fait, pour montrer ensuite ce qu'on devroit faire. Sans compter, qu'inspirer l'amour aux filles et la réserve aux femmes, c'est *renverser l'ordre établi, et ramener toute cette petite morale que la Philosophie a proscrite.*« (Bd. II,

Ziel dieses Kapitels ist es, Rousseaus Neudefinition vor dem Hintergrund der historisch-soziologischen Funktion von Liebe und Sexualität als diskursiven Phänomenen zu situieren, wie sie in Arbeiten von Luhmann und Foucault beschrieben wurde.[11] Obwohl diese beiden Autoren in der Rousseau-Forschung häufig routinemäßig als Gewährsleute genannt werden, gibt es nur wenige Untersuchungen, die sich auf Prämissen und Ergebnisse ihrer Forschungen tatsächlich näher einlassen. Auszunehmen von dieser Tendenz ist eine Arbeit von Wolfgang Matzat,[12] welche Rousseaus Roman unter Rückgriff auf die Foucaultsche Epocheneinteilung dem Diskurs der klassischen Episteme[13] zuzurechnen versucht. Um seine These zu stützen, zeigt Matzat Affinitäten zwischen der Liebeskonzeption von Rousseau und der der Moralisten des 17. Jahrhunderts auf. Gegen modernisierende Lektüren, die vorromantische und antihöfische Elemente von Rousseaus Werk ein-

S. 26; Hervorh. T. K.) Auch in anderer Hinsicht schickt Rousseau sich an, die etablierte Ordnung umzustürzen. So ist sein erklärtes Ziel die Unabhängigkeit von Verlegern und von Mäzenen, weshalb er seinen Lebensunterhalt durch die bescheidene Stelle eines Kopisten verdient. Diese Originalität zeigt sich auch in seiner Auffassung von geistigem Eigentum. Bei der Erstellung der Druckfassung der *Nouvelle Héloïse* hat er – durchaus ungewöhnlich für seine Zeit – das letzte Wort gegenüber seinem Verleger. Ebenso ungewöhnlich ist es, daß er die Manuskripte seiner publizierten Werke aufbewahrt, um eine Ausgabe seiner *Œuvres complètes* vorzubereiten. Die Hinweise zu Rousseaus originellem Umgang mit Manuskripten verdanke ich Nathalie Ferrand, »Rousseau, du copiste à l'écrivain. Manuscrits de *La Nouvelle Héloïse*« (Vortrag, gehalten am 22. 3. 1997 an der *École Normale Supérieure,* Paris, rue d'Ulm, im Rahmen des vom *Institut des Textes et Manuscrits Modernes* veranstalteten Seminars 1996/97 *Écrire au XVII^e^ et au XVIII^e^ siècle*). Die genannten Verhaltensweisen fügen sich zu einer Strategie des radikalen Bruchs, den Ursula Link-Heer, »Literarhistorische Periodisierungsprobleme und kultureller Bruch: das Beispiel Rousseau«, in: Bernard Cerquiglini/Hans Ulrich Gumbrecht (Hg.), *Der Diskurs der Literatur- und Sprachhistorie. Wissenschaftsgeschichte als Innovationsvorgabe,* Frankfurt a. M. 1983, S. 243–264, mit Kategorien von Antonio Gramsci beschreibt: Demnach opponiert Rousseau gegen die drei um 1750/60 dominierenden sozialhistorischen Blöcke in Frankreich, das heißt den »dominierenden Block auf dem Niveau der Staatsapparate«, den seine Hegemonie auf der Ebene der sozialen Institutionen vorbereitenden »bürgerlichen Block« und den »Teilblock von Feudalität und Kirche« (S. 252). »Die Mentalität Rousseaus, wie sie sowohl in seinem Leben als auch in seinen Texten erscheint, entspricht [...] nicht einem der bestehenden sozialhistorischen Blöcke seiner Zeit, sie entspricht vielmehr dem *Projekt* eines weiteren, zunächst bloß imaginierten sozialhistorischen Blocks.« (S. 252 f.; Hervorh. im Text) Dieser von Rousseau imaginierte neue Block stützt sich auf Plebejer, Bauern und aufgeklärten Landadel.

11 Zu Luhmann vgl. die Ausführungen in Kap. 0.4 und 0.5; zu Foucaults *Histoire de la sexualité 1: La volonté de savoir,* Paris 1976, siehe unten (Kap. 1.2).

12 *Diskursgeschichte der Leidenschaft. Zur Affektmodellierung im französischen Roman von Rousseau bis Balzac,* Tübingen 1990.

13 Vgl. Foucault, *Les mots et les choses,* und meine diesbezüglichen Ausführungen in Kap. 0.3.

seitig privilegieren und ihn als Exponenten bürgerlicher Emanzipation reklamieren, wendet Matzat sich unter Hinweis auf die Labilität und Widersprüchlichkeit der in der *Nouvelle Héloïse* entwickelten Liebeskonzeption. Diese Instabilität versucht er diskursanalytisch zu erklären; seine These lautet, »daß Rousseau aufgrund der bestehenden diskursiven Voraussetzungen zu keiner stabilen Modellbildung im Bereich der Affektsemantik kommen kann.«[14] Anders gesagt: Rousseau wolle sich zwar von dem auf Transparenz gegründeten und Leidenschaft stigmatisierenden Diskurs der klassischen Episteme durch den Versuch einer positiven Fundierung von Leidenschaftlichkeit lösen, dies gelinge ihm aber nicht, weil er zur Affektmodellierung nur das moralistische Modell »einer auf illusionären Repräsentationen beruhenden und daher entfremdeten Leidenschaftlichkeit«[15] zur Verfügung habe.

An Matzat möchte ich anknüpfen, seine Perspektive aber durch Luhmann sowie den Foucault der *Histoire de la sexualité* erweitern. Die Labilität des Rousseauschen Modells läßt sich nämlich meines Erachtens nicht aus der Unmöglichkeit heraus erklären, das klassische Diskurssystem aufzubrechen. Wie sich im Gegenteil zeigen wird, überschreitet der Roman tatsächlich die Grenzen des klassischen Diskurses. Ein zentrales Merkmal ist dem Roman mit der klassischen Episteme gemeinsam: das Gebot diskursiver Transparenz. Dieses gilt sowohl für den Liebesdiskurs zwischen Saint-Preux und Julie als auch für das komplexe Liebesmodell von Clarens, in dem sich, wie zu zeigen sein wird, verschiedene Liebesmodelle überlagern. Der Roman führt nun vor, wie dieses Liebesmodell scheitert. Sein Scheitern aber resultiert aus den dem Gebot diskursiver Transparenz selbst innewohnenden Aporien, die durch Rousseaus komplexe Konstruktion aufgedeckt werden. In meiner Perspektive ist die *Nouvelle Héloïse* ein epistemologischer Kommentar über die Grenzen des klassischen Diskurses. Indem der Text andererseits historisch unterschiedliche Liebesdiskurse miteinander interagieren läßt, wird er zu einer Manifestation des kulturellen Gedächtnisses.[16] Er stellt

14 *Diskursgeschichte der Leidenschaft,* S. 19.

15 Ebd., S. 40.

16 Aus der umfangreichen Literatur der achtziger und neunziger Jahre zum Thema Literatur und kulturelles Gedächtnis seien hier folgende Titel genannt: Aleida und Jan Assmann/Christof Hardmeier (Hg.), *Schrift und Gedächtnis. Beiträge zur Archäologie der literarischen Kommunikation,* München 1983, Jan Assmann/Tonio Hölscher (Hg.), *Kultur und Gedächtnis,* Frankfurt a.M. 1988, Renate Lachmann, *Gedächtnis und Literatur. Intertextualität in der russischen Moderne,* Frankfurt a.M. 1990, Aleida Assmann/Dietrich Harth (Hg.), *Mnemosyne. Formen und Funktionen der kulturellen Erinnerung,* Frankfurt a.M. 1991, Anselm Haverkamp/Renate Lachmann (Hg.), *Gedächtniskunst. Raum – Bild – Schrift. Studien zur*

verschiedene, historisch unterschiedliche Formen des Liebesdiskurses in ein dialogisches Verhältnis zueinander, welches die Spannungen zwischen den einzelnen Diskursen sichtbar macht. Zugleich läßt sich am Roman ein historischer Medienwandel ablesen, eine Neudefinition des Verhältnisses zwischen Liebe, Text und Autor, die wegweisend für die Romantik sein wird. Um dies zu verstehen und historisch als Manifestation eines diskursiven Wandels zu verorten, greife ich auf die genannten Untersuchungen von Luhmann und Foucault zurück.

## 1.2 Die Diskursivierung von Sexualität

Weil die Sexualität bei Rousseau eine zentrale Rolle spielt, bietet es sich an, die Luhmannschen Überlegungen zur Semantik der Liebe im 18. Jahrhundert (Kap. 0.4 und 0.5) durch Foucaults Ausführungen zur Geschichte der Sexualität als diskursiver Praxis zu ergänzen.[17] Foucault geht aus von der allgemein akzeptierten Annahme, wonach das Geschlechtliche (»le sexe«) seit dem 17. Jahrhundert im Zuge einer zunehmenden Repression tabuisiert und aus dem öffentlichen Leben ausgegrenzt worden sei. Diese Repressionshypothese (»hypothèse répressive«) versucht Foucault zu widerlegen. Er stellt folgende provokative Frage:

> La question que je voudrais poser n'est pas: pourquoi sommes-nous réprimés, mais pourquoi disons-nous, avec tant de passion, tant de rancœur contre notre passé le plus proche, contre notre présent et contre nous-mêmes, que nous sommes réprimés?[18]

*Mnemotechnik,* Frankfurt a. M. 1991, Anselm Haverkamp/Renate Lachmann/Reinhart Herzog, *Memoria. Vergessen und Erinnern,* München 1993. Verweisen möchte ich auch auf die knappe, aber sehr anschauliche Darstellung von Aleida und Jan Assmann, »Archäologie der literarischen Kommunikation«, in: Miltos Pechlivanos et al. (Hg.), *Einführung in die Literaturwissenschaft,* Stuttgart 1995, S. 200–206. Zur Funktion von Erinnerung in der Romantik vgl. Günter Oesterle (Hg.), *Erinnern und Vergessen in der europäischen Romantik,* Würzburg 2001.

17 Ich folge hier einer Anregung von Rainer Warning, »Einige Hypothesen zur Frühgeschichte der Empfindsamkeit«, in: Sebastian Neumeister (Hg.), *Frühaufklärung,* München 1994, S. 415–423, der vorschlägt, »die genetisch einseitige Herleitung der Empfindsamkeit aus dem Geist bürgerlicher Sexualscheu zu suspendieren« und statt dessen Empfindsamkeit mit Foucault als »Manifestation neuzeitlicher ›mise en discours du sexe‹« zu betrachten (S. 417).

18 *Histoire de la sexualité 1,* S. 16.

Nach Foucaults These ist das Geschlechtliche seit dem 17. Jahrhundert gerade nicht tabuisiert, sondern im Gegenteil in verschiedenen gesellschaftlichen Bereichen ausgiebig thematisiert worden. Es ist eine geradezu obsessive »mise en discours du sexe«[19] zu konstatieren, deren Gesetze und Mechanismen freizulegen Foucault sich vornimmt.
Für die »mise en discours du sexe« gibt es zahlreiche Beispiele, denn diese gehorcht laut Foucault seit dem 18. Jahrhundert dem Gesetz der Proliferation und der Dispersion.[20] Es findet eine »explosion discursive«[21] statt, die den herkömmlichen Diskurs über Sexualität grundlegend verändert. Sexualität wird, so Foucault, nicht unterdrückt oder verdrängt, sondern im Gegenteil normiert und geregelt, sie wird einer ausgeklügelten Kontrolle unterworfen, die sich vor allem in den Diskursen von Medizin, Jurisprudenz und Wissenschaft artikuliert.
Im Gegensatz zur *ars erotica* der antiken, der chinesischen oder der arabisch-moslemischen Kultur läßt sich der neuzeitlich-abendländische Umgang mit Sexualität als *scientia sexualis* bezeichnen. Diese stützt sich nicht auf eine esoterische, vom Meister an den Schüler vermittelte Praxis, sondern auf die Diskursivierung. Bevorzugte Form der Diskursivierung ist das Geständnis, die Beichte. Das Geständnis hat in der abendländischen Liturgie und Rechtsgeschichte eine zentrale Stellung. Seit dem 4. Ökumenischen Laterankonzil 1215, bei dem die bischöfliche Inquisition eingeführt wurde, ist das Geständnis entscheidender Bestandteil der kanonischen und weltlichen Strafjustiz. Dies hat entscheidende Auswirkungen: Während das französische Wort *aveu* im Mittelalter die Bedeutung hatte: »garantie de statut, d'identité et de valeur

19 Ebd., S. 20.

20 Einige Beispiele für die »mise en discours du sexe« seien hier genannt: In der Beichte gelten seit dem für die Gegenreformation weichenstellenden Konzil von Trient (1545–63) neue Vorschriften, die den Gläubigen eine detaillierte Beschreibung ihrer fleischlichen Gelüste, ihrer Wollust, ihres Verlangens abfordern. Nicht wie früher nur der Akt der Wollust, sondern alle Begleitumstände müssen nun versprachlicht werden (*Histoire de la sexualité 1,* S. 27ff.). – In den Knabenschulen des 18. Jahrhunderts herrscht ein permanenter Alarmzustand hinsichtlich der kindlichen Sexualität, das heißt der von den Lehrern und Aufsehern zu unterbindenden Masturbation. Ärzte und Pädagogen thematisieren in zahlreichen Schriften das Problem der kindlichen Sexualität, dieses wird zum öffentlichen Problem (S. 39ff.). – Im 19. Jahrhundert schließlich wird die Sexualität in all ihren Formen Gegenstand wissenschaftlicher Untersuchung: die hysterische Frau, der geistig Zurückgebliebene, der sich von einem Mädchen am Waldesrand manuell befriedigen läßt, der Ehebrecher, der ›Sodomist‹ (das heißt der Homosexuelle) – sie alle finden Eingang in wissenschaftliches oder pseudo-wissenschaftliches Schrifttum, ihre Sexualität wird zum klinischen Fall (S. 42ff.).

21 Ebd., S. 53.

accordée par quelqu'un à un autre«, bedeutet es in der Neuzeit »reconnaissance par quelqu'un de ses propres actions ou pensées«.[22] Dies, so Foucault, steht in Wechselwirkung mit dem Status des Individuums:

> L'individu s'est longtemps authentifié par la référence des autres et la manifestation de son lien à autrui (famille, allégeance, protection); puis on l'a authentifié par le discours de vérité qu'il était capable ou obligé de tenir sur lui-même. L'aveu de la vérité s'est inscrit au cœur des procédures d'individualisation par le pouvoir.[23]

Das neuzeitlich-abendländische Individuum ist eine »bête d'aveu«;[24] »[...] l'aveu est devenu, en Occident, une des techniques les plus hautement valorisées pour produire le vrai. Nous sommes devenus, depuis lors, une société singulièrement avouante.«[25] Die basale Rolle des Geständnisses bei der diskursiven Produktion von Wahrheit zeigt sich daran, daß es Eingang in die verschiedensten Diskurse findet (Justiz, Medizin, Pädagogik, Familienbeziehungen, Liebesbeziehungen). Privilegierter Ort des Geständnisses aber ist das Buch, denn: »[...] on se fait à soi-même, dans le plaisir et la peine, des aveux impossibles à tout autre, et dont on fait des livres.«[26] Dies wiederum bringt einen Wandel der Literatur mit sich:

> De là sans doute une métamorphose dans la littérature: d'un plaisir de raconter et d'entendre, qui était centré sur le récit héroïque ou merveilleux des »épreuves« de bravoure ou de sainteté, on est passé à une littérature ordonnée à la tâche infinie de faire lever du fond de soi-même, entre les mots, une vérité que la forme même de l'aveu fait miroiter comme l'inaccessible.[27]

Das Geständnis vollzieht sich als Dialog zweier ungleicher Partner, unter dem Zeichen der Kontrolle, der Macht, »car on n'avoue pas sans la présence au moins virtuelle d'un partenaire qui n'est pas simplement l'interlocuteur, mais l'instance qui requiert l'aveu, l'impose, l'apprécie et intervient pour juger, punir, pardonner, consoler, réconcilier«.[28] Foucault legt die Mechanismen der diskursiven Praktiken bloß, die dabei im Spiel sind, und er zeigt, daß die ›Sexualität‹ nicht etwas Naturgegebenes ist, sondern ein Konstrukt,

22 Ebd., S. 78.
23 Ebd., S. 78f.
24 Ebd., S. 80.
25 Ebd., S. 79.
26 Ebd.
27 Ebd., S. 80.
28 Ebd., S. 83.

ein diskursiver Effekt. Mit Luhmann könnte man sagen, daß Sexualität im Sinne Foucaults genau wie Liebe ein symbolisch generalisiertes Kommunikationsmedium ist.

Wesentliche Funktion der »mise en discours du sexe« ist es, die Wahrheit über das Subjekt zu sagen, wobei sich dieses Subjekt als gespaltenes erweist. Das Subjekt erkennt in der geständnishaften Rede über seine eigene Sexualität seine Wahrheit, aber es erkennt auch, daß es sich selbst zumindest teilweise unverfügbar ist, weil es innerlich gespalten ist, weil ihm sein Bezug zur eigenen Sexualität nicht vollständig klar werden kann.[29] Das Vergnügen oder die Lust, die in der *ars erotica* im Vollzug sexueller Praktiken entsteht, verlagert sich im Rahmen der *scientia sexualis* auf den Akt der Diskursivierung.[30] Deutlicher gesagt: Das Sprechen oder Schreiben über Sexualität wird sexualisiert, es erzeugt und entbindet Lust. An diese Grundthesen knüpft Foucault im weiteren Fortgang seiner Analyse eine Theorie der Macht an, die Macht nicht als ein einsinniges Prinzip deutet, das sich auf der Negation, dem Verbot konstituiert, sondern als etwas Polymorphes, Dezentrales, als diskursiv gesteuerte Relationen der Kontrolle, der Organisation, der Disziplinierung, der Normierung von Verhaltensweisen.

Zum Zusammenhang von Sexualität und Familie finden sich bei Foucault interessante Bemerkungen, die die Ausführungen Luhmanns zum Wandel der Liebeskonzeptionen im 18. Jahrhundert ergänzen und erweitern, was sich im Hinblick auf die hier zu behandelnden Texte als aufschlußreich erweisen wird. Foucault unterscheidet zwischen einem älteren »dispositif

29 Den Zusammenhang zwischen Sexualität und Wahrheit erkannte schon Freud in seinen erstmals 1905 erschienenen *Drei Abhandlungen zur Sexualtheorie,* in: *Studienausgabe,* hg. v. A. Mitscherlich et al., Bd. V, Frankfurt a. M. 1982, S. 37–145, wo er von einem »Wiß- oder Forschertrieb« spricht (entsprechend der »volonté de savoir« bei Foucault), der zeitgleich mit der Blüte der frühkindlichen Sexualität zwischen dem dritten und fünften Lebensjahr die »infantile Sexualforschung« in Gang setzt. Diese Sexualforschung bringt Theorien über die Entstehung der Kinder, über die Geschlechterdifferenz und die Natur des Sexualaktes hervor. Solche Theorien zeugen »trotz ihrer grotesken Irrtümer von mehr Verständnis für die Sexualvorgänge [...], als man ihren Schöpfern zugemutet hätte« (S. 102), doch sind sie defizitär, weil ihnen Kenntnisse über die weibliche Geschlechtsöffnung und die Funktion des Samens bei der Befruchtung fehlen. Daher läßt das Kind schließlich von seinen Sexualforschungen ab, was »nicht selten eine dauerhafte Schädigung des Wißtriebes zurückläßt« (ebd.). Die stets einsam erfolgende frühkindliche Sexualforschung erweist sich als wichtiger Katalysator der Entwicklung zum Individuum: »[...] sie bedeutet einen ersten Schritt zur selbständigen Orientierung in der Welt und setzt eine starke Entfremdung des Kindes von den Personen seiner Umgebung, die vorher sein volles Vertrauen genossen hatten.« (ebd.)

30 *Histoire de la sexualité 1,* S. 95.

d'alliance« und einem jüngeren »dispositif de sexualité«.[31] Das Allianzdispositiv regelt die Mechanismen von Heirat, Verwandtschaftsbeziehungen und der Weitergabe von Namen und Gütern. Im Zuge des tiefgreifenden gesellschaftlichen Wandels erweist sich dieses Dispositiv zunehmend als unzureichende Basis für Ökonomie und Politik. Deshalb wird das Allianzdispositiv allmählich von dem neuentstehenden Sexualitätsdispositiv überlagert. Beide Dispositive regeln die Beziehungen zwischen Sexualpartnern. Das ältere Dispositiv steckt durch klare Abgrenzungsregeln (erlaubt/verboten u. ä.) ein Feld ab, in dem sich Personen, deren Status durch Stand und Herkunft definiert ist, situieren. Das neuere Dispositiv hingegen instituiert mobile und polymorphe Kontrolltechniken, die nicht auf einen fest definierten Bereich eingrenzbar sind. Die Beziehungen zwischen Partnern werden nun durch Körperempfindungen und Lustgefühle geregelt. Über den Körper wird auch die Anbindung an den Bereich der Ökonomie geleistet. Das Allianzdispositiv ist an das Recht und die Reproduktion gebunden, das Sexualitätsdispositiv an ungreifbar werdende, dezentrale Kontrolle, deren Agent das intensivierte Erleben des Körpers ist. Schaltstelle zwischen Allianz- und Sexualitätsdispositiv ist die Familie: »[...] elle transporte la loi et la dimension du juridique dans le dispositif de sexualité; et elle transporte l'économie du plaisir et l'intensité des sensations dans le régime de l'alliance.«[32] Die Erosion des Allianzdispositivs und seine allmähliche Ablösung durch das Sexualitätsdispositiv werden in der Romanliteratur seit dem späten 17. Jahrhundert beschrieben und problematisiert (etwa bei Mme de Villedieu, Mme de Lafayette, Prévost, Rousseau und Laclos). Ein wichtiger Vorläufertext der *Nouvelle Héloïse,* Mme de Lafayettes *La Princesse de Clèves,* soll im folgenden unter diesem Aspekt als Folie für Rousseaus Roman kurz präsentiert werden.[33]

31 Ebd., S. 140–143.

32 Ebd., S. 143.

33 Die *Nouvelle Héloïse* knüpft an das aporetisch-singuläre Beziehungsmodell der *Princesse de Clèves* an. Rousseau selbst weist im XI. Buch der *Confessions* auf diese Filiation hin, wenn er über seinen Roman sagt: »Je mets sans crainte sa quatriéme partie à côté de la Princesse de Clèves [...].« (Bd. I, S. 546) Matzat, *Diskursgeschichte der Leidenschaft,* S. 29–31, betrachtet Mme de Lafayettes Roman als »exemplarisch für die Möglichkeiten und Grenzen der literarischen Affektdarstellung in der klassischen Epoche« (S. 30). Er sieht den Text befangen in den Grenzen des klassischen Diskurses und der damit einhergehenden negativen Konzeption von Affekten. Ich möchte im folgenden zeigen, daß der Text sich gegenüber dem klassischen Diskurs zumindest teilweise auf einer Metaebene situiert. Rousseau wird diese Tendenz dann verstärken.

## 1.3 Exkurs: Die Problematisierung des Allianzdispositivs bei Madame de Lafayette

Der 1678 anonym erschienene Roman *La Princesse de Clèves* der Mme de Lafayette gewinnt sein Profil vor dem Hintergrund der französischen Moralistik. Wenn La Rochefoucauld, der als Freund der Autorin an der Textgenese beteiligt war, in einer berühmten Maxime von der Nicht-Darstellbarkeit des *amour-propre* spricht,[34] so ist laut Karlheinz Stierle *La Princesse de Clèves* der »Versuch, das Undarstellbare [sc. den *amour-propre*] darzustellen«.[35] Durch die narrative Aneignung des in den Schriften der Moralisten ausgeprägten, rhetorisch unmarkierten »funktionalen Stils« – Stierle spricht von einer »Bewegung, die sich eine Sprache sucht, in der sie sich darstellen kann«[36] – inauguriert der Roman ein neues literarhistorisches Paradigma. Die Abgrenzung vom heroisch-galanten Barockroman erfolgt, so Wolfgang Matzat, durch die »Reduktion der Ereignisfülle«, durch die »Interiorisierung der Handlung«, die »Entsinnlichung« sowie die »imaginäre[.] Auszehrung der Leidenschaften«.[37]

Die formale Innovativität des Romans hat ihr Gegenstück auf der Ebene der *histoire*. Hier wird dem herkömmlichen Modell der mit außerehelichen Liebesbeziehungen einhergehenden Allianzehe ein komplexes Gegenmodell gegenübergestellt, auf dessen Singularität der Text mehrfach deutlich hinweist.[38] Das Allianzmodell wird zu Beginn des Romans in vielfacher

34 Es handelt sich um die erste der »Maximes supprimées«, welche wie folgt beginnt: »L'amour-propre est l'amour de soi-même, et de toutes choses pour soi; il rend les hommes idolâtres d'eux-mêmes, et les rendrait les tyrans des autres si la fortune leur en donnait les moyens; il ne se repose jamais hors de soi, et ne s'arrête dans les sujets étrangers que comme les abeilles sur les fleurs, pour en tirer ce qui lui est propre. Rien n'est si impétueux que ses désirs, rien de si caché que ses desseins, rien de si habile que ses conduites; *ses souplesses ne se peuvent représenter,* ses transformations passent celles des métamorphoses, et ses raffinements ceux de la chimie.« (La Rochefoucauld, *Réflexions ou Sentences et Maximes morales. Suivi de Réflexions diverses et des Maximes de Madame de Sablé.* Édition présentée, établie et annotée par Jean Lafond. Deuxième édition revue et corrigée, Paris 1976, S. 129; Hervorh. T. K.)

35 »Die Modernität der französischen Klassik. Negative Anthropologie und funktionaler Stil«, in: Fritz Nies / Karlheinz Stierle (Hg.), *Französische Klassik. Theorie – Literatur – Malerei,* München 1985, S. 81–128, hier S. 112.

36 Ebd., S. 84.

37 »Affektrepräsentation im klassischen Diskurs: *La Princesse de Clèves*«, in: Fritz Nies / Karlheinz Stierle (Hg.), *Französische Klassik. Theorie – Literatur – Malerei,* München 1985, S. 231–266, hier S. 232.

38 Vgl. *La Princesse de Clèves,* in: Madame de Lafayette, *Romans et Nouvelles.* Édition critique avec chronologie, introduction, bibliographie et notes, établie par Alain Niderst. Édition revue et corrigée, Paris 1997, S. 249–416, hier S. 350, 351, 354, 361, 367, 386, 393.

Variation exponiert. Im Rahmen des Allianzdispositivs sind persönliche Gefühle überindividuellen, machtpolitischen Erfordernissen klar untergeordnet. Die frustrierten persönlichen Gefühle können entweder durch Teilhabe an der Macht kompensiert und sublimiert werden, oder sie können in Gestalt außer- beziehungsweise nicht-ehelicher Liebesbeziehungen ausgelebt werden. Beide Möglichkeiten stehen in engem Zusammenhang, denn im komplexen Sozialgefüge des Hofes existiert keine Trennung zwischen Privatsphäre und Politik; das Private ist von öffentlichem Interesse: »L'ambition et la galanterie étaient l'âme de cette cour [...]. [...] l'amour était toujours mêlé aux affaires et les affaires à l'amour.«[39]

Das im Mittelpunkt des Textes stehende asketische Dreiecksverhältnis zwischen Mme de Clèves, ihrem Ehemann und dem Duc de Nemours erscheint nun als experimentelles Gegenmodell zu den innerhalb des Allianzdispositivs möglichen Beziehungsformen. Mme de Clèves nämlich folgt zunächst der Auffassung ihrer Mutter, Mme de Chartres, wonach es das einzig mögliche Glück einer Frau sei, ihren Ehemann zu lieben und von ihm geliebt zu werden. Dieses Beziehungsmodell, welches die Koinzidenz von Liebe und Ehe postuliert, steht aber in einem unauflösbaren Widerspruch zu dem von Mme de Chartres ebenfalls vertretenen Allianzmodell. Obwohl die Tochter keine besondere Zuneigung für den um sie werbenden Prince de Clèves empfindet, willigt die Mutter in die Ehe ein, weil Clèves ein standesgemäßer Partner für die reiche Erbin ist. Damit verstößt die Mutter aber gegen ihr zuvor gemachtes Angebot, die Entscheidung der *inclination* ihrer Tochter anheimzustellen. Die Beziehung ist aufgrund der nur einseitig gewährten Wahlfreiheit somit von Beginn an asymmetrisch: Während M. de Clèves Leidenschaft *(passion)* empfindet, hat seine Braut für ihn nur Gefühle wie *estime, reconnaissance, bonté* oder auch *pitié* übrig.[40]

Mit der Passion ist jene Größe ins Spiel gebracht, ohne die offenbar eine Liebesbeziehung nicht glücklich sein kann, die aber von der Mutter als so bedrohlich empfunden wird, daß sie es vorgezogen hat, ihre Tochter in Unkenntnis darüber zu belassen. Aus dieser Leerstelle heraus entsteht jene Dynamik, aus der sich die experimentelle Dreiecksbeziehung entwickeln kann. Mme de Clèves begegnet nach ihrer Hochzeit einem Mann, der als »chef-d'œuvre de la nature«[41] gilt und am Hof als der größte Herzensbrecher einen von allen anerkannten Sonderstatus genießt. Dieser Sonderstatus aber entspricht genau jenem der Mme de Clèves, die ebenfalls für ihre perfekte

39 *La Princesse de Clèves,* S. 264.

40 *La Princesse de Clèves,* S. 270ff.

41 *La Princesse de Clèves,* S. 255.

Schönheit bewundert wird. Die beiden Ausnahmemenschen verlieben sich aufgrund der objektiven positiven Eigenschaften des jeweils anderen ineinander und bringen dadurch sich und M. de Clèves in den Zustand des Beziehungsexperiments. Was Mme de Clèves widerfährt, ist die ihr bislang unbekannte Erfahrung der Leidenschaft, und diese kommt ihr durch die negative Erfahrung einer – allerdings unbegründeten – Eifersucht auf Nemours zu Bewußtsein. Der Erfahrungs- und Lernprozeß, den Mme de Clèves durchläuft, vollzieht sich als Serie indirekter Kommunikationsakte, die schließlich dazu führen, daß sie Nemours ihre Zuneigung zeigt.

Die Passion geht jedoch einher mit einem als äußerst negativ empfundenen Kontrollverlust, dem Mme de Clèves durch Verbergen ihrer Gefühle beziehungsweise durch den Rückzug aufs Land entgegenarbeitet. Ihr Ziel ist es, der Überwältigung durch das so beunruhigende Gefühl durch Flucht zu widerstehen. Als ihr Mann sie bedrängt, aus der ländlichen Einsamkeit doch wieder in die Gesellschaft zurückzukehren, gesteht sie ihm, daß sie einen anderen liebt: »[...] je vais vous faire un aveu que l'on n'a jamais fait à son mari [...]«.[42] Durch das Experiment dieses singulären Geständnisses begibt sie sich der Möglichkeit, eventuell doch ihrer Passion nachzugeben, und sie bezieht ihren Ehemann in das auf Aufrichtigkeit und Verzicht beruhende Beziehungsexperiment mit ein. Die *sincérité* hat paradoxe Folgen. Wenn Clèves einerseits seine Eifersucht gesteht, so erkennt er andererseits, daß ihm die unerhörte Aufrichtigkeit seiner Frau Eifersucht gerade verbietet, denn ihr Geständnis bürgt ihm ja dafür, daß sie ihn nicht betrügen wird. In einer vergleichbar paradoxen Situation befindet sich der Nebenbuhler Nemours, der zufällig Ohrenzeuge des Geständnisses wird. Denn er weiß nun zwar mit Gewißheit, daß Mme de Clèves ihn leidenschaftlich liebt, doch wird ihm ebenso klar, daß er sie aufgrund ihrer Prinzipientreue niemals für sich gewinnen kann. Nemours läßt sich jedoch auf Mme de Clèves' Experiment insofern ein, als er auf die beiden Möglichkeiten zwischenmenschlicher Intimbeziehungen verzichtet, die ihm das Allianzdispositiv zur Verfügung stellt: Seine zahlreichen Affären beendet er ebenso, wie er ein Heiratsangebot der Königin von England ausschlägt. Sein Verhalten bedeutet nicht anders als das der Mme de Clèves eine klare Absage an das herrschende Beziehungsmodell.

Das dem Allianzmodell entgegengestellte Modell ist in sich aporetisch. Der widersprüchliche Charakter der durch den singulären *aveu* instituierten, auf Triebverzicht beruhenden Dreiecksbeziehung wird im Text mehrfach her-

42 *La Princesse de Clèves*, S. 350.

vorgehoben. Aus der Sicht der beiden Männer ist Mme de Clèves – und das ist im Rahmen des Allianzdispositivs, in dem diese beiden Funktionen getrennt sind, singulär – sowohl Geliebte als auch Ehefrau;[43] dies kann sie aber nur sein, weil sie sich beiden Männern entzieht, beziehungsweise weil sie sich innerlich aufspaltet und dem einen die eheliche Treue gewährt, ohne ihn zu lieben, während sie den anderen leidenschaftlich liebt, ohne ihrer Leidenschaft nachzugeben. Anders gesagt: Sie ist weder Geliebte noch Ehefrau. Ihre mit Aufrichtigkeit gepaarte Gefühlsunterdrückung hat destruktive Konsequenzen: M. de Clèves verliert zunächst die Kontrolle über seine *raison*[44] und stirbt schließlich vor Kummer. Nach dem Tod des Ehemannes bleibt ihre Liebe zu Nemours weiterhin unerfüllt. Der heimliche Grund für ihren den Tod des Mannes überdauernden Verzicht ist ihre Furcht, daß Nemours' Passion im Falle einer Verbindung nicht von Dauer wäre: »Mais les hommes conservent-ils de la passion dans ces engagements éternels? Dois-je espérer un miracle en ma faveur et puis-je me mettre en état de voir certainement finir cette passion dont je ferais toute ma félicité? [...] je crois même que les obstacles ont fait votre constance.«[45]

Die Überzeugung, daß auf Passion gegründete Liebe zwangsläufig endlich sei, ist Teil des im 17. Jahrhundert gültigen Liebescodes.[46] Wenn nun Mme de Clèves mehr noch als die Pflichtverletzung gegenüber ihrem verstorbenen Ehemann ein Ende der Passion fürchtet und durch den *obstacle* des Triebverzichts dieses Ende so weit wie möglich hinausschiebt, so kann man in ihrer Dreiecksbeziehung auch einen Versuch erblicken, sich den Prämissen des epochentypischen Liebescodes zu entziehen. Im Gelingen dieses Experiments läge dann – trotz der genannten destruktiven Folgen – jene Gratifikation, die die Liebenden trotz allen Leides so lange ausharren läßt. Die Singularität einer lang andauernden Passion kompensiert, ohne daß es explizit gesagt würde, die Schmerzen des Verzichts. Desgleichen entzieht Mme de Clèves sich den Schmerzen der Eifersucht, die sie in der Anfangsphase ihrer Leidenschaft bereits kennengelernt hat. Schließlich bringt sie sich durch ihren Verzicht in eine Position der Dominanz gegenüber den Männern und gewinnt somit eine relative Autonomie innerhalb der von Machtbeziehungen geprägten Hofgesellschaft. *La Princesse de Clèves* entwirft somit ein experimentelles Beziehungsmodell, das aus der narrativen Umsetzung moralistischer Prämissen entwickelt wird. So heißt es bei La Roche-

43 *La Princesse de Clèves,* S. 272, 351, 406.

44 *La Princesse de Clèves,* S. 382.

45 *La Princesse de Clèves,* S. 408.

46 Vgl. Luhmann, *Liebe als Passion,* S. 89ff.

foucauld: »La durée de nos passions ne dépend pas plus de nous que la durée de notre vie.«[47] und »Il n'y a point de passion où l'amour de soi-même règne si puissamment que dans l'amour; et on est toujours plus disposé à sacrifier le repos de ce qu'on aime qu'à perdre le sien.«[48] Im Gegensatz zu La Rochefoucaulds Pessimismus aber, der von der Unerkennbarkeit, der »obscurité épaisse«[49] des *amour-propre* spricht, gelangt Mme de Clèves zur Einsicht in die Heteronomie ihres Handelns. Sie wird damit selbst zur Moralistin, die von einer Metaebene aus die Prinzipien des klassischen Diskurses beobachtet und analysiert, allerdings um den Preis des Verzichts und der Zerstörung zweier möglicher Beziehungen.

An das Dreiecksmodell der *Princesse de Clèves* wird Rousseau anknüpfen. Es dient ihm als Modell zur Perpetuierung einer Passion. Denn er wird versuchen, das zunehmend gefährdete und fragwürdige Allianzdispositiv mit dem neu entstehenden Sexualitätsdispositiv zu verbinden, und nicht etwa das eine durch das andere zu ersetzen. Ein solcher Kompromiß ist für ihn unter anderem deshalb notwendig, weil eine dauerhafte Beziehung nicht allein auf Passion gegründet werden kann.

## 1.4 Saint-Preux' Passion zwischen Vernunft und Gefühl

*La Nouvelle Héloïse* versteht sich – gemäß den Aussagen, die man der *Seconde Préface* entnehmen kann – als modellbildender Text, der neuen Auffassungen von Liebe, Natürlichkeit und Tugend zum Durchbruch verhelfen will. Da für Rousseau die französische Hauptstadt Paris der Inbegriff der depravierten Zivilisation ist, kommt es ihm nicht auf das Urteil der *beaux esprits* des Pariser Lesepublikums an, welches viel zu sehr an die Ketten seiner eigenen Vorurteile gefesselt sei, als daß es durch Lektüre geheilt werden könnte. Vielmehr ist der Roman durch systematische Erwartungsverstöße auf der Ebene der Figurencharakterisierung, der Handlungsstruktur und des Stils so angelegt, daß er sein Lesepublikum in der Provinz finden soll, wo, wie Rousseau sagt, die Menschen in Einsamkeit und Frieden lebten und deshalb dem verlorenen Naturzustand noch näher seien.[50] Ideale Leser des Ro-

47 *Maximes et Réflexions,* S. 44, Maxime Nr. 5.
48 *Maximes et Réflexions,* S. 88, Maxime Nr. 262.
49 *Maximes et Réflexions,* S. 130, Maxime supprimée Nr. 1.
50 »Quand on aspire à la gloire, il faut se faire lire à Paris; quand on veut être utile, il faut se faire lire en Province.« (Bd. II, S. 22) Die erwähnten Verstöße gegen den Erwartungshorizont werden ausführlich in der *Seconde Préface* diskutiert (vgl. Bd. II, S. 12–13).

mans sind nach den Ausführungen der *Seconde Préface* zwei auf dem Lande lebende Eheleute, die aus der Lektüre neue Kraft für ihre gemeinsame Arbeit schöpfen sollen. Da ihnen die Romanhandlung im Gegensatz zu herkömmlichen Texten nicht eine ihrer Alltagswelt vollkommen entgegengesetzte Handlungswelt präsentiere, sei es ihnen möglich, sich Julies »ménage heureux« zum Vorbild (»doux modele«)[51] zu nehmen. Nach der Lektüre werde ihnen ihr Leben angenehmer erscheinen, und sie würden sich glücklicher an die tägliche Arbeit machen; »[...] ils reprendront le goût des plaisirs de la nature: ses vrais sentiments renaîtront dans leurs cœurs, et en voyant le bonheur à leur portée, ils apprendront à le goûter.«[52]

Man sieht, daß, soll das Modell wirksam sein, die Figuren als Vorbilder nicht vollkommen sein dürfen. Aus dieser wirkungsästhetisch begründeten Abweichung von der Konvention vollkommener, das heißt moralisch unwandelbarer Charaktere[53] resultiert die Möglichkeit beziehungsweise die Notwendigkeit, im Roman mehr als nur *eine* Liebeskonzeption modellhaft zu präsentieren. Das zu imitierende Liebesmodell wird nicht von Beginn an thetisch präsentiert, sondern es bildet sich erst allmählich im Verlauf der Handlung als Kompromißlösung heraus. Der Text inszeniert bei näherer Betrachtung nämlich einen Polylog verschiedener Liebeskonzeptionen, der im Zeichen der zeitlichen Relativität menschlichen Erlebens steht und der nunmehr genauer untersucht werden soll.

Nach Luhmann[54] sind das 17. und 18. Jahrhundert, also die Epoche des *amour-passion,* durch die Basisopposition Liebe vs. Vernunft geprägt. Am Beispiel eines Liebesdialogs aus dem 17. Jahrhundert zeigt Luhmann, daß die Vernunft die Rechte der Gesellschaftsordnung vertritt, insbesondere bezüglich der elterlichen Bestimmung des Ehepartners und der Schichtgleichheit der Eheleute. Demgegenüber beansprucht die Liebe bis etwa zur Mitte des 18. Jahrhunderts die Anerkennung eines irrationalen Gefühlsbereichs, ohne indes grundlegend den gesellschaftlichen Anspruch auf Ordnung in Frage

51 Bd. II, S. 23.

52 Ebd.

53 Vgl. Bd. II, S. 26 und 277. – Jauß, »Rousseaus ›Nouvelle Héloïse‹ und Goethes ›Werther‹ im Horizontwandel zwischen französischer Aufklärung und deutschem Idealismus«, S. 597, verweist darauf, daß die Abkehr vom Muster vollkommener Charaktere nicht nur die Funktion der leichteren Imitierbarkeit habe, sondern vor allem auch als »Provokation der religiösen Moral« zu verstehen sei, die darin bestehe, daß »die ›gefallene‹ Julie ihre ›Tugend‹ aus eigener Kraft, in einem Akt der Selbstbefreiung zur moralischen Autonomie, wiedergewinnt und mit dieser ›Reform‹ die Liebesgemeinschaft der ›schönen Seelen‹ von Clarens begründet«.

54 *Liebe als Passion,* S. 119–122.

zu stellen. Erst ab etwa 1760, so Luhmann, wird die Forderung der Liebe auf Anerkennung ihres Eigenbereiches im Namen der *passion* mit solchem Nachdruck erhoben, daß die noch herrschende Ständeordnung zunehmend gefährdet wird.

Vor diesem Hintergrund läßt sich die von Saint-Preux vertretene Liebeskonzeption verorten. Er verkörpert den *amour-passion,* und zwar in dessen Ausprägung, nachdem die Sexualität in den Code einbezogen wurde; allerdings – und darin besteht eine signifikante Abweichung von der Tradition – richtet sich seine Passion nicht auf eine verheiratete und somit freie, sondern auf eine unverheiratete Frau, die noch unter der Vormundschaft ihres Vaters steht. Da Saint-Preux aber – ebenfalls in Abweichung von den Regeln des *amour-passion*[55] – seine Passion als exklusiv und lebenslang andauernd begreift, wäre die logische Konsequenz eigentlich die romantische Liebe, mit dem Ideal der Koinzidenz von Liebe und Ehe, stünde dem nicht – auf seiten Julies – die noch herrschende Prädominanz der väterlichen Autorität und somit der ständestaatlichen Vernunft entgegen. Saint-Preux' Liebe situiert sich somit am Übergang vom *amour-passion* zur romantischen Liebe, deren idealer Horizont die Liebesheirat ist.[56] Saint-Preux erkennt weder das Recht der elterlichen Bestimmung des Ehepartners noch das Postulat der Schichtgleichheit der Ehepartner an. Wenn er schließlich dennoch auf Julie verzichtet, so tut er dies nicht um der Eltern willen, sondern allein weil er Julie unbedingten Gehorsam versprochen hat.[57]

Auf der Oppositionsachse Vernunft vs. Gefühl befindet Saint-Preux sich demnach eindeutig in der Nähe des Gefühlspols. Doch zu Beginn des Textes, der unvermittelt mit Saint-Preux' Liebesgeständnis an Julie einsetzt, ist

55 Ebd., S. 71ff.

56 Wenn Saint-Preux an Julie schreibt: »Mais moi, Julie, hélas! errant, sans famille, et presque sans patrie, je n'ai que vous sur la terre, et l'amour seul me tient lieu de tout.« (Bd. II, S. 73), so ist dies ein Beleg für die totalisierende und kompensatorische Ausweitung der Liebe angesichts der Auflösung traditioneller Bindungen, wie sie für die romantische Phase typisch ist. Der Geliebte soll dem Liebenden alles sein, Weltbestätiger und Sinngarant (vgl. Kap. 0.4 und 0.5).

57 Vgl. Saint-Preux' Verzichtserklärung im 11. Brief des dritten Teils, wo er Julies Vater jegliche Rechte abspricht: »Quel sacrifice osez-vous m'imposer et à quel titre l'exigez-vous? [...] Non, non, Monsieur, quelque opinion que vous ayez de vos procédés, ils ne m'obligent point à renoncer pour vous à des droits si chers et si bien mérités de mon cœur. [...] je ne vous dois que de la haine, et vous n'avez rien à prétendre de moi. Julie a parlé; voila mon consentement. Ah! qu'elle soit toujours obéie! [...] Si votre fille eut daigné me consulter sur les bornes de votre autorité, ne doutez-pas que je ne lui eusse appris à resister à vos prétentions injustes. Quel que soit l'empire dont vous abusez, mes droits sont plus sacrés que les votres; *la chaîne qui nous lie est la borne du pouvoir paternel* [...]« (Bd. II, S. 326; Hervorh. T. K.).

zunächst die Stimme der gesellschaftlichen, ständestaatlichen Vernunft deutlich vernehmbar. Der erste Brief formuliert das Dilemma, in dem Saint-Preux sich befindet. Seine Liebe zu der Adeligen Julie d'Etange, deren bürgerlicher Hauslehrer er ist, erweist sich als so stark, daß er nicht anders kann, als sich ihr zu offenbaren. Motiviert wird diese Liebe zwar zum Teil durch Julies objektive Schönheit, hauptsächlich jedoch durch subjektive Werte wie *sensibilité, douceur, pitié, esprit juste* und *goût exquis:*[58] »[...] ce sont, en un mot, les charmes des sentimens bien plus que ceux de la personne, que j'adore en vous.«[59] Erkennbar sind diese inneren, moralischen Qualitäten Julies für Saint-Preux dank einer »conformité secrete entre nos affections, ainsi qu'entre nos goûts et nos âges«.[60] Dies bedeutet, daß Julie und Saint-Preux aufgrund ihrer Jugend und Unverdorbenheit dem Naturpol noch relativ nahe stehen, so daß ein natürlicher, durch gesellschaftliche Einwirkungen (»uniformes préjugés du monde«)[61] nicht beeinträchtigter Seeleneinklang möglich scheint. Die Liebe wird von Saint-Preux in einem Bereich außerhalb gesellschaftlicher Zwänge und Ordnungsmuster lokalisiert. Nun sind es aber eben jene »préjugés du monde«, welche einer Verbindung von Julie und Saint-Preux im Wege stehen, denn: »[...] j'espére que je ne m'oublierai jamais jusqu'à vous tenir des discours qu'il ne vous convient pas d'entendre, et manquer au respect que je dois à vos mœurs, encore plus qu'à votre naissance et à vos charmes.«[62] Der Konflikt zwischen Gefühl und Vernunft wird also gleich zu Beginn klar formuliert. Aus ihm resultiert das Dilemma, das mit Julies Hilfe zu lösen der Briefschreiber sich vornimmt. Saint-Preux behauptet, er hätte schon längst die Flucht ergriffen, wenn ihn die Gebote des Anstandes (»l'honnêteté«) gegenüber Julies Mutter nicht daran gehindert hätten. Denn stillschweigend das Haus zu verlassen, in das ihn die Mutter zur Bildung ihrer Tochter eingeladen habe, sei ebenso wenig denkbar wie die Alternative, der Mutter beim Abschied den Anlaß desselben mitzuteilen: »[...] cet aveu même ne l'offensera-t-il pas de la part d'un homme dont la naissance et la fortune ne peuvent lui permettre d'aspirer à vous?«[63]
Paradoxerweise sind es nun aber die gesellschaftlichen Normen der Vernunft, die für das Dilemma verantwortlich gemacht werden. Sowohl der Fluchtwunsch als auch das Bleiben werden durch gesellschaftliche Konventionen

58 Bd. II, S. 32.
59 Ebd.
60 Ebd.
61 Ebd.
62 Bd. II, S. 31.
63 Bd. II, S. 32.

motiviert: Weil die durch Passion ausgelöste Liebe sozial nicht sanktionierbar ist, will Saint-Preux fliehen. Durch diesen Fluchtwunsch bejaht er die Rechte der gesellschaftlichen Vernunft. Weil er sich andererseits als bürgerlicher Hauslehrer der adeligen Mutter seiner Elevin gegenüber nicht ins Unrecht setzen will, indem er ihr den skandalösen Grund für seine Flucht offenbart, muß er bleiben. Auch dies läßt sich als Anerkennung der gesellschaftlichen Vernunft interpretieren. Der Konflikt, der eigentlich einer zwischen Vernunft und Gefühl ist, wird reformuliert als Konflikt innerhalb des Bereiches der Vernunft. Darin besteht die rhetorische List des ersten Briefes. Denn nunmehr erscheint die Öffnung des Gefühlsbereichs durch das Eingeständnis der Liebe als einziger Ausweg aus dem Dilemma der Vernunft. Durch dieses Geständnis gibt Saint-Preux die Verantwortung für sein künftiges Verhalten an Julie ab, was ihm im Gegenzug erlaubt, im Rahmen des eigenmächtig instituierten Liebesdiskurses Julies Verhalten zu beeinflussen.[64]

64 Die Ambivalenz von Unterwerfung und Beeinflussung zeigt sich in der erst im Rückblick erkennbaren Doppelbödigkeit des Satzes, mit dem der Brief endet: »[...] si vous avez lû cette lettre, vous avez fait tout ce que j'oserois vous demander, quand même je n'aurois point de refus à craindre.« (Bd. II, S. 34) Das scheinbar harmlose Lesen des Briefes durch Julie bedeutet nämlich die Anerkennung einer ›gefährlichen Beziehung‹ zu Saint-Preux, aus der sich alle weiteren Konsequenzen dann geradezu von selbst ergeben werden. So stellt Julie im Rückblick nach ihrer Heirat fest: »Au lieu de jetter au feu votre premiere lettre, ou de la porter à ma mere, j'osai l'ouvrir. Ce fut là mon crime, et tout le reste fut forcé. Je voulus m'empêcher de répondre à ces lettres funestes que je ne pouvois m'empêcher de lire.« (Bd. II, S. 341f.) Matzat, *Diskursgeschichte der Leidenschaft,* S. 54, deutet diese Stelle als Beleg für Julies moralistische Leidenschaftskonzeption, die dem klassischen Repräsentationsdenken verhaftet bleibe. Mir scheint hier im Gegenteil eher ein Beleg für das Überschreiten der klassischen Episteme vorzuliegen. Denn wenn, wie Matzat zu Recht anmerkt, das geschlechtliche Begehren durch das Wort erst generiert wird (was, wie wir zeigen wollen, an anderen Stellen noch deutlicher wird, s. u. Kap. 1.8), dann ist die Sprache Zeichen von etwas Nicht-Existentem, das heißt es besteht dann kein Repräsentationsverhältnis mehr zwischen Sprache und Gefühl. Die Sprache verliert ihren Charakter als transparentes, neutrales Instrument und gewinnt ein opakes Eigenleben. Ähnlich sieht dies auch Hans-Christoph Koller, »Die philanthropische Pädagogik und das Zeichensystem ›Literatur‹«, in: *SPIEL* 9/1 (1990), S. 173–197, bei seiner Analyse von Rousseaus Äußerungen über das Lesen und die Literatur. Obwohl für Foucault die Reflexionen Rousseaus zur Sprache der Episteme der Repräsentation zugehörten, sei doch nicht zu verkennen, »daß die von Rousseau und den Philanthropen diagnostizierte Gefahr einer Verselbständigung der sprachlichen Zeichen bereits über die Ordnung der Repräsentation hinausweist. Denn hier gilt die völlige Transparenz der Zeichen in ihrem Verhältnis zu den Dingen zwar als der zu verteidigende Idealzustand, hat aber doch seine Selbstverständlichkeit eingebüßt und scheint vor allem durch das Medium der Schrift bzw. der Literatur bedroht. / Insofern kann die pädagogische Kritik des Zeichensystems ›Literatur‹ als ein Indiz für die beginnende Auflösung der repräsentationistischen Ordnung verstanden werden.« (S. 190)

Diese Beeinflussung setzt bereits im ersten Brief ein, also lange bevor Julie – nach dem dritten Brief – zum ersten Mal antwortet. Nachdem Saint-Preux Julie aufgefordert hat, seinen Brief ihren Eltern zu zeigen und dadurch einen Eklat herbeizuführen, der ihn zur Flucht zwingen würde, nachdem er sich also scheinbar den Geboten der Ordnung und der Vernunft gemäß verhalten hat und den Konflikt zwischen Pflicht und Neigung durch paradoxe Befolgung beider Impulse[65] gelöst zu haben scheint, ruft er unvermittelt aus: »Vous, me chasser! moi, vous fuir! et pourquoi? Pourquoi donc est-ce un crime d'être sensible au mérite, et d'aimer ce qu'il faut qu'on honore?«[66] Der Diskurs der Passion, der hier auch stilistisch durch die Betonung der expressiven Sprachfunktion (mit Hilfe von Ausrufezeichen, Interjektionen, Anakoluthen, *points de suspension*) deutlich markiert ist, operiert somit parasitär und subversiv innerhalb des Diskurses der gesellschaftlichen Vernunft. Nachdem die Rechte der Vernunft formal anerkannt worden sind – genau darin besteht der offizielle performative Anspruch dieses ersten Briefes –, macht Saint-Preux durch Verlagerung der Argumentation von der Vernunft- auf die Gefühlsebene ›inoffiziell‹, aber um so wirksamer die Rechte des Gefühls geltend.

## 1.5 Probleme der Codierung zwischen Opazität und Transparenz

Im ersten Brief geht es darüber hinaus vor allem um das zentrale Problem der Codierung von Liebe und Passion. Julies Verhalten gegenüber Saint-Preux erscheint diesem als unverständlich, denn während sie sich in Gesellschaft ausgelassen und warmherzig gibt, wirkt sie unter vier Augen kalt und ablehnend. Nach Saint-Preux' Vorstellung müßte ihr Verhalten jedoch genau umgekehrt sein: »Je pensois [...] qu'il faloit composer son maintien à proportion du nombre des Spectateurs.«[67] Er fordert sie auf, ihm den Grund für diese »inégalité que vous affectez«[68] mitzuteilen und sich künftig konstant und ausgeglichen zu verhalten. (Diese Forderung, auf die Julie reagieren wird, bildet die Voraussetzung für die Fortsetzung des Briefwechsels.)

65 Zwar könne er nicht aus eigener Kraft fliehen, doch werde er ihr selbstverständlich gehorchen: »[...] chassez-moi comme il vous plaira; je puis tout endurer de vous; je ne puis vous fuir de moi-même.« (Bd. II, S. 32) Indem er sich auf ihren Wunsch hin entfernen würde, brächte er Pflicht und Neigung zur Deckungsgleichheit.

66 Bd. II, S. 32.

67 Bd. II, S. 34.

68 Ebd.

Der von ihm geforderten Transparenz des Verhaltens, einer Transparenz, die von der Prämisse lebt, daß zwischen Gefühl und Ausdruck des Gefühls eine eindeutige und konstante Relation herrscht, steht die Opazität eines ihm unverständlichen Codes gegenüber, in dem wechselhaftes Verhalten keinen Rückschluß auf ein konstantes Gefühl zuläßt.[69] Eine späte Erklärung für Julies Verhalten erhält Saint-Preux im berühmten 18. Brief des dritten Teils, in dem Julie nach ihrer Hochzeit und Konversion auf ihr bisheriges Leben zurückblickt. Dabei wird deutlich, daß ihre ostentative Ausgelassenheit in der Öffentlichkeit den Zweck verfolgte, nachdem sie Saint-Preux' Zuneigung bemerkt hatte und da sie diese teilte, ernsthaften Aussprachen vor-

69 Schon zu Beginn des ersten *Discours* hatte Rousseau diese für sein Denken zentrale Frage angeschnitten. Dort ging es um die Kritik an der zivilisatorischen *politesse* als einem Mittel der Verschleierung von Unfreiheit. Er formuliert dies in semiotischen Termini; der Zustand der Zivilisation zeichne sich durch die Nicht-Koinzidenz von Außen und Innen, von Signifikant und Signifikat aus: »Qu'il seroit doux de vivre parmi nous, si la contenance extérieure étoit toûjours l'image des dispositions du cœur; si la décence étoit la vertu [...]« (Bd. III, S. 7). Während man im Zustand der Zivilisation nicht mehr als das zu erscheinen wage, was man sei, habe sich der Naturzustand dagegen durch die »facilité de se pénétrer réciproquement« ausgezeichnet, also durch semiotische Transparenz (Bd. III, S. 8). Mit dieser Auffassung steht Rousseau im Gegensatz zum Selbstverständnis des klassischen Diskurses, der nach Foucault auf der Annahme beruht, Transparenz sei möglich. Als Heilmittel für die zivilisatorisch korrumpierte Gegenwart – und somit als Nagelprobe auf die Episteme der Transparenz – bietet sich indes die Literatur, insbesondere die Romane, an, welche »sont peut-être la derniere instruction qu'il reste à donner à un peuple assés corrompu pour que toute autre lui soit inutile« (Bd. II, S. 277). Allerdings müsse gewährleistet sein, so Saint-Preux als Sprachrohr Rousseaus, daß nur aufrichtige und empfindsame Menschen diese Romane verfaßten, »dont le cœur se peignit dans leurs écrits« (ebd.). Der Text muß also transparent in bezug auf die Seele seines Verfassers sein. Es soll gezeigt werden, daß dieses Postulat nicht eingelöst wird. – Daß Rousseau die Prämissen der klassischen Sprachkonzeption und Ästhetik unterlaufe, ist auch die These von Paul de Man, »Rhétorique de la cécité: Derrida lecteur de Rousseau«, in: *Poétique* 1 (1970), S. 455–475. Laut de Man ist für Rousseau der Vorgang der Bezeichnung leer (S. 465). Dies zeige sich an seiner Auffassung von Musik, aber auch von Sprache, die beide nicht-imitativ seien und daher Präsenz auch nur illusionär repräsentieren könnten. Sprache sei grundsätzlich uneigentlich (S. 469), in ihrer artikulierten, diachronen Form als Text sei sie fiktional (S. 468). Rousseaus Texte seien aufgrund ihrer sprachtheoretischen Reflektiertheit Allegorien ihrer eigenen Fiktionalität und der daraus resultierenden Fehlinterpretationen. Ausführlichere Rousseau-Interpretationen finden sich in de Man, *Allegories of Reading. Figural Language in Rousseau, Nietzsche, Rilke, and Proust,* New Haven 1979. Er liest die *Nouvelle Héloïse* dort »as putting in question the referential possibility of ›love‹ and as revealing its figural status« (S. 200), also nicht als referentiellen, sondern als metasprachlichen Text, der die Unmöglichkeit wörtlicher Rede bloßlege. Ohne de Man in seiner radikalen Auffassung bis ins letzte folgen zu wollen, möchte ich ihn doch als Zeugen dafür aufrufen, daß Rousseau sich in jedem Fall an den Grenzen des klassischen Diskurses und der damit verbundenen Sprachkonzeption bewegt.

zubeugen und den Zustand des gemeinsamen Glücks diesseits der Schwelle des *aveu* zu perpetuieren. Dieser Glückszustand zeichnete sich durch unausgesprochene gegenseitige Liebe aus:

> Je vis, je sentis que j'étois aimée et que je devois l'être. La bouche étoit muette; le regard étoit contraint; mais le cœur se faisoit entendre: Nous éprouvames bientôt entre nous ce je-ne-sai-quoi qui rend le silence éloquent, qui fait parler des yeux baissés, qui donne une timidité téméraire, qui montre les desirs par la crainte, et dit tout ce qu'il n'ose exprimer.[70]

Die Verständigung der Liebenden funktioniert ohne Worte, ja nicht einmal auf der Ebene der Blicke, die einander ausweichen, sondern paradoxerweise auf der Ebene des Gefühls, des Einklangs der Herzen diesseits oder jenseits der Kommunikabilität (»je-ne-sai-quoi«). Dieser Zustand ist eine Bestätigung für Luhmanns These, wonach Liebe »Kommunikation unter weitgehendem Verzicht auf Kommunikation intensivieren«[71] kann. Allerdings ist das Glück der kommunikationslosen Kommunikation nicht von langer Dauer. Denn wenngleich die Mechanismen der Kommunikation für die Liebenden nicht durchschaubar sind, so ist doch nicht zu übersehen, *daß* etwas mitgeteilt wird, nämlich das wechselseitige Begehren. Und genau hier treten Probleme auf, denn sobald Saint-Preux das sprachlose Einverständnis durchbricht, ist Julie verloren (»[je] me jugeai perdue à votre premier mot«).[72] Sie weiß nämlich – dank der Unterweisung durch ihre Gouvernante – offenbar immerhin genug von der Liebe, um antizipieren zu können, daß sich dem »véritable amour« der »amour sensuel«[73] als abzulehnende Ausprägung der Liebe beigesellen und ersteren zerstören werde. Julie lehnt die sinnliche Liebe ab, denn sie ist zeitlich begrenzt: »L'amour sensuel ne peut se passer de la possession, et s'éteint par elle.«[74] Die sinnliche Liebe, so läßt sich dies deuten, ist nicht interesselos darauf ausgerichtet, den Weltbezug des anderen zu bestätigen, sondern hat ihr Ziel in der physischen Inbesitznahme. Dadurch wird die Liebe in ihrer Reinheit profaniert, die Lust der physischen Befriedigung vertreibt das Glück der reinen Liebe.[75] Liebe ist – in Claires Worten, die Aussagen von Julie und Saint-Preux wiederaufnehmen – »le plus délicieux sentiment qui puisse entrer dans le cœur humain«[76] und darf deshalb niemals

70 Bd. II, S. 341.
71 *Liebe als Passion,* S. 29.
72 Bd. II, S. 341.
73 Ebd.
74 Ebd.
75 Bd. II, S. 102.
76 Bd. II, S. 320.

enden. Die sinnliche Erfüllung erweist sich nun als schwere Prüfung der Liebe, weil sie ihre Unendlichkeit gefährdet.[77] Außerdem ist Liebe als dominante Passion dasjenige Gefühl, dessen Ende die Liebenden nicht überleben würden, so daß die Perpetuierung der Liebe überlebenswichtig wird.[78]
Als Julie das Scheitern des Codes auf pragmatischer Ebene bemerkt, da ihr Verhalten nicht Saint-Preux' Zurückhaltung verstärkt, sondern im Gegenteil sein Liebesfeuer schürt, versucht sie ihn durch vorgespielte Kälte zu bremsen. Doch auch diese Codeverwendung mißlingt. Und man ist geneigt zu sagen, sie muß mißlingen, denn Julie hat zwar den Code der Galanterie verwendet, doch ist dieser ihrer Situation unangemessen. Julie hat nämlich ein falsches Verhältnis zwischen Code und Kontext etabliert, indem sie die notwendige Differenz zwischen konventionellem Liebescode und tatsächlichem Gefühl nicht akzeptieren will und statt dessen auf Natürlichkeit Wert legt: »[...] je forçai mon naturel, j'imitai ma Cousine [...] on ne sort point de son naturel impunément«.[79] Mit anderen Worten: Sie will nicht verführen, sondern sie liebt aufrichtig. Diese Stelle verweist zurück auf die Briefe 6 und 7 des ersten Teils: Dort geht es um die Semiotik der *passions*, das Erlernen des Liebescodes durch die beiden Cousinen. Ihre Lehrmeisterin und Gouvernante Chaillot hat ihnen zwar das Erkennen der Zeichen der galanten Liebe beigebracht, doch ist sie zu früh gestorben, um sie zu lehren, die einmal erkannten Leidenschaften wieder zu unterdrücken. Während Julie Chaillots Tod als Befreiung empfindet, weil diese die beiden Cousinen in die gefährlichen Geheimnisse der Liebe eingeweiht habe, bedauert Claire den Tod der Gouvernante und hofft, daß wenigstens Saint-Preux die Kunst beherrsche, seine Leidenschaften zu unterdrücken. Julie nämlich besitze zwar die *raison*, um den Liebescode zu verstehen, aber ihr Herz sei nicht davor gefeit, in Bedrängnis zu geraten, da es die der Zeichenverwendung entsprechenden Gefühle nicht kontrollieren könne. Dies tritt dann auch prompt ein im Umgang mit Saint-Preux. Julie verliebt sich auf den ersten Blick in ihn: »Dès le premier jour que j'eus le malheur de te voir, je sentis le poison qui corrompt mes sens et ma raison«.[80] Sie liebt ihn so sehr, daß sie ihm, obwohl sie damit in ihren eigenen Augen ihre Ehre verliert, ihre Liebe gesteht, als er mit Abreise und unterschwellig gar mit Selbstmord droht.[81] Den Verlust ihrer Tugend versucht sie abzuwenden, indem sie ihre

77 Vgl. auch Julies Warnung, Bd. II, S. 51: »Le moment de la possession est une crise de l'amour, et tout changement est dangereux au notre; nous ne pouvons plus qu'y perdre.«
78 Bd. II, S. 109.
79 Bd. II, S. 341.
80 Bd. II, S. 39.
81 Bd. II, S. 38–41.

Code-Verwendung auf Transparenz umstellt, offen ihre Liebe gesteht und an das Tugend- und Ehrgefühl Saint-Preux' appelliert, anstatt sich, was sie durchaus gekonnt hätte, weiterhin des Codes der Verstellung zu bedienen: »[...] pour me faire obéir je n'avois qu'à me rendre avec art méprisable.«[82] Hier wird deutlich, daß Julie über ein klar ausgeprägtes Code-Bewußtsein verfügt, doch daß sie von nun an den konventionellen Code nicht mehr verwenden will, weil er nicht im Einklang mit ihrem Gefühl steht.

Damit aber akzeptiert sie die Bedingungen des von Saint-Preux instituierten neuartigen Liebescodes, der – zumindest dem Anspruch nach – auf totaler Transparenz beruht. Zunächst hatte sie als Reaktion auf Saint-Preux' ersten Brief sich auf ein Spiel der Dissimulation eingelassen. Auf seine explizite Bitte, ihn künftig zu täuschen, das heißt sich zu verstellen, damit er seine Liebe wieder von ihr abziehen könne (»trompez l'avide imprudence de mes regards; [...] soyez, hélas, une autre que vous même, pour que mon cœur puisse revenir à lui«),[83] reagiert sie, indem sie sich nunmehr in der Öffentlichkeit genauso unnahbar wie unter vier Augen gibt. Dadurch jedoch werden Saint-Preux' Liebesqualen nicht, wie erhofft, gemildert, sondern verstärkt, so daß er im zweiten Brief seine Bitte wieder zurückzieht. Hier nun deutet er seine augenblickliche Situation durch den Rückgriff auf die petrarkistische Tradition, indem er eine *ballata* von Petrarca (»Lassare il velo o per sole o per ombra«)[84] zitiert (die Rousseau allerdings irrtümlich Metastasio zuschreibt). Durch das Petrarca-Zitat wird die ›höfische‹ Liebeskonzeption aufgerufen, welche auf Distanz, Idealisierung und Sublimierung (das heißt Verzicht auf sexuelle Erfüllung) beruht. Aus dem Kontext wird jedoch klar, daß Saint-Preux sich keineswegs zu dieser Liebesauffassung bekennt, sondern sie als Negativfolie nennt, von der er sein eigenes Liebesideal absetzt. Während nämlich der im *dulce malum* befangene und dieses in allen Nuancen auskostende Liebende des *Canzoniere* niemals direkt zu seiner Angebeteten spricht, weil diese durch ihre Engelhaftigkeit viel zu weit über ihm steht,[85] besitzt Saint-Preux die Kühnheit, nicht nur aktiv seine Liebe zu bekennen, sondern vielmehr noch, Julie Entscheidungen abzuverlangen. Sie solle ihn

82 Bd. II, S. 40.

83 Bd. II, S. 33.

84 *Canzoniere,* Nr. 11.

85 Die unüberbrückbare Distanz zwischen dem Liebenden und seiner Dame wird in der zitierten *ballata* besonders deutlich, wo die *donna* sich den Blicken des Liebenden entzieht, seitdem sie von seiner Liebe Kenntnis erlangt hat: »Lassare il velo o per sole o per ombra, / donna, non vi vid'io / poi che in me conosceste il gran desio / ch'ogni altra voglia d'entr'al cor mi sgombra.« (V. 1–4; zitiert nach Francesco Petrarca, *Canzoniere*. Edizione commentata a cura di Marco Santagata, Milano 1996, S. 52.)

bestrafen, aber nicht verachten. Die Verschiebung der Liebessemantik gegenüber der höfischen Liebe kommt darin zum Ausdruck, daß der Liebende sich nicht mehr mit der Rolle des passiv Leidenden begnügt und dadurch die göttliche und gesellschaftliche Ordnung bestätigt, sondern daß er Anspruch auf Respektierung seiner Individualität erhebt. Zwar wolle er sich durchaus dem Willen Julies bedingungslos unterwerfen, doch habe er Anspruch auf Mitleid:[86] »Punissez-moi, vous le devez: mais si vous n'êtes impitoyable, quitez cet air froid et mécontent qui me met au desespoir: quand on envoye un coupable à la mort, on ne lui montre plus de colére.«[87]

86 Bekanntlich ist das Mitleid im Rahmen von Rousseaus im zweiten *Discours* entwickelter Anthropologie die Kardinaltugend schlechthin. Im Naturzustand zeichne der Mensch sich durch zwei grundlegende Eigenschaften aus, »deux principes antérieurs à la raison, dont l'un nous intéresse ardemment à notre bien-être et à la conservation de nous mêmes, et l'autre nous inspire une répugnance naturelle à voir perir ou souffrir tout être sensible et principalement nos semblables« (Bd. III, S. 126). Diese im Naturzustand moralisch indifferenten Eigenschaften bleiben auch im Zustand der Vergesellschaftung erhalten, stehen nun aber unter negativem beziehungsweise positivem moralischem Vorzeichen: der Selbsterhaltungstrieb wird zum negativen *amour-propre,* das Mitleid steht jenem als positive Tugend gegenüber, aus der sich der im Dienst der Arterhaltung stehende kategorische Imperativ ableiten läßt: »Fais ton bien avec le moindre mal d'autrui qu'il est possible.« (Bd. III, S. 156) Signifikant ist in diesem Zusammenhang, daß Julie ihren moralischen ›Sündenfall‹, das heißt ihre sexuelle Hingabe an Saint-Preux, durch Mitleid motiviert, wodurch dieser Tugendverlust im Rahmen von Rousseaus System relativiert, wenn nicht gar positiviert wird: »Peut-être l'amour seul m'auroit épargnée; ô ma Cousine, c'est la pitié qui me perdit.« (Bd. II, S. 96)

87 Bd. II, S. 36. – Wenn Jean-Louis Bellenot, »Les formes de l'amour dans la *Nouvelle Héloïse* et la signification symbolique des personnages de Julie et de Saint-Preux«, in: *Annales Jean-Jacques Rousseau* 23 (1953/55), S. 149–208, von einer »identité de ton« zwischen dem *Canzoniere* und Rousseaus Roman spricht, von einer »rencontre providentielle de deux sensibilités géniales à travers les siècles« (S. 159), und so die beiden Texte geradezu gleichsetzt, so übersieht er die von mir aufgezeigten deutlichen Akzentverschiebungen innerhalb der Liebeskonzeption. Auch Denis de Rougemont, *L'amour et l'occident* (1939), Paris 1996, S. 233, unterliegt einer Fehleinschätzung, wenn er über die *Nouvelle Héloïse* sagt: »C'est le *Canzoniere* mis en prose – et quelque peu embourgeoisé.« – Solche Fehlurteile resultieren aus ungenauer Textlektüre, denn Julie selbst deutet ihr Liebesverhältnis zu Saint-Preux im Lichte des höfischen Minnedienstes, auf dem Petrarca ja fußt, wobei sie gerade die Differenz zu dieser Liebeskonzeption unterstreicht: »C'est là, mon féal, qu'à genoux devant votre Dame et maitresse, vos deux mains dans les siennes et en présence de son Chancelier, vous lui jurerez foi et loyauté à toute épreuve, non pas à dire amour éternel; engagement qu'on n'est maitre ni de tenir ni de rompre; mais vérité, sincérité, franchise inviolable.« (Bd. II, S. 111) An die Stelle des höfischen »amour éternel« tritt der neue Wert der Aufrichtigkeit. Zum Umgang mit der höfischen Liebe bei Rousseau vgl. auch Irene Wiegand, »Das Modell der ›höfischen Liebe‹ als Ausdruck der Weltanschauung bei Rousseau und Sade«, in: *Germanisch-Romanische Monatsschrift* N.F. 47 (1997), S. 41–52, die allerdings die schon bei Rousseau (und nicht erst bei Sade) eingenommene Distanz zur höfischen Liebe unterschätzt.

Nachdem Saint-Preux also im ersten Brief – in der Annahme, seine Liebe zu Julie werde von ihr erwidert, sei aber gesellschaftlich nicht sanktionierbar – Julie um Dissimilation gebeten hat, fordert er sie nun auf, das Spiel zu beenden und eine definitive Entscheidung zu fällen. Der opake Code der Dissimulation soll nunmehr durch einen transparenten Code der Aufrichtigkeit ersetzt werden. Die Möglichkeit nämlich, seinerseits durch Dissimulation die Beziehung zu entschärfen und auf ein gefühlsmäßig harmloseres Niveau zurückzufahren, verwirft er, denn: »Le vil mensonge est-il digne d'un cœur où vous regnez? Ah! que je sois malheureux, s'il faut l'être; pour avoir été téméraire je ne serai ni menteur ni lâche, et le crime que mon cœur a commis, ma plume ne peut le desavouer.«[88] Man sieht deutlich, wie der Übergang vom Schweigen zum Schreiben die Bedingungen schafft, unter denen künftig kommuniziert werden kann und muß, indem bereits das Schreiben und Lesen des ersten Briefes eine Entscheidung beider Partner über die Art des Liebescodes (Dissimulation und Opazität oder Aufrichtigkeit und Transparenz) impliziert. Die Entscheidung für Aufrichtigkeit[89] bedeutet aber, daß der Konflikt zwischen Vernunft und Gefühl nicht im Rahmen eines codierten Spiels etwa nach den Regeln des frivolen *amour-passion* oder auch der höfisch-petrarkistischen Liebe durchgespielt und im Interesse der gesellschaftlichen Ordnung gelöst werden kann, sondern daß er offen ausgetragen werden muß.[90]

88 Bd. II, S. 35.

89 Wie sehr das Transparenzgebot schon für die Kommunikation zwischen den Liebenden und nicht erst im Elisée als Wolmarsche Vorschrift gilt, zeigt sich beispielsweise an folgender Stelle aus einem Brief von Saint-Preux an Julie (Bd. II, S. 244): »Mais comment ne te pas connoitre en lisant tes lettres? Comment prêter un ton si touchant et des sentimens si tendres à une autre figure que la tienne? A chaque phrase ne voit-on pas le doux regard de tes yeux? A chaque mot n'entend-on pas ta voix charmante? Quelle autre que Julie a jamais aimé, pensé, parlé, agi, écrit comme elle?« Julies Briefe werden als transparente Zeichen ihrer Seele und ihres Körpers gedeutet.

90 Vgl. hierzu Elena Pulcini, *Amour-passion et amour conjugal. Rousseau et l'origine d'un conflit moderne,* Paris 1998, die die Rousseausche Liebeskonzeption sowohl von der höfischen als auch von der romantischen Liebe abgrenzt und vor allem auf dem Konflikthaften dieser Konzeption insistiert. Pulcini zeigt, wie historisch unterschiedliche diskursgeschichtliche Entwicklungen in Rousseaus Roman zusammengeführt werden: die höfisch-heroische Liebeskonzeption, die im klassischen Zeitalter noch von Corneille vertreten wurde, und die unter dem Einfluß von Hobbes entstandene negative Liebeskonzeption der Moralisten, die Liebe als verkleideten *amour-propre,* als Unglück und Selbstverlust, auffaßt.

## 1.6 Paradoxe Konfliktlösung durch die Kombination von Allianz- und Sexualitätsdispositiv (Clarens)

Bei diesem Konflikt stehen sich, wie wir in Kap. 1.4 sahen, die Interessen der Liebenden und die durch Julies Vater vertretenen Interessen der Ständegesellschaft gegenüber (Gefühl vs. Vernunft). Der Konflikt, dessen Beteiligte die jeweilige Position deutlich markieren (Briefe 10 und 11 des dritten Teiles), wird vorläufig dadurch gelöst, daß die Verabsolutierung der auf Passion fundierten Liebe durch Saint-Preux ihm paradoxerweise die Möglichkeit nimmt, Julie zum Ungehorsam gegenüber dem Vater zu zwingen. Er ordnet alles der Liebe unter und gehorcht Julie auch dann, wenn dies seinen und ihren Interessen widerspricht. Daran zeigt sich, daß das Modell des *amour-passion* in der von Saint-Preux vertretenen Form scheitern muß, weil es außerhalb der Ständegesellschaft angesiedelt ist und kein Machtmittel besitzt, um die Gesellschaft aus den Angeln zu heben. Eine Realisierung wäre nur dann denkbar, wenn sowohl Julie als auch Saint-Preux sich so weit emanzipieren würden, daß sie die von Edouard Bomston vorgeschlagene Liebesheirat und Flucht nach England realisieren könnten. Durch den Wegfall von zu überwindenden Hindernissen aber würde die Liebe grundsätzlich in Frage gestellt, wie Claire in einem Brief an Saint-Preux deutlich macht:

> Vos feux, je l'avoue, ont soutenu l'épreuve de la possession, celle du tems, celle de l'absence et des peines de toute espece; ils ont vaincu tous les obstacles hors le plus puissant de tous, qui est de n'en avoir plus à vaincre, et de se nourrir uniquement d'eux-mêmes. L'univers n'a jamais vu de passion soutenir cette épreuve, quel droit avez-vous d'espérer que la votre l'eut soutenue? Le tems eut joint au dégoût d'une longue possession le progrès de l'âge et le déclin de la beauté; il semble se fixer en votre faveur par votre séparation; vous serez toujours l'un pour l'autre à la fleur des ans; vous vous verrez sans cesse tels que vous vous vites en vous quitant, et vos cœurs unis jusqu'au tombeau prolongeront dans une illusion charmante votre jeunesse avec vos amours.[91]

In einer paradoxen Formulierung ist der Kern des Problems auf den Punkt gebracht: das größte Hindernis der Passion ist es, kein Hindernis mehr überwinden und von sich selbst zehren zu müssen.[92] Die nur auf Passion fundierte Liebe ist in sich paradox, denn sie zielt zwar auf eine Realisierung außerhalb gesellschaftlicher Konventionen, lebt aber gerade von dem Wi-

91 Bd. II, S. 320f.

92 Vgl. die analoge Problematik in der *Princesse de Clèves* (s. o. Kap. 1.3).

derstand, den ihr die Gesellschaft entgegenstellt. Das heißt, ihre Realisierung in Gestalt einer Liebesheirat bedeutet gleichzeitig ihr Ende. Genau dies aber vermeidet der Roman, indem er zunächst die Gesellschaft gegen die Passion obsiegen läßt. Der Baron d'Etange setzt seinen Willen durch und bewegt Julie zur Heirat mit dem fünfzigjährigen Wolmar, den sie nicht liebt. Doch dieser Sieg der Vernunft über die Liebe ist kein dauerhafter Sieg der Gesellschaft über die sie gefährdende Passion. Nur oberflächlich betrachtet, bedeutet die Heirat mit Wolmar eine Realisierung der Ständeehe, des »dispositif d'alliance« im Sinne von Foucault. Denn wenn Wolmar es nicht nur zuläßt, sondern aktiv daran mitwirkt, daß derjenige Mann, den Julie leidenschaftlich geliebt hat – und den sie, wie sie in ihrem Abschiedsbrief gestehen wird, bis an ihr Ende zu lieben nicht aufgehört hat –, in die Gemeinschaft von Clarens aufgenommen wird, daß er in unmittelbarer Nähe zu der von ihm immer noch angebeteten Julie lebt und daß er außerdem noch zum Erzieher von Wolmars und Julies Kindern ernannt wird, so ist dies ein überdeutliches Zeichen für die nachhaltige Erschütterung des alten »dispositif d'alliance«. Die Aufnahme Saint-Preux' und die damit bewirkte Erweiterung der Vernunftehe durch das Element der Passion ist der Versuch, das historisch überkommene Allianzmodell zu retten, weil nur auf seiner Grundlage eine neue, utopische Gesellschaft geschaffen werden kann, und zugleich die auf Passion fundierte Beziehung zu perpetuieren.[93] Hier bestätigt sich im übrigen die These von Foucault, welche besagt: »La famille est l'échangeur de la sexualité et de l'alliance: elle transporte la loi et la dimension du juridique dans le dispositif de sexualité; et elle transporte l'économie du plaisir et l'intensité des sensations dans le régime de l'alliance.«[94] Die Funktion

93 Auch Matthias Waltz, *Ordnung der Namen. Die Entstehung der Moderne: Rousseau, Proust, Sartre,* Frankfurt a.M. 1993, S. 212f., interpretiert diese Konfrontation zweier Beziehungsmodelle, wie wir im folgenden, unter Rückgriff auf Foucault. Doch sieht er in der Synthese von Clarens vor allem ein Absterben der Liebe durch die »Verinnerlichung des dritten Blicks« (S. 216). Dabei übersieht er aber, daß das Begehren Julies nur unterdrückt und verheimlicht wird, aber nicht wirklich abstirbt, ganz zu schweigen von Saint-Preux (vgl. vierter Teil, Brief 17: Bootsausflug auf dem Genfer See und Rückkehr nach Meillerie zusammen mit Julie, sowie Julies Abschiedsbrief, wo sie von der Illusion spricht, der sie lange Zeit erlegen war, da sie glaubte, von ihrer Passion geheilt zu sein – Bd. II, S. 740–743). In meiner Deutung ist das eigentliche Ziel der Konstruktion von Clarens die Perpetuierung der Passion sowie ihre Integration in ein gesellschaftskonstituierendes Familienmodell. Daß dieser Kompromiß scheitern muß, liegt, wie noch zu zeigen sein wird, an der dadurch erzwungenen Opazität des Codes, ist also primär ein semiotisches Problem, das dann allerdings Rückwirkungen auf die Subjektkonstitution hat.

94 *Histoire de la sexualité 1,* S. 143. Daraus, so Foucault, erkläre sich, weshalb die Familie seit dem 18. Jahrhundert ein »lieu obligatoire d'affects, de sentiments, d'amour« (ebd.,

der Familie als »épinglage du dispositif d'alliance et du dispositif de sexualité«[95] wird in Rousseaus utopischer Konstruktion allegorisch sinnfällig. Dabei wird das herkömmliche Modell im Rahmen des »dispositif d'alliance«, nämlich die aus dynastischen und ökonomischen Interessen geschlossene Vernunftehe, die beiden Partnern außereheliche Freiheiten zugesteht, durch eine zeitliche Umstellung transformiert. Der außereheliche Sexualkontakt wird vor die Ehe verlegt, und der leidenschaftlich geliebte Partner darf danach an der Ehegemeinschaft teilhaben, allerdings um den Preis der sexuellen Enthaltsamkeit. Als Gegenleistung darf er eine lebenslange Passion mit allen Höhen und Tiefen genießen, die, wie er allerdings erst nach Julies Tod erfährt, noch dazu erwidert worden ist.

Eine andere Möglichkeit, eine Passion auf Dauer zu stellen, stellt die in der Pléiade-Ausgabe im Anhang der *Nouvelle Héloïse* wiedergegebene kurze Erzählung *Les amours de milord Edouard Bomston* vor, die im Zusammenhang mit dem Roman entstanden ist und ursprünglich in diesen eingehen sollte.[96] Saint-Preux' Freund Edouard verliebt sich in eine neapolitanische Marquise. Daß sie verheiratet ist, weiß er nicht. Als er dies erfährt, beendet er tugendhaft den sexuellen Teil der Beziehung, bricht aber den Kontakt zur Marquise nicht ab, da er sie mit Passion liebt. Sie erwidert seine Liebe und sucht, da sie möchte, daß er seine sexuelle Erfüllung wenn schon nicht von ihr erhalte, so doch wenigstens ihr verdanke, eine attraktive Kurtisane namens Laure für ihn aus. Diese aber verliebt sich in Edouard und verweigert sich ihm aus Scham. Er hat Mitleid mit ihr und hilft ihr, in ein Kloster zu gehen, wo sie ihre Sünden bereut und sich läutert. Die Marquise aber ist eifersüchtig und versucht durch Intrigen und Nachstellungen Edouards Besuche bei

S. 143) geworden sei. Der Sexualisierung des Allianzdispositivs wird durch die Öffnung der Familie für Gefühl und Passion Vorschub geleistet. Dieser Prozeß läßt sich in der *Nouvelle Héloïse* sehr schön beobachten: Zum einen öffnet Wolmar seine Familie für den Passionsträger Saint-Preux. Zum anderen wird er selbst, wenn nicht von Passion, so doch von Gefühl und Zuneigung erfaßt: »Je vins, je vous vis, Julie, et je trouvai que votre pere m'avoit parlé modestement de vous. Vos transports, vos larmes de joye en l'embrassant me donnerent la premiere ou plutôt la seule émotion que j'aye éprouvée de ma vie. Si cette impression fut legere, elle étoit unique [...]« (Bd. II, S. 492). Darüber hinaus erfolgt, wie Warning, »Einige Hypothesen zur Frühgeschichte der Empfindsamkeit«, S. 421, feststellt, die Sexualisierung der Familie auch in Gestalt einer Transgressionsphantasie, die als Inzestwunsch zwischen Vater und Tochter inszeniert wird (Bd. II, S. 176). Auf den Inzestwunsch von Vater und Tochter verweist auch Roland Galle, *Geständnis und Subjektivität. Untersuchungen zum französischen Roman zwischen Klassik und Romantik,* München 1986, S. 112.

95 *Histoire de la sexualité 1,* S. 143.

96 Bd. II, S. 749–760.

Laure zu unterbinden. Schließlich beginnt er die Marquise zu verachten, ohne freilich seine früheren Gefühle für sie vergessen zu können. – Edouard befindet sich in einer klassischen *double-bind*-Situation: sowohl den beiden Frauen gegenüber als auch zwischen den widerstreitenden Motiven Passion und Tugend. Doch gerade diese Situation ermöglicht ihm – worauf es Rousseau offenbar ankommt – ein dauerhaftes Glück: »Mais sa vertu lui donnoit en lui-même une jouissance plus douce que celle de la beauté, et qui ne s'épuise pas comme elle. Plus heureux des plaisirs qu'il se refusoit que le voluptueux n'est de ceux qu'il goûte, il aima plus long-tems, resta libre et jouit mieux de la vie que ceux qui l'usent. Aveugles que nous sommes, nous la passons tous à courir après nos chimeres. Eh! ne saurons-nous jamais que de toutes les folies des hommes, il n'y a que celle du juste qui le rend heureux?«[97] Im *Émile* versucht Rousseau das Problem der dauerhaften Verbindung von Liebe und Ehe durch einen sorgfältigen Erziehungsplan zu lösen. Die romaneske Fortsetzung *Émile et Sophie* zeigt indes, daß das Gesetz der Passion, nicht dauerhaft zu sein, unhintergehbar ist. Émiles Liebe zu Sophie weicht dem Überdruß und der Suche nach Vergnügungen, worauf Sophie schließlich mit Ehebruch reagiert. Die erwünschte Koinzidenz von Liebe und Ehe ist offenbar nicht einmal für den idealen Menschen Émile zu erreichen.

## 1.7 Die Unmöglichkeit der Transparenz (Elisée)

Für die Kompromißlösung von Clarens muß ein hoher Preis entrichtet werden: die von Saint-Preux anfangs so vehement geforderte Aufrichtigkeit und Transparenz des Codes muß definitiv aufgegeben werden.[98] Julie muß

97 Bd. II, S. 760.

98 Zum Verhältnis von Transparenz und Opazität vgl. die grundlegende Untersuchung von Jean Starobinski, *La transparence et l'obstacle* (1957), erweiterte Neuausgabe: Paris 1971; zur *Nouvelle Héloïse:* ebd., Kap. V (S. 102–148). Starobinski zeigt an zahlreichen Textbeispielen, wie Transparenz und Opazität einander wechselseitig bedingen, wofür die von Rousseau häufig verwendete Metapher des Schleiers steht. Höhepunkt dieser ambivalenten Beziehung ist Julies Tod. Julies Gesicht wird von einem – nun unmetaphorischen – Schleier verhüllt. »Ainsi, la mort de Julie, qui est une accession à la transparence, représente aussi le triomphe du voile. Dans la cadence finale du livre, les deux thèmes opposés, le sujet et le contre-sujet, s'amplifient et s'affirment solennellement.« (S. 146) Auch Galle, *Geständnis und Subjektivität,* weist auf die ambivalente Funktion des Transparenzgebotes hin und zeigt, »daß die Interferenz von Entfaltung und latenter Dementierung des Transparenzgebots zum Strukturgesetz des Romans wird und insofern der vermeintlichen Lösung von Clarens deren Problematisierung schon immer einbeschrieben ist.« (S. 111) In Galles Deu-

sich verstellen, und Saint-Preux muß an die Verstellung glauben. Hier ist zunächst zu bedenken, daß die Codeverwendung zwischen den Liebenden von Beginn an dem Postulat der Transparenz und Aufrichtigkeit nur schwer genügen kann, was in den Briefen immer wieder reflektiert wird. So kritisiert Julie etwa den über fehlende Liebeszeichen klagenden Saint-Preux, indem sie ihn auf die Diskrepanz zwischen Aussage und Form seiner Mitteilung hinweist: »Votre lettre même vous dément par son stile enjoué, et vous n'auriez pas tant d'esprit si vous étiez moins tranquille.«[99] Der Täuschungsverdacht zwischen den Liebenden ist niemals ganz auszuräumen. So glaubt Julie, nachdem sie Zeichen für Saint-Preux' aufrichtige Liebe aufgezählt hat, alles sei nur eine an ihre *sensibilité* appellierende Inszenierung, welchen Verdacht sie aber schon im selben Atemzug wieder zurücknimmt.[100] Oder sie tadelt die *ruse,* mit der Saint-Preux das Eingeständnis seines begehrlichen Blicks auf Julies weibliche Reize hinter einem Tasso-Zitat verborgen hat.[101] Auch Saint-Preux kann sich des Täuschungsverdachts nicht erwehren, wenn er von der Einfachheit von Julies Stil auf die Aufrichtigkeit der Liebesaussage schließen zu können glaubt: »Vous donnez des raisons invincibles d'un air si simple, qu'il y faut réfléchir pour en sentir la force, et les sentimens élevés vous coûtent si peu, qu'on est tenté de les prendre pour des manieres de penser communes.«[102] Hier ist es paradoxerweise die Abwesenheit – potentiell unaufrichtiger – rhetorischer Formung, die den Verdacht der Klischeehaftigkeit, das heißt der Inauthentizität, aufkommen läßt. Entsprechend müssen sich die Liebenden permanent ihrer Aufrichtigkeit gegenseitig versichern beziehungsweise diese voneinander einfordern,[103] doch ist die Unsicherheit diesbezüglich so groß, daß Julie selbst in der Aufrichtigkeit der Kritik nur verdecktes Lob erkennen will.[104] Schließlich wird – bedingt durch die »illusions de l'amour« – sogar die Unaufrichtigkeit des Liebenden kurzerhand zur Aufrichtigkeit erklärt.[105]

tung geht das Transparenzpostulat allein von Wolmar aus, der dadurch das väterliche Geständnisverbot ersetze. Dabei übersieht Galle jedoch, daß, wie wir gezeigt haben, die Transparenz bereits Bestandteil des von Saint-Preux und Julie verwendeten Liebescodes ist und somit eine noch viel grundlegendere Funktion im Roman übernimmt.

99 Bd. II, S. 50.

100 Bd. II, S. 54.

101 Bd. II, S. 87.

102 Bd. II, S. 56.

103 Vgl. etwa Bd. II, S. 110 und 126.

104 Bd. II, S. 128.

105 Bd. II, S. 129.

Die Forderung nach Aufrichtigkeit ist also nicht zu trennen von dem Problem der Rhetorik. Dies wird besonders deutlich in den während Saint-Preux' Parisaufenthalt geschriebenen Briefen. Er wirft den Parisern vor, sich grundsätzlich zu verstellen:

> Ainsi les hommes à qui l'on parle ne sont point ceux avec qui l'on converse; leurs sentimens ne partent point de leur cœur, leurs lumieres ne sont point dans leur esprit, leurs discours ne répresentent point leurs pensées, on n'apperçoit d'eux que leur figure, et l'on est dans une assemblée à peu près comme devant un tableau mouvant, où le Spectateur paisible est le seul être mû par lui-même.[106]

Die universelle Maskerade betrifft auch und vor allem die Sprache, welche nicht die Gedanken repräsentiere. Hierbei stellt sich nun allerdings dem Beobachter das Problem, daß er, um diese Erscheinungen mitteilen zu können, keinen neutralen Außenstandpunkt einnehmen kann, sondern auf eben jene Sprache der Verstellung angewiesen ist, deren man sich in der Pariser Gesellschaft bedient.[107] Julie nimmt an dieser für sie neuartigen Sprachverwendung Anstoß: »Di-moi, je te prie, mon cher ami, en quelle langue ou plutôt en quel jargon est la rélation de ta derniere Lettre? Ne seroit-ce point là par hazard du bel-esprit?«[108] Ja, sie kritisiert Saint-Preux für seine metapherngesättigten, geistreichen Darstellungen, weil durch sie die Wahrheit der Dinge dem Glanz der Gedanken geopfert werde.[109] Diese Sprachverwendung im Zeichen des *esprit* sei, da sie nicht natürlich sei, Liebenden nicht angemessen und wird als Gefährdung der Liebe durch Unaufrichtigkeit abgelehnt: »Il y a de la recherche et du jeu dans plusieurs de tes lettres. [...] je parle de cette gentillesse de stile qui n'étant point naturelle ne vient d'elle-même à personne, et marque la prétention de celui qui s'en sert. Eh Dieu! des prétentions avec ce qu'on aime! [...]«[110]

Nun stellt sich aber alsbald heraus, daß diese Kritik an Rhetorik und Verstellung gar nicht von Julie, sondern von Claire stammt. Obwohl Julie noch

106 Bd. II, S. 235.

107 Im 17. Brief des zweiten Teils läßt Saint-Preux avanciertes epistemologisches Problembewußtsein erkennen. Er teilt Julie mit, daß es unmöglich sei, die Pariser Gesellschaft zu verstehen, ohne an ihrem Leben aktiv teilzunehmen: »Je trouve aussi que c'est une folie de vouloir étudier le monde en simple spectateur. [...] On ne voit agir les autres qu'autant qu'on agit soi-même; dans l'école du monde comme dans celle de l'amour, il faut commencer par pratiquer ce qu'on veut apprendre.« (Bd. II, S. 246) Aus dieser aktiven Teilnahme ergibt sich dann die Notwendigkeit, sich der Sprache dieser Gesellschaft zu bedienen, um sie darzustellen.

108 Bd. II, S. 237.

109 Bd. II, S. 238.

110 Ebd.

in demselben Brief eingesteht, daß ihr die Kritik von Claire diktiert wurde, handelt es sich doch um eine Form der Täuschung, um heteronomes Sprechen, das Aufsetzen einer diskursiven Maske. Der Vorwurf der Verstellung relativiert sich damit von selbst, weil er durch die Pragmatik der Äußerungssituation, in die er eingebettet ist und die auf Verstellung basiert, seine Glaubwürdigkeit verliert. Doch läßt es sich Saint-Preux nicht nehmen, auf Claires Vorwürfe zu antworten. Er habe den Stil der zu beschreibenden Sache selbst entlehnt, um seine Darstellung anschaulich zu machen: »[...] je vous ai écrit à peu près comme on parle en certaines sociétés.«[111] Es folgt eine grundsätzliche Apologie rhetorischen Sprechens:

> D'ailleurs, ce n'est pas l'usage des figures, mais leur choix que je blâme dans le Cavalier Marin. Pour peu qu'on ait de chaleur dans l'esprit, on a besoin de métaphores et d'expressions figurées pour se faire entendre. Vos lettres mêmes en sont pleines sans que vous y songiez, et je soutiens qu'il n'y a qu'un géomètre et un sot qui puissent parler sans figures.[112]

Metaphorisches Sprechen, so Saint-Preux, sei unvermeidlich, wenn man Gefühlszustände zum Ausdruck bringen wolle. Nur der Stumpfsinnige und der prosaische Landvermesser könnten sich dem entziehen. Aber nicht genug damit: Der propositionale Gehalt sprachlicher Aussagen (»jugement«) kann in hundertfacher Weise abgetönt werden, und dies ist nur möglich durch »le tour qu'on lui donne«.[113] Dieser »tour« aber ist ein Produkt des sprachlichen Kontextes und der Verwendung figürlicher Rede. Sprache ist also, und wenn sie auch noch so transparent und aufrichtig sein will, immer schon rhetorisiert, wie sich bereits in der *Seconde Préface* zeigt, wo ›R.‹ zunächst den ungeschliffenen, antiromanesken Stil als Signum der nicht-rhetorischen Authentizität des Textes bemüht, um auf der nächsten Seite dessen rhetorische Formung einzugestehen und sogar zu rechtfertigen: »Pour rendre utile ce qu'on veut dire, il faut d'abord se faire écouter de ceux qui doivent en faire usage.«[114] Der Falle der Rhetorik ist nicht zu entgehen. Damit aber wird deutlich, daß die von der klassischen Episteme geforderte Transparenz der Repräsentation bei Rousseau grundsätzlich fragwürdig geworden ist. Am Beispiel der Kommunikation zwischen Liebenden demonstriert Rousseau die epistemologische Brüchigkeit des klassischen Diskurses.[115]

111 Bd. II, S. 241.
112 Ebd.
113 Ebd.
114 Bd. II, S. 17.
115 Daß diese diskursive Grenzüberschreitung den zeitgenössischen Lesern nicht verborgen

Wenn aber die Codeverwendung der Liebenden schon in der Phase ihrer offen geäußerten Passion am Gebot der Transparenz und Aufrichtigkeit scheitert, um wieviel gravierender muß sich dieses Problem erst nach Julies Heirat stellen. Hier muß Dissimulation zur zweiten Natur werden, denn Julies vorgebliche Bekehrung zur gesellschaftskonstituierenden Vernunftehe ohne Liebe erfordert ein hohes Maß an Verdrängung und Verstellung. Diese Verdrängung findet ihren allegorischen Ausdruck und zugleich ihre Bloßlegung im Elisée, jenem von Julie angelegten Garten, der, wie sein Name schon sagt, für die gelungene Rückkehr ins Paradies (Elysium) der Tugend steht. Die wiedergewonnene Tugend aber trägt die Spuren der verlorenen Tugend und somit der Passion in sich. Dies spiegelt sich in der schillernden Polyvalenz des Elisée, das als Enklave inmitten der domestizierten Natur von Clarens alle Attribute unberührter Natur besitzt: »[...] je crus voir le lieu le plus sauvage, le plus solitaire de la nature, et il me sembloit d'être le premier mortel qui jamais eut pénétré dans ce desert.«[116] Der Eindruck von Unberührtheit indes täuscht. Julie teilt Saint-Preux mit, daß es in dem Garten nichts gebe, das nicht auf ihr Geheiß hin angelegt worden wäre.[117] Es handelt sich um einen »desert artificiel«,[118] in rhetorischer Terminologie: ein Oxymoron. Voraussetzung für dessen Entstehung war, daß alle Spuren menschlichen Eingriffs verwischt wurden, wie Wolmar berichtet. Diesen Vorgang bezeichnet er als »friponnerie«,[119] als Betrug beziehungsweise Täuschung. Die Ambivalenz dieser Täuschung besteht darin, daß sie wirkt, obwohl man über sie Bescheid weiß. Saint-Preux kehrt am nächsten Tag allein in das Elisée zurück und kommt sich vor, als wäre er auf einer einsamen Insel, einem »lieu solitaire où le doux aspect de la seule nature devoit chasser

geblieben ist, zeigt Labrosse, *Lire au XVIII^e siècle,* indem er divergierende Urteile in den Zeitschriftenartikeln zur *Nouvelle Héloïse* auflistet. »Nous pouvons percevoir, dans les périodiques, un discours sur le roman et sur l'art d'écrire, sur la convenance, l'ordre, la vérité et la nature qui surprend, dans la fiction de J. J., des propositions inconciliables, des personnages divisés, des conduites inexplicables, butte sur une parole insupportable et décompose la fiction elle-même. Nous y voyons aussi l'*Héloïse* prise dans des discours opposés.« Aus diesen Divergenzen der Lektüre durch ein kulturell homogenes Publikum schlußfolgert Labrosse, »que la *Julie* était bien alors un problème de lecture et que le roman de J. J. n'est pas réductible au discours mais qu'il l'amène à se diviser ou à parler autrement.« (S. 165) Labrosse bezieht sich zwar nicht explizit auf Foucault, doch legen seine Analysen die archäologischen Grundfesten des literarischen Diskurses um 1760 frei.

116 Bd. II, S. 471.

117 Bd. II, S. 472.

118 Bd. II, S. 474.

119 Bd. II, S. 479.

de mon souvenir tout cet ordre social et factice qui m'a rendu si malheureux«.[120] Die Illusion, auf der das künstliche Paradies beruht, funktioniert also, obwohl man sie durchschaut. Die vermeintlich natürliche Ordnung ist eine Natur zweiter Ordnung, von Menschenhand gemacht, und doch gelingt es ihr, das Künstliche der Gesellschaftsordnung – zumindest imaginär – zu vertreiben. So wie die Spuren menschlichen Wirkens im Elisée gelöscht worden sind, werden nunmehr die Gedanken an die Gesellschaft während des Aufenthalts im künstlichen Paradies gelöscht. Der Code ist zugleich transparent und opak. Da aber das Elisée für Saint-Preux zur Allegorie von Julie wird (»Il [sc. der Name *Elisée*] me peignoit en quelque sorte l'intérieur de celle qui l'avoit trouvé […]«),[121] gilt im Umkehrschluß auch für sie, daß die Spuren ihrer Leidenschaft künstlich gelöscht worden sein müssen. In der Tat ist auch ihre Einstellung zu den beiden Liebesmodellen, dem *amour-passion* und der Vernunftehe, von Ambivalenz geprägt. Zwar gibt sie vor, von ihrer Passion geheilt zu sein, doch zeigt sich in ihrem Abschiedsbrief, daß dies eine künstlich aufrechterhaltene Illusion war. Daß ihre angebliche Heilung von der Passion stets prekär gewesen ist, beweist – neben anderen Indizien – allein schon die Tatsache, daß das Elisée als künstliche Wildnis *neben* der tatsächlich vorhandenen Wildnis angelegt werden mußte:

> A quoi bon vous faire une nouvelle promenade, ayant de l'autre côté de la maison des bosquets si charmans et si négligés? Il est vrai, dit-elle un peu embarrassée, mais j'aime mieux ceci.[122]

Des Rätsels Lösung gibt – transparent wie stets – der vernünftige Wolmar:[123] Niemals seit ihrer Hochzeit habe Julie ihren Fuß mehr in diese Wäldchen gesetzt, und er, Saint-Preux, müsse wissen, weshalb. Dies spielt auf jenen »baiser mortel«[124] an, den Julie ihrem Geliebten einst ebendort gegeben hat, was seine Leidenschaft aufs höchste beflügelte: »C'est du poison que j'ai cueilli sur tes levres; il fermente, il embrase mon sang; il me tue, et ta pitié me fait mourir.«[125] Somit erscheint das Elisée als Ersatzbildung für etwas Verdrängtes und daher als Zeichen für eben dieses Verdrängte. Es ist

120 Bd. II, S. 486.
121 Bd. II, S. 487.
122 Bd. II, S. 485.
123 Wolmars Maxime lautet bekanntlich: »Ne fais ni ne dis jamais rien que tu ne veuilles que tout le monde voye et entende; et pour moi, j'ai toujours regardé comme le plus estimable des hommes ce Romain qui vouloit que sa maison fut construite de maniere qu'on vit tout ce qui s'y faisoit.« (Bd. II, S. 424)
124 Bd. II, S. 63.
125 Ebd.

zugleich Metapher für Julies aus eigener Kraft wiederhergestellte Tugend und Metonymie der verdrängten Passion, weil es sich in unmittelbarer Nähe des Wäldchens befindet, wo sich die Liebenden erstmals geküßt haben. Im Elisée werden die Spuren der Vergangenheit und des Konfliktes zwischen Passion und Tugend, zwischen Individuum und Gesellschaft, sowohl aufbewahrt als auch gelöscht.

Es zeigt sich, daß die von Julie und Saint-Preux nicht anders als von Wolmar als Ideal angestrebte Transparenz und Aufrichtigkeit nun weiter entfernt sind denn je. Was im Zeichen der Hoffnung auf ein gemeinsames Glück kaum möglich war, ist im Zeichen der gesellschaftlich bedingten Trennung vollends undenkbar. Liebende können weder für sich noch für andere transparent sein. Selbst Wolmar muß dies in einem Brief an Claire schließlich anerkennen:

> [...] pour votre amie, on n'en peut parler que par conjecture: Un voile de sagesse et d'honnêteté fait tant de replis autour de son cœur, *qu'il n'est plus possible à l'œil humain d'y pénétrer, pas même au sien propre.*[126]

Das tragische Ende des Romans läßt sich aus dieser Perspektive als strukturell einzig möglicher Ausweg aus einer auf Dauer unhaltbaren *double-bind*-Situation lesen: Die Überlagerung von Allianz- und Sexualitätsdispositiv ist eine widersprüchliche Einheit, die nur durch die ambivalente Abkehr vom Transparenzgebot ermöglicht wurde. Am Ende wird der ›transparente Schleier‹, den Julie über ihre Passion gelegt hatte und dessen Allegorie der Garten des Elisée war, gelüftet, um sogleich nach ihrem Tod durch einen realen Schleier ersetzt zu werden.

Die utopische Gesellschaft von Clarens, die auf dem Gebot totaler Transparenz beruht, kann also nur funktionieren, weil die Liebenden gegen das selbstauferlegte Transparenzgebot verstoßen. Dieser Grundwiderspruch führt am Ende zur Zerstörung der Gemeinschaft. Clarens ist in unserem Zusammenhang indes noch aus einem anderen Grund von Bedeutung. Der Unterdrückung und Verschleierung der Leidenschaft zwischen Julie und Saint-Preux korrespondiert eine kollektive Kontrolle der Sexualität. Clarens ist ein auf wirtschaftliche Autarkie bedachter, patriarchalisch geführter Agrarstaat, der, wie im 10. Brief des vierten Teils ausgeführt wird, auf wechselseitiger Loyalität zwischen Herrschaft und Gesinde beruht. Da Tagelöhner und Bedienstete um so nutzbringender sind, je engagierter sie arbeiten, werden sie in ein Netz quasi familialer Beziehungen eingebunden, in dessen

126 Bd. II, S. 509 (Hervorh. T.K.).

Zentrum die von allen geliebte und verehrte Julie als Mutterfigur steht (»Ouvriers, domestiques, tous ceux qui l'ont servie ne fut-ce que pour un seul jour deviennent tous ses enfans [...]«).[127] Ohne daß offener Zwang ausgeübt würde, werden die Angestellten dazu gebracht, ihr Bestes zu geben; sie haben die Arbeitsnorm so sehr verinnerlicht, daß sie, um ihrer Herrschaft zu gefallen, freiwillig mehr Leistung erbringen, als die, wofür sie bezahlt werden. Im Sinne der marxistischen Kritik haben wir es hier mit einem eklatanten Fall von ökonomischer Ausbeutung und Mehrwertabschöpfung zu tun, ermöglicht durch das falsche Bewußtsein der Ausgebeuteten. Analog dazu wird auch die Sexualität der Angestellten kontrolliert:

> Pour prévenir entre les deux sexes une familiarité dangereuse, on ne les gêne point ici par des loix positives qu'ils seroient tentés d'enfreindre en secret; mais sans paroitre y songer on établit des usages plus puissans que l'autorité même.[128]

So herrscht zwar kein formelles Verbot von Sexualkontakten, doch ist dafür Sorge getragen, daß Bedienstete verschiedenen Geschlechts niemals miteinander allein sein können und somit gar nicht erst in sexuelle Versuchung geführt werden. Auch das Gebot der Geschlechtertrennung (und somit das Verbot sexueller Kontakte) ist eine von den Domestiken verinnerlichte Norm: »Tel qui taxeroit en cela de caprice les volontés d'un maitre, se soumet sans répugnance à une maniere de vivre qu'on ne lui prescrit pas formellement, *mais qu'il juge lui-même être la meilleure et la plus naturelle*.«[129] Es geht mir hier nicht um die Denunziation eines reaktionären Gesellschaftsmodells, welches mit Rousseaus eigenen theoretischen Prämissen nicht kompatibel ist, sondern um das Symptomatische des Entwurfs von Clarens. Dieser ist eine negative Utopie, in der der Zusammenhang von Sexualität, (verinnerlichter Selbst-)Kontrolle und Herrschaft in äußerst verdichteter Form deutlich wird. Das Wolmarsche Transparenzgebot entspricht der »volonté de savoir«, welche nach Foucault unseren neuzeitlichen Umgang mit Sexualität auszeichnet.

127 Bd. II, S. 444.
128 Bd. II, S. 449.
129 Bd. II, S. 450 (Hervorh. T.K.).

## 1.8 Die Medialität der Liebe und die Gedächtnisfunktion des Textes

Der auf der Einheit des Unvereinbaren (Vernunft und Passion, Allianz und Sexualität, Transparenz und Opazität) beruhende Gesellschaftsentwurf von Clarens ist zum Scheitern verurteilt.[130] In welchem Zusammenhang aber steht dieses Scheitern mit der Medialität des Textes und der in ihm entworfenen Liebeskonzeption? Eine Antwort auf diese Frage soll im folgenden im erneuten Rückgriff auf Foucault gesucht werden.

Foucault stellt, wie oben (Kap. 1.2) dargelegt wurde, die traditionelle *ars erotica* der modernen *scientia sexualis* gegenüber. Allerdings ist die Opposition nicht privativ, vielmehr wurde die *ars erotica* von der *scientia sexualis* ›geschluckt‹, so daß unter der Hand die *scientia sexualis* zur heimlichen *ars erotica* mutieren konnte. Das heißt, die diskursive Produktion von Wahrheit erzeugt eine neue Art von Lust:

> Nous avons au moins inventé un plaisir autre: plaisir à la vérité du plaisir, plaisir à la savoir, à l'exposer, à la découvrir, à se fasciner de la voir, à la dire, à captiver et capturer les autres par elle, à la confier dans le secret, à la débusquer par la ruse; plaisir spécifique au discours vrai sur le plaisir.[131]

Der Gedanke der Verlagerung der Lust auf den Akt der Diskursivierung scheint mir sehr genau die diskursiv-medialen Bedingungen zu erfassen, unter denen Julie und Saint-Preux sich als Liebes-Subjekte und ineins damit als Autoren konstituieren. Der Briefroman[132] ist nicht zufällig das Medium

130 Dieses Scheitern manifestiert sich nicht zuletzt auch in der den Prämissen von Rousseaus *Contrat social* entgegenstehenden Gesellschaftsstruktur von Clarens. Während der *Contrat social* von der ursprünglichen, unveräußerlichen Gleichheit aller Menschen ausgeht, die im Gesellschaftszustand durch die *volonté générale* repräsentiert werde, ist die Gesellschaft von Clarens ein die Unterschiede zwischen Herren und Dienern affirmierender Ständestaat im Kleinen, worauf Starobinski hingewiesen hat, *La transparence et l'obstacle*, S. 121–129.

131 *Histoire de la sexualité 1*, S. 95.

132 Zur Gattungsgeschichte und -struktur vgl. u. a. Jean Rousset, »Une forme littéraire: le roman par lettres«, in: *Forme et signification*, Paris 1962, S. 65–108, Bertil Romberg, *Studies in the Narrative Technique of the First-Person Novel*, Stockholm 1962, S. 46–55, François Jost, »Le roman épistolaire et la technique narrative au XVIIIe siècle«, in: *Comparative Literature Studies* 3 (1966), S. 397–427, Jürgen von Stackelberg, »Der Briefroman und seine Epoche. Briefroman und Empfindsamkeit«, in: *Romanistische Zeitschrift für Literaturgeschichte* 1 (1977), S. 293–309, Louise Z. Smith, »Sensibility and Epistolary Form in *Héloïse* and *Werther*«, in: *L'Esprit créateur* 17 (1977), S. 361–376, Laurent Versini, *Le roman épistolaire*, Paris 1979, Janet Gurkin Altman, *Epistolarity. Approaches to a Form*, Columbus 1982, Monika Moravetz, *Formen der Rezeptionslenkung im Briefroman des 18. Jahrhunderts. Richardons »Clarissa«, Rousseaus »Nouvelle Héloïse« und Laclos' »Liaisons Dangereuses«*, Tübingen 1990. Während der

der Diskursivierung von Sexualität *par excellence,* bietet er doch wie keine andere Gattung des 18. Jahrhunderts seinen Protagonisten die Möglichkeit, ihre Lust durch Schreiben abzuführen, vor allem aber, sie im Prozeß des Schreibens allererst zu konstituieren. Alle Voraussetzungen der Foucaultschen Geständnissituation[133] sind gegeben. Es geht um Sexualität, Wahrheit und Macht beziehungsweise Unterwerfung, und mittendrin entwirft sich schreibend das Subjekt als Autor.[134]

Den diskursiven Zusammenhang von Sexualität, Geständnis und Macht sowie die Verlagerung der Lust auf die Diskursivierung möchte ich im folgenden in der *Nouvelle Héloïse* nachzeichnen. Die den Text eröffnende Serie von fünf Briefen und fünf Billets[135] etabliert zwischen Saint-Preux und Julie

Briefroman in den genannten Untersuchungen zumeist als Medium der Spontaneität und Unmittelbarkeit aufgefaßt wird, möchte ich im folgenden mehr die Aspekte der Rhetorisierung und der Fiktionalisierung betonen.

133 Vgl. hierzu insbesondere Galle, *Geständnis und Subjektivität,* der die Spannung zwischen Geständniszwang und Geständnisverbot in den Mittelpunkt stellt und die *Nouvelle Héloïse* als »Paradigma für die Urgeschichte moderner Subjektivität« (S. 57) liest. Im Unterschied zum wichtigsten Vorläufertext *La Princesse de Clèves* sei die Geständnisstruktur in Rousseaus Roman schon durch den Darstellungsmodus integriert, denn der Briefroman weise strukturelle Eigenschaften des Geständnisses auf (S. 62). Galle geht in diesem Zusammenhang allerdings nicht näher auf Foucault ein.

134 Zum Zusammenhang von Liebe, Sexualität und Autorschaft vgl. Friedrich A. Kittler, »Autorschaft und Liebe«, in: ders. (Hg.), *Austreibung des Geistes aus den Geisteswissenschaften. Programme des Poststrukturalismus,* Paderborn 1980, S. 142–173. Durch die Gegenüberstellung der Francesca-Stelle aus dem V. Gesang von Dantes *Inferno* und der Klopstock-Stelle aus Goethes *Werther* (Brief vom 16. Junius) macht Kittler den Unterschied zwischen alteuropäischem und neuzeitlichem Umgang mit Büchern und Sexualität deutlich. Die Lektüre des Buches *Lancelot* führt die Lesenden Francesca und Paolo zum ehebrecherischen Nachvollzug des Gelesenen; der Name des Autors bleibt dabei ungenannt, der Text wird lediglich durch die Nennung seines Helden identifiziert. Bei Goethe dagegen wird nichts gelesen; statt dessen wird – angesichts des Gewitters und in Erinnerung an Klopstocks Ode *Frühlingsfeier* (erste Fassung: *Das Landleben*) – ein bloßer Autorname genannt. Dieser steht als Garant für den Seeleneinklang zwischen Lotte und Werther. Während in der alteuropäischen Literatur die Funktionen Autor und Leser streng getrennt waren, erfolgt in der neuzeitlichen Literatur eine Rückkopplung zwischen diesen beiden Funktionen: Werther ist Leser und wird als solcher selbst zum Autor. Die Sexualität unterliegt in diesem Zusammenhang einem entscheidenden Funktionswandel: Bei Dante führt Lesen zum imitatorischen Nachvollzug des das Allianzdispositiv störenden Ehebruchs; bei Goethe hingegen wird die blockierte Sexualität in Diskursproduktion umgesetzt, was Goethe in einem späteren Selbstkommentar in folgende – Albert in den Mund gelegte – drastische Verse faßt: »Mir ist das liebe Wertherische Blut / Immer zu einem Probirhengst gut / Den lass ich mit meinem Weib spaziren / Vor ihren Augen sich abbranliren / Und hinten drein komm ich bey Nacht / Und vögle sie daß alles kracht.« (Zitiert nach Kittler, »Autorschaft und Liebe«, S. 147.)

135 Bd. II, S. 31–43.

eine Geständnissituation, die getragen ist von der Spannung zwischen Tabu und Tabubruch. Immer wieder ist die – das Tabuisierte andeutende – Rede von einer mit der Liebe verbundenen und von ihr ausgehenden Gefahr und ihrer zum Verlust der Selbstkontrolle führenden Abgründigkeit.[136] Signifikat des Wortfelds der Gefahr ist das Skandalon des Sexuellen, welches im weiteren Verlauf des Textes insbesondere von Saint-Preux deutlich benannt, also diskursiviert wird. So berichtet er aus dem Wallis von der gewaltigen Oberweite der Schweizerinnen.[137] Dies ist indes nur ein Vorwand, um auf das eigentliche Ziel seines erotischen Begehrens zu sprechen zu kommen, nämlich Julies Brüste, deren Form er durch die Öffnungen ihres Kleides betrachten konnte. Der Blick ersetzt die Berührung, ist aber einsam. Geteilt wird die erotische Lust erst im Akt ihrer Mitteilung. Die Versprachlichung ist eine doppelte, denn ein Tasso-Zitat[138] wiederholt und verschiebt zugleich den von Saint-Preux ausgedrückten Gedanken. Während für Saint-Preux der *Blick* als Ersatz für die *Berührung* fungiert, ist es bei Tasso der *Gedanke* (»amoroso pensier«, was Rousseau verstärkend mit »desir« übersetzt), der sich anstelle des *Blickes* auf die verdeckten weiblichen Reize heftet. Begehren vollzieht sich also einerseits als Überwindung von Hindernissen und andererseits als Versprachlichung dieses Vorgangs. Versprachlichung als Verschriftlichung aber bedeutet hier zugleich Überwindung von Absenz (der Absenz der Geliebten durch den an sie gerichteten Brief, also auf der Ebene des Signifikanten) und Aufschub von Präsenz (der Präsenz des begehrten Objekts in der Folge Berührung – Blick – Gedanke/Begehren, auf der Ebene des Signifikats). Hier zeigt sich, daß die Schrift als paradoxes Medium des Aufschubs, der lusterzeugenden Ersatzbildung fungiert. Es geht in der *Nouvelle Héloïse* primär um die lusterzeugende Diskursivierung von Sexualität. Wie wichtig diese Diskursivierung ist, zeigt Julies Replik,[139] in der sie zunächst mitteilt, daß der Reisebericht aus dem Wallis »me feroit aimer celui qui l'a écrite«.[140] Die Schrift ist also in der Lage, ein Gefühl wie

136 Vgl. z.B.: »[...] j'osai me charger de ce *dangereux soin* sans en prévoir le *péril* [...]« (Bd. II, S. 31); »[...] quitons ces jeux qui peuvent avoir des *suites funestes* [...]« (S. 33); »[...] je vois sans pouvoir m'arrêter *l'horrible précipice* où je cours [...]« (S. 39; Hervorh. T.K.).

137 Bd. II, S. 82.

138 »Parte appar delle mamme acerbe et crude, / Parte altrui ne ricopre invida vesta; / Invida, ma s'agli occhi il varco chiude, / L'amoroso pensier già non arresta.« (Tasso, *Gerusalemme liberata,* IV, 31, zitiert in der *Nouvelle Héloïse,* Bd. II, S. 82). Rousseaus etwas ungenaue Übersetzung dieser Stelle lautet wie folgt: »Son acerbe et dure mamelle se laisse entrevoir; un vêtement jaloux en cache en vain la plus grande partie; l'amoureux desir plus perçant que l'œil pénétre à travers tous les obstacles.« (Bd. II, S. 1392)

139 Bd. II, S. 87.

140 Ebd.

Liebe überhaupt erst zu erzeugen. Sodann kritisiert Julie Saint-Preux, weil dieser eine rhetorische List (Tasso-Zitat) verwendet habe, um ungehindert über sein Begehren zu sprechen. Dies sei unangebracht, die ängstliche Liebe sei mit Schonung zu behandeln. Wie sehr Julie durch die Direktheit ihres Geliebten in Verlegenheit gebracht wird, geht aus dem folgenden Satz hervor: »Mais en voila déja trop, peut-être, sur un sujet qu'il ne faloit point relever.«[141] Das Bedrohliche der Sexualität kommt erst durch ihre Versprachlichung ans Tageslicht.[142]

Die Diskursivierung ist indes kein Notbehelf, sondern die Ermöglichungsbedingung für Sexualität im neuzeitlichen Sinn. Der eigentliche Tabubruch besteht nämlich viel weniger darin, Liebe und Begehren zu verspüren, als darin, sie zu versprachlichen, das heißt sie dem anderen gegenüber zu gestehen. So schreibt Julie: »[...] je sentis le *poison* qui *corrompt* mes sens et ma raison; [...] tes yeux, tes sentimens, tes discours, ta *plume criminelle* le rendent chaque jour plus *mortel.*«[143] Erst indem die Liebenden über ihre Gefühle schreiben, können sie sie wahrhaft ausleben und zugleich die diskursiv und gesellschaftlich gezogenen Grenzen solcher Gefühle mitreflektieren. Dies findet seinen Ausdruck in der Ambivalenz, mit der insbesondere Saint-Preux sein Leid durch dessen Versprachlichung lustvoll erlebt. Im Bewußtsein des Tabubruchs verlangt er – geständig und reumütig – nach einer gerechten Bestrafung; doch den Akt des Gestehens deutet er als erotisches Unterwerfungsverhältnis: »Je ne veux que guérir ou mourir, et j'implore vos rigueurs comme un amant imploreroit vos bontés.«[144]

Julie ihrerseits stellt in ihrem ersten Brief, in dem sie ihre Liebe gesteht, einen beinahe physischen Kontakt zu Saint-Preux her, indem sie auf Knien schreibt und das Briefpapier mit Tränen benetzt.[145] Darauf reagiert Saint-Preux nicht minder intensiv: »Que je la relise mille fois, cette lettre adorable,

141 Ebd.

142 Zum Zusammenhang von Schreiben und Lieben in der *Nouvelle Héloïse* vgl. auch R. J. Howells, »Rousseau, *La Nouvelle Héloïse* and the Power of Writing«, in: *Degré Second* 9 (1985), S. 15–31. Howells zeigt ausgehend vom Titel *Lettres de deux amans,* der den Inhalt der Briefsammlung nur unvollständig erfaßt, weil dort ja mehr als nur zwei Briefschreiber vorkommen, daß Rousseau Lieben und Schreiben programmatisch aneinander koppelt (S. 21). Schreiben und Lieben sind synonym, die Liebesbeziehung beruht weitgehend auf dem Austausch von Briefen (S. 22), und aus Saint-Preux' Umgang mit Julies Briefen (er schreibt sie ab und bindet sie zu einem *recueil,* Bd. II, S. 229) zieht Howells den Schluß: »Julie *is* the ›roman‹, the ›recueil de lettres‹. [...] Saint-Preux is Rousseau's *alter ego.* These two are the makers and keepers of the Book.« (ebd.; Hervorh. im Text)

143 Bd. II, S. 39 (Hervorh. T. K.).

144 Bd. II, S. 33.

145 Bd. II, S. 40.

où ton amour et tes sentimens sont écrits en caractéres de feu […]«.[146] Gift, Tränen und Feuer, konventionelle Zeichen und Metaphern der Liebe, werden übertragen auf das Kommunikationsmedium; dieses stellt den verbotenen Körperkontakt ersatzweise her. Als es dann später tatsächlich zu einem ersten erotischen Körperkontakt, einem »baiser mortel« kommt, kehren dieselben Metaphern (Gift und Feuer) wieder: »C'est du poison que j'ai cueilli sur tes levres; il fermente, il embrase mon sang; il me tue, et ta pitié me fait mourir.«[147] Die identische Metaphorik zeigt, daß der Briefkontakt als Analogon des Körperkontakts aufgefaßt wird. Während jedoch der Körperkontakt nur einen Augenblick dauert (»mon bonheur ne fut qu'un éclair«)[148] und einen so überwältigenden Eindruck hinterläßt, daß Saint-Preux Julie bitten muß, ihn künftig nicht mehr zu küssen (»Non garde tes baisers, je ne les saurois supporter…«),[149] kann er das durch die Lektüre der Briefe hervorgerufene Glück, wie wir sahen, wiederholt und dauerhaft genießen. Die supplementäre Funktion der Briefe geht so weit, daß Saint-Preux sagen kann: »Ne sois donc pas surprise si tes lettres qui te peignent si bien font quelquefois sur ton idolâtre amant le même effet que ta présence.«[150]
Nun präsupponiert ein Briefwechsel – trotz der präsentifizierenden Wirkung mancher Briefe – die tatsächliche physische Trennung der Liebenden, was bei größerer Entfernung zu einer verzögerten Zustellung führen kann. Dies geschieht während Saint-Preux' Wanderung durch die Gebirgswelt des Wallis nach Sion. Ein verspätet zugestellter Brief steigert die erotische Empfindung:

> Julie, j'apperçois les traits de ta main adorée! La mienne tremble en s'avançant pour recevoir ce précieux dépôt. Je voudrois baiser mille fois ces sacrés caracteres. O circonspection d'un amour craintif! Je n'ose porter la Lettre à ma bouche, ni l'ouvrir devant tant de témoins. Je me dérobe à la hâte. Mes genoux trembloient sous moi; mon émotion croissante me laisse à peine appercevoir mon chemin; j'ouvre la lettre au premier détour; je la parcours, je la dévore, et à peine suis-je à ces lignes où tu peins si bien les plaisirs de ton cœur en embrassant ce respectable pere que je fonds en larmes, on me regarde, j'entre dans une allée pour échaper aux spectateurs; là, je partage ton attendrissement; j'embrasse avec transport cet heureux pere que je connois à peine, et la voix de la nature me rappellant au mien, je donne de nouvelles pleurs à sa mémoire honorée.[151]

146 Bd. II, S. 41.
147 Bd. II, S. 63.
148 Bd. II, S. 65.
149 Ebd.
150 Bd. II, S. 244.
151 Bd. II, S. 72f.

Was in der Anwesenheit der Geliebten nicht möglich ist, die völlige Übereinstimmung der Seelen und gefühlsmäßige Anteilnahme aneinander, ist mit Hilfe des Briefes realisierbar. Der Liebende zieht sich vor den Blicken der Menschen in die Einsamkeit zurück, übermannt von einer heftigen Gefühlswallung. Der Brief der Geliebten wird geküßt, er wird verschlungen, was er mitteilt, rührt zu Tränen. Diese physische Entladung positiver Affekte ist eine Folge der räumlichen Trennung, die ja ihrerseits die Ermöglichungsbedingung für den Briefwechsel ist. Gipfel des Gefühlsaufschwungs ist die durch Gedankenassoziation bewirkte Erinnerung an den eigenen toten Vater. Gefühl und Erinnerung erweisen sich auch hier als Effekt der Schrift.

Die zentrale Funktion der Schrift zeigt sich besonders deutlich im Zusammenhang mit Meillerie, einem Ort, der in der Gesamtstruktur des Romans eine wesentliche Rolle spielt.[152] Saint-Preux begibt sich dorthin, nachdem er seine Reise durch das Wallis beendet hat, aber noch nicht zu Julie zurückkehren darf (erster Teil, Brief 26). Meillerie befindet sich am gegenüberliegenden Ufer des Genfer Sees; von hier aus kann Saint-Preux Julies Haus mit dem Fernrohr beobachten. Er denkt über die Ausweglosigkeit seiner Situation nach, ist gefangen im Widerspruch zwischen den »justes vœux de son cœur« und den »absurdes maximes«[153] einer ständestaatlichen Ordnung, die eine Ehe mit Julie unmöglich machen. Seine Melancholie, die sich in der ihn umgebenden winterlichen Natur als *locus horridus* widerspiegelt,[154] kontrastiert mit der Tatsache, daß er sich nach längerer Trennung nun endlich wieder in Julies Nähe begeben hat. Ganze Tage verbringt er, bei winterlicher Kälte auf einem Felsblock sitzend, damit, sich Julies Tagesablauf vorzustellen, wobei er ihr einen Brief schreibt, in dem er ihr seine Vorstellungen mitteilt. Schreibend imaginiert er Julie, wie sie einen Brief von ihm erhält und darauf antwortet:

152 Hervorgehoben wird die strukturell wichtige Funktion von Meillerie durch die dem Text nach Rousseaus Absicht beigefügten Illustrationen, deren achte (von insgesamt zwölf) sich auf die zweite Meillerie-Episode bezieht und den Titel trägt: »Les monumens des anciennes amours« (Bd. II, S. 768). Damit wird die Episode besonders markiert und in ein Korrespondenzverhältnis zur ebenfalls illustrierten *bosquet*-Szene gesetzt, auf die in der ersten, nicht-illustrierten Meillerie-Episode rückverwiesen wird.

153 Bd. II, S. 89.

154 »[...] je parcours à grands pas tous les environs, et trouve par tout dans les objets la même horreur qui regne au dedans de moi. On n'apperçoit plus de verdure, l'herbe est jaune et flétrie, les arbres sont dépouillés, le séchard et la froide bise entassent la neige et les glaces, et toute la nature est morte à mes yeux, comme l'espérance au fond de mon cœur.« (Bd. II, S. 90)

Quelques momens, ah pardonne! j'ose te voir même t'occuper de moi; je vois tes yeux attendris parcourir une de mes Lettres; je lis dans leur douce langueur que c'est à ton amant fortuné que s'addressent les lignes que tu traces, je vois que c'est de lui que tu parles à ta cousine avec une si tendre émotion. O Julie! ô Julie! et nous ne serions pas unis? [...] Non, que jamais cette affreuse idée ne se présente à mon esprit! En un instant elle change tout mon attendrissement en fureur; la rage me fait courir de caverne en caverne; [...] il n'y a rien, non rien que je ne fasse pour te posséder ou mourir.[155]

Die Vorstellung von der Geliebten beim Lesen und Schreiben von Liebesbriefen und der tatsächliche Erhalt eines Briefes von Julie motivieren den darauf folgenden Gefühlsumschwung: Resignation und Selbstgenuß im Leiden verwandeln sich in Auflehnung und die Forderung nach sinnlicher Erfüllung. Die Statik des vorgestellten Tagesablaufs von Julie und die damit korrelierenden positiven Bewertungen[156] haben den Charakter des Zeitlosen. Der aus Liebesleid und Trennungsschmerz sich dem Tode Nähernde wird durch die Erinnerung an glückliche Momente (insbesondere an den Kuß im *bosquet*)[157] ins Leben zurückgeholt. In diese zeitentrückte Idylle bricht durch die Evokation der Schrift und den Erhalt von Julies Brief jäh das Bewußtsein von Zeit und Vergänglichkeit ein:[158]

Ah! si tu pouvois rester toujours jeune et brillante comme à présent, je ne demanderois au Ciel que de te savoir éternellement heureuse, te voir tous les ans de ma vie une fois, une seule fois; et passer le reste de mes jours à contempler de loin ton azile, à t'adorer parmi ces rochers. Mais helas! voi la rapidité de cet astre qui jamais n'arrête; il vole et le tems fuit, l'occasion s'échape, ta beauté, ta beauté même aura son terme, elle doit décliner et perir un jour comme une fleur qui tombe sans avoir été cueillie; et moi cependant, je gémis, je souffre, ma jeunesse s'use dans les larmes, et se flétrit dans la douleur.[159]

Das Bewußtsein der eigenen Vergänglichkeit, welches hier mit dem petrarkistischen *carpe-diem*-Topos von der rechtzeitig zu pflückenden Blume[160] ver-

155 Bd. II, S. 91f.

156 »Toujours je te vois vaquer à des soins qui te rendent plus estimable, et mon cœur s'attendrit avec délices sur l'inépuisable bonté du tien.« (Bd. II, S. 91)

157 Bd. II, S. 63–65.

158 Die Zeitlosigkeit von Saint-Preux' Vision antizipiert die zyklisch-statische Zeitstruktur von Clarens, wie sie insbesondere im Weinlese-Brief zum Ausdruck kommt, der mit dem berühmten Satz endet: »Ensuite on offre à boire à toute l'assemblée; chacun boit à la santé du vainqueur et va se coucher content d'une journée passée dans le travail, la gaité, l'innocence, et qu'on ne seroit pas fâché de recommencer le lendemain, le surlendemain, et toute sa vie.« (Bd. II, S. 610f.)

159 Bd. II, S. 92.

160 Vgl. beispielsweise Ronsard, *Sonets pour Hélène,* II. Buch, Nr. 24 (»Quand vous serez

bunden wird, provoziert das Verlangen nach körperlicher Erfüllung der Liebe. Dies führt schließlich zur Rückkehr Saint-Preux' in Julies Haus und zur ersten Liebesbegegnung. Auch hier also ist es die imaginative Kraft der Schrift, die einen heftigen, handlungsleitenden Affekt auslöst und steuert. Besonders wichtig ist der Nexus von Schrift und Zeitlichkeit, wie er in dem besprochenen Textausschnitt deutlich wird.

Meillerie ist indes nicht nur ein Ort der Beobachtung und der Hoffnung auf die Zukunft, es ist – an späterer Stelle – auch ein Ort der Erinnerung. Zehn Jahre danach machen die inzwischen mit Wolmar verheiratete Julie und Saint-Preux in Wolmars Abwesenheit einen Bootsausflug über den Genfer See (vierter Teil, Brief 17). Von einem Unwetter überrascht, können sie sich mit knapper Not ans Ufer retten und gehen bei Meillerie an Land. Während das Schiff wieder flottgemacht wird, führt Saint-Preux Julie an jenen Ort, von dem aus er sie zehn Jahre zuvor beobachtet hatte, mit dem Ziel, »de lui montrer d'anciens monumens d'une passion si constante et si malheureuse«.[161] Der Ort ist, bedingt durch die Vegetation und die andere Jahreszeit, völlig verändert, doch sind Erinnerungszeichen vorhanden: »[...] je la conduisis vers le rocher et lui montrai son chiffre gravé dans mille endroits, et plusieurs vers du Petrarque et du Tasse relatifs à la situation où j'étois en les traçant«.[162] Die Informationen bezüglich der Einritzungen sind dem Leser neu; Saint-Preux' Bericht aus Meillerie im ersten Teil war mithin unvollständig. Interessant ist nun, daß es nicht die bloße Rückkehr an den Ort ist, die die Erinnerung an die Vergangenheit wiederaufleben läßt, sondern das Vorhandensein der genannten Einritzungen, der in Stein gekerbten Inschriften: »En les revoyant moi-même après si longtems, j'éprouvai combien la présence des objets peut ranimer puissamment les sentimens violens dont on fut agité près d'eux.«[163] Die Erinnerung wird ausgelöst durch Schriftzeichen, die erwähnten »monumens d'une passion«. Gegenstand der Erinnerung aber ist ebenfalls in erster Linie Geschriebenes beziehungsweise die Umstände von dessen Entstehung; ein Schreibakt evoziert den anderen, zwischen (Ein-)Schreiben, Lesen der Schrift als Erinnerung und neuem Schreibakt (Brief von Saint-Preux an Edouard) wird eine

bien vieille, au soir à la chandelle«), wo es am Ende nach einer Evokation der menschlichen Hinfälligkeit heißt: »Vivez, si m'en croyez, n'attendez à demain: / Cueillez dés aujourd'huy les roses de la vie.« (*Les Amours*. Introduction, bibliographie, relevé de variantes, notes et lexique par Henri Weber et Catherine Weber, Paris ²1985, S. 431f.)

161 Bd. II, S. 518.

162 Bd. II, S. 519.

163 Ebd.

potentiell endlose Rückkopplungsschleife etabliert, deren Produkt Autorschaft heißt:[164]

> Voila la pierre où je m'asseyois pour contempler au loin ton heureux séjour; sur celle-ci fut écrite la Lettre qui toucha ton cœur; ces cailloux tranchans me servoient de burin pour graver ton chiffre; ici je passai le torrent glacé pour reprendre une de tes Lettres qu'emportoit un tourbillon; là je vins relire et baiser mille fois la derniere que tu m'écrivis [...][165]

An dieser wichtigen Stelle zeigt sich in an Deutlichkeit kaum zu überbietender Weise, daß die Gefühle, um die es geht, durch (Schrift)-Zeichen erzeugt und gesteuert werden.[166] Liebe, Begehren, Sexualität und Erinnerung werden im Roman vor allem als diskursive Phänomene betrachtet.

*La Nouvelle Héloïse* reflektiert nicht nur die Aporien des für den Diskurs des 18. Jahrhunderts grundlegenden Transparenzgebotes, sondern der Text zeigt ebenso die unhintergehbare Medialität der diskursiven Phänomene Liebe und Sexualität auf. Indem er dies tut, macht er sich selbst zum Gedächtnis einer vom Mittelalter bis zum 18. Jahrhundert reichenden Tradition literarisch vermittelter Liebesdiskurse. Die »monumens d'une passion si constante et si malheureuse«,[167] von denen Saint-Preux spricht, werden materialisiert in Gestalt von Einritzungen literarischer Texte in Stein. Es handelt sich nicht zufällig um Texte von Petrarca und Tasso,[168] von Autoren also, die im Roman immer wieder genannt werden und die ursprünglich als Folie für die passionelle Liebeskonzeption Saint-Preux' gedacht sind. Wie wir sahen, unterscheidet sich seine und Julies Liebesauffassung von der höfisch-petrarkistischen: die Dame ist nicht unerreichbar, sie verlangt keine ewige Liebe und bedingungslose Unterordnung, sondern Aufrichtigkeit. Sexuelle Beziehungen sind – unter der Voraussetzung der Aufrichtigkeit –

164 Vgl. hierzu Kittler, »Autorschaft und Liebe«, S. 152: »Erst als die zwei Diskurspraktiken Lesen und Schreiben durchgängig gekoppelt worden waren, nach der Alphabetisierung Mitteleuropas also konnte es den Autor geben.« Was Kittler an Goethe und den deutschen Romantikern zeigt, ist bei deren Vorläufer Rousseau bereits voll ausgeprägt.

165 Bd. II, S. 519.

166 So auch Matzat, *Diskursgeschichte der Leidenschaft,* S. 54, wo es heißt: »Das Wort erscheint für Julie als die Instanz, die das geschlechtliche Begehren generiert [...].«

167 Bd. II, S. 518.

168 Petrarca und Tasso gehören neben Metastasio und einigen französischen Dramatikern zu dem sehr selektiven Lektürekanon, den Saint-Preux im 13. Brief des ersten Teiles aufstellt (Bd. II, S. 61). Die Begrenztheit des Kanons begründet er damit, daß die Prinzipien und Regeln für das eigene Handeln und Fühlen nicht in Büchern, sondern im eigenen Herzen gesucht werden sollen (Bd. II, S. 59).

nicht nur zur Dame, sondern auch zu anderen Frauen möglich.[169] Diese Konzeption erweist sich jedoch als aporetisch, nicht nur, weil sie außerhalb der Gesellschaft angesiedelt ist und sich deshalb dem von der väterlichen Autorität schließlich durchgesetzten alteuropäischen Allianzmodell beugen muß, sondern vor allem deshalb, weil das Transparenzgebot, dem sich die Liebenden unterwerfen, nicht zu erfüllen ist (doppelte Bestätigung: die von den Liebenden selbst bemerkte Unhintergehbarkeit des Rhetorischen und die transparent-opake Allegorie von Clarens). Als einziger Ausweg aus dieser Aporie bietet sich die Verlagerung der Liebe in die Erinnerung an. Dafür stehen die »monumens« ein, von denen auch Julie in einem ihrer letzten Briefe spricht: »Croyez vous que les monumens à craindre n'existent qu'à Meillerie? Ils existent par tout où nous sommes; car nous les portons avec nous.«[170] Der von der Passion geheilten Seele wird alles zu Erinnerungszeichen ihrer Liebe (»tous les objets de la nature nous rappellent encore ce qu'on sentit autrefois en les voyant«).[171] Liebe lebt weiter als universelle Erinnerung in Form von (Natur)-Zeichen.

Die Transformation der Liebe im Zeichen der Erinnerung aber steht unter dem Gesetz der Medialität. Wenn höfische Liebe und *amour-passion,* Allianz- und Sexualitätsdispositiv auf Mikro- wie auf Makroebene des Romans miteinander enggeführt werden, so wird der Text zum historischen Archiv, an dem der Leser den Wandel von Diskursen und Gesellschaftssystemen ablesen kann. Alteuropäische Liebesgedichte haben ihren sozialen Ort in der Umgebung des Hofes. Auch die Briefe, in denen neuzeitliche Liebende sich artikulieren, sind ursprünglich gebunden an die Konversationskultur aristokratischer Salons. Brief wie Liebesgedicht sind Medien der relativen Nähe, ja der potentiellen Kopräsenz von Sprecher und Hörer beziehungsweise Sender und Empfänger. Dies gilt auch noch für den Beginn von *La Nouvelle Héloïse,* wo die Briefschreiber am selben Ort leben und einander zwischen den Briefen immer wieder begegnen. Durch Saint-Preux' Weggang nach Paris aber ändert sich die Situation. Die räumliche Trennung macht andere mediale Umgangsformen notwendig. So jedenfalls läßt sich deuten, was Saint-Preux mit den Briefen seiner Geliebten unternimmt: »En méditant en route sur ta derniere lettre, j'ai résolu de rassembler en un recueil toutes celles que tu m'as écrites, maintenant que je ne puis plus recevoir tes avis de bouche.«[172] Durch den permanenten Gebrauch aber wird das Papier

169 Vgl. den Bordellbesuch, Bd. II, S. 294–306.

170 Bd. II, S. 667.

171 Ebd.

172 Bd. II, S. 229.

abgenutzt, so daß Saint-Preux schließlich die Briefe abschreiben muß, um den Fortbestand dieses Vademecums zu sichern. Was sich hier vollzieht, ist ein grundlegender Medienwechsel, vom Brief zum Buch. (In der Form des Romans sind beide Medien überlagert.) Ebenso wie sich die Liebeskonzeption von dem gegen die traditionelle höfische Liebe abgesetzten *amour-passion* hin zu einer schriftbasierten Liebe in der Erinnerung wandelt, transformiert sich das Medium, welches diesen Wandel mitteilt. Julies Briefe als multifunktionales Vademecum sind ein zeitüberdauerndes Buch der Erinnerung, welches seinen Besitzer ein Leben lang begleiten soll und dessen Innovativität der von Rousseaus Roman, von der zu Beginn dieses Kapitels die Rede war, in nichts nachsteht. Es läßt sich als *mise en abyme* des Romans deuten, für den wie für Julies Briefe gilt: »[...] ce seront à mon avis les premieres lettres d'amour dont on aura tiré cet usage.«[173]

173 Ebd.

# 2. Friedrich Hölderlin *(Hyperion)*

## 2.1 Hölderlin im Spannungsfeld zwischen realgeschichtlicher Ausdifferenzierung und postulierter Entdifferenzierung

Friedrich Hölderlin (1770–1843) gehört, wie die jüngere Forschung dezidiert herausgearbeitet hat, zur Avantgarde der deutschen Literatur um 1800. Nachdem er lange Zeit als singulärer, abseits seiner Zeit stehender Autor rezipiert worden war,[1] dessen hohes Pathos zu einer Serie von emphatischen Aneignungen und Aktualisierungen als Dichter eines »deutschen Sonderweges«[2] beziehungsweise zu seiner Überhöhung zum vaterländischen *poeta vates* geführt hat, wurde in jüngerer Zeit verstärkt seine Zugehörigkeit zur Literatur seiner Zeit hervorgehoben. So hat man etwa den *Hyperion* (1797/99) als »romantischen Roman«[3] beziehungsweise als »frühromantischen Bildungsroman«[4] gedeutet. Gerhard Schulz betont mit allem Nachdruck Hölderlins Zeitgenossenschaft und seine Nähe zur Frühromantik[5] und er zählt den *Hyperion* neben Texten wie Tiecks *Sternbald,* Friedrich Schlegels *Lucinde,* Novalis' *Ofterdingen* oder Brentanos *Godwi* zu den bedeutendsten »Romanexperimenten« der Zeit um 1800.[6] In methodologisch höchst reflektierter Weise nimmt Stefanie Roth[7] eine Einordnung Hölderlins in die Frühromantik vor. Ganz dezidiert arbeitet auch Ulrich Gaier[8] Hölderlins Teilnahme an

1 Zur Rezeptionsgeschichte vgl. den konzisen Überblick bei Stephan Wackwitz, *Friedrich Hölderlin,* bearbeitet von Lioba Waleczek, Stuttgart/Weimar 21997, S. 172–183, mit ausführlicher Bibliographie S. 183–198.

2 Vgl. Jürgen Scharfschwerdt, *Friedrich Hölderlin. Der Dichter des »deutschen Sonderweges«,* Stuttgart u. a. 1994.

3 Lawrence Ryan, »Hölderlins ›Hyperion‹: Ein ›romantischer‹ Roman?«, in: Jochen Schmidt (Hg.), *Über Hölderlin,* Frankfurt a. M. 1970, S. 175–212, mit dem ausdrücklichen Ziel, »den ›Hyperion‹ von seiner literaturgeschichtlichen Abseitsstellung zu befreien und in größere Zusammenhänge einzuordnen« (S. 211).

4 Gerhart Mayer, »Hölderlins ›Hyperion‹ – ein frühromantischer Bildungsroman«, in: *Hölderlin-Jahrbuch* 19/20 (1975/77), S. 244–257.

5 *Die deutsche Literatur zwischen Französischer Revolution und Restauration. Erster Teil: Das Zeitalter der Französischen Revolution, 1789–1806,* München 1983, S. 651: »Kein anderer Autor hat dem aktuellsten Denken dieser Zeit so umfassend dichterische Gestalt gegeben wie Hölderlin in seiner Lyrik.«

6 Ebd., S. 398ff.

7 *Friedrich Hölderlin und die deutsche Frühromantik,* Stuttgart 1991.

8 *Hölderlin. Eine Einführung,* Tübingen/Basel 1993.

den aktuellsten politischen, philosophischen und literarischen Diskussionen seiner Zeit heraus und unterstreicht seine Rezeption zeitgenössischer literarischer Texte, die in der Forschung bis dahin meist vernachlässigt worden sei. Manfred Engel sieht in *Hyperion* eine »besonders reine Ausprägung der neuen Form des Transzendentalromans.«[9] Auch aus philosophiegeschichtlicher Perspektive ist Hölderlin, wie Manfred Frank gezeigt hat, in unmittelbarer Nähe zu den Frühromantikern Novalis und Friedrich Schlegel zu situieren.[10]

Sein Werk hat wie das der Frühromantiker Anteil an den großen, die damalige Zeit bewegenden Fragen, die Friedrich Schlegel im 216. *Athenaeums*-Fragment (1798) auf folgenden suggestiven Nenner bringt: »Die Französische Revoluzion, Fichte's Wissenschaftslehre, und Goethe's Meister sind die größten Tendenzen des Zeitalters.«[11] Diese vom »hohen weiten Standpunkt der Geschichte der Menschheit«[12] aus getroffene Diagnose stellt Politik, Philosophie und Literatur auf eine Ebene, und zwar signifikanterweise unter dem damals beherrschenden Gesichtspunkt der revolutionären Veränderung. Die Literatur ist somit im emphatischen Sinne auf der Höhe der Zeit, die unter dem Eindruck der epochalen Erschütterung von 1789 steht. Es ist charakteristisch für die romantische Literaturreflexion, daß der Literatur nicht mehr wie im Klassizismus und in der Aufklärung eine untergeordnete, dienende, auf Nützlichkeit und Unterhaltung beschränkte Aufgabe zugeschrieben, sondern daß sie gleichberechtigt neben andere Funktionsbereiche der Gesellschaft gestellt wird. Während ein Rousseau es noch für problematisch hielt, seine kulturkritischen Forderungen in Form eines Romans zu präsentieren, bedarf die lange geächtete Gattung um 1800 keiner Rechtfertigung mehr. Im Gegenteil: Wie das Schlegel-Zitat belegt, kann man nun einen Roman in einem Atemzug mit einem weltgeschichtlichen Ereignis und einer bedeutenden philosophischen Abhandlung nennen. Ja mehr noch: Die Welt des Geistes beansprucht, ebenso relevant und epochal zu sein wie die Politik.

Hintergrund dieser Entwicklung ist die Ausdifferenzierung der Gesellschaft in autonome Funktionsbereiche. In Deutschland wurden um 1800 die Fol-

9 *Der Roman der Goethezeit*. Bd. 1: *Anfänge in Klassik und Frühromantik. Transzendentale Geschichten*, Stuttgart/Weimar 1993, S. 331.

10 »Fragmente einer Geschichte der Selbstbewußtseins-Theorie von Kant bis Sartre«, in: Manfred Frank (Hg.), *Selbstbewußtseinstheorien von Fichte bis Sartre*, Frankfurt a.M. 1991, S. 413–599, hier S. 449ff.

11 *Athenaeum. Eine Zeitschrift*. Herausgegeben von August Wilhelm Schlegel und Friedrich Schlegel, 3 Bände, Reprographischer Nachdruck: Darmstadt 1992, Bd. I, S. 232.

12 Ebd.

gelasten dieser Entwicklung für das Individuum insbesondere von Schiller und Hölderlin eindringlich beschrieben.[13] In seiner 1795 erschienenen Schrift *Über die ästhetische Erziehung des Menschen in einer Reihe von Briefen* bemerkt Schiller einen »Kontrast [...] zwischen der heutigen Form der Menschheit, und zwischen der ehemaligen, besonders der griechischen«.[14] Gegenüber der durch Ganzheit gekennzeichneten griechischen Antike zeichne sich die Moderne durch Bruchstückhaftigkeit aus. Die Menschen würden nur einen Teil ihrer Anlagen entfalten. Schuld daran sei der »alles trennende Verstand«[15] beziehungsweise die Kultur, »welche der neuern Menschheit diese Wunde schlug«.[16]

> Sobald auf der einen Seite die erweiterte Erfahrung und das bestimmtere Denken eine schärfere Scheidung der Wissenschaften, auf der andern das verwickeltere Uhrwerk der Staaten eine strengere Absonderung der Stände und Geschäfte notwendig machte, so zerriß auch der innere Bund der menschlichen Natur, und ein verderblicher Streit entzweite ihre harmonischen Kräfte. [...] Auseinandergerissen wurden jetzt der Staat und die Kirche, die Gesetze und die Sitten; der Genuß wurde von der Arbeit, das Mittel vom Zweck, die Anstrengung von der Belohnung geschieden. Ewig nur an ein einzelnes kleines Bruchstück des Ganzen gefesselt, bildet sich der Mensch selbst nur als Bruchstück aus, ewig nur das eintönige Geräusch des Rades, das er umtreibt, im Ohre, entwickelt er nie die Harmonie seines Wesens, und anstatt die Menschheit in seiner Natur auszuprägen, wird er bloß zu einem Abdruck seines Geschäfts, seiner Wissenschaft.[17]

Dieselbe Diagnose stellt Hölderlin dem modernen Menschen, speziell den Deutschen. In einer häufig zitierten Stelle des *Hyperion* läßt er seinen griechischen Protagonisten sagen: »[...] ich kann kein Volk mir denken, das zerrißner wäre, wie die Deutschen. Handwerker siehst du, aber keine Menschen, Denker, aber keine Menschen, Priester, aber keine Menschen, Herrn und Knechte, Jungen und gesetzte Leute, aber keine Menschen – ist das nicht, wie ein Schlachtfeld, wo Hände und Arme und alle Glieder zerstük-

13 Vgl. hierzu auch Niels Werber, *Liebe als Roman,* Bochum 2000, Kap. 24, der in diesem Zusammenhang auf Schiller und Hölderlin verweist und den Spuren der Ausdifferenzierungssemantik bei zeitgenössischen Texten von Friedrich Schlegel, Brentano und anderen nachgeht.

14 Schiller, *Über die ästhetische Erziehung des Menschen in einer Reihe von Briefen,* in: *Werke und Briefe in zwölf Bänden.* Herausgegeben von Otto Dann et al., Band 8: *Theoretische Schriften.* Herausgegeben von Rolf-Peter Janz et al., Frankfurt a.M. 1992, S. 556–676, hier S. 570 (Sechster Brief).

15 Ebd., S. 571.

16 Ebd., S. 572.

17 Ebd., S. 572f.

kelt untereinander liegen, indessen das vergoßne Lebensblut im Sande zerrinnt?«[18] Das Individuum wird in der funktional differenzierten Gesellschaft auf seine spezifische Rolle innerhalb des jeweiligen Teilsystems reduziert. Seine Individualität definiert sich, wie Luhmann[19] gezeigt hat, nicht mehr wie in der stratifikatorischen Gesellschaft durch Inklusion, sondern durch Exklusion, denn der einzelne gehört nun nicht mehr einem und nur einem Stand an, sondern er partizipiert jeweils an mehreren Teilsystemen (Familie, Beruf, Ökonomie, Religion, Kunst usw.).[20] Dadurch erst wird das Individuum (»der Mensch«) als dasjenige sichtbar, welches nicht in der jeweiligen Teilfunktion (Handwerker, Denker, Priester usw.) aufgeht, das heißt, es erscheint in der Perspektive des Verlustes einer (vermeintlichen) ursprünglichen Ganzheit.

Diese verlorene Ganzheit zu restituieren, macht sich die Literatur um 1800 anheischig, und sie beansprucht damit im Verhältnis zur Philosophie die Leitfunktion. Die gesellschaftliche Ausdifferenzierung wird also konstatiert, und ihr wird das Postulat einer mit ästhetischen Mitteln bewirkten Entdifferenzierung entgegengesetzt. So steht es beispielsweise im sogenannten *Ältesten Systemprogramm des deutschen Idealismus,* zu dessen Mitverfassern Hölderlin (neben seinen Tübinger Stiftskameraden Schelling und Hegel)[21] ge-

18 Friedrich Hölderlin, *Sämtliche Werke und Briefe in drei Bänden.* Herausgegeben von Jochen Schmidt, Frankfurt a.M. 1992–1994, Bd. II, S. 168. – Neben dem zweifellos wirksamen Vorbild Schillers ist hier auch an Rousseau zu denken, der bereits in seinem *Discours sur les sciences et les arts* (1751) sagte: »Nous avons des Physiciens, des Géometres, des Chymistes, des Astronomes, des Poëtes, des Musiciens, des Peintres; nous n'avons plus de citoyens; ou s'il nous en reste encore, dispersés dans nos campagnes abandonnées, ils y périssent indigens et méprisés.« (*œuvres complètes,* Bd. III, S. 26) Karlheinz Stierle, »Theorie und Erfahrung. Das Werk Jean-Jacques Rousseaus und die Dialektik der Aufklärung«, in: Jürgen v. Stackelberg et al. (Hg.), *Europäische Aufklärung,* Bd. III, Wiesbaden 1980, S. 159–208, hier S. 165, zitiert diese Stelle und stellt sie in eine explizite Filiation zu Hölderlins *Hyperion.* – Auch das Erziehungsprojekt des *Emile* (1762) zielt im übrigen darauf, die Folgeschäden der funktionalen Ausifferenzierung einzudämmen, indem der Zögling in erster Linie zum Menschen gemacht werden soll: »En sortant de mes mains il ne sera, j'en conviens, ni magistrat, ni soldat, ni prêtre: il sera prémiérement homme [...].« (*œuvres complètes,* Bd. IV, S. 252)

19 »Individuum, Individualität, Individualismus«, in: *Gesellschaftsstruktur und Semantik. Studien zur Wissenssoziologie der modernen Gesellschaft,* Bd. 3 (1989), Frankfurt a.M. 1993, S. 149–258.

20 Siehe auch die entsprechenden Ausführungen in Kap. 0.4.

21 Zum Verhältnis zwischen Hölderlin und Hegel vgl. Dieter Henrich, »Hegel und Hölderlin«, in: *Hegel im Kontext* (1971), Frankfurt a.M. [3]1981, S. 9–40. Henrich vertritt die These, daß Hegel seinem Freund Hölderlin »den wesentlichsten Anstoß beim Übergang zu seinem eigenen, von Kant und Fichte schon im ersten Schritt abgelösten Denken« (S. 11) zu verdanken habe und zwar dergestalt, »daß erst der Anstoß durch Hölderlin mit

zählt wird. Ausgangspunkt der skizzenhaften Argumentation ist als »erste *Idee*« »die Vorstellung *von mir selbst,* als einem absolut freien Wesen«.[22] »Mit dem freien, selbstbewußten Wesen tritt zugleich eine ganze Welt – aus dem Nichts hervor – die einzig wahre und gedenkbare *Schöpfung aus Nichts*«.[23] Eine Antwort auf die Frage zu finden, wie »eine Welt für ein moralisches Wesen beschaffen sein«[24] müsse, wird Aufgabe einer künftigen »Physik« sein, der von der Philosophie die Ideen und von der Erfahrung die »Data« zur Verfügung gestellt werden. Von der auf die Zukunft verschobenen und der »Physik« anheimgestellten Aufgabe, die dem Menschen angemessene Natur zu beschreiben, wendet sich die Argumentation dem *»Menschenwerk«* und somit dem Bereich der Ideen zu. »Die Idee der Menschheit voran – will ich zeigen, daß es keine Idee vom *Staat* gibt, weil der Staat etwas *mechanisches* ist, so wenig als es eine Idee von einer *Maschine* gibt. Nur was Gegenstand der *Freiheit* ist, heißt *Idee*.«[25] Gemeint ist hier, wie der Vergleich mit der Maschine und dem Mechanischen sowie weiter unten der Hinweis auf »Staat, Verfassung, Regierung, Gesetzgebung«[26] nahelegen, der moderne Staat der funktional differenzierten Gesellschaft im anbrechenden Industriezeitalter. Dieser Staat, so heißt es ganz analog zu der oben zitierten Kritik an den entmenschlichten Deutschen im *Hyperion,* behandelt »freie Menschen als mechanisches Räderwerk«;[27] das aber soll er nicht; »also soll er *aufhören*.«[28] Ziel ist die Überwindung der herrschenden Zustände: des Staates, der die Menschen wie Räderwerk behandelt und sie damit entmenschlicht und ihrer

dem Abstoß von ihm zusammengenommen Hegels frühen Weg zum System bestimmt haben« (ebd.). Der *Hyperion* spiele bei der Formulierung und Lösung eines im Rahmen der Vereinigungsphilosophie gestellten Problems eine zentrale Rolle; es handle sich um die Frage nach dem Verhältnis der antagonistischen Tendenzen Selbstheit und Liebe, welches Hölderlin folgendermaßen löse: »Nicht mehr werden Mensch und schöne Geisteskraft, oder Person und Person miteinander verbunden, sondern Lebenstendenzen, deren eine selbst schon Einigung ist. Liebe wird damit zu einem Metaprinzip der Vereinigung von Gegensätzen im Menschen.« (S. 16f.) Hegel habe diese von Hölderlins Roman vorgeschlagene Lösung eines philosophischen Problems rezipiert, und sie habe ihn zu seinem eigenen Systemdenken befähigt (S. 22ff.). Wichtig ist im vorliegenden Zusammenhang zum einen die zentrale Bedeutung der Liebe und zum anderen der Zusammenschluß von literarischem und philosophischem Diskurs.

22 Hölderlin, *Sämtliche Werke und Briefe,* Bd. II, S. 575; alle Hervorh. hier und im folgenden (das heißt in den in Kap. 2.1 und 2.2 zitierten Hölderlin-Stellen) im Text.

23 Ebd.

24 Ebd.

25 Bd. II, S. 575f.

26 Bd. II, S. 576.

27 Ebd.

28 Ebd.

Freiheit beraubt; des »Afterglaubens«, dessen Priester »neuerdings Vernunft heuchel[n]«. Am Ende soll stehen die »[a]bsolute Freiheit aller Geister, die die intellektuelle Welt in sich tragen, und weder Gott noch Unsterblichkeit *außer sich* suchen dürfen.«[29]

Um diesen erstrebten Endzustand herzustellen, bedarf es einer »Philosophie des Geistes«, die ästhetisch fundiert sein muß. »Der Philosoph muß eben so viel ästhetische Kraft besitzen, als der Dichter.«[30] Dies ist deshalb so, weil die alle anderen Ideen vereinigende Idee die der Schönheit im Sinne Platons ist. »Ich bin nun überzeugt, daß der höchste Akt der Vernunft, der, indem sie alle Ideen umfaßt, ein ästhetischer Akt ist, und daß *Wahrheit und Güte, nur in der Schönheit* verschwistert sind.«[31] Das Ästhetische ist somit der Philosophie (»Wahrheit«) und der Moral (»Güte«) vorgeordnet. Daraus begründet sich der Überlegenheitsanspruch der Poesie: »Die Poesie bekömmt dadurch eine höhere Würde, sie wird am Ende wieder, was sie am Anfang war – *Lehrerin der Menschheit;* denn es gibt keine Philosophie, keine Geschichte mehr, die Dichtkunst allein wird alle übrigen Wissenschaften und Künste überleben.«[32] Unter der Leitung der Poesie soll dann eine »neue Mythologie«[33] geschaffen werden, die »im Dienste der Ideen« steht und eine »Mythologie der *Vernunft*« ist. Durch die Verschmelzung der Gegensätze – die Ideen werden mythologisch, die Mythologie wird vernünftig – nähern sich die Philosophen und das Volk einander an. Die Differenzierung einzelner Funktionsbereiche wird rückgängig gemacht. »Dann herrscht ewige Einheit unter uns. Nimmer der verachtende Blick, nimmer das blinde Zittern des Volks vor seinen Weisen und Priestern. Dann erst erwartet uns *gleiche* Ausbildung *aller* Kräfte, des Einzelnen sowohl als aller Individuen. Keine Kraft wird mehr unterdrückt werden, dann herrscht allgemeine Freiheit und Gleichheit der Geister!«[34]

Diesem utopischen Entwurf liegt ein triadisches Temporalschema zugrunde. Im Zentrum steht die Beschreibung einer ungenügenden *Gegenwart,* die der Erlösung bedarf: die Menschheit ist im modernen Staat entmenschlicht und durch Mechanisierung und Spezialisierung entzweit. Aus der schonungslosen Analyse des Ist-Zustandes ergibt sich kontrafaktisch ein postulierter Soll-Zustand, der in der *Zukunft* hergestellt werden soll: die »ewige Einheit«.

29 Ebd.
30 Ebd.
31 Ebd.
32 Ebd.
33 Bd. II, S. 577.
34 Ebd.

Um dies zu leisten, ist der Rückgriff auf eine *Vergangenheit* erforderlich, in der die angestrebte Einheit in Gestalt der platonischen Schönheitsidee und der Mythologie schon einmal verwirklicht gewesen ist: die Antike. Dieser geschichtsphilosophische Dreischritt ist im Grunde nichts anderes als eine säkularisierte Heilsgeschichte. Eine ursprüngliche, paradiesische Einheit ist verlorengegangen; jetzt lebt die Menschheit im Zustand des Mangels, der durch Wiederherstellung der verlorenen Einheit behoben werden soll. Von Arkadien nach Elysium, so lautet die prägnante Formel, die das geschichtsphilosophische Denken um 1800 charakterisiert.[35] Schon Rousseau, der für Hölderlin einer der wichtigsten Bezugsautoren war,[36] hatte ein entwicklungsgeschichtliches Schema konzipiert, das an die Dreistufigkeit der Heilsgeschichte anschloß.[37] Doch zeigte sich bei Rousseau, daß an eine Restitu-

35 Geprägt wurde diese Formel von Schiller, *Über naive und sentimentalische Dichtung,* in: *Theoretische Schriften,* S. 706–810, hier S. 775, wo der Autor dem modernen Dichter, wenn er nicht mit den Griechen auf dem Gebiete der naiven Dichtung zu wetteifern vermag, empfiehlt, sich der sentimentalischen Dichtung zu befleißigen: »Er führe uns nicht rückwärts in unsre Kindheit, um uns mit den kostbarsten Erwerbungen des Verstandes eine Ruhe erkaufen zu lassen, die nicht länger dauren kann als der Schlaf unsrer Geisteskräfte; sondern führe uns vorwärts zu unsrer Mündigkeit, um uns die höhere Harmonie zu empfinden zu geben, die den Kämpfer belohnet, die den Überwinder beglückt. Er mache sich die Aufgabe einer Idylle, welche jene Hirtenunschuld auch in Subjekten der Kultur und unter allen Bedingungen des rüstigsten, feurigsten Lebens, des ausgebreitetsten Denkens, der raffiniertesten Kunst, der höchsten gesellschaftlichen Verfeinerung ausführt, mit einem Wort, den Menschen, der nun einmal nicht mehr nach *Arkadien* zurückkann, bis nach *Elisium* führt.« (Hervorh. im Text)

36 Vgl. hierzu die grundlegende Untersuchung von Jürgen Link, *Hölderlin-Rousseau, retour inventif,* aus dem Deutschen von Isabelle Kalinowski, Paris (Saint-Denis) 1995 (deutsche Ausgabe: Opladen 1998).

37 Zur Aneignung und Adaptation der Heilsgeschichte durch Rousseau vgl. Jean Starobinski, *L'œil vivant,* Paris 1970, S. 137ff., der auf Rousseaus Zwischenstellung zwischen der Unterwerfung unter biblisch-christliche Normen und dem aufklärerischen ›Ausgang aus der selbstverschuldeten Unmündigkeit‹ hinweist (S. 141). Bei Rousseau überkreuzen sich, so Starobinski, zwei inkompatible Auffassungen von Zeit, nämlich eine evolutionistische Anthropologie und eine säkularisierte Theologie des Sündenfalls (S. 159); daraus ergebe sich das doppelte und gegenläufige Bild von evolutionärem Fortschritt und moralischem Niedergang. Rousseaus Schwanken (»incessante oscillation«) zwischen materialistischer und theologischer Interpretation der Geschichte (S. 160) generiere einen »tumulte d'idées«, der die politischen und philosophischen Entwicklungen des späten 18. Jahrhunderts entscheidend befruchtet habe. Ein Resultat dieses ›Ideengewimmels‹ sei das geschichtsphilosophische Denken des deutschen Idealismus (S. 185–188, wo Starobinski insbesondere auf Kleists Schrift *Über das Marionettentheater* eingeht). Ähnlich argumentiert Link, *Hölderlin-Rousseau,* S. 50–61, der die Rousseausche Opposition zwischen »état de nature« und »état de société« als »aporetische Bifurkation« bezeichnet (S. 55), die von den Zeitgenossen unterschiedlich rezipiert und interpretiert worden sei. Während die einen diese als unlösbares Paradox aufgefaßt hätten, sei sie von anderen (insbesondere

tion des verlorenen Naturzustandes, an eine Rückgängigmachung des Sündenfalls nicht zu denken war. Allenfalls konnte man hoffen, die Menschen im Zustand ihrer gesellschaftlich bedingten Verderbtheit vor dem Schlimmsten zu bewahren, und zwar mit den avanciertesten Mitteln der Zivilisation wie Philosophie und Literatur.[38] Bei der konkreten literarischen Durchführung solcher Rettungspläne zeigte sich jedoch stets die Aporie des menschlichen Zustandes. Als letzte Zuflucht aus dem Dilemma zwischen Moral und Passion bleibt einer Julie letztlich nur die Illusion: »Le pays des chimeres est en ce monde le seul digne d'être habité [...]«, so schreibt sie in einem ihrer letzten Briefe an Saint-Preux.[39] Auch bei Hölderlin bleibt die Restitution der antiken Einheit poetisches Postulat. Sie wird geleistet, aber nur im Modus des fiktionalen »Als Ob«, und selbst innerhalb der Fiktion erscheint sie immer auch in der Perspektive ihres Verlustes. Die Antike dient in Hölderlins Schriften als Projektionsraum für die Sehnsucht nach dem verlorenen Paradies und somit als poetisch beschworenes Gegenbild für eine von Dürftigkeit und Entzweiung geprägte Gegenwart. Neben der Beschwörung einer glücklicheren Vergangenheit und der damit verbundenen Hoffnung auf eine künftige Restitution derselben steht bei Hölderlin immer auch das schmerzhafte Bewußtsein, daß diese Hoffnung unerfüllt bleiben muß.[40]

Kant und Hegel) in ein triadisches lineares Schema aufgelöst worden. Damit wäre die Rousseausche Bifurkation der Ursprung des geschichtsphilosophischen Denkens und der Hegelschen Dialektik. Im Hinblick auf Hölderlin ist von Bedeutung, daß dieser sich nach der These von Link zwar eine Zeitlang die teleologisch-dialektische Interpretation der Rousseauschen Bifurkation zu eigen macht, daß er aber spätestens nach 1800 versucht, die bei Rousseau angelegte Aporie einer »inventiven Rückkehr« zur Natur als solche ernstzunehmen (S. 56). Meine Interpretation des *Hyperion* wird zu zeigen versuchen, daß Hölderlin auch vor 1800 schon das geschichtsphilosophische Modell als aporetisch konzipiert, da die Versöhnung, von der in der Schlußapotheose die Rede ist, poetisches Postulat bleibt.

38 Vgl. meine diesbezüglichen Ausführungen zu Beginn des Rousseau-Kapitels.

39 Rousseau, *œuvres complètes,* Bd. II, S. 693.

40 Mit meiner Deutung knüpfe ich zustimmend an die jüngere *Hyperion*-Diskussion an, wie sie etwa in den von Hansjörg Bay (Hg.), *»Hyperion« – terra incognita. Expeditionen in Hölderlins Roman,* Opladen/Wiesbaden 1998, gesammelten Studien oder jüngst von Manfred Weinberg, »›Nächstens mehr.‹ Erinnerung und Gedächtnis in Hölderlins *Hyperion*«, in: Günter Oesterle (Hg.), *Erinnern und Vergessen in der europäischen Romantik,* Würzburg 2001, S. 97–116, repräsentiert wird. Diese Studien lesen im Gegensatz zum überwiegenden Teil der bisherigen *Hyperion*-Philologie den Roman nicht im Lichte des von Lawrence Ryan, *Hölderlins »Hyperion«. Exzentrische Bahn und Dichterberuf,* Stuttgart 1965, begründeten teleologischen Interpretationsparadigmas, sondern sie suchen statt dessen den »Verwerfungen und Abgründen des Romans« (Bay, *»Hyperion« – terra incognita,* S. 9) nachzuspüren.

## 2.2 Die Funktion der Liebe im Prosa-Entwurf zur metrischen Fassung des *Hyperion*

Im *Hyperion,* der aufgrund seiner langen Entstehungszeit im Zentrum von Hölderlins Schaffen steht und thematisch vielfach mit dem restlichen Werk verknüpft ist,[41] wird eine Geschichte erzählt, die den intendierten geschichtsphilosophischen Prozeß und zugleich sein vorgezeichnetes Scheitern darstellt. Eine wesentliche Rolle spielt dabei die Liebe, wie sich schon in den Vorstufen und fragmentarischen Entwürfen des Romans, insbesondere im Umfeld der metrischen Fassung, deutlich zeigt. Der komplexe Argumentationszusammenhang soll hier rekonstruiert werden, damit der Stellenwert der auf Platon zurückgreifenden Aussagen zur Liebe erkennbar wird.[42] Der Ich-Erzähler beschreibt im Prosa-Entwurf zur metrischen Fassung zunächst eine Phase seines Lebens, in der ihn »die Schule des Schicksals und der Weisen ungerecht und tyrannisch gegen die Natur gemacht«[43] hat. »Der gänzliche Unglaube, den ich gegen alles hegte, was ich aus ihren [sc. der Natur] Händen empfing, ließ keine Liebe in mir gedeihen.«[44] Zur fehlenden Liebe gesellt sich die Überzeugung, daß der Geist und die Welt der Sinne nicht miteinander versöhnt werden können. Geistiges und Sinnliches stehen ebenso zueinander in Opposition wie Vernunft und Unvernunft, und der Erzähler bejaht solche Antagonismen. Er will »im Sieg das Gefühl der Überlegenheit« erringen und verweigert es, »den gesetzlosen Kräften, die des Menschen Brust bewegen, die schöne Einigkeit mit zu teilen.«[45] Die Möglichkeit, solche Einigkeit herzustellen, wird von der Natur zwar angeboten, und der Königsweg dazu heißt »Bildung«, aber der Erzähler will die Natur lieber beherrschen, als sie mit der Vernunft zu versöhnen. Er sucht Gefahr, Streit und Einsamkeit und beurteilt »die andern strenge, wie mich selbst«.[46] Diese Haltung wird als Verlust beschrieben: »Für die stillen Melodien des menschlichen Lebens, für das Häusliche, und Kindliche hatt ich den Sinn

41 Vgl. hierzu ausführlich Gaier, *Hölderlin. Eine Einführung,* S. 57–220, und die konzise Darstellung der Textgenese in der hier benutzten Ausgabe von Jochen Schmidt (Bd. II, S. 928–933).

42 Zu Hölderlins Platon-Rezeption vgl. ausführlicher Stephan Lampenscherf, »›Heiliger Plato, vergieb…‹. Hölderlins ›Hyperion‹ oder Die neue Platonische Mythologie«, in: *Hölderlin-Jahrbuch* 28 (1992/93), S. 128–151, und Gaier, *Hölderlin. Eine Einführung,* S. 71–78 und S. 83–85.

43 Bd. II, S. 205.

44 Ebd.

45 Ebd.

46 Ebd.

beinahe ganz verloren. / Unbegreiflich wars mir, wie mir ehmals Homer hatte gefallen können.« [47]

Er geht auf Reisen, wo ihm ein charismatischer Fremder begegnet, der ihn fragt, »wie ich die Menschen auf meiner Reise gefunden hätte?«[48] Auf die Antwort: »Mehr tierisch, als göttlich« entgegnet der Fremde: »Das kömmt daher, [...] daß so wenige menschlich sind.«[49] In den daran anschließenden Ausführungen erläutert der Fremde sein Konzept des Menschlichen, das zwischen dem Göttlichen und dem Tierischen steht.

> Wir sollen unsern Adel nicht verleugnen, wir sollen das Vorbild alles Daseins in uns rein und heilig behalten. Der Maßstab, woran wir die Natur messen, soll grenzenlos sein, und unbezwinglich der Trieb, das formlose zu bilden, nach jenem Urbilde, das wir in uns tragen, und die widerstrebende Materie dem heiligen Gesetze der Einheit zu unterwerfen. Aber desto bitterer ist freilich der Schmerz im Kampfe mit ihr, desto größer die Gefahr, daß wir im Unmut die Götterwaffen von uns werfen, dem Schicksal und unsern Sinnen uns gefangen geben, die Vernunft verleugnen, und zu Tieren werden – oder auch daß wir, erbittert über den Widerstand der Natur, gegen sie kämpfen, nicht um in ihr und so zwischen ihr und dem Göttlichen in uns Frieden und Einigkeit zu stiften, sondern um sie zu vernichten, daß wir gewaltsam jedes Bedürfnis zerstören, jede Empfänglichkeit verleugnen, und so das schöne Vereinigungsband, das uns mit andern Geistern zusammenhält, zerreißen, die Welt um uns zu einer Wüste machen, und die Vergangenheit zum Vorbild einer hoffnungslosen Zukunft.[50]

Der Mensch trägt in sich ein Urbild des Seins im Sinne einer platonischen Idee. Dieses Urbild ist göttlichen Ursprungs (»rein und heilig«) und es steht unter dem »Gesetze der Einheit« und somit in Opposition zu den in der Natur real vorgefundenen Verhältnissen (»widerstrebende Materie«). Das Urbild und die Natur verhalten sich wie Soll-Zustand und Ist-Zustand zueinander, wie Form und Formlosigkeit. Aus der Diskrepanz zwischen den beiden Zuständen resultiert der Wunsch des Menschen, die Natur nach dem Urbild zu formen und dadurch die ihr fehlende Einheit herzustellen. Solange er dem »Trieb, das formlose zu bilden«, folgt, befindet er sich im Bereich des Göttlichen (er kämpft mit »Götterwaffen«) und der Vernunft. Sobald er aber, entmutigt durch den »Schmerz im Kampfe mit [der Natur]«, von seinem Vorhaben abläßt, wechselt er in den Bereich des Schicksals, der Sinne und somit des Tierischen. Dies ist offenbar der aktuelle Zustand des Erzählers, der ja, wie oben gezeigt wurde, nicht die Versöhnung und Einheit

47 Ebd.
48 Bd. II, S. 206.
49 Ebd.
50 Bd. II, S. 206f.

zwischen dem Geist und der Welt der Sinne sucht, sondern, wie der Fremde sagt, »erbittert über den Widerstand der Natur, gegen sie kämpf[t]« mit dem Ziel, sie zu unterwerfen oder gar sie zu vernichten.

Es gibt also drei Arten für den Menschen, mit der von ihm als ungenügend empfundenen Diskrepanz zwischen dem Urbild (man könnte auch sagen: dem Ideal) und der Wirklichkeit umzugehen: eine richtige und zwei falsche. Die richtige besteht darin, daß man dem »Trieb, das formlose zu bilden«, folgt und damit, wie der Erzähler es zuvor ausgedrückt hat, »die Hülfe« annimmt, »womit die Natur dem großen Geschäfte der Bildung entgegenkömmt«.[51] Dabei ist Bildung nicht auf das Subjekt, sondern auf das Objekt Natur bezogen; die Natur soll vom Menschen nach dem ihm innewohnenden »Vorbild alles Daseins«[52] gebildet, das Formlose soll geformt, die »Dissonanzen«[53] sollen nach dem »heiligen Gesetze der Einheit«[54] aufgelöst werden.[55] Menschlich sein heißt diesen Weg zu wählen. Das bedeutet aber auch, die damit verbundenen Schmerzen auszuhalten. Das Menschsein definiert sich somit als das Aushalten von Dissonanzen und Widersprüchen. Die beiden falschen Reaktionen sind demgegenüber die Resignation (»daß wir im Unmut die Götterwaffen von uns werfen«), die dazu führt, daß der Mensch sich in den Bereich des Tierischen begibt (»und zu Tieren werden«), und die Rebellion, die ihn aus Verbitterung zum Feind der Natur werden läßt, der das »schöne Vereinigungsband, das ihn mit andern Geistern zusammenhält«, zerreißt und sich somit ganz außerhalb aller vorgesehenen Ordnungen ansiedelt: im Bereich der selbstverschuldeten Hoffnungslosigkeit. Genau in jenem Bereich befindet sich der Erzähler.

Nach einer kurzen Pause folgt eine argumentative Wendung. Der Fremde, der sich, wie es dem Erzähler scheint, vielleicht einmal in einer ähnlichen Lage befunden haben mag (»[...] ich glaubte, zu bemerken, daß an den letzten Worten sein Gemüt mehr Anteil genommen hatte, als zuvor«),[56] sagt, daß der Mensch »selbst im Kampfe mit der Natur Hülfe von ihr erwartet und hofft.«[57] Dies sei von der Sache her auch berechtigt: »Und sollten wir nicht? Begegnet nicht in allem, was da ist, unserem Geiste ein freundlicher

51 Bd. II, S. 205.
52 Bd. II, S. 206.
53 Bd. II, S. 207.
54 Bd. II, S. 206.
55 Dies deutet voraus auf die Vorrede zur endgültigen Fassung, wo von der »Auflösung der Dissonanzen in einem gewissen Charakter« die Rede ist (Bd. II, S. 13).
56 Bd. II, S. 207.
57 Ebd.

Geist?«[58] Der Mensch glaube bisweilen, in sinnlich wahrnehmbaren Erscheinungen »Symbole des Heiligen und Unvergänglichen in uns«[59] zu erkennen. Das dem Menschen innewohnende Göttliche wird somit in der Außenwelt zeichenhaft wahrgenommen. Dies hat seinen Grund in dem menschlichen Bedürfnis, »der Natur eine Verwandtschaft mit dem Unsterblichen in uns zu geben und in der Materie einen Geist zu glauben«,[60] und das Bedürfnis ist zugleich die Rechtfertigung für die Sache. Der damit angesprochene Pantheismus in der Spinoza-Tradition[61] wird somit als Projektion entlarvt, aber als einem menschlichen Bedürfnis entsprechende und dadurch legitimierte Projektion. Seit Kant weiß man bekanntlich, daß die Erkenntnis der Außenwelt immer durch die Wahrnehmung eines subjektiven Bewußtseins gefiltert ist; auch diese Einsicht findet sich in den Worten des Fremden: »[...] ich weiß, daß wir da, wo die schönen Formen der Natur uns die gegenwärtige Gottheit verkündigen, wir selbst die Welt mit *unserer* Seele beseelen, aber was ist dann, das nicht durch *uns* so wäre wie es ist?«[62] Der Pantheismus als subjektive Projektion wird damit gleich doppelt gerechtfertigt; zum einen metaphysisch als Bedürfnis, dem der Mensch nachzugeben hat, zum anderen erkenntnistheoretisch als unhintergehbare Tatsache, da alle Wahrnehmung subjektive Projektion ist.[63]

58 Ebd.

59 Ebd.

60 Ebd.

61 Zu Hölderlins Spinoza-Rezeption vgl. den Kommentar von Schmidt *(passim)* sowie Mark R. Ogden, »Amor dei intellectualis. Hölderlin, Spinoza and St. John«, in: *Deutsche Vierteljahresschrift* 63 (1989), S. 420–460, und Margarethe Wegenast, *Hölderlins Spinoza-Rezeption und ihre Bedeutung für die Konzeption des »Hyperion«,* Tübingen 1990, die beide das von Hölderlin übernommene spinozistische Gedankengut als grundlegend für die Konzeption des *Hyperion* betrachten.

62 Bd. II, S. 207.

63 Gaier, *Hölderlin. Eine Einführung,* S. 131f., vermutet, daß es sich bei der zitierten Stelle um eine Auseinandersetzung mit Fichte handelt, und zwar mit dessen Auffassung, daß das Ich die Dinge der Außenwelt, von denen es kein Wissen habe, sondern an die es nur glauben könne, modifizieren müsse, um sie »zur Übereinstimmung mit der reinen Form seines Ich zu bringen, damit nun auch die Vorstellung von ihnen, insofern sie von ihrer Beschaffenheit abhängt, mit jener Form übereinstimme.« (Fichte, *Einige Vorlesungen über die Bestimmung des Gelehrten,* zit. nach Gaier, S. 131.) Gaier formuliert seine Vermutung eher vorsichtig: »Mit dieser Vorstellung scheint Hölderlin sich in der *Metrischen Fassung* auseinanderzusetzen, wo er den Weisen den Verdacht erkenntnistheoretischer Naivität abwehren läßt.« (Ebd.; es folgt die oben besprochene Stelle Bd. II, S. 207.) Fichte, bei dem Hölderlin bekanntlich 1794 Hörer war, spielt unbestreitbar eine wichtige Rolle bei der Entwicklung seines Denkens in den neunziger Jahren, doch scheinen mir die von Gaier beigebrachten Textbelege im vorliegenden Fall den Fichte-Bezug nicht ganz stichhaltig zu machen, zumal Gaier hier nicht auf den Pantheismus eingeht.

Den Schlußteil seiner Argumentation leitet der Fremde mit den Worten »Laß mich menschlich sprechen«[64] ein, wodurch er sich programmatisch im Rückverweis auf den ersten Teil im Bereich des Göttlichen und der Vernunft situiert (im Gegensatz zum Tierischen). In diesem dritten Teil nun zitiert er eine Stelle aus Platons *Symposion*. Es geht dort um die Entstehung und die Funktion der Liebe. Bei Platon ist, wie Sokrates von der Priesterin Diotima erfährt,[65] Eros der am Tage von Aphrodites Geburt gezeugte Sohn des Poros (Reichtum) und der Penia (Dürftigkeit, Armut). Poros ist der Sohn der Metis (Klugheit). Als Sohn der Verbindung von Reichtum und Armut und als Enkel der Klugheit hat Eros folgende Eigenschaften: Er ist nach dem Vorbild der Mutter »immer arm« und nicht etwa schön, sondern »rauh und struppig, barfuß und obdachlos«. Nach dem Vorbild des Vaters ist er »der listige Späher nach dem Schönen und Guten« und »beseelt von lebhaftestem Streben nach Erkenntnis der Wahrheit [...], der Weisheit Freund (Philosoph) sein lebelang«. Die Verbindung des Gegensätzlichen zeichnet ihn aus: Armut und Reichtum, sterblich und unsterblich, unwissend und weise. Gerade sein Dazwischenstehen, sein Mischcharakter befähigen ihn, Weisheitssuchender (Philosoph) zu sein, denn wer wie die Götter schon weise ist, muß es nicht mehr werden wollen, und wer wie die meisten Normalsterblichen zu den »aller Einsicht Baren« gehört, der glaubt nicht, der Weisheit überhaupt bedürftig zu sein. »Eros aber ist Liebe zu allem Schönen, folglich ist Eros notwendig ein Philosoph; als Philosoph aber steht er in der Mitte zwischen einem Weisen und einem Toren.«

Hölderlin läßt den Fremden die Platon-Stelle aufgreifen und folgendermaßen ausdeuten: »Als unser ursprünglich unendliches Wesen zum erstenmale leidend ward und die freie volle Kraft die ersten Schranken empfand, als die Armut mit dem Überflusse sich paarte, da ward die Liebe. Fragst du, wann das war? Plato sagt: Am Tage da Aphrodite geboren ward. Also da, als die schöne Welt für uns anfing, da wir zum Bewußtsein kamen, da wurden wir endlich.«[66] Während Platon den Eros zum Daimon, zum Vermittler zwischen Menschen und Göttern, erklärt, wird sein Schicksal bei Hölderlin mit dem der Menschen schlechthin gleichgesetzt. Oder anders gesagt: Eros ist das Prinzip des menschlichen Lebens, das sich durch die Merkmale Endlichkeit / Sterblichkeit und Bewußtsein auszeichnet. Die Reflexion

64 Bd. II, S. 207.

65 *Symposion*, 203b–204c. Ich zitiere nach folgender Ausgabe: Platon, *Das Gastmahl*, in: *Sämtliche Dialoge*. Herausgegeben und mit Einleitungen, Literaturübersichten, Anmerkungen und Registern versehen von Otto Apelt, Band III, Hamburg 1998 (Zitate S. 47 f.).

66 Bd. II, S. 207 f.

auf das (Selbst)-Bewußtsein ist ein Teil jener epochalen Signatur, durch die die Literatur um 1800 sich auszeichnet. Obwohl Hölderlin platonisches Gedankengut übernimmt, zeigt sich hier doch eine deutliche Akzentverschiebung.[67]

Der Mensch ist der Rede des Fremden zufolge ein komposites Wesen, der göttliche Anteil in ihm wird durch Fesseln beschränkt, und er erlebt dies als ambivalent: Einerseits sträubt er sich gegen die Beschränkung, andererseits akzeptiert er sie, ja er benötigt sie sogar, »[…] denn würde das Göttliche in uns von keinem Widerstande beschränkt, so wüßten wir von nichts außer uns, und so auch von uns selbst nichts, und von sich nichts zu wissen, sich nicht zu fühlen, und vernichtet sein, ist für uns Eines.«[68] Die Beschränkung des Göttlichen durch Sterblichkeit ist der Preis, der entrichtet werden muß für Selbstbewußtsein und Selbsterkenntnis und somit für die menschliche Existenz, die jenseits der Bewußtheit nicht stattfindet. Die Liebe spielt hierbei ebenfalls eine Doppelrolle, denn einerseits ist sie das Prinzip der Sterblichkeit, andererseits das Prinzip der Einheit. Sie ist zugleich das zu heilende Übel und das dafür geeignete Heilmittel.[69] Sie stiftet Einheit zwischen zwei widerstrebenden Trieben, dem aktiven, zentrifugalen »Trieb, uns zu befreien, zu veredlen, fortzuschreiten ins Unendliche«, und dem passiven, zentripetalen »Trieb, bestimmt zu werden, zu empfangen«.[70] In der Liebe sind aufgrund ihrer Abkunft von Überfluß und Dürftigkeit ebenfalls widerstreitende Strebungen am Werk. »Sie strebt unendlich nach dem Höchsten und Besten, denn ihr Vater ist der Überfluß, sie verleugnet aber auch ihre Mutter die Dürftigkeit nicht; sie hofft auf Beistand.«[71] Selbstüberschreitung

67 Wie Norbert Blößner, »Kontextbezogenheit und argumentative Funktion: Methodische Anmerkungen zur Platondeutung«, in: *Hermes* 126 (1998), S. 189–201, und ders., *»The Encomium of a Noble Man«. Anmerkungen zu Eric Voegelins* Politeia-*Interpretation,* München 2001, gezeigt hat, ist es problematisch, von der Existenz einer platonischen Lehre auszugehen, die man aus den Dialogäußerungen des Sokrates ohne Berücksichtigung von deren argumentativem Kontext abstrahieren zu können glaubt. Dieser Einsicht zum Trotz wurde in der Vergangenheit in der Regel genau dies getan, hat man, wie aus der oben zitierten Hölderlin-Stelle hervorgeht, Platon mit Sokrates kurzerhand gleichgesetzt. Wenn oben also von »platonischem Gedankengut« die Rede ist, so ist dies der traditionellerweise fehlenden Differenzierung zwischen dem textexternen Autor Platon und der textinternen Dialogfigur ›Sokrates‹ geschuldet, und nicht dahingehend mißzuverstehen, daß hier die tatsächliche Existenz einer platonischen Philosophie postuliert würde.

68 Bd. II, S. 208.

69 Die Heilung des Übels durch das Übel ist, wie oben gezeigt wurde, ein bei Rousseau häufig auftauchender Gedanke.

70 Bd. II, S. 208.

71 Ebd.

und Beschränkung finden sich in der Liebe vereint. Sie ist das Prinzip des Menschlichen, das Prinzip des Wissens und der Selbsterkenntnis wie auch das des pantheistischen Glaubens. »So zu lieben ist menschlich. Jenes höchste Bedürfnis unseres Wesens, das uns dringt, der Natur eine Verwandtschaft mit dem Unsterblichen in uns beizulegen, und in der Materie einen Geist zu glauben, es ist diese Liebe.«[72]

## 2.3 Liebe als Rezeptionshaltung und illusionäre Verschmelzung mit der Natur

Wenn die Liebe einen derart fundamentalen Stellenwert im menschlichen Dasein einnimmt und wenn ihr zugleich eine prinzipielle Ambivalenz innewohnt, dann ist sie einerseits für den Menschen unhintergehbar, sie kann aber andererseits bei allem Streben nach Vereinigung der Gegensätze diese doch niemals dauerhaft überwinden. Im Gegenteil ist sie eher das Symptom des Entzweiten und Unversöhnten. In diesem Sinne läßt sich die Geschichte des Hyperion in der letzten, von Hölderlin veröffentlichten Fassung lesen. Dieses Buch steht programmatisch im Zeichen der Liebe. Der Begriff fällt schon im ersten Satz der Vorrede, welcher lautet: »Ich verspräche gerne diesem Buche die Liebe der Deutschen.«[73] Damit ist offenbar eine neuartige Rezeptionshaltung gemeint, die der Schreibende sich für sein Buch als adäquat vorstellt, die er aber in der Wirklichkeit nicht vorzufinden glaubt: »Aber ich fürchte, die einen werden es lesen, wie ein Compendium, und um das *fabula docet* sich zu sehr bekümmern, indes die andern gar zu leicht es nehmen, und beede Teile verstehen es nicht.«[74] Die zwei erwartbaren, aber hier offenbar unerwünschten Rezeptionsweisen, Belehren (»fabula docet«) und Unterhalten (»gar zu leicht es nehmen«), sind altbekannt. So heißt es in der wohl meistzitierten Stelle der *Ars poetica* des Horaz: »aut prodesse volunt aut delectare poetae / aut simul et iucunda et idonea dicere vitae.«[75] Diese Äußerung wurde als Vorschrift aufgefaßt und besaß im Rahmen der europäischen Imitatio-Poetik bis zum Ende des 18. Jahrhunderts weithin unangefochtene Gültigkeit. Wenn Hölderlin sich in seiner Vorrede davon distanziert, so markiert er ziemlich deutlich seine Abkehr von der Tradition.

72 Ebd.
73 Bd. II, S. 13.
74 Ebd. (Hervorh. im Text.)
75 Horaz (d.i. Quintus Horatius Flaccus), *Ars poetica. Die Dichtkunst.* Lateinisch/Deutsch, übersetzt und herausgegeben von Eckart Schäfer, Stuttgart 1984, S. 24 (V. 333f.).

Sein Buch verfolgt andere Ziele als zu belehren oder zu unterhalten: »Wer bloß an meiner Pflanze riecht, der kennt sie nicht, und wer sie pflückt, bloß, um daran zu lernen, kennt sie auch nicht. / Die Auflösung der Dissonanzen in einem gewissen Charakter ist weder für das bloße Nachdenken, noch für die leere Lust.«[76] Die gewünschte »Liebe der Deutschen«, so es sie denn geben sollte, wäre dann jenes Dritte, jene über das »bloße Nachdenken« und die »leere Lust« hinausgehende Umgangsweise mit dem Text, die Hölderlin sich vorstellt. Es wird in der Vorrede nicht weiter ausgeführt, wie ein von Liebe geprägtes Verhältnis zwischen Text und Leser zu denken wäre. Aufschlußreich ist es aber allemal, daß der Begriff *Liebe,* der ja auch auf der *histoire*-Ebene des Textes eine zentrale Rolle spielt, die Rezeption bestimmen soll. Eine mögliche Erklärung läßt sich mit Hilfe von Stefanie Roth finden. Die Autorin kommt bei ihrer Analyse der Autor/Leser-Beziehung bei Hölderlin und den Frühromantikern[77] zu dem Ergebnis, daß diese der Dichtung bei vorausgesetzer aktiver Mitarbeit des Lesers die Aufgabe stellen, »das ersehnte, durch Aufhebung der Welt- und Selbstentfremdung gekennzeichnete, neue Goldene Zeitalter unter den Menschen herbeizuführen.«[78] Diese Synthese soll aber ebenso die Liebe herstellen,[79] woraus man schlußfolgern kann, daß Liebe und Lektüre so eng zusammengehören, daß das eine das andere metaphorisch ersetzen kann. Der Freund Bellarmin wird im übrigen als textinterner Stellvertreter des Lesers von Hyperion auch als »Lieber«[80]

76 Bd. II, S. 13. – Ganz ähnlich Engel, *Der Roman der Goethezeit,* Bd. 1, S. 352, der die »Opposition von ›Zu-leicht-Nehmen‹, ›leere Lust‹, ›an der Pflanze Riechen‹ vs. Compendium/fabula docet, bloßes Nachdenken, ›Pflücken der Pflanze‹ um des ›Lernens willen‹« als eine Variante der Opposition »sinnliche Erfahrung vs. theoretische Reflexion« deutet, »mit deren Hilfe die goethezeitliche Ästhetik die Autonomie der Kunst begründete: Die ästhetische Erfahrung ist eine Erfahrung eigener Art und Würde, wie sie nur in der Rezeption von Kunstwerken möglich ist.« Die ästhetische Erfahrung wäre demnach in der Vorrede *ex negativo* als das ungenannte Dritte präsent (»beede Teile verstehen es nicht«). Es zeigt sich daran, daß sich die ästhetische Rezeption als neuartige Umgangsform mit literarisch-autonomen Texten noch nicht durchgesetzt hat. Ulrich Gaier, »Hölderlins ›Hyperion‹: Compendium, Roman, Rede«, in: *Hölderlin-Jahrbuch* 21 (1978/79), S. 88–143, hier S. 90, weist darauf hin, daß es dem Leser anheimgestellt wird, »im Vollzug des Lesens dieses Textes sich zu ändern, sich zu der gleichzeitigen Verwirklichung seiner immer nur arbeitsteilig verwirklichten entgegengesetzten Fähigkeiten zu bestimmen.« Damit werde der *Hyperion* zu einem Bildungsroman, der den Leser verändern und somit über den Bereich der literarischen Kommunikation hinausgreifen wolle. Erneut begegnet uns hier also in massiver Form die Tendenz zur Totalisierung und zur Entdifferenzierung, zur Überschreitung der Grenzen des sich ausdifferenzierenden Teilsystems.

77 *Friedrich Hölderlin und die deutsche Frühromantik,* S. 175–180.

78 Ebd., S. 180.

79 Ebd., S. 193–240.

80 Bd. II, S. 24f.

bezeichnet, was die Auffassung bestätigt, daß die ideale Lektüre des *Hyperion* als Liebesbeziehung gedacht ist. Zwischen der pragmatischen Ebene des Textes (der Ebene des Text/Leser-Bezugs) und seiner semantischen Ebene besteht somit ein Analogieverhältnis: Beide Ebenen haben die Liebe als zentrales Merkmal. Diese Analogie läßt den Leser beim Rezeptionsvorgang an der erzählten Erfahrung des Helden partizipieren, und dadurch, daß diese Analogie auf poetologischer Ebene transparent gemacht wird, setzt der Text sich in ein reflexives Verhältnis zu sich selbst: Er reflektiert sich im Medium der Liebe. – Es handelt sich bei der Vorrede im übrigen um eine ironische *captatio benevolentiae.* Anstatt um die Gewogenheit der Leser zu werben, unterstellt ihnen der Verfasser, sie seien gar nicht dazu in der Lage, den Text angemessen zu rezipieren. Diejenigen Leser, die sich durch eine solche Warnung nicht abschrecken lassen, sind nun natürlich besonders neugierig darauf, was mit der »Liebe« im Umgang mit dem Text gemeint sein könnte. Damit bildet der Text die für seine adäquate Rezeption erforderliche Leserschaft selbst aus.

Im Mittelpunkt der Handlung steht Hyperions Liebe zu Diotima. Diese wiederum ist Teil einer Reihe von zwischenmenschlichen Nahbeziehungen, die allesamt scheitern. Liebe wird als utopischer Zustand der Rettung und Heilung und zugleich als Scheitern modelliert. Die Grenzen zwischen Freundschaft und Liebe sind unscharf. So sagt der auf seine Erlebnisse zurückblikkende Briefschreiber Hyperion in seinem zweiten Brief an Bellarmin, noch bevor er seine Geschichte auf dessen Wunsch rekapituliert: »Fern und tot sind meine Geliebten, und ich vernehme durch keine Stimme von ihnen nichts mehr.«[81] Gemeint sind neben der geliebten Frau Diotima der Erzieher Adamas und der Freund Alabanda. Bevor Hyperion seiner Diotima begegnet, hat er somit schon zwei unglückliche, durch Verlust und Trennung beendete Liebesbeziehungen zu einem älteren und einem gleichaltrigen Mann hinter sich.

Aber auch sein Verhältnis zur Natur wird in der Sprache der Liebe beschrieben, und dies nach dem Scheitern aller Liebesbeziehungen zu Menschen, so daß man sagen kann, die Liebe zur Natur sei die dauerhafteste und am meisten Anlaß zu Hoffnung gebende Form der Liebe. Nachdem Hyperion die Resignation eines Heimkehrers, dessen private und politische Pläne gescheitert sind und der nur noch sein Ende erwartet, in trostlosen Worten ausgemalt hat, wendet er sich in einer Apostrophe direkt an die Natur: »Aber du scheinst noch, Sonne des Himmels! Du grünst noch, hei-

81 Bd. II, S. 15.

lige Erde!«[82] Das Rauschen der Ströme, das Säuseln der Bäume, der »Wonnegesang des Frühlings« spenden ihm Trost, und er sagt: »O selige Natur! Ich weiß nicht, wie mir geschiehet, wenn ich mein Auge erhebe vor deiner Schöne, aber alle Lust des Himmels ist in den Tränen, die ich weine vor dir, der Geliebte vor der Geliebten.«[83] Dieser Liebe liegt ein pantheistischer Verschmelzungswunsch zugrunde, der alles irdische Leid transzendiert: »[...] mir ist, als öffnet' ein verwandter Geist mir die Arme, als löste der Schmerz der Einsamkeit sich auf in's Leben der Gottheit. / Eines zu sein mit Allem, das ist Leben der Gottheit, das ist der Himmel des Menschen.«[84] Die angestrebte Verschmelzung mit »Allem, was lebt«,[85] setzt indes eine »Selbstvergessenheit«[86] voraus, die im übrigen ganz in der Tradition von Rousseaus *Rêveries du promeneur solitaire* steht.[87] Solche Selbstvergessenheit aber präsupponiert den Verzicht auf Reflexion, das Heraustreten aus dem Bewußtsein und somit auch die Überwindung des Todes: »[...] alle Gedanken schwinden vor dem Bilde der ewigeinigen Welt, wie die Regeln des ringenden Künstlers vor seiner Urania, und das eherne Schicksal entsagt der Herrschaft, und aus dem Bunde der Wesen schwindet der Tod, und Unzertrennlichkeit und ewige Jugend beseliget, verschönert die Welt.«[88]

Solches Heraustreten aus der Zeit und dem Bewußtsein kann jedoch kein Dauerzustand sein, wie auf der Ebene der Metaphorik deutlich wird. Dies zu erkennen, fordert der Text allerdings die kritische Aufmerksamkeit des in der Vorrede postulierten Ideallesers, der den Text eben weder ›zu leicht nehmen‹ noch sich um das bloße ›*fabula docet* bekümmern‹ darf. Hyperion setzt nämlich den Zustand der Selbstvergessenheit mit einer »heilige[n] Bergeshöhe« gleich und einem »Ort der ewigen Ruhe, wo der Mittag seine Schwüle und der Donner seine Stimme verliert und das kochende Meer der Woge des Kornfelds gleicht«.[89] Das Vehikel dieser Metapher enthält ein unhintergehbar temporales Moment, wodurch das auf der Ebene des Tenors postulierte Heraustreten aus der Zeit dementiert wird: Auf die Bergeshöhe muß man nämlich sowohl hinaufsteigen als auch zu gegebener Zeit wieder von ihr herabsteigen. Und genau dies geschieht dann im folgenden auch

82 Ebd.
83 Ebd.
84 Bd. II, S. 16.
85 Ebd.
86 Ebd.
87 Vgl. den Kommentar von Schmidt und die dortigen genauen Stellennachweise (Bd. II, S. 975).
88 Bd. II, S. 16.
89 Ebd.

zwangsläufig: »Auf dieser Höhe steh' ich oft, mein Bellarmin! Aber ein Moment des Besinnens wirft mich herab. Ich denke nach und finde mich, wie ich zuvor war, allein, mit allen Schmerzen der Sterblichkeit, und meines Herzens Asyl, die ewig-einige Welt, ist hin; die Natur verschließt die Arme, und ich stehe, wie ein Fremdling, vor ihr, und verstehe sie nicht.«[90] Innerhalb des knapp bemessenen Raumes von einer Textseite hat sich somit ein zweifacher Wandel vollzogen: Zunächst hat der resignierte Hyperion sich der tröstenden Natur zugewendet und fühlte sich als der außerhalb der Zeit stehende, mit Allem verschmelzende »Geliebte vor der Geliebten«; nun ist er, aus dem ekstatischen Zustand durch die Reflexion herausgerissen, ein »Fremdling« geworden, der die Natur nicht versteht. Wenn man bedenkt, was in dem oben untersuchten Prosa-Entwurf zur metrischen Fassung über die Funktion der Liebe stand, wonach Sterblichkeit und Bewußtsein zwar schmerzliche, aber notwendige Ingredienzien des Menschseins sind, dann weiß man, daß die von Hyperion erstrebte bewußtlose Verschmelzung mit der Natur nur illusionär vollzogen werden kann. Dies relativiert auch die pantheistische Apotheose, das Zwiegespräch mit der in der Natur wiedergeborenen Diotima, mit dem der Text endet.[91] Die primäre Erfahrung ist die des Verlustes einer ursprünglich (in der Kindheit) empfundenen Einheit. Liebe kann – wie die illusionäre Verschmelzung mit der Natur – diesen Verlust nur zeitweise kompensieren. Der Ablauf der einzelnen Liebesbeziehungen soll nun untersucht werden.

## 2.4 Hyperion und Adamas: Die Parallelität von Lieben und Erzählen als Mangelerfahrung

Auslöser für die Rekapitulation der Vergangenheit ist Bellarmins Wunsch, Hyperion möge ihm von sich erzählen. Dies zwingt ihn, sich begrifflich mit seiner Vergangenheit auseinanderzusetzen und nicht nur, wie er schreibt, »in die Arme der unschuldigen Vergangenheit zu sinken«[92] so wie ein Arbeiter in den Schlaf. Das Erinnern soll in schriftliche Mitteilung, Bewußtlosigkeit in Reflexion überführt werden. Damit ist es nicht mehr möglich, die Vergangenheit als Fluchtraum zu benutzen. Die durch das Schreiben geforderte reflexive Distanz aber läßt die Diskrepanz spürbar werden, die zwischen dem Erleben und seiner Versprachlichung besteht. Dies ist besonders gra-

90 Ebd.
91 Bd. II, S. 173–175.
92 Bd. II, S. 17.

vierend im Zusammenhang mit der Kindheit, denn »[…] wir haben ja nur Begriffe von dem, was einmal schlecht gewesen und wieder gut gemacht ist; von Kindheit, Unschuld haben wir keine Begriffe.«[93] Begriffe setzen Selbstbewußtsein, Reflexionsfähigkeit und die Erfahrung von Differenz und das heißt auch von Zeitlichkeit voraus. Als Kind aber ist man »noch mit sich selber nicht zerfallen«,[94] man ist unsterblich, weil man kein Bewußtsein vom Tode hat, es fehlen einem Erkenntnisfähigkeit und reflexive Distanz. Daher kann man die Kindheit nur retrospektiv auf den Begriff bringen, aus dem Bewußtsein heraus, daß man sie verloren hat. Dem entspricht auch die Erzählsituation des Textes, der, obwohl er sich der Form des Briefromans bedient, in Wirklichkeit eine Ich-Erzählung mit autobiographischer Struktur ist. Der Erzähler Hyperion blickt auf sein Leben zurück. Die Perspektive des erzählenden und des erlebenden Ichs werden miteinander konfrontiert und greifen häufig ineinander. Dadurch wird die Differenzerfahrung, die zur begrifflichen Erfassung des Erlebten erforderlich ist, mittels der Romanstruktur modelliert. Die Ästhetik der Unmittelbarkeit, wie sie für die Form des Briefromans lange Zeit prägend war, ist für das Anliegen des *Hyperion* ungeeignet.[95]

Begriffe entstehen durch Abstraktion und Vergleich sowie durch Oppositionsbildung. Um Bellarmin eine Vorstellung von seinem Verhältnis zu Adamas zu geben, vergleicht Hyperion ihn mit Platon: »Weißt du, wie Plato und sein Stella sich liebten? / So liebt' ich, so war ich geliebt. O ich war ein glücklicher Knabe!«[96] Die Erzählung geht also offensichtlich nicht vom Erlebten aus, sondern versucht zuerst, die Erfahrung begrifflich einzukreisen. Die hierin sich manifestierende Priorität der Worte vor den Dingen läßt sich als Indiz für die Opazität der Sprache deuten, wie sie nach Foucault[97] für die romantische Episteme charakteristisch ist.[98] Nachdem Adamas in seiner

93 Ebd.

94 Ebd.

95 Zur Erzählstruktur und -typologie des *Hyperion* vgl. u. a. Ryan, *Hölderlins »Hyperion«. Exzentrische Bahn und Dichterberuf,* Link, »›Hyperion‹ als Nationalepos in Prosa«, in: *Hölderlin-Jahrbuch* 16 (1969/70), S. 158–194, Gaier, »Hölderlins ›Hyperion‹: Compendium, Roman, Rede«, ders., *Hölderlin. Eine Einführung,* Michael Knaupp, »Die raum-zeitliche Struktur des *Hyperion*«, in: *Le pauvre Holterling* 8 (1988), S. 13–16, Engel, *Der Roman der Goethezeit,* Bd. 1, S. 347–359, und Weinberg, »›Nächstens mehr.‹ Erinnerung und Gedächtnis in Hölderlins *Hyperion*«.

96 Bd. II, S. 19.

97 *Les mots et les choses,* Paris 1966.

98 Ihren Höchstgrad an Opazität erreicht Hölderlins Sprache bekanntlich nicht im *Hyperion,* sondern erst in den späten Hymnen, die für Foucault offenbar der Beginn der modernen Literatur waren und zugleich diese in höchster Intensität realisierten. In »Le ›non‹ du

Rolle als Erzieher und Liebender durch den Platon-Vergleich als »großer Mensch«, der »die kleineren zu sich aufzieht«,[99] eingeführt worden ist, werden die positiven Wirkungen beschrieben, die von dem Erzieher ausgehen. Im Zentrum steht hierbei das »freundlich Wort« aus dem Munde des Erziehers, das mit einem »zauberisch Losungswort« verglichen wird, »das Tod und Leben in seiner einfältigen Sylbe verbirgt«.[100] Diesem positiven steht ein negatives Erziehungskonzept gegenüber, nämlich das der »Barbaren, die sich einbilden, sie seien weise, weil sie kein Herz mehr haben«,[101] und die »tausendfältig die jugendliche Schönheit töten und zerstören, mit ihrer kleinen unvernünftigen Mannszucht«.[102] Adamas und die »Barbaren« stehen sich gegenüber wie Einheit (»einfältigen Sylbe«) und Zersplitterung (»tausendfältig«). Daß der Erzähler Hyperion, bevor er noch zum ersten Mal den Namen seines Erziehers nennt, jener negativen Erzieher gedenkt, die das Gegenteil von Adamas verkörpern, hat seinen Grund in der Logik des begrifflichen Denkens, die darauf beruht, daß man einen Begriff nur durch sein Gegenteil, durch eine Differenzerfahrung erfassen kann: »Verzeih mir, Geist meines Adamas! daß ich dieser gedenke vor dir. Das ist der Gewinn, den uns Erfahrung gibt, daß wir nichts treffliches uns denken, ohne sein ungestaltes Gegenteil.«[103]

père« (1962), in: ders., *Dits et écrits,* 4 Bde, hg. v. Daniel Defert/François Ewald, Bd. I, Paris 1994, S. 189–203, einer ursprünglich in der Zeitschrift *Critique* erschienenen Rezension des Buches *Hölderlin et la question du père* von Jean Laplanche, die Foucaults einzige explizite Auseinandersetzung mit Hölderlin darstellt, spricht er vom »escarpement du lyrisme mythique« Hölderlins, von seinen »luttes aux frontières du langage« (S. 190). In Hölderlins später Dichtung, so Foucault, »s'ouvre la région d'un langage perdu en ses extrêmes confins, là où il est le plus étranger à lui-même, la région des signes qui ne font signe vers rien, celle d'une endurance qui ne souffre pas: *›Ein Zeichen sind wir, deutungslos …‹*. L'ouverture du lyrisme dernier est l'ouverture même de la folie.« (S. 201) Nach der These von Klaus Vogel, »Ein ›verbotenes Wort‹? Mutmaßungen zum Verhältnis von Foucaults Diskurstheorie und Hölderlins Dichtungspraxis«, in: *Hölderlin-Jahrbuch* 30 (1996/97), S. 345–358, ist die Laplanche-Rezension ein »Ort methodischer Selbstreflexion«, eine »verkappte[.] Selbstdarstellung« (S. 347). »Der Dichter Hölderlin wäre also deshalb von so herausragender Bedeutung für Foucault, weil seine historische Existenz grundlegend ist für dessen Begriff des Diskurses […]. Hölderlins Gedicht wäre mithin jener ominöse (und so problematische) Ort, von dem aus Foucaults Diskurs gedacht ist […].« (S. 349) Gerade deshalb, weil Hölderlin für Foucault so etwas wie der Diskursursprung sei, habe er seine eigene Beziehung zu Hölderlin mit einem »Sprachverbot« (S. 346) belegen müssen.

99 Bd. II, S. 19.
100 Ebd.
101 Ebd.
102 Bd. II, S. 19f.
103 Bd. II, S. 20.

Das bedeutet aber, daß jede positive Erfahrung, um ins Bewußtsein zu treten, des Mangels bedarf. Das Positive ist nur denkbar und erfahrbar als Gegenbild des Negativen. Somit ist jedem Positiven sein Negatives als ursprünglicher, vorgängiger Mangel eingeschrieben.[104] Dies zeigt sich in der Begegnung mit Adamas. Bevor Hyperion ihn trifft, wächst er auf »wie eine Rebe ohne Stab«,[105] er wandert ziellos umher wie ein »Irrlicht«[106] und läßt seine Kräfte verkümmern. Er macht die grundlegende Erfahrung des Mangels: »Ich fühlte, daß mir's überall fehlte, und konnte doch mein Ziel nicht finden. So fand er mich.«[107] Adamas seinerseits ist auf der Suche nach wahren Menschen, wie er sie in der »sogenannten kultivierten Welt« nicht vorfindet, weshalb er sich nach Griechenland begibt, wo, wie er glaubt, sie »einmal da gewesen« sind.[108] »Da wollt' er hin und unter dem Schutt nach ihrem Genius fragen, mit diesem sich die einsamen Tage zu verkürzen. Er kam nach Griechenland. So fand ich ihn.«[109] Der von beiden verspürte Mangel wird durch den jeweils anderen ausgeglichen, die beiden verhalten sich komplementär zueinander. Adamas stabilisiert den jungen Hyperion, er ist wie eine »Pflanze, wenn ihr Friede den strebenden Geist besänftigt, und die einfältige Genügsamkeit wiederkehrt in der Seele«.[110] Umgekehrt ist Hyperion »der Nachhall seiner stillen Begeisterung«, er wird zum Resonanzkörper für die »Melodien seines Wesens«.[111] Es kommt, zumindest auf seiten Hyperions, der der »Allmacht der ungeteilten Begeisterung« erliegt, zu einer Identifikation und Verschmelzung mit dem vergöttlichten Lehrer: »Was ich sah, ward ich, und es war Göttliches, was ich sah.«[112] Es ist eine Erfahrung der Totalität, der »Schönheit« und »Seligkeit«, »voll von den Freuden der Liebe und süßer Beschäftigung«.[113]

Das Erziehungswerk des Adamas besteht nun hauptsächlich darin, daß er Hyperion in die Welt der Antike einführt. Dazu bedient er sich einerseits des

104 Daß bei Hölderlin die taxonomische Ordnung binärer Begriffsoppositionen (positive vs. negative Erziehung) in Form eines Temporalschemas entfaltet wird, ist ein weiteres Indiz dafür, daß er sich jenseits des Epochenbruchs im Sinne Foucaults befindet, denn in der romantisch-modernen Episteme wird die Ordnung der Differenz durch eine Ordnung der Geschichte ersetzt (vgl. Kap. 0.3).

105 Ebd.

106 Ebd.

107 Ebd.

108 Ebd.

109 Bd. II, S. 21.

110 Ebd.

111 Ebd.

112 Ebd.

113 Ebd.

geschriebenen Wortes beziehungsweise in moderner Diktion: der Literatur (»Heroënwelt des Plutarch«),[114] andererseits besucht er gemeinsam mit seinem Schützling die Gedächtnisstätten der Antike (»die ausgestorbnen Tale von Elis und Nemea und Olympia«).[115] Im Angesicht der Überreste einstiger Größe macht Hyperion aber erneut die Erfahrung des Mangels, ihm wird bewußt, »daß auch der Mensch einst da war, und nun dahin ist, daß des Menschen herrliche Natur jetzt kaum noch da ist, wie das Bruchstück eines Tempels oder im Gedächtnis, wie ein Totenbild«.[116] In diesem Zusammenhang reflektiert der Erzähler das Problem der Versprachlichung: »Lieber Bellarmin! ich hätte Lust, so pünktlich dir, wie Nestor, zu erzählen; ich ziehe durch die Vergangenheit, wie ein Ährenleser über die Stoppeläcker, wenn der Herr des Lands geerntet hat; da liest man jeden Strohhalm auf.«[117] Hier äußert sich das Bewußtsein, daß das gesuchte Glück unwiederbringlich verloren ist, daß man zu spät, ›nach der Ernte‹ geboren wurde. Zugleich wird deutlich, daß das Erzählen als Ersatzhandlung fungiert. Wenn man schon nicht die Antike wiederherstellen kann, so muß man wenigstens von der Suche nach ihr und von ihrer einstigen Größe erzählen. Das Erzählen entsteht somit – ebenso wie die Liebe – aus einem ihm vorgängigen Mangel.

Damit ist zugleich das syntagmatische Grundmuster der Romanhandlung paradigmatisch exponiert: Hyperions Suche nach der verlorenen Einheit mündet – nach dem Scheitern seiner Liebesbeziehungen und des politischen Freiheitskampfes – schließlich ins Schreiben, gemäß dem Auftrag der sterbenden Diotima: »Trauernder Jüngling! bald wirst du glücklicher sein. Dir ist dein Lorbeer nicht gereift und deine Myrten verblühten, denn Priester sollst du sein der göttlichen Natur, und die dichterischen Tage keimen dir schon.«[118] Allerdings ist hierbei zu bedenken, daß Hyperions Briefe an Bellarmin noch nicht die Realisierung der von Diotima prophezeiten »dichterischen Tage«, sondern allenfalls eine in diese Richtung weisende Vorstufe darstellen. Zu Recht stellt Manfred Weinberg dies heraus: »Im Horizont der Romanfiktion kann keine Rede davon sein, daß es sich bei den Briefen Hyperions an Bellarmin selbst schon um Dichtung in der von Hölderlin am Ende entfalteten Komplexität handeln würde. Die Interpreten, die dies postulieren, haben es wiederum versäumt, entscheidende stilistische Unterschiede der Briefe an Bellarmin und der bloß abgeschriebenen Briefe an

114 Ebd.
115 Bd. II, S. 22.
116 Ebd.
117 Ebd.
118 Bd. II, S. 163.

Diotima zu benennen, für die diese dichterische Verfaßtheit ja noch nicht in Anschlag gebracht werden kann.«[119] Zum Dichter wird Hyperion erst am Schluß, und auch hier nur punktuell. So interpretiert Weinberg die ›Schlußaudition‹ des Romans, in der eine imaginäre Wiederbegegnung Hyperions mit der toten Diotima in der Natur erfolgt, als dichterische Manifestation, als »Dichtung im präzisen Sinn der Poiesis, des Hervorbringens«,[120] weil Hyperion sich der von ihm in der erinnerten Situation tatsächlich gesprochenen Worte nicht mehr zu erinnern vermag, diese Worte sich selbst also im nachhinein unterlegt und somit erdichtet. Daß dieses Dichten auf der Ebene der Fiktion ein einmaliges Ereignis bleibt, wird dadurch markiert, daß es in Anführungszeichen gesetzt wird und daß Hyperion sich durch die Formel: »So dacht' ich. Nächstens mehr.«[121] davon distanziert. Das Dichten bleibt also Postulat und wird ins Jenseits des durch die Schlußformel »Nächstens mehr« als unabgeschlossen markierten Textes verwiesen. Auch diesem Dichten ist somit ein prinzipieller Mangel eingeschrieben.

Dies wird im Text auch explizit gemacht: Daß die Restitution der antiken Einheit durch das Schreiben nicht wirklich gelingen kann, daß sie poetisches Postulat bleiben muß, sagt der Erzähler Hyperion, nachdem er mit Begeisterung die Feste zu Ehren des delischen Apolls evoziert hat: »Aber was sprech' ich davon? Als hätten wir noch eine Ahnung jener Tage! Ach! es kann ja nicht einmal ein schöner Traum gedeihen unter dem Fluche, der über uns lastet. Wie ein heulender Nordwind, fährt die Gegenwart über die Blüten unsers Geistes und versengt sie im Entstehen.«[122] Die traurig-prosaische Gegenwart, die einerseits die Voraussetzung dafür ist, daß man in Differenz zu ihr die Größe der Vergangenheit erkennen kann, macht es andererseits unmöglich, diese Vergangenheit wiederherzustellen. Dies ist die Ambivalenz des Bewußtseins, wie sie auch in bezug auf das verlorene Paradies der Kindheit gilt. Von ebensolcher Ambivalenz ist die Erinnerung an Adamas geprägt – und hierin zeigt sich die Parallelität von Erzählen und Lieben in aller Deutlichkeit. Auf Delos hat Adamas Hyperion aufgetragen, so zu werden wie Apoll, den man mit dem Sonnengott Helios gleichsetzte. Der Auftrag ist durch die Namensgleichheit motiviert, denn *Hyperion* war, etwa

119 »›Nächstens mehr.‹ Erinnerung und Gedächtnis in Hölderlins *Hyperion*«, S. 104.

120 Ebd., S. 113.

121 Bd. II, S. 175. – Vgl. hierzu Weinberg, »›Nächstens mehr.‹ Erinnerung und Gedächtnis in Hölderlins *Hyperion*«, S. 104, der die Anführungszeichen und das im letzten Brief zweimal vorkommende »So dacht' ich« als »Mittel der Distanzierung von dem in der Schlußaudition Formulierten« deutet.

122 Bd. II, S. 23.

bei Homer, ein Beiname des Helios.[123] Die Erinnerung an diesen erhebenden Moment ist für Hyperion sowohl eine traurige als auch eine freudige. Einerseits wird ihm dadurch der Verlust des Geliebten nur um so stärker bewußt, andererseits erwächst ihm daraus Kraft: »Was ist Verlust, wenn so der Mensch in seiner eignen Welt sich findet? In uns ist alles.«[124] Daß dies aber nur eine Trostformel ist, zeigt sich im folgenden, wenn Adamas seinem Schützling weissagt, er werde einsam sein, und, um das Schreckliche der Einsamkeit zu verdeutlichen, einen Vergleich zieht mit dem »Kranich, den seine Brüder zurückließen in rauher Jahrszeit, indes sie den Frühling suchen im fernen Lande«.[125] Die Erfahrung des Ausgesetztseins und der Verlassenheit reflektiert Hyperion dann auch selbst: »Das macht uns arm bei allem Reichtum, daß wir nicht allein sein können, daß die Liebe in uns, so lange wir leben, nicht erstirbt. Gib mir meinen Adamas wieder, und komm mit allen, die mir angehören, daß die alte schöne Welt sich unter uns erneure, daß wir uns versammeln und vereinen in den Armen unserer Gottheit, der Natur, und siehe! so weiß ich nichts von Notdurft.«[126]
Liebe ist also eine Notwendigkeit für den Menschen, zugleich aber wird sie als Mangel erfahren, oder genauer: Es ist eine Erfahrung der – allerdings, wie gezeigt wurde, niemals ganz unvermischten – temporären Fülle, die im Mangel endet. Das ist nicht durch äußeres Schicksal bedingt, sondern liegt an der inneren Verfassung des Menschen, an seinem »ungeheure[n] Streben, Alles zu sein«.[127] Er sucht immer das Neue, Unbekannte und trennt sich deshalb von seinen Liebsten. So geschieht es mit Adamas, der von Griechenland nach Asien weiter zieht, um »ein Volk von seltner Trefflichkeit«[128] aufzusuchen. Offenbar hat er in Griechenland trotz der Begegnung mit Hyperion nicht das gefunden, wonach er suchte. Der Mensch ist konstitutiv heimatlos: »Ach! für des Menschen wilde Brust ist keine Heimat möglich; und wie der Sonne Strahl die Pflanzen der Erde, die er entfaltete, wieder versengt, so tötet der Mensch die süßen Blumen, die an seiner Brust gediehten, die Freuden der Verwandtschaft und der Liebe.«[129] Die Trennung von Adamas ist wie eine Amputation für Hyperion, denn Adamas ist »verwebt

123 Vgl. Schmidts Kommentar zur Bedeutung der Eigennamen (Bd. II, S. 965–969).
124 Bd. II, S. 23.
125 Ebd.
126 Bd. II, S. 24.
127 Bd. II, S. 25.
128 Bd. II, S. 24.
129 Ebd.

[…] in mein Wesen«, ja es ist eine Todeserfahrung: »Wie ein Sterbender den fliehenden Othem, hielt ihn meine Seele.«[130]

## 2.5 Hyperion und Alabanda: Die Affinität von Liebe und Gewalt

Auf die Trennung folgt eine schwere Krise, in der Hyperion seine von Adamas geweckte Begeisterung für die Antike beinahe zum Verhängnis wird, da ihn das Bewußtsein der Unwiederholbarkeit antiker Größe depressiv werden und gar an Selbstmord denken läßt.[131] Schließlich versucht er einen Neubeginn, indem er sich auf Geheiß seines Vaters von der Insel Tina nach Smyrna begibt. Im Text ist die Rede von einer Neugeburt: »Es ist entzükkend, den ersten Schritt aus der Schranke der Jugend zu tun, es ist, als dächt' ich meines Geburtstags, wenn ich meiner Abreise von Tina gedenke.«[132] Diese Neugeburt wird auch durch die kulturell codierte Semantik des Raumes betont. Während die Trennung von Adamas am »Grabe Homers«[133] erfolgte, befindet sich in der Nähe von Smyrna nach der Überlieferung die »Geburtsstätte meines Homer«.[134] Der Weg vom Grab zur Geburtsstätte des Urahnen der Dichtung impliziert die Hoffnung auf Reversibilität der Zeit beziehungsweise auf Überwindung des Todes. Diese Hoffnung hat im Roman eine individualgeschichtliche und eine kollektivgeschichtliche Dimension. Mit letzterer hängt Hyperions Versuch zusammen, die verlorene antike Größe zu restituieren; mit ersterer das pantheistisch begründete Weiterleben Diotimas in der Natur.

In der neuen Umgebung kommt es zu einem Aufschwung von Hyperions Stimmung, bedingt durch Erfahrungen des Glücks und der Fülle im intellektuellen Bereich und in der Natur. Die Nähe zu Homer läßt ihn dessen Dichtung neu erleben; die Besteigung des Tmolus verschafft ihm »selige Stunden«.[135] Der »Fülle des Lebens«,[136] die er auf dem Berg genießt, wird jedoch nach seinem Abstieg oppositiv das »dürftig Smyrna«[137] entgegengesetzt. Zwar gelingt es ihm zunächst im Hochgefühl der genossenen Naturschönheit, die Defizite des gesellschaftlichen Lebens in der kleinasiatischen

130 Ebd.
131 Bd. II, S. 25–27.
132 Bd. II, S. 27.
133 Bd. II, S. 24.
134 Bd. II, S. 27.
135 Bd. II, S. 28.
136 Ebd.
137 Bd. II, S. 29.

Stadt durch Projektionen auszugleichen: »Mein dürftig Smyrna kleidete sich in die Farben meiner Begeisterung, und stand, wie eine Braut, da.«[138] Doch wie bei Rousseau ist die Opposition Natur vs. Zivilisation deutlich markiert, das heißt, die Zivilisation wird gegenüber der Natur abgewertet. Was Hyperion in Smyrna wahrnimmt, ist dementsprechend durchweg ambivalent. Einerseits sind da »die guten Gesichter und Gestalten, die noch hie und da die mitleidige Natur, wie Sterne, in unsere Verfinsterung sendet«[139] und die Hyperion als »freundliche[.] Hieroglyphen«[140] interpretiert. Andererseits erweist sich schon das Wenige, das ihm positiv erscheint, letztlich als enttäuschend, das Übrige aber als »heillos«.[141] Die Gebildeten erscheinen ihm wie Tiere, zum Teil schlimmer noch; es herrscht ein allgemeines Desinteresse an Geistesschönheit, Vernunft und an der Größe der Vergangenheit. Hyperion sucht sein Heil in der Einsamkeit, er verschließt sein Herz, in der Hoffnung, seine Schätze »für eine bessere Zeit zu sparen, für das Einzige, Heilige, Treue, das gewiß, in irgend einer Periode des Daseins, meiner dürstenden Seele begegnen sollte«.[142] Er schwankt somit zwischen Resignation angesichts der »Unheilbarkeit des Jahrhunderts«[143] und der Hoffnung, eines Tages einem Wesen zu begegnen, das für ihn die Inkarnation des Heiligen darstellen möge. Eine Apostrophe deutet an dieser Stelle in verrätselter Form voraus auf die Begegnung mit Diotima: »Schon damals kannt' ich dich, schon damals blicktest du, wie ein Genius, aus Wolken mich an, du, die mir einst, im Frieden der Schönheit, aus der trüben Woge der Welt stieg!«[144]

Die Erscheinung der göttlichen Geliebten wird jedoch noch aufgeschoben, denn in Smyrna kommt es zunächst zur Begegnung mit Alabanda. Auch diese Begegnung wird als Liebesgeschichte modelliert. Vor seiner Abreise aus Smyrna möchte Hyperion noch so viel wie möglich von den Schönheiten der Landschaft profitieren, weshalb er das Umland von Smyrna erkundet. Besonders aber treibt ihn der Wunsch (»das geheime Verlangen«)[145] hinaus, einen Fremden kennenzulernen, der wie folgt eingeführt wird:

> Wie ein junger Titan, schritt der herrliche Fremdling unter dem Zwergengeschlechte daher, das mit freudiger Scheue an seiner Schöne sich weidete, seine

138 Ebd.
139 Ebd.
140 Ebd.
141 Ebd.
142 Bd. II, S. 31.
143 Bd. II, S. 30.
144 Bd. II, S. 31.
145 Bd. II, S. 32.

> Höhe maß und seine Stärke, und an dem glühenden verbrannten Römerkopfe, wie an verbotner Frucht mit verstohlnem Blicke sich labte, und es war jedesmal ein herrlicher Moment, wann das Auge dieses Menschen, für dessen Blick der freie Äther zu enge schien, so mit abgelegtem Stolze sucht' und strebte, bis es sich in meinem Auge fühlte und wir errötend uns einander nachsahn und vorüber gingen.[146]

Die Alabanda-Episode ist gekennzeichnet durch die Dominanz zweier Isotopien, die ständig miteinander interagieren: einer Isotopie der Gewalt, der Stärke, des Heroischen und einer Isotopie des Erotischen, der Liebe. Die zitierte Stelle hat paradigmatische Funktion, weil sie beide Isotopien enthält. Alabanda, der durch »Schöne« ausgezeichnete »herrliche Fremdling«, ist für die ihn umgebenden Menschen eine begehrenswerte »verbotne[.] Frucht«; der Blickkontakt zwischen Alabanda und Hyperion ist wie der einander scheu, aber leidenschaftlich begehrender Liebender (Isotopie der Liebe). Zugleich besitzt der Jüngling Alabanda Attribute des Heroischen: Er überragt seine Umgebung an Größe und körperlicher Stärke. Auch steht die erste Kontaktaufnahme zwischen den beiden im Kontext eines Kampfes (Isotopie des Heroischen und der Gewalt): Alabanda wird von Räubern überfallen, er schlägt sie in die Flucht; danach begegnet ihnen Hyperion, der sich ihrer ebenfalls mit Waffengewalt zu erwehren weiß.[147] Es stellt sich heraus, daß ein heimlicher Zusammenhang zwischen der Zuneigung, die die beiden füreinander empfinden, und der glücklich überstandenen Gewalterfahrung besteht: »Es geschah uns recht, begann ich, indes wir Arm in Arm zusammen aus dem Walde gingen; warum zögerten wir auch so lange und gingen uns vorüber, bis der Unfall uns zusammenbrachte.«[148] Alabanda entgegnet, daß Hyperion »der Schuldigere, der Kältere«[149] sei, weil er dem Kontakt ausgewichen, wohingegen Alabanda dem anderen heimlich nachgeritten sei. Ohne die Zuneigung zwischen Alabanda und Hyperion wäre es also womöglich gar nicht zu dem Räuberüberfall gekommen; andererseits wird dieser für die beiden dann zum Anlaß, den gewünschten Kontakt aufzunehmen und sich ihre Liebe zu gestehen: »Herrlicher! rief ich, siehe nur zu! an Liebe sollst du doch mich nimmer übertreffen.«[150]

Liebe und Gewalt, so zeigt sich, stehen in einem komplexen metonymischen Verhältnis; sie bedingen sich gegenseitig, stehen aber auch in Opposition

146 Ebd.
147 Bd. II, S. 32f.
148 Bd. II, S. 33.
149 Ebd.
150 Ebd.

zueinander. An anderer Stelle dagegen wird die Liebe als gewaltsames Naturereignis beschrieben, das heißt, es wird die zwischen beiden Termen bestehende Opposition dekonstruiert: »Wir begegneten einander, wie zwei Bäche, die vom Berge rollen, und die Last von Erde und Stein und faulem Holz und das ganze träge Chaos, das sie aufhält, von sich schleudern, um den Weg sich zueinander zu bahnen, und durchzubrechen bis dahin, wo sie nun ergreifend und ergriffen mit gleicher Kraft, vereint in Einen majestätischen Strom, die Wanderung in's weite Meer beginnen.«[151] Die gewaltsame Vereinigung solcher Naturkräfte läßt keine harmonische Beziehung erwarten. Liebe wird somit auf der metaphorischen Ebene als Gewaltverhältnis codiert.

Gemeinsam entwickeln die beiden Freunde den Plan, das griechische Vaterland von der osmanischen Fremdherrschaft zu befreien. Während Adamas, der Mann des Geistes, sein Denken und Streben auf die Mythologie und die Vergangenheit ausrichtete, ist Alabanda, der Mann der Tat, gegenwarts- und zukunftsorientiert. Er möchte handeln, um die schlechte Gegenwart zu verändern, wenn es sein muß, mit Gewalt und revolutionärem Umsturz. Zwar stecken die beiden Freunde sich in ihrem Befreiungspathos und mit ihren »kolossalischen Entwürfen«[152] gegenseitig an, doch zeigen sich bei ihren politischen Gesprächen bedeutsame Meinungsunterschiede. So ruft Alabanda aus, nachdem er von Hyperions politischer Überzeugung erfahren hat, die mit seiner eigenen übereinstimmt: »O! zünde mir einer die Fakkel an, daß ich das Unkraut von der Heide brenne! die Mine bereite mir einer, daß ich die trägen Klötze aus der Erde sprenge!«[153] Darauf antwortet Hyperion mit Beschwichtigung: »Wo möglich, lehnt man sanft sie auf die Seite, fiel ich ein.«[154]

In dieser Konstellation rücken die Isotopie der Liebe und die der Gewalt wieder zueinander in Opposition. Hyperion möchte zwar sein Vaterland ebenso verändern wie Alabanda, zu dem er mit Enthusiasmus sagt: »Du wirst mit mir das Vaterland erretten.«[155] Er hat aber weniger gewaltsame Vorstellungen davon, wie solche Veränderung vonstatten gehen soll. Der »Herkules«[156] Alabanda will das Staatssystem verändern, was Hyperion wie folgt kommentiert: »Du räumst dem Staate denn doch zu viel Gewalt ein.

151 Bd. II, S. 34.
152 Bd. II, S. 35.
153 Bd. II, S. 37.
154 Ebd.
155 Ebd.
156 Bd. II, S. 39.

Er darf nicht fordern, was er nicht erzwingen kann. Was aber die Liebe gibt und der Geist, das läßt sich nicht erzwingen.«[157] Mit einer Metapher verdeutlicht Hyperion, welche Funktion dem Staat seiner Meinung nach zukommt: Er sei »die Mauer um den Garten menschlicher Früchte und Blumen«,[158] habe also beschützende, abschirmende Funktion. Wenn der Boden aber dürre sei, dann helfe die Mauer nichts, dann müsse Regen vom Himmel fallen. Die Rettung könne also nicht durch politisches Handeln, sondern nur durch das Eingreifen höherer Mächte (»O Regen vom Himmel! o Begeisterung! Du wirst den Frühling der Völker uns wiederbringen.«)[159] herbeigeführt werden. Diese himmlische Begeisterung werde die Sterblichkeit überwinden, und zwar dann, wenn »die Lieblingin der Zeit, die jüngste, schönste Tochter der Zeit, die neue Kirche, hervorgehn wird aus diesen befleckten veralteten Formen«.[160]

Hyperions eschatologische Erwartung erscheint Alabanda als bloße Schwärmerei, die er mit mildem Spott quittiert. Er ist Mitglied eines Geheimbundes, des sogenannten Bundes der Nemesis, der den politischen Umsturz plant. Die anderen Mitglieder dieses Bundes sind gezeichnet durch Züge der Gewalt, der Kälte, des »getötete[n] Affekt[s]«[161] und des Bedrohlichen. Sie sagen Hyperion, »daß wir da sind, aufzuräumen auf Erden«, sie wollen »das Unkraut an der Wurzel fassen, an der Wurzel es durchschneiden, samt der Wurzel es ausreißen, daß es verdorre im Sonnenbrande«.[162] Ihr im Untergrund geplantes politisches Werk tun sie nicht, weil sie selbst davon profitieren könnten – dafür sind sie schon zu alt –, sondern weil sie von seiner prinzipiellen Richtigkeit überzeugt sind, das heißt, sie handeln nicht zweckrational in bezug auf sich selbst: »[...] will aber niemand wohnen, wo wir bauten, unsre Schuld und unser Schaden ist es nicht. Wir taten, was das unsre war. Will niemand sammeln, wo wir pflügten, wer verargt es uns? Wer flucht dem Baume, wenn sein Apfel in den Sumpf fällt?«[163] Diese Trennung von Handeln und Zweckhaftigkeit weckt Hyperions heftige Abneigung; er hält die Mitglieder des Bundes für Betrüger und sieht von ihnen seine Freiheit bedroht.

157 Ebd.
158 Bd. II, S. 40.
159 Ebd.
160 Ebd.
161 Bd. II, S. 41.
162 Bd. II, S. 42.
163 Bd. II, S. 43.

Alabandas politisches Engagement, sein Bekenntnis zum Geheimbündnerischen und zur Gewalt sowie zum bloß prinzipiengestützten Handeln zerstört Hyperions Liebe zu ihm. »Mir war, wie einer Braut, wenn sie erfährt, daß ihr Geliebter insgeheim mit einer Dirne lebe.«[164] Er fühlt sich hintergangen und versucht, seine Gefühle für Alabanda abzutöten. Bei einem von Alabanda erbetenen Versöhnungsgespräch verlangt Hyperion von ihm, er möge sich entschuldigen und sich reinigen. Dies wiederum verletzt Alabanda in seinem Stolz. »Wie kommt es denn, rief er entrüstet, daß dieser Mensch mich beugen soll, wie's ihm gefällt?«[165] Er schimpft Hyperion einen »Grillenfänger«,[166] es kommt zur Eskalation und schließlich zur Trennung. »Wir zerstörten mit Gewalt den Garten unserer Liebe.«[167]

Das Ende der Beziehung zu Alabanda wiederholt somit die Erfahrung, die Hyperion bei der Trennung von Adamas gemacht hat. Hier wie dort endet die Liebe mit einem Akt der Selbstzerstörung: In beiden Fällen wird das Verbum *töten* bezogen auf das Objekt *Liebe* verwendet.[168] Beide Male folgt auf die Phase des Liebesglücks und der schwärmerischen Euphorie eine schwere Krise, die nach der Trennung von Alabanda sogar mit Selbstmordgedanken verbunden ist.[169] Beide Male auch soll ein Ortswechsel für Abhilfe schaffen. Während Hyperion nach der Trennung von Adamas nach Smyrna reiste, kehrt er jetzt in seine Heimat Tina zurück. Die Lehre, die Hyperion aus dieser erneuten Verlusterfahrung ziehen zu können glaubt, formuliert er wie folgt: »Bestehet ja das Leben der Welt im Wechsel des Entfaltens und Verschließens, in Ausflug und in Rückkehr zu sich selbst, warum nicht auch das Herz des Menschen?«[170] Die Abreise wird zur Erfahrung von Zeitlichkeit und Tod: »[…] wie ich aber nun auf's hohe Meer

164 Ebd. – Hyperions Verhalten läßt sich mit dem Muster der Desillusionierung beschreiben, welches Roland Barthes, *Fragments d'un discours amoureux,* Paris 1977, S. 33ff., unter dem Stichwort »altération« trefflich analysiert: »On dirait que l'altération de l'Image se produit lorsque *j'ai honte* pour l'autre […]. Or, la honte vient de la sujétion: l'autre […] apparaît brusquement – se dévoile, se déchire, se révèle, au sens photographique du terme – comme *assujetti* à une instance qui est elle-même de l'ordre du servile: je le vois tout d'un coup (question de *vision*) s'affairant, s'affolant, ou simplement s'entêtant à complaire, à respecter, à se plier à des rites mondains grâce à quoi il espère se faire reconnaître.« (S. 34; Hervorh. im Text) Die Liebe als System der Intimkommunikation tendiert zur Exklusivität und bricht zusammen durch das Eindringen fremder, parasitärer Geräusche.

165 Bd. II, S. 45.

166 Ebd.

167 Ebd.

168 Bd. II, S. 24 und 44.

169 Bd. II, S. 46.

170 Ebd.

hinauskam, und alles nach und nach hinabsank, wie ein Sarg in's Grab, da mit einmal war es auch, als wäre mein Herz gebrochen – o Himmel! schrie ich, und alles Leben in mir erwacht' und rang, die fliehende Gegenwart zu halten, aber sie war dahin, dahin!«[171] Was am Ende bleibt, ist das Gefühl der Hilflosigkeit und der Heteronomie; Hyperion sieht sich einer »fremde[n] Gewalt«[172] unterworfen, die seine Pläne zerstört und ihn »herumwirft und in's Grab legt, wie es ihr gefällt«.[173]

Die Phase seiner »langen kranken Trauer«[174] erklärt er gegenüber Bellarmin mit seiner außergewöhnlichen Empfindsamkeit, die ihn von den meisten seiner Mitmenschen unterscheide: »Ja! ja! es ist recht sehr leicht, glücklich, ruhig zu sein mit seichtem Herzen und eingeschränktem Geiste.«[175] Nach Tina zurückgekehrt, lebt er in stiller Resignation, verhält sich wie ein »Sonderling«[176] und versucht seiner leidvollen Erfahrung, der Diskrepanz zwischen Wollen und Vermögen, einen Sinn abzugewinnen: »Das ist auch nötig, wie es ist. Das gibt das süße, schwärmerische Gefühl der Kraft, daß sie nicht ausströmt, wie sie will, das eben macht die schönen Träume von Unsterblichkeit und all' die holden und die kolossalischen Phantome, die den Menschen tausendfach entzücken, das schafft dem Menschen sein Elysium und seine Götter, daß seines Lebens Linie nicht gerad ausgeht, daß er nicht hinfährt, wie ein Pfeil, und eine fremde Macht dem Fliehenden in den Weg sich wirft.«[177] Diese Aussage erinnert an die »exzentrische Bahn«,[178] von der in der Vorrede zum *Fragment von Hyperion* die Rede ist und die dort den vom Menschen zu durchlaufenden Weg von der »höchsten Einfalt« zur »höchsten Bildung« beziehungsweise von der *»bloße[n] Organisation der Natur«* zur *»Organisation, die wir uns selbst zu geben im Stande sind«*,[179] meint. Mit solcher

171 Bd. II, S. 46f.
172 Bd. II, S. 47.
173 Ebd.
174 Bd. II, S. 48.
175 Ebd.
176 Bd. II, S. 52.
177 Bd. II, S. 49f.
178 Bd. II, S. 177.
179 Ebd. (Hervorh. im Text). – Jürgen Link, »Spiralen der inventiven ›Rückkehr zur Natur‹. Über den Anteil Rousseaus an der Tiefenstruktur des ›Hyperion‹«, in: Hansjörg Bay (Hg.), *»Hyperion« – terra incognita. Expeditionen in Hölderlins Roman,* Opladen/Wiesbaden 1998, S. 94–115, hier S. 112–114, deutet die »exzentrische Bahn« als astronomischen Begriff: »Nach den Keplerschen Gesetzen weichen die Bahnen der Planeten und Kometen von der Kreisbahn nach der Größe ihrer Exzentrizität ab, so daß ›lange‹ Ellipsenbahnen (insbesondere also Kometenbahnen) ›exzentrischer‹ sind als ›kurze‹.« (S. 112) Dem astronomischen Modell der Ellipsenbahn entsprechend handelt es sich, so Link, um eine Metapher für die inventive Rückkehr zur Natur im Sinne Rousseaus.

Reflexion nähert sich also das erlebende Ich schon der Position des erzählenden Ichs an. Es zeigt sich dabei, wie auch bei der obigen Analyse der Funktion der Liebe im Prosa-Entwurf zur metrischen Fassung, die grundlegende und notwendige Ambivalenz des menschlichen Daseins. Liebe bedeutet Bewußtsein und Sterblichkeit. Der Widerstand, den die »fremde Macht« dem »Fliehenden« entgegenbringt, »schafft dem Menschen sein Elysium und seine Götter«. Mit anderen Worten: Das Dasein ist zwar leidvoll, aber erst dadurch gewinnt es seine Schönheit und seinen Wert. Ohne Widerstand und Leid gäbe es kein Bewußtsein für das Verlorene, und ohne Bewußtsein wäre der Mensch nicht menschlich. Erfahrung und Bewußtsein benötigen Differenzen und Gegensätze, was Hyperion mit folgender Allegorie zum Ausdruck bringt: »Des Herzens Woge schäumte nicht so schön empor, und würde Geist, wenn nicht der alte stumme Fels, das Schicksal, ihr entgegenstände.«[180] Das Elysium muß also nicht in einem Jenseits gesucht oder für eine ferne Zukunft erhofft werden, es befindet sich im Diesseits, wo es jedoch das Erleiden des Schmerzes voraussetzt.

Die Beziehung zu Alabanda ist nach der Trennung indes noch nicht beendet. Als einzige von Hyperions Liebesbeziehungen vollzieht sie sich in zwei Etappen. Die russische Kriegserklärung an das Osmanische Reich eröffnet nämlich den griechischen Patrioten unverhofft die Perspektive eines Befreiungskrieges. In dieser Situation fordert Alabanda seinen mittlerweile mit Diotima zusammenlebenden Freund auf, sich dem Kampf anzuschließen: »Bist du noch der Alte, so komm! [...] Mich verlangt, uns Beede in dem neuen Leben wiederzusehn. [...] Komm nun, komm, und laß uns baden in offener See! / Das soll uns wohl tun, einzig Geliebter!«[181] Dies stürzt Hyperion in einen Konflikt zwischen zwei Geliebten, Diotima und Alabanda, und zwei unterschiedlichen Modellen des Handelns. Diotima möchte, daß Hyperion zum Lehrer und Erzieher der griechischen Jugend werde; Alabanda steht für den politisch-militärischen Kampf. Es geht somit um zwei gegensätzliche Modi des Eingreifens in die Wirklichkeit: durch Worte (symbolisch-semiotischer Bereich, zielend auf Veränderung der mentalen Dispositionen der Griechen) und durch Taten (militärischer Bereich, zielend auf Veränderung von staatlichen Strukturen und Machtverhältnissen). Hyperion schlägt sich, nachdem er kurz zuvor bei dem Athenbesuch noch im Einklang mit Diotima von dem ersten Modus (politisches Wirken durch Erziehung) überzeugt gewesen ist, sofort nach dem Erhalt von Ala-

180 Bd. II, S. 50.
181 Bd. II, S. 107.

bandas Brief auf die Seite des Freundes: »Ich bin zu müßig geworden, rief ich, zu friedenslustig, zu himmlisch, zu träg! – Alabanda sieht in die Welt, wie ein edler Pilot, Alabanda ist fleißig und sucht in der Woge nach Beute; und dir schlafen die Hände im Schoß'? und mit Worten möchtest du ausreichen, und mit Zauberformeln beschwörst du die Welt? Aber deine Worte sind, wie Schneeflocken, unnütz, und machen die Luft nur trüber und deine Zaubersprüche sind für die Frommen, aber die Unglaubigen hören dich nicht.«[182] Dieser Absage an die Kraft des Wortes und Parteinahme für die militärische Aktion hält Diotima das Argument entgegen, daß der »wilde Kampf« und Hyperions »schöne Seele« inkompatibel seien,[183] daß jener diese und ihre Ideale zerstören werde.

Als Hyperion sich Alabanda dennoch anschließt und mit ihm in den Befreiungskrieg gegen die Türken zieht, kommt es zu einem komplexen, konfliktgeladenen Dreiecksverhältnis. Hyperion steht nun zwischen dem »Bräutigam«[184] Alabanda und Diotima, die er beide liebt: »O Diotima! o Alabanda! edle, ruhiggroße Wesen! wie muß ich vollenden, wenn ich nicht fliehn will vor meinem Glücke, vor euch?«[185] Die Entscheidung für Alabanda und den Befreiungskampf führt aber letztlich, natürlich ohne daß Hyperion es so beabsichtigt hätte, zur Zerstörung seiner Beziehung zu Diotima und schließlich zu ihrem Tod. Mit anderen Worten: Eine gleichzeitige Liebesbeziehung zu Alabanda und Diotima ist für Hyperion unmöglich. Und auch für Alabanda ist eine Beziehung zu Hyperion nur denkbar, solange Diotima fern ist, denn, wie er Hyperion nach der militärischen Niederlage gesteht, er könnte Diotima nicht nahe sein, ohne sie zu lieben und somit den Freund zu hintergehen.[186] Er opfert sich daher zugunsten der Liebe Hyperions, indem er sich seinen ehemaligen Bundesbrüdern ausliefern will, die ihm aufgrund seines Verrates nach dem Leben trachten.[187] Anders als bei Rousseau ist eine Dreiecksbeziehung im *Hyperion* offenbar nicht möglich.

Beide Etappen der Alabanda-Beziehung werden somit jeweils durch eine schmerzvolle Trennung beendet. Beim ersten Mal fühlt Hyperion sich vom Geliebten durch dessen Mitgliedschaft im Bund der Nemesis hintergangen, weil er den gewaltsamen politischen Kampf noch ablehnt. Beim zweiten Mal eifert er Alabanda nach und zieht mit ihm in den Befreiungskrieg. Die bei-

182 Ebd.
183 Bd. II, S. 108.
184 Bd. II, S. 128.
185 Bd. II, S. 121.
186 Bd. II, S. 149 und 153.
187 Bd. II, S. 156.

den Etappen stehen somit nicht in einer dominant paradigmatischen, sondern einer dominant syntagmatischen Relation zueinander. Sie veranschaulichen Hyperions geistige und politische Entwicklung. Diesmal scheitert die Beziehung in doppelter Weise: Einerseits bleiben die politischen Träume unerfüllt, weil der Befreiungskrieg in Plünderungsaktionen ausartet. Andererseits steht der Beziehung die Konkurrenz zu Diotima im Weg, die für ein anderes Modell politischen Wirkens eintritt. Das Scheitern der Beziehung zu Alabanda steht somit für die unerfüllte Hoffnung, durch gewaltsame militärische Aktionen (angesichts der Entstehungszeit des Romans in den 1790er Jahren liegt es natürlich nahe, hier an die Französische Revolution und deren Auswüchse in der Phase der *Terreur* zu denken, obwohl dies explizit im Text nicht gesagt wird)[188] die Voraussetzungen für eine Restitution der antiken Einheit zu schaffen. Hyperion bezeichnet seine Hoffnungen im nachhinein als auf falschen Grundlagen beruhend: »In der Tat! Es war ein außerordentlich Projekt, durch eine Räuberbande mein Elysium zu pflanzen.«[189] Nunmehr ist zu untersuchen, ob das Diotima-Modell erfolgversprechender ist. Dazu müssen wir die Liebesbeziehung zwischen Hyperion und Diotima in ihrer Gesamtheit betrachten.

## 2.6 Hyperion und Diotima: Liebe als Metonymie und Metapher des Schreibens

Mit einer deutlichen Oppositionsbildung wird auf der Ebene der Textstruktur die Diotima-Erfahrung vorbereitet. Das erste Buch des ersten Bandes endet mit einem pessimistischen, düster-nihilistischen Brief, in dem Hyperion von der in ihm sich regenden »zerstörend[en]« »Geisteskraft«[190] spricht, die ihm den Gedanken eingibt, daß der Mensch ein »Heerling der Natur«[191] sei und »daß wir geboren werden für Nichts, daß wir lieben ein Nichts, glauben an's Nichts, uns abarbeiten für Nichts, um mählich überzugehen in's Nichts«.[192] Im scharfen Kontrast dazu steht der Beginn des zweiten Buches. Der Einschnitt wird auf der Ebene der *énonciation* durch einen Orts- und Stimmungswechsel des Briefschreibers markiert: »Ich lebe jetzt auf der

188 Zu Hölderlins Verhältnis zur Französischen Revolution vgl. Pierre Bertaux, *Hölderlin und die Französische Revolution,* Frankfurt a. M. 1969.

189 Bd. II, S. 130.

190 Bd. II, S. 54.

191 Ebd.

192 Ebd.

Insel des Ajax, der teuern Salamis. / Ich liebe dies Griechenland überall.«[193] Die neue Erzählsituation trägt idyllische Züge. Hyperion hat sich eine Hütte gebaut und führt ein einfaches, kontemplatives Leben in ländlicher Zurückgezogenheit. Zwar erinnert er sich noch der Vergangenheit, doch überwiegt nun nicht mehr der Gedanke an Schmerz und Leid. Vielmehr erklingt ihm die Vergangenheit »wie ein Saitenspiel, wo der Meister alle Töne durchläuft, und Streit und Einklang mit verborgener Ordnung untereinanderwirft«.[194] Die heitere Gelassenheit steigert sich dann sogar zur »Festzeit«,[195] die, wie er Bellarmin mitteilt, notwendig für den Fortgang des Erzählens ist.

Dem Orts- und Stimmungswechsel auf der Ebene des Erzählens entspricht ein solcher auf der Ebene des Erzählten. Hyperion wird nach Kalaurea eingeladen. Die Überfahrt bringt ihm »Vergessenheit«[196] und leitet das Ende der Krise ein. Die Verzweiflung weicht der Hoffnung (»Voll süßer Unruhe war all mein Wesen.«),[197] der Einklang von Mensch und Natur zieht ihn in seinen Bann: »Freundlicher Geist, sagt' ich bei mir selber, wohin rufest du mich? nach Elysium oder wohin?«[198] Das Elysium, das ihm nun erscheinen wird, ist Diotima, von der er sagt: »Ich hab' es Einmal gesehn, das Einzige, das meine Seele suchte, und die Vollendung, die wir über die Sterne hinauf entfernen, die wir hinausschieben bis an's Ende der Zeit, die hab' ich gegenwärtig gefühlt. Es war da, das Höchste, in diesem Kreise der Menschennatur und der Dinge war es da!«[199] Diotima ist die irdische Inkarnation des Göttlichen, sie wird aufgeladen mit eschatologischer Bedeutung (»die Vollendung […], die wir hinausschieben bis an's Ende der Zeit«). Erneut findet sich also das Elysium im Diesseits, wenn es auch diesmal (noch) nicht im Zusammenhang mit Schmerz und Leid steht.[200]

Um diese Erfahrung mitzuteilen, gibt es keine Worte. Bevor Hyperion Diotima als Person in die Erzählung einführt, reflektiert er daher ausgiebig die Probleme der Versprachlichung, die sich ihm stellen. Sein Erzählen wird selbstreflexiv, Jakobson würde sagen: metasprachlich.[201] Deutlich wird da-

193 Bd. II, S. 56.
194 Ebd.
195 Bd. II, S. 57.
196 Bd. II, S. 58.
197 Ebd.
198 Bd. II, S. 59.
199 Bd. II, S. 61f.
200 Wie in Bd. II, S. 50, s. o. S. 139.
201 Vgl. Roman Jakobson, »Linguistics and Poetics« (1960), in: ders., *Selected Writings,* hg. v. S. Rudy, Bd. 3: *Poetry of Grammar and Grammar of Poetry,* The Hague / Paris / New York 1981, S. 18–51.

bei, daß das Reden über die Liebe paradox ist. Über die Freude, so Hyperion, könne man nicht sprechen, denn »über den Sternen vergißt das Herz seine Not und seine Sprache«.[202] Die einzige Möglichkeit, Bellarmin eine Vorstellung von Diotimas Wesen zu vermitteln, ist die Analogie, also das metaphorische, uneigentliche Sprechen: »[...] es gibt ja Stunden, wo das Beste und Schönste, wie in Wolken, erscheint, und der Himmel der Vollendung vor der ahnenden Liebe sich öffnet, da, Bellarmin! da denke ihres Wesens, da beuge die Knie mit mir, und denke meiner Seligkeit!«[203] Zugleich aber weist Hyperion seinen Adressaten auf die Grenzen der Analogie, auf die Differenz zwischen der Sache und ihrem Zeichen, mithin auf die Unzulänglichkeit der Sprache hin: »[...] aber vergiß nicht, daß ich hatte, was du ahnest, daß ich mit diesen Augen sah, was nur, wie in Wolken, dir erscheint«.[204] Die Sprache mag zwar metaphorisch die Wirklichkeit bezeichnen können, doch besteht zwischen Signifikant und Signifikat ein unüberbrückbarer Hiat. Später sagt Hyperion auch: »Worte sind hier umsonst, und wer nach einem Gleichnis von ihr fragt, der hat sie nie erfahren.«[205] Sprachlosigkeit kennzeichnet nicht nur die Rede *über* Diotima, sondern auch die Kommunikation *mit* ihr,[206] zumindest am Beginn der Beziehung: »Wir sprachen sehr wenig zusammen. Man schämt sich seiner Sprache. Zum Tone möchte man werden und sich vereinen in Einen Himmelsgesang. / Wovon auch sollten wir sprechen? Wir sahn nur uns. Von uns zu sprechen, scheuten wir uns.«[207] Anstatt von sich und ihrer Liebe sprechen sie dann vom »Leben der Erde«.[208] Die Sprache der Liebenden ist uneigentlich. Diese Uneigentlichkeit wird in der Sprachverwendung von Hyperion und Diotima gespiegelt und dadurch verdoppelt: »Wir nannten die Erde eine der Blumen des Himmels, und den Himmel nannten wir den unendlichen Garten des Lebens.«[209] Auch

202 Bd. II, S. 60.

203 Ebd.

204 Ebd., ähnlich: Bd. II, S. 67.

205 Bd. II, S. 78.

206 Das Spiegelungsverhältnis zwischen *énonciation* und *énoncé* ist ein weiterer Beleg für die Selbstreflexivität von Hölderlins Text.

207 Bd. II, S. 63. – Rekurrent sind im Hyperion musikalische Metaphern und Vergleiche wie dieser; insbesondere Diotima ist dem Bereich des »Gesanges« zugeordnet. Zur Bedeutung der Musik bei Hölderlin vgl. Hans Joachim Kreutzer, »Tönende Ordnung der Welt. Über die Musik in Hölderlins Lyrik«, in: Gerhard Kurz et al. (Hg.), *Hölderlin und die Moderne. Eine Bestandsaufnahme,* Tübingen 1995, S. 240–279, zu *Hyperion* S. 270–274, und Claudia Albert, »Allharmonie und Schweigen – musikalische Motive in Hölderlins *Hyperion*«, in: Hansjörg Bay (Hg.), *»Hyperion« – terra incognita. Expeditionen in Hölderlins Roman,* Opladen/Wiesbaden 1998, S. 161–175.

208 Bd. II, S. 63.

209 Ebd.

Diotima wird weitgehend metaphorisch beziehungsweise metonymisch beschrieben: Sie ist eine Blume (»Unter den Blumen war ihr Herz zu Hause, als wär' es eine von ihnen.«),[210] sie ist das »Göttliche, das mir erschien«,[211] und wenn sie spricht, dann vernimmt Hyperion »Gesang« und »Seelentöne«.[212] Mit anderen Worten: Diotima ist inkommensurabel, sie ist sprachlich nicht mitteilbar, annäherungsweise nur durch uneigentliche, poetische Rede. Dies ist ein wichtiger Beleg für die Affinität von Dichtung und Liebe: Diese bedient sich jener als eines Instruments der Kommunikation. Wer liebt, muß zum Dichter werden, um über seine Liebe und mit der geliebten Person kommunizieren zu können.

Das Liebeserlebnis, das Hyperion mit Diotima hat, partizipiert an der Göttlichkeit, die der Geliebten zu eigen ist. Die Liebe, »das Gelungenste, Göttlichschönste in der Natur«,[213] wird in kosmologischer Überhöhung zum Ursprung und zum Ziel des Lebens erklärt, sie ist *arche* und *telos:* »Dahin führen alle Stufen auf der Schwelle des Lebens. Daher kommen wir, dahin gehen wir.«[214] Wie aber erkennt Hyperion das Göttliche? Das sichtbare Zeichen des Heiligen, so sagt er, sei die Schönheit, die er auch als den Namen des Göttlichen, »deß, das Eins ist und Alles«,[215] bezeichnet. Er beschreibt diese Schönheit nicht. Es handelt sich offenbar um eine Evidenzerfahrung, die im Text selbst als zirkulär erscheint: das Schöne ist das Heilige und zwar deshalb, weil das Heilige das Schöne ist. Dieses Schöne kann nicht beschrieben oder dargestellt, es kann nur postuliert werden: »Ach! es war alles geheiliget, verschönert durch ihre Gegenwart. Wohin ich sah, was ich berührte, ihr Fußteppich, ihr Polster, ihr Tischchen, alles war in geheimem Bunde mit ihr. Und da sie zum erstenmale mit Namen mich rief, da sie selbst so nahe mir kam, daß ihr unschuldiger Othem mein lauschend Wesen berührte! –«[216] Die Aposiopese macht erneut deutlich, daß die Sprache nicht hinreicht, um die gemachte Erfahrung mitzuteilen. Das Stocken der Sprache wird an dieser Stelle zum indiziellen Zeichen für die Ergriffenheit

210 Bd. II, S. 65.
211 Bd. II, S. 60.
212 Ebd.
213 Bd. II, S. 65.
214 Ebd.
215 Bd. II, S. 62. – Diese semiotische Bestimmung des Schönen erinnert an Kant, der, wie in Kap. 0.7 gezeigt wurde, in der *Kritik der Urteilskraft* (§59) das Schöne als das »Symbol des Sittlichguten« bezeichnet. Wie bei Kant, so finden wir auch bei Hölderlin eine Hypostasierung des Schönen, die der funktionalen Ausdifferenzierung und der Kunstautonomie entgegenläuft.
216 Bd. II, S. 63.

des erlebenden Ichs, die selbst das erzählende Ich noch erfaßt. Diese Ergriffenheit wiederum ist Symptom für eine Erfahrung, die sprachlich nicht vermittelbar ist. In doppelter Verschiebung verweist der Signifikant auf ein abwesendes Signifikat.

Die Liebe wird aufgrund ihrer absoluten Alterität zum Gegenstand gegensätzlicher Interpretationen, sie löst bei beiden Betroffenen unterschiedliche Semiosen aus. Betrachten wir zunächst Hyperion, der Diotima als Fläche für wechselnde Projektionen verwendet.[217] Aus seiner Sicht ist Diotimas Erscheinung ein Zeichen für das Heilige und Göttliche,[218] unter dessen Wirkung er selbst die Attribute des Göttlichen annimmt: »Sie war mein Lethe, diese Seele, mein heiliger Lethe, woraus ich die Vergessenheit des Daseins trank, daß ich vor ihr stand, wie ein Unsterblicher, und freudig mich schalt, und wie nach schweren Träumen lächeln mußte über alle Ketten, die mich gedrückt.«[219] Die Gleichsetzung von Vergessenheit des Daseins und Unsterblichkeit ist für den Text von zentraler Bedeutung. Die Unsterblichen unterscheiden sich von den Menschen durch das fehlende Bewußtsein, durch ihre Schicksallosigkeit; darin gleichen sie den Kindern. So heißt es im *Schicksalslied* des Adamas:[220] »Schicksallos, wie der schlafende / Säugling, atmen die Himmlischen« (V. 7–8). Dieses *Schicksalslied,* welches als der einzige lyrische Einschub im Roman besonders exponiert ist, steht zwar ganz am

217 Vgl. hierzu Marlies Janz, »Hölderlins Flamme – Zur Bildwerdung der Frau im ›Hyperion‹«, in: *Hölderlin-Jahrbuch* 22 (1980/81), S. 122–142, die über Diotima sagt: »Sie wird mit einer Vielfalt wechselnder Bedeutungen belegt, die Hyperion, jeweils seinen Bedürfnissen entsprechend, wieder von ihr abrufen zu können scheint.« (S. 125) Implizit wird, wie Janz in ihrer eindringlichen Analyse zeigt, durch die Projektionen, die Hyperion auf Diotima richtet, die Geliebte bereits im ersten Band des Romans mehrfach ›getötet‹ (S. 130), bevor sie dann im zweiten Band tatsächlich stirbt. Hyperion selbst deutet seine Beziehung zu Diotima als narzißtischen Selbstbezug: »Die Beziehung zu Diotima erscheint ihm – zu Recht – als Beziehung nur zu sich selber, als ein ›Bleiben‹ in sich. Er kann darin kein wirkliches Bewußtsein von sich selbst gewinnen, weil er Diotimas Konturen selbst entworfen hat. Ein eigenständiges Gegenüber fehlt.« (ebd.) Harald Weilnböck, »›wie an den Füßen ein Kind, ergriffen und an die Felsen geschleudert‹. Die Gewaltthematik in Hölderlins *Hyperion* in beziehungsanalytischer Perspektive«, in: Hansjörg Bay (Hg.), *»Hyperion« – terra incognita. Expeditionen in Hölderlins Roman,* Opladen / Wiesbaden 1998, S. 135–160, spricht von der Beziehungsunfähigkeit Hyperions und untersucht die »implizite strukturelle Gewaltsamkeit« (S. 148) der Beziehung zwischen Hyperion und Diotima. – Solche deidealisierenden Lektüren des Romans, die den Akzent auf seine internen Bruchstellen und Widersprüche legen, bilden die Voraussetzung meiner eigenen Deutung. Was im folgenden zur idealisierenden Betrachtung von Diotima gesagt wird, ist als Projektion Hyperions zu verstehen, nicht als objektive Wahrheit über sie.

218 Bd. II, S. 60, 62, 65, 68, 83.

219 Bd. II, S. 68.

220 Bd. II, S. 157f.

Ende des Textes, nach Diotimas Tod, verweist aber einerseits zurück auf dessen Beginn, auf die Kindheit und die Zeit mit Adamas (»ein Schicksalslied [...], das ich einst in glücklicher unverständiger Jugend meinem Adamas nachgesprochen«),[221] andererseits und vor allem auf die erste Begegnung mit Diotima, wo es heißt:

> Ich hab' es heilig bewahrt! wie ein Palladium, hab' ich es in mir getragen, das Göttliche, das mir erschien! und wenn hinfort mich das *Schicksal* ergreift und von einem *Abgrund in den andern mich wirft,* und alle Kräfte *ertränkt* in mir und alle Gedanken, so soll dies Einzige doch mich selber überleben in mir, und leuchten in mir und herrschen, *in ewiger,* unzerstörbarer *Klarheit.*[222]

Die von mir hervorgehobenen Stellen finden sich teils wörtlich, teils sinngemäß im *Schicksalslied* wieder, auf das hier antizipierend verwiesen wird: »Und die seligen Augen / Blicken in stiller / *Ewiger Klarheit.*« (V. 13–15) »Es schwinden, es fallen / Die leidenden Menschen / Blindlings von einer / Stunde zur andern, / *Wie Wasser von Klippe / Zu Klippe geworfen,* / Jahr lang ins Ungewisse hinab.« (V. 18–24) Das *Schicksalslied* wird somit zu einem strukturellen Knotenpunkt des gesamten Textes und zu dessen (dezentiertem) symbolischem Zentrum, weil es unterschiedliche Zeitebenen und Handlungsmomente in sich vereint, weil es als poetische Rede metaphorisch und metonymisch auf die »dichterischen Tage« des Protagonisten verweist und weil sein Zitatcharakter deutlich macht, daß der Dichter nicht im eigenen Namen spricht, sondern daß er Medium fremder Rede ist.

Die Begegnung mit Diotima steht im Zeichen der Basisopposition des *Schicksalsliedes,* unsterblich vs. sterblich, schicksallos vs. dem Schicksal unterworfen. Diotima wird von Hyperion dem Bereich der Unsterblichen, Schicksallosen zugeordnet. Dadurch wird einerseits die Trennung der Sphären bekräftigt. Zugleich aber gilt ihm Diotima als vermittelnde Instanz, die Hyperion eine Grenzüberschreitung ermöglicht; sie ist Lethe und verschafft ihm Vergessenheit des Daseins, so daß er sich selbst zumindest vorübergehend zu den Unsterblichen zählen kann. Es kommt zu einer paradoxen Verschmelzung der Sphären, denn selbst wenn ihn das Schicksal wieder hinabstürzen sollte, möchte er das einmal erblickte Heilige »wie ein Palladium« in sich bewahren. Das Ewige soll im Sterblichen konserviert werden. Die einzige Instanz, die solches leisten kann, ist die Kunst beziehungsweise die Dichtung. Deshalb soll Hyperion zum Dichter werden; es geht darum,

221 Bd. II, S. 157.
222 Bd. II, S. 60.

Diotima ein Denkmal (ein Palladium) zu setzen.[223] Es zeigt sich, daß die Rede über die Geliebte in letzter Konsequenz zu einer Aussage über den Status des literarischen Textes wird, also poetologische Bedeutung erhält. Da es sich bei den Aussagen über Diotima jedoch um Projektionen handelt und da diese Projektionen der Geliebten widersprüchliche Eigenschaften zusprechen, muß auch das (erst noch zu schaffende) Kunstwerk eine widersprüchliche Einheit sein, eben ein Text wie *Hyperion,* der die Form des Briefromans verwendet und sie zugleich abwandelt und dessen Gegenstand eine Reflexion über die Möglichkeiten und Grenzen der Literatur im Zeitalter funktionaler Differenzierung ist, wobei er die Liebe als Metonymie für das Schreiben verwendet.

Es gilt nun, Diotimas Deutung von ihrer und Hyperions Liebe zu betrachten. Sie, die von sich behauptet, ihn besser zu verstehen als er sich selbst,[224] interpretiert seine Liebe anders als er, nicht als Regressionserfahrung, nicht als Sinnbestätigung, sondern als Ausdruck seiner Suche nach etwas anderem. Er nämlich erklärt die Geliebte zur sinnstiftenden Instanz, ohne die die Natur unvollständig wäre. So sagt er zu ihr, nachdem sie ihr Vertrauen in die Güte der Natur bekundet hat: »Wir glauben, daß wir ewig sind, denn unsere Seele fühlt die Schönheit der Natur. Sie ist ein Stückwerk, ist die Göttliche, die Vollendete nicht, wenn jemals du in ihr vermißt wirst. Sie verdient dein Herz nicht, wenn sie erröten muß vor deinen Hoffnungen.«[225] Die in solchen Äußerungen sich bekundende Neigung Hyperions, das geliebte Wesen in totalisierender Weise zum Sinnbestätiger zu machen, ist

223 Vgl. hierzu auch Bd. II, S. 81–83, wo Hyperion nach einer Ohnmacht, einer Art Todeserfahrung, in den Armen seiner Geliebten erwacht (»Es ist hier eine Lücke in meinem Dasein. Ich starb, und wie ich erwachte, lag ich am Herzen des himmlischen Mädchens.«, Bd. II, S. 82) und es schließlich zu einer Verschmelzung der Liebenden kommt. Diese Verschmelzung beschreibt Hyperion als Angleichung ans Göttliche und als Erfahrung der absoluten Präsenz, was besonders in der Opposition zwischen der Einwegkommunikation mit dem selbstgeschaffenen Götterbild und der Zweiwegkommunikation mit der real anwesenden Geliebten deutlich wird: »Laß mich, rief ich, laß mich dein sein, laß mich mein vergessen, laß alles Leben in mir und allen Geist nur dir zufliegen; nur dir, in seliger endeloser Betrachtung! O Diotima! so stand ich sonst auch vor dem dämmernden Götterbilde, das meine Liebe sich schuf, vor dem Idole meiner einsamen Träume; ich nährt' es traulich [...], aber es gab mir nichts, als was ich gegeben, [...] nun hab' ich im Arme dich, und fühle den Othem deiner Brust, und fühle dein Aug' in meinem Auge, die schöne Gegenwart rinnt mir in alle Sinnen herein, und ich halt' es aus, ich habe das Herrlichste so und bebe nicht mehr – ja! ich bin wirklich nicht der ich sonst war, Diotima! ich bin deines gleichen geworden, und Göttliches spielt mit Göttlichem jetzt, wie Kinder unter sich spielen. –« (Bd. II, S. 83)

224 Bd. II, S. 76.

225 Bd. II, S. 67.

jedoch eine Zumutung, die, wie Diotima ihm erklärt, für das Scheitern seiner früheren Liebesbeziehungen verantwortlich ist. Sie macht ihm klar, daß er in den Geliebten nicht diese selbst begehrte, sondern »eine bessere Zeit«, »eine schönere Welt«.[226] Gemeint ist die untergegangene Antike, deren Kenntnis ihm durch Adamas vermittelt worden ist. »Du wolltest keine Menschen, glaube mir, du wolltest eine Welt. Den Verlust von allen goldenen Jahrhunderten, so wie du sie, zusammengedrängt in Einen glücklichen Moment, empfandest, den Geist von allen Geistern bessrer Zeit, die Kraft von allen Kräften der Heroën, die sollte dir ein Einzelner, ein Mensch ersetzen!«[227] Einer solchen Sinnbestätigungszumutung kann kein Mensch gewachsen sein. Schon der kleinste Fehler muß zwangsläufig zur Enttäuschung führen. Die Sehnsucht nach dem Ideal stößt sich permanent an einer Realität, die dem Ideal nicht entspricht. Diese Diskrepanz ist der Grund dafür, daß Hyperion nicht nur, wie er sagt, bisher schon zweimal »vom Himmel auf die Erde geworfen«[228] worden sei (gemeint sind seine gescheiterten Liebesbeziehungen zu Adamas und Alabanda), sondern daß dies, wie Diotima ihm erklärt, »in Einem Tage siebzigmal«[229] geschehen müsse. Damit beschreibt sie treffend Hyperions häufige abrupte Stimmungsschwankungen, seinen manisch-depressiven Charakter.[230]

Zwar unterwirft sich Diotima nun ihrerseits dem synekdochischen Prinzip der Liebe (ein Partner steht – *pars pro toto* – für alles): »[…] abtrünnig bin ich geworden von Mai und Sommer und Herbst, und achte des Tages und der Nacht nicht, wie sonst, gehöre dem Himmel und der Erde nicht mehr, gehöre nur Einem, Einem, aber die Blüte des Mai's und die Flamme des Sommers und die Reife des Herbsts, die Klarheit des Tags und der Ernst der Nacht, und Erd' und Himmel ist mir in diesem Einen vereint! so lieb' ich!«[231] Doch wird sie die Erfahrung lehren, daß sie mit ihrer ursprünglichen Skepsis recht hatte: Ein Liebender kann dem anderen die Welt nicht ersetzen. Hyperion verläßt sie nämlich, um in den Befreiungskrieg zu zie-

226 Bd. II, S. 76.

227 Bd. II, S. 77.

228 Bd. II, S. 76.

229 Bd. II, S. 77.

230 Vgl. etwa Bd. II, S. 74f., wo Hyperion erzählt, wie ihn oft der »allbegeisternde Glaube, von Diotima geliebt zu sein«, von ihr wegtreibt in die Einsamkeit der »höchsten Berge«. Dort ergibt er sich der Euphorie einer Verschmelzung mit den Dingen, einer expansiven, alles erfassenden Liebe. Dann erfolgt ein abrupter Umschwung von der Euphorie zur Depression: »Aber nicht lange, so war das alles, wie ein Licht, in mir erloschen, und stumm und traurig, wie ein Schatte, saß ich da und suchte das entschwundne Leben.« (Bd. II, S. 74)

231 Bd. II, S. 86.

hen. Seine Hoffnungen erfüllen sich nicht, und schließlich entsagt er in seiner Verzweiflung und Beschämung ihrer Liebe. Als Antwort auf seinen Abschiedsbrief schreibt Diotima ihm: »Ich wußte es bald; ich konnte dir nicht Alles sein. Konnt' ich die Bande der Sterblichkeit dir lösen? konnt' ich die Flamme der Brust dir stillen, für die kein Quell fleußt und kein Weinstock wächst? konnt' ich die Freuden einer Welt in einer Schale dir reichen?«[232]

Die Liebe im emphatischen Sinne als »Medium der Totalinklusion«[233] ist somit, wie nach Adamas und Alabanda auch die Begegnung mit Diotima zeigt, zum Scheitern verurteilt. Dieses Scheitern wird in Serie vorgeführt, von Diotima reflektiert und dadurch, wie gezeigt wurde, als nicht-kontingent markiert. Die Liebe scheitert nicht an veränderbaren Umständen oder an individueller menschlicher Unzulänglichkeit, sondern sie kann den an sie gestellten Anspruch, Ersatz für die verlorene Einheit zu sein, prinzipiell nicht erfüllen. Dies ist der objektive Rahmen für die von Hyperion vorgenommenen subjektiven Projektionen.[234] Doch bleibt der Roman bei der Konstatierung dieses Scheiterns nicht stehen. Denn die Liebe wird ebenso wie das politische Handeln auf syntagmatischer Ebene abgelöst vom Schreiben der Briefe, welches den Nexus zwischen der Ebene des *énoncé* und der *énonciation* bildet. Der *Hyperion* ist ein seine eigene Genese erzählender Roman. Diese Struktur hat ihre Wurzeln im 18. Jahrhundert (insbesondere im komischen Roman bei Sterne und Diderot) und sie weist zugleich in ihrer nicht-parodistischen Verwendung auf das 20. Jahrhundert voraus (Proust, Joyce, Svevo usw.), weshalb, wie schon erwähnt, Gerhard Schulz den *Hyperion* neben Texten von Tieck, Friedrich Schlegel, Novalis, Brentano und anderen zu Recht in die Tradition des europäischen Experimentalromans eingereiht hat.[235] Hierbei ist jedoch auch zu bedenken, daß der Briefschrei-

232 Bd. II, S. 142.

233 Werber, *Liebe als Roman,* Kap. 25.

234 Es greift daher zu kurz, wenn man, wie Weilnböck, »Die Gewaltthematik in Hölderlins *Hyperion* in beziehungsanalytischer Perspektive«, dies tut, Hyperion vorwirft, er sei beziehungsunfähig, oder wenn man wie Janz, »Hölderlins Flamme«, am Text die fehlende weibliche Subjektposition kritisiert. Der Text analysiert die historischen Rahmenbedingungen des Schreibens um 1800. Dafür verwendet er Elemente der damaligen Wirklichkeit, die er modellierend zu einer Fiktion zusammenfügt. Hyperion ist sicherlich beziehungsunfähig, aber er ist es nicht aus subjektivem Unvermögen, sondern weil die gesellschaftlichen Rahmenbedingungen die Liebe mit ihren Sinnüberfrachtungszumutungen zum Problem machen. Im Text dominiert sicherlich die männliche Position Hyperions, aber Diotima bleibt nicht bloße Projektionsfläche, sondern sie analysiert ihrerseits hellsichtig die Schwachstellen von Hyperions Liebeskonzeption.

235 *Die deutsche Literatur zwischen Französischer Revolution und Restauration. Erster Teil,* S. 398ff.

ber Hyperion nicht der Verfasser des *Hyperion*-Romans ist (denn er wendet sich ja nicht an die Öffentlichkeit, sondern nur an seinen Freund Bellarmin), daß also die künstlerisch-schreibende Tätigkeit (die »dichterischen Tage«) nicht auf der Ebene der erzählten Geschichte eingelöst wird. Das Schreiben wird als Postulat ins Jenseits dieser Geschichte projiziert.

Daß Hyperion zum Dichter werden soll, ergibt sich vor allem aus der bereits zitierten Prophezeiung in Diotimas Abschiedsbrief, die gewissermaßen ihren letzten Willen darstellt: »Dir ist dein Lorbeer nicht gereift und deine Myrten verblühten, denn Priester sollst du sein der göttlichen Natur, und die dichterischen Tage keimen dir schon. / O könnt' ich dich sehn in deiner künftigen Schöne! Lebe wohl.«[236] Der Lorbeer steht hier für den Tatenruhm, die Myrten für die Liebeserfüllung.[237] Damit ist eine Opposition zwischen Taten und Liebe einerseits und Priesterschaft und Dichtertum andererseits markiert. Die von Diotima verwendete Metaphorik des Verblühens und des Keimens impliziert eine zyklische Zeitstruktur, die den Tod nicht als irreversibles Ende, sondern als Übergang zwischen zwei Seinszuständen konzipiert, die sich kontinuierlich zueinander verhalten. Das steht im Einklang mit der pantheistischen Idee von der Priesterschaft »der göttlichen Natur« und scheint sich in der Schlußapotheose, in der die tote Diotima Hyperion als Teil der Natur erscheint, zu bestätigen. Nimmt man diese zyklische, nicht-lineare Zeitstruktur ernst, so ist das Schreiben eine Metamorphose des politischen Handelns und der Liebe. Es steht zu diesen beiden Bereichen in einer metonymischen Relation. Zugleich aber stehen Liebe und Dichtung zueinander in einer metaphorischen Relation. Dies ergibt sich aus folgender Homologie: Hyperions Weg führt ihn von der Liebe zur politisch-militärischen Aktion und von da wieder zurück zur Liebe. Dieses Handlungs-Syntagma bestätigt die oben zitierte Aussage, wonach die Liebe Anfang und Ziel des menschlichen Daseins ist: »Dahin führen alle Stufen auf der Schwelle des Lebens. Daher kommen wir, dahin gehn wir.«[238] Analog ist aber das Verhältnis zwischen Dichtung und Philosophie, wie Hyperion bei der Überfahrt nach Athen erläutert: »Die Dichtung, sagt' ich, meiner Sache gewiß, ist der Anfang und das Ende dieser Wissenschaft [sc. der Philosophie]. Wie Minerva aus Jupiters Haupt, entspringt sie aus der Dichtung eines unendlichen göttlichen Seins. Und so läuft am End' auch wieder in ihr das Unvereinbare in der geheimnisvollen Quelle der Dichtung

236 Bd. II, S. 163.
237 Bd. II, S. 1064f.
238 Bd. II, S. 65.

zusammen.«[239] Wie die Liebe, so ist also auch die Dichtung Ausgangspunkt und Ziel, und zwar im kollektiven wie im individuellen Sinn. Was für die Entwicklung Athens gilt, wiederholt sich in Hyperions Erleben. Die Dichtung steht am Anfang und am Ende seiner Entwicklung. Am Anfang ist die »himmlische Ruhe« der Kindheit, von der es »keine Begriffe«[240] gibt. Dieser Zustand kann in seiner Essenz nur dichterisch mitgeteilt werden, und zwar, wie wir gesehen haben, etwa mit einem Text wie Alabandas *Schicksalslied,* der aber *pars pro toto* für den poetischen Roman *Hyperion* steht. Danach kommt die Phase der reflexiven Entzweiung, des Bewußtseins eines unwiederbringlichen Verlustes und der eigenen Sterblichkeit. In dieser Phase werden mit der Liebe und der politischen Aktion zwei Heilmittel ausprobiert, die jedoch beide versagen. Eine dritte Möglichkeit wird im Athenerbrief projektiv entworfen, bleibt aber unausgeführt: die Tätigkeit des Erziehers. Am Ende steht dann – jenseits des im Text nicht erklärten Hiats zwischen Erleben und Schreiben beziehungsweise zwischen Briefeschreiben und Buchpublikation – nicht Hyperions, sondern Hölderlins dichterisches Werk, der Pseudobriefroman *Hyperion,* in dem das Unsagbare, jenseits des Begrifflichen Angesiedelte der eigenen Erfahrung mit poetischen Mitteln (Metaphern, Aposiopesen, Appellfiguren, gehobenem Stil mit Hiatvermeidung, Autoreflexivität) modelliert wird. Dieser Text thematisiert, indem er über Liebe und ihr Scheitern spricht, seine eigenen aporetischen Grundlagen, das heißt den Anspruch, die Zerrissenheit der Gegenwart durch ästhetische Erfahrung zu heilen, bei gleichzeitiger Einsicht in die Unerfüllbarkeit dieses Anspruchs.

239 Bd. II, S. 91.
240 Bd. II, S. 17.

# 3. Ugo Foscolo *(Jacopo Ortis)*

## 3.1 Foscolos poetologische Reflexion des Funktionswandels der Literatur im Zeitalter funktionaler Differenzierung

Lange Zeit wurde der Briefroman *Ultime lettere di Jacopo Ortis* (in verschiedenen Fassungen 1798, 1802 und 1817 erschienen), das literarische Hauptwerk des außerhalb Italiens nur in Spezialistenkreisen bekannten Ugo Foscolo (1778–1827), vornehmlich unter zwei Aspekten betrachtet: Zum einen im Hinblick auf seine Beziehung zu Goethes *Die Leiden des jungen Werthers,* zum anderen als eine Art literarisches Präludium zum italienischen *Risorgimento.* Beide Aspekte hängen insofern zusammen, als man die Eigenständigkeit des *Ortis* gegenüber dem *Werther* vor allem in der politischen Dimension sehen wollte, durch die sich der italienische Text in der Tat auf den ersten Blick am deutlichsten von seinem deutschen Vorläufer unterscheidet.[1] Mittlerweile hat sich jedoch die Ansicht durchgesetzt, daß der *Ortis* trotz seiner Nähe zu *Werther* nicht nur ein eigenständiger, sondern einer der bedeutendsten Texte der europäischen Romantik ist und gleichberechtigt neben Romane wie *Hyperion, René* und *Obermann* zu stellen ist. Dieses Urteil kann

1 Vgl. Frank-Rutger Hausmann, »Jacopo Ortis, Teresa T*** und die Melancholie. Themen und Strukturen der ›Ultime lettere di Jacopo Ortis‹ von Ugo Foscolo«, in: Peter Wunderli / W. Müller (Hg.), *Romania historica et Romania hodierna,* Frankfurt a. M. / Bern 1982, S. 369–383, der die dominierende Tendenz der älteren, insbesondere der italienischen Forschung wie folgt zusammenfaßt: »Die italienische Literaturkritik hat zu Beginn des 19. Jh.s mit der ihr eigentümlichen Blindheit versucht, auch den ersten italienischen Roman der Moderne, Ugo Foscolos *Ultime lettere di Jacopo Ortis* (1802), für die Ideologie des Risorgimento zu vereinnahmen [...].« (S. 369) Als exemplarisch hierfür zitiert Hausmann das Urteil von Francesco de Sanctis (1855), welcher Foscolo als »espressione poetica dei nostri più intimi sentimenti, il cuore italiano nella sua ultima potenza« (S. 370) bezeichnete. Über dieses Urteil sei die italienische Literaturwissenschaft in ihrer positivistischen und idealistischen Ausprägung »nicht eigentlich hinausgekommen« (ebd.).

sich vor allem auf zwei Merkmale des Romans stützen: seine metapoetische Selbstreferentialität[2] und die Darstellung romantischer Subjektivität.[3] Die thematische und strukturelle Affinität zum *Werther,*[4] die lange Zeit als Hypothek auf dem Roman lastete, hat Foscolo selbst mehrfach kommentiert und er hat sich dabei stets dagegen verwahrt, daß es sich um eine Imitation oder gar um ein Plagiat handle. Im Brief an Goethe vom 16. Januar 1802,

2 Die Selbstreferentialität des *Ortis* untersucht anhand der textimmanenten poetologischen Reflexionen Wolfgang Theile, »Poetologisches Erzählen. Foscolos *Ultime lettere di Jacopo Ortis* zwischen ›romanzo‹ und ›vero‹«, in: *Romanistisches Jahrbuch* 39 (1988), S. 99–113, dessen These lautet, daß die vor allem an das Lauretta-Fragment geknüpfte Poetologie des Romans »den gesellschaftlichen und geschichtlichen Ursachen des Formenwandels innerhalb der Erzählgattung auf die Spur zu kommen« suche (S. 101). Der Roman mache deutlich, daß herkömmliches Erzählen nicht mehr funktioniere, und ziele durch die Verbindung von Liebesgeschichte und politischer Geschichte darauf, »die Trennung zwischen Subjekt (Autor) und Objekt (Wirklichkeit) aufzuheben« (S. 111). Unklar bleibt allerdings in Theiles Argumentation, wie diese Harmonisierung funktionieren soll. Einerseits spricht er zustimmend von der »Synthese« von »Liebesgeschichte und Geschichtlichkeit« (S. 103) und von der »Lösung [...] für den Widerspruch zwischen Lebenswelt und Utopie« (S. 106), andererseits brandmarkt er die bei Foscolo zum Vorschein kommende gesellschaftspolitische Lösung als rückwärtsgewandte »Ideologie des Patriziats nach venezianischem Modell« (S. 110). Die Selbstreferentialität, die Theile richtig gesehen, aber zu harmonisierend interpretiert hat, dient, wie im folgenden gezeigt werden soll, vielmehr dazu, unlösbare Widersprüche der modernen Gesellschaft zu artikulieren.

3 Vgl. hierzu vor allem Joachim Küpper, »›Politische Romantik‹. Ugo Foscolos *Ultime lettere di Jacopo Ortis*«, in: *Poetica* 30 (1998), S. 98–128, der »das eigentlich interessante Moment« des *Ortis* in der »Modellierung romantischer Subjektivität« (S. 99) sieht und in seiner Untersuchung beansprucht, der italienischen Literatur »ein in der Moderne fast unverzichtbares diskursives Stratum zu restituieren, von dem bislang angesetzt wurde, es habe dort recht eigentlich keine Heimat gehabt« (ebd.). Abgesehen davon, daß diese Behauptung in solcher Absolutheit nicht stimmt, daß im Gegenteil sehr wohl die Präsenz der Romantik in Italien in der Forschung konstatiert wurde (vgl. Mario Puppo, *Romanticismo italiano e romanticismo europeo,* Milano 1985, oder Ulrike Kunkel, *Intertextualität in der italienischen Frühromantik. Die Literaturbezüge in Ugo Foscolos »Ultime lettere di Jacopo Ortis«,* Tübingen 1994), läßt Küppers kenntnisreiche Studie die Frage offen, welche Funktion der bei Foscolo sicher geradezu archetypisch realisierte romantische Subjektivitätsdiskurs hat. Dieser Frage will die vorliegende Untersuchung nachgehen. Küppers Titel verweist im übrigen auf Carl Schmitt, *Politische Romantik* (1919), München/Leipzig 1925, mit dessen Romantikauffassung er die im *Ortis* modellierte Subjektivität zu beschreiben versucht, eine Subjektivität, welche Schmitt zufolge »auf nichts anderes als auf die Selbstvergottung des Individuums hinauslaufe« (Küpper, S. 108; zu Schmitt s. o. Kap. 0.4, Anm. 88).

4 Der Vergleich zwischen *Ortis* und *Werther* gehört zu den Lieblingsthemen der Foscolo-Forschung; vgl. z. B. Hans-Ludwig Scheel, »Ortis und Werther: vergleichbar oder unvergleichlich? Ein Experiment mit Notionsfeldern«, in: Karl-Richard Bausch/Hans-Martin Gauger (Hg.), *Interlinguistica. Sprachvergleich und Übersetzung,* Tübingen 1971, S. 312–325 (mit Hinweisen auf die reichhaltige Bibliographie zu dem Thema, S. 312) und Kirsten Grubb Jensen, »Le relazioni fra il *Werther* di Johann Wolfgang Goethe e *Le Ultime Lettere di Jacopo Ortis* di Ugo Foscolo«, in: *Revue Romane* 11/1 (1976), S. 113–137.

mit dem der Autor die Übersendung des ersten Bandes seines Romans an den berühmten Kollegen begleitet, heißt es lapidar und nonchalant: »Riceverete dal signore Grassi il primo volumetto di una mia operetta a cui forse diè origine il vostro *Werther*.«[5] Die Argumente, die Foscolo zugunsten der künstlerischen Originalität des *Ortis* ins Feld führt, machen – ganz unabhängig von der Frage nach ihrer Stichhaltigkeit – deutlich, daß der Autor den Prämissen einer nicht-klassizistischen Ästhetik folgt. Während im Klassizismus die Literatur sowohl produktions- als auch rezeptionsästhetisch heteronomen Prinzipien unterliegt (regelgeleitete *imitatio* anerkannter Vorbilder, Idealisierung, gesellschaftlich-moralische Nützlichkeit), nimmt Foscolo bei der Verteidigung seines Romans dazu jeweils die Gegenposition ein. So sagt er in der *Notizia bibliografica intorno alle Ultime lettere di Jacopo Ortis,* in der er seine Kritiker ausführlich zu Wort kommen läßt, man könne auf ihre Einwände nur antworten, »che s'è voluto stampare tutto quello che fu scritto dall'Ortis, senza pigliarsi pensiero se sia tutto conforme alle leggi dell'arte, agli esempi de' grandi scrittori, e sopratutto a' modi co' quali la natura suole procedere«.[6] Die Absage an Regeln (»leggi dell'arte«) und Vorbilder (»esempi de' grandi scrittori«) ist also mit einer grundsätzlichen Infragestellung des Grundsatzes der Naturnachahmung verbunden (die »modi co' quali la natura suole procedere« meinen, wie aus dem Kontext hervorgeht, im Gegensatz zum abweichenden Sonderfall die im Rahmen der mimetischen Ästhetik verbindliche idealisierende Darstellung des Allgemeinen, die aber eben nicht mehr möglich ist).[7]

5 Ugo Foscolo, *Ultime lettere di Jacopo Ortis.* Edizione critica a cura di Giovanni Gambarin, Firenze 21970 (*Edizione nazionale delle opere di Ugo Foscolo,* Bd. IV), S. 542 (im folgenden zitiert als *Ortis*).

6 *Ortis,* S. 489.

7 Vgl. hierzu ausführlich und mit komplexer Argumentation Winfried Wehle, »Italienische Modernität – Foscolos *Ultime lettere di Jacopo Ortis* (1802) – Abschied von der Ästhetik der Nachahmung«, in: Karl Maurer/Winfried Wehle (Hg.), *Romantik: Aufbruch zur Moderne,* München 1991, S. 235–272. Nach Wehles These trägt der Roman das politische Dilemma der italienischen Patrioten, die den Idealen der Französischen Revolution anhingen und dann von ihrem Hoffnungsträger Napoleon geknechtet wurden, »in der Perspektive von Literatur« aus (S. 242), indem er zwei klassizistische Darstellungsschemata (das idyllische und das heroische) in einer »Doppelinszenierung« (S. 243) zugleich anwendet und aufhebt. Dies zeige, daß die klassizistischen Schemata ihre Gültigkeit verloren hätten: »Der Held geht auf eine revolutionär umgestoßene Lebenswelt mit einer überkommenen klassizistischen Sprechweise ein. Er macht dabei die ›moderne‹ Erfahrung, daß er nicht mehr so schreiben kann wie bisher; und noch nicht so, wie er müßte.« (ebd.) Dadurch werde der Roman zu einem Zeugnis, »das den Schritt über die literarische Schwelle der Moderne selbst zum literarischen Ereignis werden läßt.« (S. 241) Den Zusammenbruch der mimetischen Ästhetik erklärt Wehle dadurch, daß der bei einer

Wenn der *Ortis* nun nicht das Produkt einer *imitatio* ist, wie läßt es sich dann rechtfertigen, daß er so frappierende Übereinstimmungen mit dem *Werther* aufweist? Foscolo führt hier den für die romantische Episteme basalen Gegensatz zwischen Oberfläche und Tiefe ein und weist die Ähnlichkeiten dem Bereich der Oberfläche zu, während die Unterschiede in der Tiefe angesiedelt seien; er spricht von den »forme esteriori somigliantissime« und der »intrinseca differenza«.[8] Damit ist zugleich schon gesagt, welche der beiden Ebenen die wichtigere ist, nämlich die der Tiefe (vgl. Foucaults Episteme der Geschichte und der Tiefendimension).[9] Der *Ortis,* so heißt es weiter, könne gar kein *Werther*-Plagiat sein, weil er auf die ungefilterte und nichtartifizielle Darstellung authentischer Erlebnisse und Gefühle zurückgehe.[10] Der Verfasser, der das im Roman dargestellte politische Leid und die unglückliche Liebe selbst erlebt habe, habe sich vorübergehend tatsächlich das Leben nehmen wollen, sei dann aber davon abgekommen und habe beschlossen, seine Aufzeichnungen und Briefe unter dem Namen eines wirklichen Selbstmörders zu veröffentlichen. Da erst sei ihm Goethes *Werther* in die Hände gefallen, und er habe von diesem dann lediglich die künstlerisch zwingende monologische Struktur übernommen. Imitiert wird also ein künstlerisches Verfahren, nicht jedoch die Substanz des Erlebnisses, das dem Individuum eigen sei. Das Individuum in seiner Originalität und nicht mehr ein abstraktes Allgemeines stehen nach den Prämissen dieser Ästhetik im Mittelpunkt der Literatur. Die Darstellung des Individuellen ist, wenn sie authentisch sein will, keine Imitation fremder Muster (Text/Text-Bezug, Signifikantenlogik), sondern sie ist Ausdruck eigenen Erlebens und Fühlens (Text/Wirklichkeits-Bezug, Logik der Referenz). Die verwendeten Sprach-

nachahmenden Darstellung der Natur vorauszusetzende Sinn im Bewußtsein der Zeitgenossen angesichts der historischen Erschütterungen abhanden gekommen sei: »[...] die prinzipielle Wesenseinheit von Natur und ›belle nature‹ wird von der ›Natur‹ der Revolution eklatant zum ›hohlen Schein‹ [...] degradiert.« (S. 255) Uwe Petry, »Vitae parallelae. Zur Poetik von Foscolos Roman ›Ultime lettere di Jacopo Ortis‹ und seiner Bezugnahme auf ›Die Leiden des jungen Werther‹«, in: *Italienische Studien* 20 (1999), S. 108–139, vertritt die Wehles These modifizierende Ansicht, daß Foscolos Roman »nicht auf eine radikale Überwindung des Prinzips der Naturnachahmung zugunsten einer a-mimetischen, vom dichterischen Subjekt geschaffenen Kunstwelt« ziele, sondern daß er »die im Rahmen der traditionellen *imitatio naturae* beglaubigte Überführung von Natur in das sprachliche Zeichensystem« durch eine »Semiotik der Differenz« ersetze (S. 109f.).

8 *Ortis,* S. 509.

9 Vgl. hierzu meine Ausführungen in Kap. 0.3.

10 Schon in Foscolos Brief an Goethe hieß es: »Ho dipinto me stesso, le mie passioni, e i miei tempi [...]. Non ho nissun merito nell'invenzione avendo tratto tutto dal *vero* [...].« (*Ortis,* S. 542; Hervorh. im Text)

zeichen sind keine konventionell-symbolischen, sondern indizielle Zeichen; die Erfahrung schreibt sich, so die Theorie, ungefiltert in den Text ein, der somit zum vorgeblich unmittelbaren und unverfälschten Ausdruck des Erlebens wird. Die Verbindung von vermeintlich authentischem Ausdruck und künstlerischer Modellierung allerdings ist das Symptom einer von den poetologischen Äußerungen nur mühsam verdeckten Problematik. Es zeichnet sich hier ein grundlegendes Substitutionsverhältnis zwischen Leben und Schreiben ab, von dem auch im Text selbst die Rede sein wird. Wenn aber das Schreiben zum Ersatz für das Leben wird und man bei der Selbstdarstellung – zwangsläufig – fremde Modelle verwendet, dann wird die Individualität immer schon verfremdet und stilisiert. Dahinter steckt das für die Romantik grundlegende Problem, daß das Einmalige und Individuelle sprachlich gar nicht mitteilbar ist.[11]

Aus diesem Grundwiderspruch resultiert ein weiteres Problem. Wenn der literarische Text die nicht-konventionelle, nicht-regelhafte Darstellung des Individuellen für sich beansprucht, dann kann er nicht mehr in den Dienst einer übergeordneten Moral genommen werden. Die Darstellung eines Selbstmörders und seiner Leidenschaften, seiner oft jähen Stimmungsumschwünge, von innen heraus, aus der Perspektive des Betroffenen, die dem Leser die Position des Vertrauten aufzwingt und ihn somit in die fatale Stimmung des Helden zu involvieren droht, kann vom Standpunkt der Gesellschaft aus betrachtet nur höchst gefährlich sein (ein Vorwurf, der bekanntlich schon gegenüber Goethes *Werther* erhoben wurde, zumal dieser einige Leser sogar zur Nachahmung des Selbstmords verleitet hatte).[12] Das hängt nicht nur mit der Distanzlosigkeit zusammen, die sich aus der monologischen Kommunikationssituation ergibt, sondern es hängt vor allem mit

11 Vgl. hierzu Joachim Küpper, »Zum romantischen Mythos der Subjektivität. Lamartines *Invocation* und Nervals *El Desdichado*«, in: *Zeitschrift für französische Sprache und Literatur* 98 (1988), S. 137–165, der das Problem der Subjektivität wie folgt umreißt: »Subjektivität – verstanden nicht als ontologische, sondern als Größe mit Konzept-Status – gründet darauf, daß Anders-Sein, für-sich-Sein und Repräsentierbarkeit, d. h. potentielle Versprachlichung dieses Anders-Seins, zusammenkommen. Sprachlichkeit indes bedeutet Codiertheit. Subjektivität kann sich also nur konstituieren durch die Entäußerung an etwas, das Einzigartigkeit im Prinzip ausschließt, an die auf Iterabilität gründende a- bzw. transpersonale Struktur des Codes. Insofern ist Subjektivität immer ein vom Verweisspiel der Signifikanten generierter ›Mythos‹ (P. Valéry), hat allein den Status eines *effet de sens*.« (S. 138f.) In der Romantik werde, so Küpper, dieser *effet de sens* durch die »Simulation von A- bzw. Non-Codehaftigkeit« (S. 139) erzeugt.

12 Zur *Werther*-Rezeption vgl. die bündige Darstellung bei Georg Jäger, »Die Wertherwirkung. Ein rezeptionsästhetischer Modellfall« (1972/74), in: Hans Peter Herrmann (Hg.), *Goethes ›Werther‹. Kritik und Forschung*, Darmstadt 1994, S. 223–231.

dem Ausnahmecharakter des dargestellten Individuums zusammen, das, wie Foscolo zugesteht, eine Mischung aus *reale* und *ideale* ist und das es somit in der Wirklichkeit in dieser Form gar nicht gibt. »Per lo più i romanzi della specie dell'*Ortis* sono nocivi, perchè assegnano a' protagonisti virtù e passioni, le quali o non sono riunite, o non sono sì assolute e sì forti negl'individui viventi; quindi la troppa perfezione ideale e il troppo bollore degli affetti ne' libri: quindi derivano due danni.«[13] Die literarische Stilisierung und Überhöhung ruft bei den Lesern entweder verderbliche Passionen hervor oder führt im Gegenteil zu einer »ipocrisia della pura virtù«.[14] Diese beiden negativen Konsequenzen sind somit ein Produkt der Literatur beziehungsweise der Lektüre. Damit wird das herkömmliche Verhältnis zwischen Vorbild und Nachahmung explizit umgekehrt: Nicht die Literatur imitiert das Leben, sondern das Leben die Literatur.
In der *Notizia bibliografica* sind, wie man deutlich sieht, zwei inkompatible Argumentationen am Werk: einerseits der Bezug aufs individuelle Erleben, die indizielle Funktion der Zeichen, die Wirklichkeitsreferenz, andererseits die Imitation eines künstlerischen Verfahrens und der Anspruch, die eigentliche künstlerische Leistung liege in der *variatio* im Bereich des *ideale,* also eine ganz traditionelle Auffassung (vgl. die im Klassizismus übliche Kopplung von *imitatio* und *aemulatio*). Diese Gegenläufigkeit soll der Ausgangspunkt für das Folgende sein. Sie verbindet sich nämlich mit einem weiteren Widerspruch, der mit der Zweckbindung von Literatur und somit der politischen Dimension des *Ortis* zu tun hat. Das im *Ortis* manifest werdende literarische Engagement ist im Rahmen der von Foscolo vertretenen Autonomieästhetik dysfunktional, und dies wird im Text reflektiert (auch wenn der Roman dann vielfach anders, naiv beziehungsweise selektiv gelesen wurde).[15] Meine These lautet, daß die im Text zur Darstellung gebrachte Problematik

13 *Ortis,* S. 528.

14 *Ortis,* S. 529.

15 Zur Foscolo-Rezeption im 19. und in der ersten Hälfte des 20. Jahrhunderts vgl. Walter Binni, *Foscolo e la critica. Storia e antologia della critica* (1957), Firenze 31966, S. 5–80. Besonders typisch für das 19. Jahrhundert war, wie Binni zeigt, neben der patriotischen Lektüre die Vermischung von Text und Autor: »[...] mentre in alcuni l'accertamento delle ›virtù‹ del Foscolo e del valore risorgimentale del suo esempio si cambiò in una esaltazione, spesso indiscriminata e passionale, le reazioni negative dei contemporanei si ampliarono in un duro attacco alla sua personalità, intorno alla quale (e più intorno alla sua coerenza e validità ideale, morale, politica che non alla sua espressione poetica) si sviluppò cosí una lunga polemica.« (S. 14) – Zum neueren Forschungsstand siehe die Überblicksdarstellung bei Giuseppe Nicoletti, »*Ultime lettere di Jacopo Ortis* di Ugo Foscolo«, in: Alberto Asor-Rosa (Hg.), *Letteratura italiana. Le opere. Volume terzo: Dall'Ottocento al Novecento,* Torino 1995, S. 27–68, mit kommentierter Bibliographie S. 62–68.

des politischen Engagements, die in einem wechselseitig allegorischen Verhältnis zur scheiternden Liebe steht – und aus diesem doppelten Scheitern resultiert letztlich die ›Lösung‹ des Selbstmordes –, sich auf ein Grundproblem der funktional differenzierten Gesellschaft bezieht, nämlich die operative Geschlossenheit der Funktionsbereiche und ihre Nicht-Substituierbarkeit (Luhmann).[16] Anders ausgedrückt: Probleme der Politik können nicht durch die Literatur gelöst werden, ebenso wenig wie Probleme des Individuums. Sie können nur artikuliert und damit kommuniziert werden. Dies ist das eigentliche Thema des Romans.[17] Es gilt im folgenden zu untersuchen, wie sich dieses Thema im Text herauskristallisiert. Der Schwerpunkt der Untersuchung liegt auf den beiden früheren Fassungen der *Ultime lettere* von 1798 und 1802.

## 3.2 Der *Ortis* als romantischer Metaroman

Paratexte wie das Vorwort eines (fiktiven) Herausgebers enthalten wichtige Indizien für das Selbstverständnis eines Textes. Die Analyse des *Ortis* soll daher mit einem Blick auf die allen drei Fassungen in beinahe identischem Wortlaut vorangestellten Bemerkungen »Al lettore« beginnen. Der kurze Text lautet in der Fassung von 1798 wie folgt:[18]

> Pubblicando queste lettere io tento di erigere un monumento alla virtù sconosciuta, e di consecrare su le memorie del mio amico quel pianto che mi si vieta di spargere su la sua sepoltura.

16 Vgl. die entsprechenden Ausführungen in Kap. 0.3.

17 Vgl. hierzu auch Karl Eibl, *Die Entstehung der Poesie,* Frankfurt a.M./Leipzig 1995, S. 134, wo er vom »Funktionsprimat der Reflexion ungelöster Probleme« spricht (vgl. Kap. 0.7). – Ulrike Kunkel, »Die Intellektuellen und die Macht. Zu den politischen Ansichten eines ›libero scrittore‹: Ugo Foscolo (1778–1827)«, in: *Italienische Studien* 13 (1992), S. 23–42, hier S. 37ff., untersucht jene Aspekte des Romans, die man einem politischen Engagement zurechnen könnte: die nationale Unabhängigkeit, den Freitod als politisches Motiv und das »Ideal eines von jeder äußeren Autorität unabhängigen *libero scrittore*« (S. 40). Zwar weist Kunkel auf die prinzipiellen »Widersprüche in der Anlage des Romans« (ebd.) hin, doch postuliert sie unter Berufung auf Foscolos Selbstexegese in Briefen, daß der Roman (wie das übrige Werk des Autors) in seiner sprachlichen Verfaßtheit grundlegend politisch sei: »Jenseits planer Negation entwirft Foscolo ein im romantischen Diskurs der Moderne zu situierendes, vollkommen neues Konzept vom literarischen Kunstwerk, das in seiner *sprachlichen Verfaßtheit selbst* über eine politische Tiefendimension verfüge.« (S. 42; Hervorh. im Text) Dagegen möchte ich im folgenden zeigen, daß der *Jacopo Ortis* die Tragfähigkeit eines politischen Engagements grundlegend in Frage stellt.

18 *Ortis,* S. 3.

E tu, o Lettore, se uno non sei di coloro ch'esigono dagli altri quell'eroismo di cui non sono eglino stessi capaci, donerai, spero, una lagrima al giovanetto infelice dal quale potrai forse trarre esempio e conforto.

LORENZO F.

Der Herausgeber erklärt im ersten Satz seiner Vorrede die Veröffentlichung von Jacopos Briefen zu einer Ersatzhandlung (ähnlich wie Foscolo im Brief an Goethe das Schreiben als Ersatz für den Selbstmord aus Liebeskummer bezeichnet, s. o.). Anstatt Tränen zu vergießen, publiziert Lorenzo F. ein Buch. Das Handeln ist ihm verwehrt, also hält er sich an die literarische Kommunikation, der zugemutet wird, das nicht näher spezifizierte Trauerverbot zu überwinden. Dadurch steht der Text von Beginn an im Zeichen uneigentlicher Rede. Er wird metaphorisch mit einem Denkmal (»monumento«) gleichgesetzt und in Zusammenhang mit Tod und Gedächtnis gebracht.[19] Dies zitiert einen seit der Antike bekannten, den literarischen Text valorisierenden Topos (man denke an das berühmte Carmen 3, 30, »Exegi monumentum aere perennius« von Horaz),[20] der indes sogleich abgewandelt und verfremdet wird. Traditionell nämlich bezieht sich die kommemorative Funktion literarischer Texte auf berühmte Taten und Menschen. Hier hingegen soll der noch unbekannten Tugend ein Denkmal errichtet werden.[21] Der Text soll also nicht etwas schon Bekanntes bewahren und

19 Der Zusammenhang von Dichtung, Tod und Gedächtnis steht auch im Mittelpunkt von Foscolos Gedicht *Dei Sepolcri*. Vgl. hierzu Thomas Klinkert, »Tod und Gedächtnis in der italienischen Romantik. Zu Ugo Foscolos *Dei Sepolcri*«, in: Klaus Lubbers / Patricia Plummer (Hg.), *Subversive Romantik*, Berlin (voraussichtlich 2002).

20 *Oden und Epoden*. Lateinisch / Deutsch. Übersetzt und herausgegeben von Bernhard Kytzler, Stuttgart [6]1995, S. 182–185.

21 Die »virtù sconosciuta« ist ein Alfieri-Zitat, sie verweist auf Alfieris 1786 publizierten Dialog zwischen dem Autor und seinem verstorbenen Freund Francesco Gori Gandellini, *La virtù sconosciuta*. Silvana Centanin, »L'›Ortis‹ foscoliano e ›La virtù sconosciuta‹ di Vittorio Alfieri«, in: *Lettere italiane* 29 (1977), S. 325–339, vergleicht diesen Dialog mit dem *Ortis* und entdeckt zahlreiche Parallelen, insbesondere im Hinblick auf das Thema der Freundschaft, die durch den Publikationsakt des überlebenden Freundes verewigt werden soll, auf Analogien zwischen den beiden Hauptfiguren Ortis und Gori, deren Tugend zu Lebzeiten aufgrund der politischen Umstände im Verborgenen bleiben mußte usw. Da die von Alfieri übernommenen Ideen charakteristisch für sein Gesamtwerk sind, glaubt Centanin nicht an ein konkretes Intertextualitätsverhältnis zwischen *Ortis* und *La virtù sconosciuta*, sondern an, wie Jürgen Link, »Literaturanalyse als Interdiskursanalyse. Am Beispiel des Ursprungs literarischer Symbolik in der Kollektivsymbolik«, in: Jürgen Fohrmann / Harro Müller (Hg.), *Diskurstheorien und Literaturwissenschaft*, Frankfurt a. M. 1988, S. 284–307, es nennen würde, ein interdiskursives Verhältnis: »Credo piuttosto che la conoscenza [della *Virtù sconosciuta*] sia rientrata, senza un rilievo del tutto particolare, in un più ampio bagaglio culturale del Foscolo, formato per buona parte da quanto della produzione alfieriana era in circolazione in quel periodo.« (Centanin, S. 339)

weitergeben, sondern etwas Unbekanntes erst bekannt machen. Im zweiten Satz wendet sich der Herausgeber dann direkt an den Leser und fordert ihn auf, es ihm gleichzutun, indem er in die Trauer um den Toten einstimme. Die Abweichung von der traditionellen *memoria*-Topik wiederholt sich hier im Hinweis auf den fehlenden Heroismus, der ein Merkmal sowohl des Protagonisten als auch des Lesers sei und somit die geforderte Empathie ermöglichen solle. Traditionskonform hingegen ist die dem Text zugeschriebene Vorbild- und Trostfunktion. Allerdings liegt es nahe zu fragen, worin denn die Vorbildhaftigkeit (»esempio«) eines unglücklichen jungen Mannes ohne Heldenmut bestehen kann: Soll sich der Leser etwa auch das Leben nehmen? Denn der Held ist ja, wie explizit gesagt wird, tot, und durch die im Titel (»letzte Briefe«) zitierte Folie des *Werther* weiß man oder ahnt man doch, daß er nicht eines natürlichen Todes gestorben ist.
Vergleicht man den Text mit der auf den ersten Blick recht ähnlichen Vorrede zu den *Leiden des jungen Werthers,* so erhält er ein noch deutlicheres Profil. Bei Goethe heißt es (Fassung von 1774):

> Was ich von der Geschichte des armen Werthers nur habe auffinden können, habe ich mit Fleiß gesammlet, und leg es euch hier vor, und weis, daß ihr mir's danken werdet. Ihr könnt seinem Geist und seinem Charakter eure Bewunderung und Liebe, und seinem Schicksaale eure Thränen nicht versagen.
> Und du gute Seele, die du eben den Drang fühlst wie er, schöpfe Trost aus seinem Leiden, und laß das Büchlein deinen Freund seyn, wenn du aus Geschick oder eigner Schuld keinen nähern finden kannst.[22]

Die beiden Vorreden haben in der Tat basale Gemeinsamkeiten: Jemand hat Materialien über einen bedauernswerten Dritten gesammelt und präsentiert diese nun der lesenden Öffentlichkeit. Er rechnet mit der Empathie der Leser. Es fallen aber auch zahlreiche Unterschiede ins Auge: Der im Gegensatz zu Lorenzo F. namenlose Herausgeber des *Werther* sagt nicht explizit, daß der Held schon tot ist; ebenso verschweigt er, daß es sich bei dem präsentierten Material hauptsächlich um Briefe handelt. Auf der Ebene der Pragmatik zeichnet sich der Goethesche Text durch einen stärker appellativen Charakter aus. Viermal spricht der Herausgeber die Leser direkt an (1. »leg es euch hier vor«, 2. »weis, daß ihr mir's danken werdet«, 3. »Ihr könnt [...] nicht versagen«, 4. »Und du gute Seele [...]«). Der Dominanz der appellativen Funktion steht eine Leerstelle auf der Seite des Sprechers gegenüber, dessen Identität ebenso unklar bleibt wie sein Verhältnis zu Werther,

22 Johann Wolfgang Goethe, *Die Leiden des jungen Werthers.* Synoptischer Druck der beiden Fassungen 1774 und 1787. Herausgegeben und eingeleitet von Annika Lorenz und Helmut Schmiedt, Paderborn 1997, S. 6.

ganz im Gegensatz zu Lorenzo F., bei dem die expressive Sprachfunktion und seine Beziehung zum Helden (»mio amico«) deutlich profiliert sind. Die »gute Seele« schließlich, die sich der Herausgeber am Ende aus der anonymen Leserschaft herausgreift und mit einer partikularisierenden Synekdoche anredet, ist Werther ähnlich und soll deshalb »Trost aus seinem Leiden« schöpfen (die Anrede verwendet den Imperativ), während bei Foscolo zwar auch nach Lesertypen unterschieden wird (»se uno non sei di coloro«), aber der Appellcharakter deutlich schwächer ausgeprägt ist (»forse«).

Man kann also sagen, daß bei Goethe der Leser als Adressat eines dominant appellativen Sprechaktes im Mittelpunkt steht, während man über den Herausgeber abgesehen von seiner Funktion nichts weiter erfährt und auch über das genauere Schicksal des »armen Werthers« im unklaren gelassen wird. Bei Foscolo dagegen ist der Leser schwächer profiliert, das Verhältnis zwischen dem Herausgeber und dem Leser ist distanzierter, weniger appellativ und insistierend, auch weniger auf Gewißheit über die Reaktionen des Lesers gestellt; im Gegenzug werden das Ende der Geschichte vorweggenommen und die postume Tragik des Freundschaftsverhältnisses zwischen Lorenzo und dem Helden hervorgehoben, womit ursächlich die Publikation des Buches verknüpft ist. Die Schwerpunktverschiebung vom Leser hin zum Herausgeber und zum Helden wird zudem durch die geänderte Funktion des Buches unterstrichen. Bei Goethe soll das Buch der Freund des Lesers sein, der ohne Freunde ist (es hat also auch hier Ersatzfunktion), bei Foscolo ist das Buch ein vom Herausgeber für den toten Helden errichtetes Denkmal und damit ein Akt der Trauer.[23] Das Buch wird bei Goethe anthropomorphisiert (»laß das Büchlein deinen Freund sein«), bei Foscolo wird durch den Rekurs auf den *memoria*-Topos sein Zeichencharakter hervorgehoben. Dieser Gegensatz zeigt sich auch bei der Titelwahl: *Die Leiden des jungen Werthers* zielt auf das Signifikat, *Ultime lettere di Jacopo Ortis* rückt den Signifikanten und somit den Zeichencharakter und die Gattungszugehörigkeit des Textes in den Vordergrund. Diese Hervorhebung des Signifikanten kündigt den stärker reflexiven Charakter des *Ortis* an, der als Metabriefroman den berühmten Vorläufertext, dessen allgemeine Bekanntheit voraussetzend, in sich aufnimmt und als Material verwendet. Daraus erklärt sich, daß der Herausgeber den Leser nicht mehr wie im *Werther* über das Ende der Geschichte im unklaren lassen kann. Das diskursive Ereignis

23 Vgl. hierzu Petry, »Vitae parallelae«, S. 121, der unter Hinweis auf das von Thomas Gray *(Elegy Written in a Country Churchyard)* entlehnte Motto »Naturae clamat ab ipso / vox tumulo« Foscolos Roman metaphorisch als Grab deutet.

›Werther‹ hat stattgefunden und seine gesamteuropäischen Auswirkungen gehabt, man kann nicht mehr dahinter zurück und die gleiche Geschichte noch einmal als neue erzählen. Doch der romantische Metaroman kann den *Werther* zitierend als Material verwenden und ihn transformieren. Diese Transformation läßt sich beschreiben als romantiktypische Steigerung der Selbstreflexivität und Hervorhebung des literarischen Charakters.[24] Es ist aber auch eine Steigerung der schon dem *Werther* und der *Nouvelle Héloïse* innewohnenden Aporien, deren Ausprägung im *Ortis* in der Forschung unter verschiedenen Aspekten dargestellt worden ist.[25] Eine weitere Aporie resultiert aus der Gegenläufigkeit von proklamierter Originalität und Authentizität einerseits und raffiniertem intertextuellem Spiel andererseits.[26] Der *Ortis* ist somit ein hochreflexiver und problembewußter metasprachlicher

24 Auch Petry, »Vitae parallelae«, S. 131, analysiert das Verhältnis zwischen *Ortis* und *Werther* als eines der Steigerung des Literaturbezugs, allerdings aus einer anderen Perspektive, nämlich im Hinblick auf die Art und Weise, wie Foscolo im Brief vom 11. April (Fassung von 1817, *Ortis*, S. 341f.), welcher den *Werther*-Brief vom 16. Junius zitiert, ein anonym präsentiertes Zitat aus Wielands *Dialogen des Diogenes von Sinope* einsetzt: »Die *Ultime lettere* ersetzen Goethes metonymischen Verweis auf den Autor [sc. Klopstock] durch einen konkreten Textausschnitt; es liegt bei Foscolo also ein gegenüber Goethe gesteigerter Literaturbezug vor, indem nicht auf eine im zeitgenössischen Umfeld codierte ›Aura‹ eines Textes (der spezifischen Ode Klopstocks, deren Kenntnis Goethe vom Leser fordert und offensichtlich auch voraussetzen kann) angespielt, sondern auf die Wirkung eines konkreten Textausschnitts gesetzt wird.«

25 So hat Wehle, »Italienische Modernität« (vgl. Anm. 7), gezeigt, wie der *Ortis* mit überkommenen klassizistischen Erzählschemata arbeitet, einem idyllischen und einem heroischen, um die Inadäquatheit beider angesichts einer revolutionär geänderten Wirklichkeit bloßzulegen. Theile, »Poetologisches Erzählen« (vgl. Anm. 2), sieht in den *Ultime lettere* einen poetologischen Metaroman mit inhärenten Widersprüchen.

26 Mario Martelli, Dieter Steland und Ulrike Kunkel haben zahlreiche verdeckte und explizite intertextuelle Bezüge herausgearbeitet und gezeigt, daß Foscolos Roman nach der Art eines Zitatenmosaiks zusammengesetzt ist: Vgl. Martelli, »La parte del Sassoli«, in: *Studi di Filologia italiana* 28 (1970), S. 177–251, der von Foscolos »tecnica, non tanto imitatoria, quanto ad intarsio di citazioni« (S. 189) spricht; Steland, »Quellenstudien zu Foscolos *Ultime lettere di Jacopo Ortis* (Montaigne, La Rochefoucauld, Pascal, Pope, Chamfort)«, in: Wilfried Floeck / Dieter Steland / Horst Turk (Hg.), *Formen innerliterarischer Rezeption,* Wiesbaden 1987, S. 37–69, der Foscolos Anverwandlung moralistischer Aphorismen untersucht; Kunkel, *Intertextualität in der italienischen Frühromantik,* die von dem Widerspruch zwischen romantischer Originalitäts- und Ausdrucksästhetik einerseits und Foscolos Zitatmontagetechnik andererseits ausgeht und von einer »paradoxen Koexistenz möglicher Erklärungsmuster für angewandte Techniken der Intertextualität« (S. 253) spricht und diese mit der romantischen Ästhetik als kompatibel zu erweisen versucht, wobei allerdings die Argumentation in der materialreichen und ambitionierten Studie häufig sprunghaft und unscharf bleibt (vgl. hierzu auch die vielleicht ein wenig hart formulierte, aber im Prinzip zutreffende Kritik bei Küpper, »›Politische Romantik‹«, S. 121, Anm. 102).

und -poetischer Text der europäischen Romantik. Ich möchte im folgenden zeigen, wie seine Reflexivität mit dem Diskurs über die Liebe und wie dieser mit dem Ich und seinem Text zusammenhängt.

## 3.3 Gedächtnispflege und scheiternde Entdifferenzierung: Die Petrarca-Wallfahrt als metapoetische Keimzelle

Die älteste überlieferte Fassung des *Ortis* unterscheidet sich auf der *histoire*-Ebene von den späteren Fassungen vor allem durch die Beziehungskonstellation zwischen Jacopo, Teresa und Odoardo. Während in den späteren Fassungen ähnlich wie im *Werther* die Geliebte zum Zeitpunkt ihrer Begegnung mit Jacopo zwar verlobt, aber unverheiratet ist, ist sie in der Bologneser Fassung eine verwitwete Mutter mit bewegter Vorgeschichte: Der Maler Odoardo, ein Sohn reicher Eltern, ist Teresas Jugendliebe, darf sie aber nicht heiraten, weil ihre Eltern arm sind. Als ihr Vater im Sterben liegt, muß sie ihm versprechen, einen wohlhabenden älteren »galantuomo di Padova«[27] zu ehelichen, um versorgt zu sein. Ihr Gatte, den sie nicht liebt, nimmt für sie die Stelle eines treuen Freundes und zärtlichen Vaters ein.[28] Als er stirbt, kommt Odoardo zu ihr zurück. Teresas große Liebe ist in dieser Konstellation und im Unterschied zu den späteren Fassungen Odoardo, und gefährdet ist diese Liebe zunächst durch äußere Umstände, die Teresa zwingen, aus materiellen Gründen eine Allianzehe einzugehen. Der Vater spielt dabei eine wichtige Rolle. Dieses Modell kennen wir in ähnlicher Form aus *La Nouvelle Héloïse,* wo Julie dem Vater zuliebe einen älteren Mann heiratet, der für sie dann die Rolle des väterlichen Freundes spielt. Odoardo ist vor diesem Hintergrund das Pendant zu Saint-Preux.[29] Durch den Tod des Ehemannes wird im Unterschied zur *Nouvelle Héloïse* und ähnlich wie in der *Princesse de Clèves* der Weg für die Liebenden frei. Aber während dort die Frau aus schlechtem Gewissen dem Verstorbenen gegenüber und aus *amour-propre* nicht zu einer Verbindung mit dem von ihr geliebten Nemours bereit ist,

27 *Ortis,* S. 16.

28 *Ortis,* S. 20.

29 Daß es sich um ein Zitat von Rousseaus Roman handelt, wird noch zusätzlich plausibilisiert durch das Handlungselement der abgefangenen Briefe, wodurch die Liebenden getrennt werden: »Le nostre lettere erano intercette, e dopo due anni dell'amore il più ardente noi ci vedemmo disgiunti per sempre.« (*Ortis,* S. 16) Ebenso werden am Ende des zweiten Teiles der *Nouvelle Héloïse* Saint-Preux' Briefe von Julies Mutter entdeckt, was dazu führt, daß dieser endgültig seiner Geliebten entsagen muß (Rousseau, *œuvres complètes,* Bd. II, S. 306ff.).

realisiert Teresa ihre Liebe zu Odoardo. Nun tritt jedoch als neues Hindernis der ›Passionsmensch‹ und Werther-Nachfolger Jacopo Ortis auf den Plan, der aber in jeder Hinsicht zu spät kommt und sich daher in noch aussichtsloserer Position als der Held des Goetheschen Romans befindet. Damit kombiniert der frühe *Ortis* gleich zu Beginn die Basiskonstellationen der beiden bedeutendsten und berühmtesten Liebesromane des späten 18. Jahrhunderts *(La Nouvelle Héloïse* und *Werther)* und zeigt auf subtile Art und Weise an, daß er sich der Tradition bewußt ist und die überlieferten Handlungsmuster und Figurenkonstellationen als Material verwendet.

Die metaliterarische Reflexivität des Romans wird nun sogleich noch gesteigert. In unmittelbarer textsyntagmatischer Verknüpfung mit der Geschichte von Teresas Ehe und ihrer zunächst unglücklichen, dann glücklichen Beziehung zu Odoardo steht nämlich der gemeinsame Besuch von Teresa, Odoardo und Jacopo in Arquà, wo sich das Haus befindet, in dem einst Petrarca gelebt hat.[30] Dieser Besuch wird modelliert als deutlich markierte Zitatmon-

30 *Ortis,* S. 18–22. – In analoger Weise pilgert Hyperion mit Adamas an das Grab Homers und nach der Trennung von Adamas an die Geburtsstätte des Dichters (s. o. Kap. 2.5). In Mme de Staëls *Corinne* findet eine wichtige Szene am Grab Vergils statt, wo, wie es heißt, Petrarca einst einen Lorbeerbaum gepflanzt hat (s. u. Kap. 4.4). Die romantischen Helden situieren sich also dezidiert in einer kulturellen Tradition, deren wichtigste Exponenten die großen Dichter des jeweiligen Kulturraumes sind. Die gewählten Schauplätze Italien und Griechenland sind politisch zerrissene beziehungsweise unter Fremdherrschaft stehende Länder, in denen die Literatur als Ersatz für die nationale Einheit dienen soll. Bei Rousseau gibt es, wie gezeigt wurde, ebenfalls eine ›Pilgerfahrt‹ nach Meillerie zu den »monumens d'une passion« (Kap. 1.8), das heißt den von Saint-Preux dort hinterlassenen Einschreibungen literarischer Texte in Stein. Solche Pilgerfahrten waren im Zusammenhang mit Rousseau auch Teil einer kulturellen Praxis geworden, wie man etwa bei Johann Heinrich Campe nachlesen kann: »Apropos von Rousseau! Ich habe schon in einem meiner vorigen Briefe gesagt, daß wir eine Wallfahrt zu seinem Grabe nach Ermenonville vorgenommen haben. [...] Jetzt sage ich Ihnen nur, daß diese ganze Gegend mit allen darin befindlichen Anlagen ein Sinnbild von Rousseaus Geist und Charakter zu sein scheint. Sie ist, wie er und seine Schriften, tief und erhaben, melancholisch und reizend, romantisch und schlicht, kühn und bescheiden, mannigfaltig und simpel, kunstvoll und natürlich, wild und freundlich. [...] Nie habe ich an einem andern Orte empfunden, was ich hier empfand; so wie ich nie bei den Werken irgendeines andern Schriftstellers diejenigen Wirkungen in mir verspürte, welche Rousseaus Schriften immer in mir hervorbrachten und jetzt noch hervorbringen, sooft ich sie wieder zur Hand nehme. Ich war bis zum tiefsten Seelenschmerz gerührt und fühlte mich gleichwohl niemals glücklicher. Thränen quollen mir in die Augen, indes ein unwillkürliches Lächeln mir auf meinen Lippen schwebte. Bei jedem Tritte, den ich auf dem mir heiligen Boden tat, schoß es mir wie Feuer in die Seele: hier ging auch *er!* [...]« (*Briefe aus Paris zur Zeit der Revolution geschrieben. Aus dem Braunschweigischen Journal abgedruckt,* Braunschweig 1790, zitiert nach Claus Süßenberger, *Rousseau im Urteil der deutschen Publizistik bis zum Ende der Französischen Revolution. Ein Beitrag zur Rezeptionsgeschichte,* Bern / Frankfurt a. M. 1974, S. 21f.) Wenn man

tage. Die Darstellung beginnt nach einleitenden Bemerkungen zur Handlungssituierung mit der Wiedergabe eines Auszugs aus Vincenzo Montis *Prometeo,* wo ein Sonnenaufgang beschrieben wird, und sie endet mit dem Sonnenuntergang aus demselben Gedicht.[31] Innerhalb dieses Rahmens situiert sich die Wallfahrt (»pellegrinaggio«)[32] zum Petrarca-Gedächtnisort, an welchem ein zitierendes Erinnern an den Dichter stattfindet.

Die Darstellung besteht aus folgenden Teilen. 1. Vor dem Beginn der eigentlichen Erzählung wendet Jacopo sich direkt an seinen Briefadressaten Lorenzo, um sich mit ihm über Teresas Anmut auszutauschen: »Or di'; hai tu osservato quand'ella parla? e non ti pare che la semplicità e l'interesse de' suoi discorsi costringano a prestarle fede?«[33] Die Petrarca-Pilgerfahrt wird somit von vornherein in einen direkten Zusammenhang mit Jacopos Liebe zu Teresa gebracht; diese Liebe aber wird hier verschoben zum Ausdruck gebracht, denn Jacopo spricht darüber, daß er geglaubt habe, Lorenzo sei in Teresa verliebt gewesen, anstatt zu bekennen, daß er sie selbst liebt. Wichtig ist auch, daß die Liebe sich hier als Kommunikation über Kommunikationsweisen artikuliert. Liebe im romantischen Roman ist also Metakommunikation. 2. Danach folgt ein narrativer Teil, der die Annäherung der Gesellschaft an das Dorf Arquà zum Gegenstand hat. 3. Unterbrochen wird die narrative Erzählerrede sodann durch die direkte Wiedergabe einer Äußerung von Teresa, die sich angesichts der Gegend um Arquà daran erinnert, wie sie mit ihrem Mann zusammen dorthin zu wandern pflegte. Diese Erinnerung lenkt ihre Rede schließlich auf die Geschichte ihrer Ehe, den Tod ihres Mannes und die Wiederbegegnung mit Odoardo. 4. Auf die direkte Rede Teresas folgt ein erneuter Einschub, in dem Jacopo sich direkt an Lorenzo wendet und ihm seine Unfähigkeit eingesteht, Teresa mit sprachlichen Mitteln darzustellen:

bedenkt, daß der Park von Ermenonville eine von dem Rousseau-Bewunderer Girardin angefertigte ›Kopie‹ des Elisée aus der *Nouvelle Héloïse* darstellte und daß Girardin den Autor des Romans kurz vor dessen Tod dazu bewegen konnte, dorthin überzusiedeln, dann hat man ein schlagendes Beispiel dafür vor Augen, wie im späten 18. Jahrhundert die Grenzen zwischen Fiktion und Wirklichkeit durch Rückkopplungsschleifen aufgelöst wurden (zu Girardin vgl. Ursula Link-Heer, »Facetten des Rousseauismus. Mit einer Auswahlbibliographie zu seiner Geschichte«, in: *Zeitschrift für Literaturwissenschaft und Linguistik* 63 (1986), S. 127–163, hier S. 133–137).

31 *Ortis,* S. 18–22.

32 *Ortis,* S. 20.

33 *Ortis,* S. 19.

– Ma Lorenzo, Lorenzo .... e conviene che di qui innanzi io mi taccia tutto ciò che dice Teresa; che se potessi dipingerti la sua pronunzia, i suoi gesti, la melodia della sua voce, la sua celeste fisonomia, o trascrivere almeno tutte le sue parole senza cangiarne o traslocarne sillaba, certo che tu mi sapresti grado: diversamente incresco perfino a me stesso. Che giova copiare imperfettamente un inimitabile quadro la di cui fama soltanto fa più impressione che la tua misera copia? e non ti par ch'io somigli i traduttori del divino Omero? giacchè come tu vedi io non mi affatico che per inacquare il sentimento che m'infiamma, e stemprarlo in un languido fraseggiamento. –[34]

Auffällig ist an dieser Passage die Verbindung des traditionellen Unsagbarkeitstopos[35] mit einer Reflexion über Probleme der Abbildung und der Übersetzung. Die versagende Darstellung der Geliebten wird mit Überlegungen zu Kunst und Sprache in Zusammenhang gebracht. Dies wird uns noch zu beschäftigen haben. Die Stelle ist im übrigen ein Beleg für die Abkehr von den Prämissen der klassischen Episteme (Repräsentation, Transparenz, Mimesis, Übersetzung). Die Sprache tritt gewissermaßen materiell in Erscheinung, sie vermischt sich mit dem Gegenstand der Rede und verwässert diesen.[36] 5. Im Anschluß an diese Erzählerreflexion folgt der Bericht über den Besuch von Petrarcas Haus, der nun nicht mehr nur als christliche Wallfahrt, sondern auch als antik-republikanische und heidnisch-religiöse Handlung beschrieben wird: »Ci siam'appressati simili a' discendenti degli antichi repubblicani quando libavano sopra i mausolei de' loro maggiori morti per la patria, o a que' sacerdoti che taciti e riverenti s'aggiravano per li boschi abitati da qualche divinità.«[37] Mit der Erinnerung an antikes Totengedenken (»mausolei«) wird das in der Vorrede des Herausgebers erwähnte »monumento« wieder aufgegriffen. Damit wird folgende Äquivalenz hergestellt: Petrarcas Haus ≈ Jacopos *Ultime lettere* (beide sind Totenmonumente) und somit Petrarca ≈ Jacopo. Ortis stellt sich dadurch

34 *Ortis,* S. 20.

35 Ernst Robert Curtius, *Europäische Literatur und lateinisches Mittelalter* (1948), Tübingen/Basel [11]1993, S. 168–171, bezeichnet als Unsagbarkeitstopos die »Betonung der Unfähigkeit, dem Stoff gerecht zu werden«, die seit Homer belegt sei. Bevorzugter Ort sei die Lobrede. – Auch bei Hölderlin war von der Unmöglichkeit die Rede, Diotimas Wesen sprachlich mitzuteilen (s. o., Kap. 2.6).

36 Vgl. hierzu auch Küpper, »›Politische Romantik‹«, S. 117 ff., der auf die Brüchigkeit der von Ortis versuchten »Selbst-Modellierung als eines zweiten Petrarca« (S. 117) hinweist. »Mit dem Einbruch des Unsagbarkeitstopos in das Zitat des Liebesdiskurses des Vorgängers zeichnet sich plötzlich ab, daß das Sich-Wiederfinden im Vorgegebenen, wenn auch dies Vorgegebene ein singulär Großes ist, dem, was zu sagen ist (›un quadro‹), so unangemessen sein könnte wie eine ›misera copia‹« (S. 118). Küpper bezieht sich auf die analoge Stelle in der Fassung von 1817 (*Ortis,* S. 304 ff.).

37 *Ortis,* S. 21.

in ein Imitations- und Nachfolgeverhältnis zu Petrarca, den er als »dolce e profondo filosofo di amore«[38] bezeichnet. Dieses Imitationsverhältnis trägt kultisch-religiöse Züge, die Huldigung gegenüber der Gottheit vollzieht sich nicht nur als Pilgerfahrt, sondern auch als gebetsähnliche Handlung durch das Rezitieren von Petrarca-Gedichten. Wenn die Dichtung zur Religion erhoben wird, so ist dies ein klares Indiz für die von Jacopo angestrebte Entdifferenzierung, die Rückgängigmachung der modernen Trennung in autonome Funktionsbereiche.

In Opposition zu Jacopos Andachtshaltung steht allerdings das als »irreligione«[39] gedeutete Verhalten der Besitzer des Hauses, die Petrarcas Wohnstatt ganz profan verfallen lassen. Als Supplement für die fehlende Pflege der Gedächtnisstätte fungiert für die Besucher die Literatur, und zwar im doppelten Sinne. Teresa nämlich zitiert aus einem Sonett von Alfieri, das dieser an eben jenem Ort dem illustren Toten gewidmet hat und dessen Gegenstand die gewissermaßen autopoietische Gedächtnisfunktion der Literatur ist:[40]

> Prezioso diaspro, agata ed oro
> Fòran debito fregio e appena degno
> Di rivestir sì nobile tesoro:
> Ma no; tomba fregiar d'uom ch'ebbe regno
> Vuolsi, e por gemme ove disdice alloro;
> Qui basta il nome di quel divo ingegno.[41]

Der Text beruht auf der Opposition Politik (»uom ch'ebbe regno«) vs. Dichtung (»divo ingegno«) und postuliert, daß eines verstorbenen Herrschers durch Schmückung seiner Grabstätte gedacht werden müsse, während der Dichter allein durch seinen unsterblichen Namen der Nachwelt erhalten bleibe. Dichtung benötigt somit keine ornamentale Gedächtnispflege, sie ist selbst Gedächtnis. Dies führt uns an den Anfang zurück, wo dem Text ja genau diese Funktion vom Herausgeber zugeschrieben wurde. Die klare Opposition Politik vs. Dichtung belegt aber auch, daß der Text die moderne Trennung der einzelnen Funktionsbereiche anerkennt und daß er den Entdifferenzierungswunsch in eine unaufhebbare Spannung zur realgeschicht-

38 *Ortis,* S. 21.

39 Ebd.

40 Durch den Bezug auf Alfieri wird die erzählte Situation fiktionsintern verdoppelt, wodurch die metaliterarische Reflexivität des Textes erneut eine Steigerung erfährt.

41 *Ortis,* S. 21.

lichen Entwicklung stellt. Die erstrebte Entdifferenzierung bleibt ebenso sehr unerfüllbares Postulat wie Jacopos Liebe zu Teresa.
Die Opposition Dichtung vs. Politik wird schon zu Beginn des Textes eingeführt. Der Held wurde, wie er im ersten Brief schreibt, gegen seinen Willen in eine Verschwörung mit den Eroberern Italiens verwickelt und ergreift auf Anraten seines Freundes Lorenzo und seiner Mutter die Flucht. Er wechselt vom Raum der Politik und der Aktivität in den Raum der ländlichen Idylle und der Kontemplation. Es handelt sich dabei nicht um einen vorübergehenden, sondern um einen definitiven Sinnraumwechsel, denn Jacopo erteilt der zum Scheitern verurteilten politischen Aktion eine Absage und lädt seinen Freund dazu ein, ihm nachzufolgen und mit ihm gemeinsam über das Trugbild (»idolo vano«) des Ruhms zu lachen.[42] Der ländlich-idyllische Raum aber ist, wie Jacopo selber deutlich macht, literarisches Zitat.[43] Es ist ein Bereich, in dem die Wiederherstellung einer ursprünglichen Ganzheit im Modus der Imagination möglich scheint. Jacopo badet in einem See und bringt der Natur einen Hymnus dar.[44] Daß er sich dabei Illusionen hingibt, ist ihm bewußt. Doch er rechtfertigt sich durch den Hinweis auf die Antike, die an die eigenen Illusionen geglaubt habe (»accarezzando gl'idoli della loro immaginazione«),[45] dadurch das Schöne und Wahre gefunden und unsterbliche Kunstwerke geschaffen habe. Die postulierte Einheit der Antike aber – und es handelt sich explizit um eine Einheit von Religion, Politik und Kunst (»La religione greca e romana ha educato gli *artisti* e gli *eroi*, e a questa dobbiamo i *capi d'opera* che il caso ha rapito alla inclemenza de' secoli.«)[46] – ist aus Jacopos Sicht nur noch als durchschaute Illusion vorstellbar. Wenn er sich in momenthafter Entrückung einer solchen Illusion hingibt, so wird er sofort wieder herausgerissen, und zwar durch die Stimme eines »filosofo«, der ausruft: *»Illusioni!«*[47] Darauf kann er dann nur etwas hilflos replizieren, daß alles Illusion sei, daß aber die Griechen und Römer glücklicher gewesen seien, weil sie im Unterschied zu den Modernen an ihre Illusionen geglaubt hätten. Allein die Reflexion über diesen Sachverhalt aber zeigt, daß er selbst eben nicht an diese Illusion glauben kann.[48]

42 *Ortis*, S. 6.
43 Vgl. Wehle, »Italienische Modernität«.
44 *Ortis*, S. 7.
45 Ebd.
46 *Ortis*, S. 7f. (Hervorh. T. K.)
47 *Ortis*, S. 7 (Hervorh. im Text).
48 Der Wunsch nach Restitution der verlorenen antiken Einheit ist uns bereits bei Hölderlin begegnet. Bei Rousseau sahen wir den Versuch einer Konfliktbewältigung im Modus der Illusion. Die Illusion spielt, wie noch zu zeigen sein wird, auch bei Leopardi eine zentrale Rolle.

Wenn die Opposition Politik vs. Idylle also für die Opposition Politik vs. Kunst/Dichtung steht und wenn diese Opposition privativ ist, dann bedeutet das auch, daß die beiden Bereiche nicht aufeinander einwirken können. Einerseits gibt es trotz der bedrückenden zeitgeschichtlichen Umstände Fluchträume, in denen eine andere, von der Wirklichkeit noch nicht affizierte Ordnung herrscht. Umgekehrt kann aber derjenige, der sich in den Fluchtraum zurückzieht, nicht mehr die Hoffnung haben, in den politischen Bereich zurückzukehren und auf ihn einzuwirken. Die Differenz der beiden Wirklichkeitsbereiche oder gesellschaftlichen Teilsysteme wird nun auch in jenem oben zitierten Sonett von Alfieri bekräftigt, in dem die Trennung der beiden Funktionsbereiche Politik und Kunst/Dichtung deutlich hervorgehoben wird. Nicht mehr der Herrscher ist lorbeergekrönt (»ove disdice alloro«), sondern nur noch der Dichter. Dieser benötigt daher keine postumen Ehrbezeugungen, kein prächtig geschmücktes Grab, ihm genügt allein sein Name, um zu überleben. Damit ist aber zugleich auch gesagt, daß die Dichtung nicht mehr integraler Bestandteil der Gesellschaft ist; es gibt keine Einheit von Kunst, Religion und Politik mehr. Wie zur Bestätigung ignorieren die Besitzer des Petrarca-Hauses die Bedeutung des früheren Bewohners. Dichtung ist zum Spezialbereich geworden, nur wenige Auserwählte pflegen das Andenken Petrarcas durch Partizipation an seinem Diskurs, indem sie seine Texte rezitieren und sie wie Jacopo sich zitierend aneignen oder, wie er von Teresa und Odoardo vermutet, indem sie sich in seinem Namen ewige Treue schwören.

6. Der Besuch in Arquà endet mit einer von Jacopo nur in Gedanken formulierten, aber nicht ausgesprochenen Frage an Teresa: »[…] sono forse, o Teresa, le tue bellezze e la tua gioventù che fanno risplendere la purità del tuo cuore, o l'anima tua divina diffonde invece su le tue forme più di grazia, di freschezza e d'amore?«[49] Die Frage zielt auf den Zusammenhang von äußerer Erscheinung (Oberfläche, Körper) und innerer Wahrheit (Tiefe, Herz/Seele): Sind die beiden im Prinzip getrennt und unabhängig voneinander, oder läßt die Seele den sichtbaren Körper schöner erscheinen? Wenn man die Frage semiotisch reformuliert, so lautet sie: Ist der Signifikant (der Körper) auf das Signifikat (die Seele) transparent (Repräsentationskonzept) oder ist das Signifikat Teil des Signifikanten, verbirgt es sich in ihm und determiniert seine Form (opakes Zeichenkonzept)? Die Frage wird hier nicht beantwortet, denn mit dem abrupt eingeschobenen Sonnenuntergangstext von Monti endet die Erzählung des Ausflugs. Zu bedenken ist aber, daß

49 *Ortis*, S. 21f.

die Stelle in einem Kontext scheiternder Liebe steht, denn Teresa ist ihrem Geliebten Odoardo zugewendet und Jacopo ist der überflüssige Dritte im Bunde. Diese scheiternde Liebe wird von einem scheiternden Kommunikationsakt überlagert (»ed io già già tutto estatico stava per dire a quell'angelica donna«).[50] Die Repräsentationsfähigkeit der Sprache scheint also deutlich in Frage gestellt. Wie schon zu Beginn der Episode erweist sich als das entscheidende Moment nicht die Kommunikation mit der Geliebten, sondern die Metakommunikation. Es geht weniger darum, die eigene Liebe der Geliebten mitzuteilen, als vielmehr darum, über die eigene, letztlich unsagbare Liebe mit einem Dritten zu kommunizieren.

Der Brief endet mit einer erneuten direkten Ansprache an den Empfänger. Jacopo bittet Lorenzo, diesen Brief für spätere Zeiten, in denen er unglücklich sein werde, aufzuheben, damit die beiden dann gemeinsam den Text als Erinnerung an schönere Tage wiederlesen können, »sdrajati su l'erta che guarda la solitudine di Arquà, nell'ora che il dì va mancando.«[51] Der Brief wird also von Jacopo als Memorialtext, als eine Art Tagebuch konzipiert. Der Schreibende projiziert sich selbst in die Zukunft, wo er den eben erlebten Moment des Glücks wiederaufleben lassen möchte. Der Text erzeugt somit eine Erinnerungskette, die in die Antike zurückreicht und über Petrarca, die *Nouvelle Héloïse* und den *Werther* bis hin zu Teresa und Jacopo reicht und dann durch das Schreiben in die Zukunft fortgesetzt wird. Dies steigert das Doppelungs- und Spiegelungsverhältnis, das für Jacopos Erleben charakteristisch ist. Was immer er tut, er muß sich in einer fremden Instanz spiegeln, um sich ausdrücken zu können. Er ist sich selbst niemals gegenwärtig. Die scheiternde Liebe wird somit zum Anlaß einer narzißtischen Selbstbespiegelung des Ichs. Diese wiederum läßt sich als Metapher der vom Text vollzogenen Selbstreflexion lesen. Dadurch kommt es zu einer Potenzierung der metapoetischen Selbstreflexivität, denn im Zentrum der Episode steht ja, wie gezeigt wurde, ein Kommentar über die Funktion der Dichtung in der funktional differenzierten Gesellschaft.

50 *Ortis*, S. 21.
51 *Ortis*, S. 22.

Die in der poetologischen Selbstbeschreibung der *Notizia bibliografica* postulierte Darstellung des Individuellen ist im Text selbst somit nicht nachweisbar, was semiotisch auch gar nicht möglich ist, denn das Individuelle kann sprachlich nicht mitgeteilt werden (»individuum est ineffabile«). Will das Individuum sich darstellen, so kann es dies nur unter Rückgriff auf diskursive Muster, wie sie von Petrarca, Rousseau oder Goethe zur Verfügung gestellt wurden. Indem der Briefschreiber diese Muster durch explizite und implizite Zitate markiert, macht er sie zum Material für Einschreibungen seines individuellen Seins. Die daraus resultierende Selbstkonstitution aber ist prekär und problematisch, weil das kombinierte Material heterogen ist. Identifiziert Jacopo sich mit der spirituellen Liebe des *Canzoniere,* mit der Verzichtsliebe der *Nouvelle Héloïse* oder mit der selbstdestruktiven Passionsliebe des *Werther?* Diese Modelle können nicht synthetisiert werden, und somit ist die Individualität, die Jacopo sich schreibend aneignet, eine negative und differentielle.[52] Trotz seiner häufig bekundeten Neigung zur Imitation (hinzu kommt in den späteren Fassungen noch die *imitatio Christi*) ist Ortis weder Petrarca noch Saint-Preux noch Werther. Ihm fehlt die Stabilität, er ist in permanenter Bewegung und oszillierender Veränderung begriffen: »[...] *propriamente* questo mio cuore non può sofferire un momento, un solo momento di calma. Purch'ei sia sempre agitato, per lui non rileva se i venti gli spirano avversi o propizj. Ove gli manchi il piacere ricorre tosto al dolore.«[53]

In jedem Falle reflektiert Jacopo Ortis, was er tut, und zeigt, daß die von ihm ersehnte Einheit illusionär bleiben muß. Das seiner selbst bewußte moderne Individuum existiert nur in der Trennung, ausgeschlossen von allen Lebenszusammenhängen wie Familie, Stand, Staat oder Bildungsinstitutionen. Seine Individualität beruht auf Exklusion.[54] Alle Handlungsräume und Teilbereiche, die Jacopo durchläuft, alle menschlichen Gruppierungen sieht er als Außenstehender. Er hat sich in der Sphäre der Politik versucht und ist gescheitert. Die Flucht in den Raum der Idylle, der zugleich der Raum seiner Kindheit ist, führt zu keiner neuen Zugehörigkeit. Teresa, die er liebt und mit der er, wie er glaubt, glücklich wäre, ist bereits vergeben.

52 Vgl. hierzu auch Petry, »Vitae parallelae«.

53 *Ortis,* S. 23 (Hervorh. im Text).

54 Vgl. Luhmann, »Individuum, Individualität, Individualismus«, in: *Gesellschaftsstruktur und Semantik. Studien zur Wissenssoziologie der modernen Gesellschaft,* Bd. 3 (1989), Frankfurt a. M. 1993, S. 149–258, und meine Ausführungen dazu in Kap. 0.4.

Auf den Euganeischen Hügeln fühlt er sich zwar wohl, doch gehört er nicht wirklich dazu; vielmehr betrachtet er die Handlungen und Reden der Landbewohner mit der Neugierde des Ethnologen. In Padua, wo er studieren möchte, hält es ihn nicht lange; die dazu erforderliche Disziplin ist nicht kompatibel mit seinem »libero genio«.[55] Den Verführungsversuchen der frivolen Ehefrau des Patriziers T* widersteht er und verschmäht damit das Gegengift (»antiveleno«) der sinnlichen Liebe.[56]

Seine Ausgeschlossenheit ist ihm bewußt, ja man kann sagen, daß er sie kultiviert. Sie resultiert aus seiner Weigerung, sich an andere anzupassen, ihre Lebensentwürfe zu übernehmen. Er bezeichnet sich als »uom singolare«[57] und insistiert auf seiner Differenz zu allen anderen Menschen.[58] Er ist sich auch dessen bewußt, daß er Teresa als Projektionsfläche für seine Selbststilisierung benötigt. Auf den von Lorenzo erhobenen Vorwurf, er sei in Teresa verliebt, antwortet Jacopo wie folgt:

> [...] innamorato sì, e che per questo? Ho veduto di molti innamorarsi della Venere Medicea, della Psiche, e perfin della luna o di qualche stella lor favorita. E tu stesso non eri talmente entusiasta di Saffo che pretendevi di ravvisarne il ritratto nella più bella donna che tu conoscessi, trattando di maligni e ignoranti coloro che la dipingono piccola, bruna e bruttina anzi che no? Fuor di scherzo: io conosco d'essere un uom singolare, e stravagante fors'anche; ma dovrò perciò vergognarmi? di che? sono più giorni che tu mi vuoi cacciar per la testa il grillo di arrossire: ma con tua pace io non so, nè posso, nè devo arrossire di cosa alcuna rispetto a Teresa, nè pentirmi, nè dolermi .... – Sta bene.[59]

Die im ersten Teil des Zitats gewählte Rechtfertigung, daß die Liebe bei vielen nur als Projektion auftrete, ist weniger im Scherz gesprochen, als der zweite Teil glauben machen will. Inhaltlich stimmt die Antwort nämlich überein mit Jacopos andernorts geäußertem Verdacht, er habe sich in das Geschöpf seiner eigenen Phantasie verliebt: »E penso: è pur vero che questa donna esista qui in questo basso mondo, fra noi? e sospetto assai volte d'essermi innamorato della creatura della mia fantasia.«[60] Wenn dies stimmt,

55 *Ortis,* S. 27.

56 *Ortis,* S. 30.

57 Ebd.

58 Vgl. hierzu Küpper, »›Politische Romantik‹«, S. 106f., der diesbezüglich von »emphatischer Selbst-Singularisierung« spricht (S. 107).

59 *Ortis,* S. 30.

60 *Ortis,* S. 63. – Vgl. auch die Stellen, in denen allgemein der Verdacht geäußert wird, daß die Welt nur Schein sei: *Ortis,* S. 7, 23, 34, 53. – Die Auffassung, daß Liebe nur eine subjektive Projektion und somit chimärenhaft sei, wird schon von Rousseau vertreten, etwa im *Émile,* wo es heißt: »[...] qu'est-ce que le véritable amour lui-même, si ce n'est

dann ist die geliebte »angelica donna«[61] nichts als die Hervorbringung einer niemals zur Ruhe kommenden Imagination.[62] Sehr aufschlußreich sind im obigen Zusammenhang die Beispiele: Venus, Psyche, Mond und Sterne, mit anderen Worten: mythologische Figuren als Kunstwerke einerseits und Himmelskörper andererseits. Hinzu kommt die Dichterin Sappho. Diese

chimère, mensonge, illusion? On aime bien plus l'image qu'on se fait que l'objet auquel on l'applique. Si l'on voyoit ce qu'on aime exactement tel qu'il est il n'y auroit plus d'amour sur la terre.« (*Œuvres complètes,* Bd. IV, S. 656)

61 *Ortis,* S. 14.

62 Diese in der unvollendeten ersten Fassung des Romans angelegte Tendenz zur illusionär-narzißtischen Liebe wird in den späteren Fassungen von 1802 und 1817 bestätigt und verstärkt. Ein wichtiger Unterschied auf der Ebene der Handlung ist allerdings die Konstellation zwischen den drei Hauptfiguren Jacopo, Teresa und Odoardo. Teresa ist nun unverheiratet und kinderlos. Aus der Jugendliebe, dem Maler Odoardo, wird 1802 ein vom Vater der Tochter aufgezwungener, ungeliebter Verlobter, dessen hervorstechende Eigenschaften Distanz, Unterkühlung und Herzlosigkeit sind. Teresa ist, wie sie Jacopo bei der Petrarca-Wallfahrt gesteht, unglücklich (*Ortis,* S. 148). Der Grund für die Zwangsverlobung liegt in der ökonomischen Situation der Familie. Teresas Vater ist verschuldet und er will die Zukunft seiner Familie durch eine vorteilhafte Heirat seiner Tochter sichern: Odoardo nämlich darf mit einer großen Erbschaft rechnen. Foscolo nähert den Text damit teilweise an die *Werther*-Konstellation an: Durch den Wegfall des ersten Ehemannes und Teresas unglückliche Verbindung zu Odoardo wird sozusagen eine Aktantenstelle frei, die dann Jacopo besetzen kann, während er in der ersten Fassung völlig außerhalb des erotischen Dreiecks stand. Andererseits bleiben wichtige Unterschiede zum *Werther* bestehen: Lotte liebt Albert (unbeschadet ihrer Zuneigung zu Werther), Teresa liebt Odoardo nicht. Sie unterwirft sich aber wie Julie dem väterlichen Gebot, Lotte folgt dem letzten Willen der Mutter, nach deren Tod sie sich um die Geschwister und den verwitweten Vater kümmert. Lottes Gehorsam entspricht nicht nur ihrer eigenen Neigung zu Albert (die natürlich Werther gegenüber nicht ohne Ambivalenzen ist), sondern er steht auch im Dienste der Familienerhaltung. Bei Foscolo dagegen führt das väterliche Heiratsgebot zu einer Zerstörung der eigenen Familie (*Ortis,* S. 149). Foscolo verdichtet also in der neuen Fassung seines Romans die von Rousseau und Goethe übernommenen Muster zu einer neuen, eigenen Konstellation. Vor diesem Hintergrund wird der illusionär-narzißtische Charakter von Jacopos Liebe noch deutlicher. Zwar begehrt und liebt er die von ihm vergötterte Teresa, doch unternimmt er nichts, um sich das geliebte Objekt tatsächlich anzueignen. Im Unterschied zur ersten Fassung besteht nun kein emotionales und auch kein moralisches Hindernis mehr für Jacopo. Da er weiß, daß Teresa mit Odoardo unglücklich ist, könnte er sie ihm wegnehmen. Das Gebot des Vaters kann, da es die Familie, die es vorgeblich schützen will, im Gegenteil durch die Exklusion der Mutter zerstört hat, anders als noch bei Rousseau keine Verbindlichkeit für sich beanspruchen. Daß Jacopo dennoch auf Teresa verzichtet, bleibt im Text ohne explizite Rechtfertigung. Wenn Jacopo über die Gleichgültigkeit des abwesenden Odoardo klagt, so versichert er Lorenzo gegenüber sogleich, daß Gott ihn davor bewahren möge, die Situation auszunutzen (*Ortis,* S. 176), ohne daß dies jedoch näher begründet würde. Man muß den Grund dafür also darin sehen, daß Jacopo seine Leidenschaft nur imaginär und als Projektion ausleben kann.

Elemente haben poetologische Funktion: Die Liebe ist somit poetologisch codiert. Das ergibt sich deutlich, wenn man den Querverweisen nachgeht, die in dem Signifikanten *Venere* verborgen sind. Zu Beginn des Textes, in einer oben bereits zitierten Stelle,[63] steht die Venus in einem die Antike evozierenden Kontext: Glücklich seien die Menschen im Altertum gewesen, weil sie sich der Küsse der Venus für würdig hielten. Glücklich waren sie aber auch deshalb, weil sie im Gegensatz zu den Modernen an die eigenen Illusionen glauben konnten. Daraus schufen sie zeitüberdauernde Kunstwerke. Die Liebesgöttin Venus steht hier also *pars pro toto* für die Antike und für die von ihr hervorgebrachte Kunst und Kultur; sie steht zugleich für die damit verbundene illusionäre Einheit.

Venus ist aber nicht nur eine antike Göttin, sondern auch ein Himmelskörper: der Abendstern. Er ist an jenem Abend zu sehen, an dem Jacopo Teresa auf dem Friedhof begegnet.[64] Dieser Abend im Zeichen der Venus kombiniert ebenfalls Liebe und Dichtung, und zwar in Form eines supplementären Verhältnisses. Gemeinsam gehen Teresa und Jacopo zum »lago de' cinque fonti«: »E là ci siamo quasi di consenso fermati a mirar l'astro di Venere che ci lampeggiava sugli occhi.«[65] Nun ist der See mit den fünf Quellen ein symbolisch höchst wichtiger Ort in der Ökonomie des Romans, weil er metonymisch für die erste Begegnung mit Teresa steht und somit Erinnerungsort ist (»questo lago dove il caso mi trasse la prima volta quando le sue acque mi guidavano a conoscerti«,[66] wie Jacopo zu Teresa sagt), was aber auch die Begegnung mit Odoardo mit einschließt, welcher Jacopo an eben jenem See den Weg zu Teresas Haus gewiesen hatte.[67] Der See ist somit ein metonymisches Zeichen für Teresa und für ihre Unerreichbarkeit. Beim Anblick des Abendsterns evoziert Teresa sodann den bewunderten Petrarca:

> Oh! diss'ella con un dolce entusiasmo; credi tu che il Petrarca non abbia anch'egli visitato sovente queste solitudini sospirando fra le ombre pacifiche della notte la sua perduta amica? Quando leggo i suoi versi la mia fantasia me lo dipinge qui.... malinconico.... errante.... seduto sul tronco di un albero, pascersi de' suoi mesti pensieri, e volgersi al cielo cercando con gli occhi lagrimosi lo spirito di Laura.[68]

63 *Ortis*, S. 7.
64 *Ortis*, S. 60–62.
65 *Ortis*, S. 60f.
66 *Ortis*, S. 61.
67 *Ortis*, S. 8.
68 *Ortis*, S. 61.

Teresa identifiziert den Dichter mit seinem Werk und ihre Liebeserfahrung (und sie liebt wohlgemerkt Odoardo, den sie lange Zeit entbehren mußte) mit der im *Canzoniere* modellierten. Der vorübergehende Verlust des Geliebten ist für sie nunmehr beendet, und so kann sie sich eines glücklichen Winters erinnern, den sie zusammen mit Odoardo hier verlebt hat. Da aber auch Jacopo seine (aktuelle und unglückliche) Liebe mit der Petrarkischen parallelisiert, ist für ihn das von Teresa ausgesprochene Wort »felicemente« wie ein Messerstich ins Herz. In dieser höchst spannungsreichen Szene, in der beide ihre Emotionen mit Hilfe der Petrarkischen Folie zum Ausdruck bringen und gewissermaßen kommunikativ über die Bande spielen, kommt es zu einem gerade noch zurückgehaltenen Liebesgeständnis von seiten Jacopos: »Sì, angelo…, tu sei nato per me! ed io…. – Ma l'anima tornò in se stessa e fu in tempo di soffocare queste parole che già mi scoppiavano dalle labbra.«[69] Anstatt ihr seine Liebe direkt zu gestehen, verschiebt er sie auf Petrarca (»ma il Petrarca io…. l'amo«).[70] Literatur erweist sich somit als ein Ersatzobjekt für das in der Realität nicht erfüllbare Begehren wie auch als Möglichkeit, das unsagbare Begehren auszudrücken. Danach setzen Jacopo und Teresa sich unter einen Maulbeerbaum, und Jacopo rezitiert von ihm übersetzte Oden der Dichterin Sappho, während der Mond aufgeht.
Mit Venus, Sappho und dem Mond sind drei der fünf im obigen Zitat[71] als Projektionsflächen für unerfüllbare Liebe genannten Elemente zusammengeführt. An diesem Höhepunkt gerät Jacopos Erzählerrede ins Stocken. Es spiegelt sich auf der Ebene der *énonciation* die Unfähigkeit des erlebenden Ichs, über seine Liebe zu sprechen:[72]

> Frattanto ella giaceva sotto il gelso, ed io le recitava le odi di Saffo: sorgeva la luna…. oh!…
> Perchè, mentre scrivo, il mio polso batte con più frequenza? – Beata sera! tu hai spiegate d'innanzi a me tutte le tue ricchezze, ed hai destato il mio cuore perchè le potesse conoscere. O uomo, l'universo cangia d'aspetto a norma della tua prosperità! Si foss'ella avveduta…. ch'io…. l'amo? No, Lorenzo, io spero che no.[73]

Die schreibende Vergegenwärtigung der Liebesszene, die keine ist, führt zu einer Rückkopplung zwischen Schreiben und Erleben, die unterdrückten

69 Ebd.

70 *Ortis,* S. 62.

71 *Ortis,* S. 30.

72 Ähnliches hatten wir bei Hölderlin gefunden. Auch dem Erzähler Hyperion ist es nicht möglich, für seine Liebe zu Diotima und für die Beschreibung der Geliebten die adäquaten Worte zu finden (*Sämtliche Werke und Briefe,* Bd. II, S. 60).

73 *Ortis,* S. 62.

Emotionen kommen wieder hoch und behindern den Fluß der Sprache. Die Stockung markiert die Schnittstelle zwischen Liebe und Literatur. Im Medium der Literatur kann das ausgefallene Liebeserleben nachgeholt werden.[74] Wie schon bei der Arquà-Episode wird der auf den Höhepunkt folgende Rückweg qua Ellipse erzählt. Beim Abschied schließlich setzt Jacopo die heimlich Geliebte und den Abendstern in ein negativ grundiertes Äquivalenzverhältnis: beide sind verschwunden, so daß er sich auch nicht mehr trostsuchend gen Himmel wenden kann. Venus, die Göttin der Liebe, ist als Abendstern zum trügerischen Zeichen der Liebe beziehungsweise zum Zeichen ihres Fehlens geworden.

Aus der Feinanalyse dieser sehr dichten Stelle, in der viele zentrale Elemente der Erzählung zusammengeführt werden, ergibt sich der vielfach belegte Befund, daß die Liebe im *Ortis* eng mit Literatur verknüpft ist. Der Held kann seine Liebe nicht in gewöhnliche Rede übersetzen. Er bedient sich des Petrarkischen Modells und der von ihm selbst übersetzten Sapphischen Oden als eines Supplements. Mehr noch, die Liebe zu Teresa steht im Zusammenhang mit grundlegenden epistemologischen Fragen: Wie wirklich ist die Wirklichkeit, inwiefern ist Illusion die Voraussetzung für kulturelle Leistungen? Schließlich wird das Schreiben zum Ersatz für die Liebe, was zu Rückkopplungen zwischen Erzählen und Erleben führt. Auf der Ebene des Erzählten ist Jacopo ein verhinderter Schriftsteller; er leidet an einer Schreibhemmung.[75] Dadurch aber, daß er über seine unerfüllte Liebe schreibt, nähert er sich der Autorschaft auf Umwegen. Die Briefe sind wie im *Hyperion* das Supplement für Literatur.

74 Manfred Schneider, *Liebe und Betrug. Die Sprachen des Verlangens,* München/Wien 1992, S. 14ff., spricht von der »Unmöglichkeit des Anfangens« und den Stockungen der Sprache in Dingen der Liebe: »Im Anfang der Liebe steht die Stockung.« (S. 14) Den Dichtern ist es gegeben, die Stockung im Realen durch einen literarischen »Buchstabenfluß« zu kompensieren (S. 17). Demnach ist Literatur ein Supplement für nicht stattfindende Liebe.

75 Vgl. hierzu paradigmatisch *Ortis,* S. 46. Jacopo versucht zu schreiben, um Teresas Wunsch zu entsprechen, doch nach drei Zeilen schon versiegt der Strom seiner Kreativität: »Mi propongo mille argomenti; mi s'affacciano mille idee; scelgo, rigetto, poi torno a scegliere; scrivo finalmente, straccio, cancello, e perdo qualche volta un'intera giornata: la mente si stanca, le dita abbandonano loro malgrado insensibilmente la penna, e mi avveggo d'aver gettato il tempo e la fatica.«

Allerdings bedarf Jacopo, um zum Autor werden zu können, der Hilfe seines Adressaten Lorenzo, der die Briefe aus dem privaten Bereich in den der öffentlichen Kommunikation stellt und sie damit in Literatur verwandelt. Die Figur des Lorenzo fungiert als Schnittstelle zwischen den *Ultime lettere* und einem anderen Werk Foscolos. Lorenzo ist nämlich nicht nur der Herausgeber von Jacopos letzten Briefen, sondern auch der Ich-Erzähler von Foscolos fragmentarischer Schrift *Sesto tomo dell'Io,* die 1801, also zwischen der ersten, unvollendeten und der zweiten, vollendeten Fassung des *Ortis,* entstanden ist. Der *Sesto tomo* stellt ein Bindeglied zwischen den beiden *Ortis*-Fassungen dar. *Sesto tomo* und *Ortis* sind nämlich durch intertextuelle Verweise und thematische Analogien eng miteinander verknüpft. Lorenzo, der hier im Gegensatz zum *Ortis* deutlich autobiographische Züge trägt, zitiert eine Stelle aus dem Briefroman, die aus dem im vorigen analysierten Venus-Kontext stammt: Jacopo badet in dem See mit den fünf Quellen und singt eine Hymne an die Natur; den als Prosopopoiie formulierten Einwand eines gedachten »Philosophen«, er erliege einer Illusion, beantwortet er mit der Frage: »E non è tutto illusione? tutto? Beati gli antichi [...]«.[76] Die *Ortis*-Stelle wird vom Erzähler jedoch wie ein Fremdkörper behandelt, als »paragrafo che non c'entra«.[77] Dies erklärt sich aus den gegensätzlichen Liebeskonzeptionen, die beiden Texten zugrundeliegen und die sich ihre Helden zu eigen machen. Der *Sesto tomo dell'Io* handelt von der Liebe des Ich-Erzählers Lorenzo zu zwei Frauen: Psiche und Temira. Die zugrundeliegende Liebeskonzeption ist eine hedonistische, auf Sinnlichkeit und Serialisierung beruhende, also ein klarer Gegenentwurf zu der asketischen Liebeskonzeption des *Ortis.* Temira, die Lorenzo in die sinnliche Liebe initiiert, rät ihm, die Gunst der schönen Frauen wie Blumen zu pflücken.[78] Liebe als lebenslanges Gefühl wird als Illusion gebrandmarkt: »Ma questo amore perfetto se lo hanno pur troppo riserbato i numi. [...] L'amore perfetto è una chimera [...].«[79] Diese Infragestellung der ›perfekten‹ Liebe ist mit in Betracht zu ziehen, wenn man über Foscolos Liebeskonzeptionen nachdenkt. Es geht in seinem Werk nicht um eine bestimmte Form der Liebe als Norm. Die Verzichtsliebe des Jacopo Ortis ist nicht besser oder ›wahrer‹ als andere, sinnliche Formen der

76 *Prose varie d'arte.* Edizione critica a cura di Mario Fubini, Firenze 1961 (*Edizione nazionale delle opere di Ugo Foscolo,* Bd. V), S. 21 (in leicht variierender Wiederaufnahme von *Ortis,* S. 7).

77 *Prose varie d'arte,* S. 21.

78 *Prose varie d'arte,* S. 17.

79 Ebd.

Liebe.[80] Sinnlichkeit und Passion sind zwar nicht von Dauer, doch haben sie den Vorteil, daß sie einem das Schicksal des »sfortunato amico«[81] Jacopo Ortis ersparen: den Selbstmord.

Das Überwölbende aller Formen der Liebe ist das Schreiben: Deutlicher noch als der *Ortis* ist der *Sesto tomo dell'Io* ein hochreflexiver metaliterarischer Text in der Tradition des *Tristram Shandy,* in dem das Schreiben von Beginn an sich selbst zum Thema hat. Der Erzähler nimmt zu seinem Text eine ironische Haltung ein. In der Vorrede widmet er den Text, dessen Gegenstand seine eigene »Odyssee« sein soll, sich selbst, und zwar, wie er sagt, der Einfachheit halber: »Non mi costa un minuto di *sì,* di *no,* di *ma;* e mi risparmia la fatica e il rossore di scrivere una dedicatoria.«[82] Außerdem erspare dies dem Mäzen wie dem Leser zwei Seiten Langeweile, weil der Verfasser die Sache mit sich im Stillen ausmache. Über seine Vorfahren, die er nicht kenne, könne er nichts sagen, und über sich selbst dürfe er aus Gründen der Konvention weder Lob noch Tadel verbreiten. Damit aber hebt sich die Widmung an sich selbst als paradoxer Sprechakt aus den Angeln, was zu dem Resultat führt, daß am Ende der Vorrede die Leser aufgefordert werden, sich die fehlende Widmung, so sie danach verlangten, selbst zu schreiben. Die Vorrede ist somit ein Metatext, der sich auf einen nicht vorhandenen Widmungstext bezieht. Der Text wird zum paradoxen, selbstironischen Experiment.

Im daran anschließenden »Avvertimento« geht das Vexierspiel weiter. Der Text verweist mehrfach zurück auf die Vorrede, in der man allerdings meist vergeblich nach den dort angeblich enthaltenen Stellen sucht. Im Dialog mit einem fiktiven Leser reagiert der Erzähler auf Fragen. Warum handle es sich ausgerechnet um den sechsten Band des Ichs? Weil die vorhergehenden Bände noch nicht geschrieben seien, während die nachfolgenden noch nicht erlebt wurden. Warum schreibe der Verfasser überhaupt? Dies habe

80 Siehe hierzu auch Matteo Palumbo, »Jacopo Ortis, Didimo Chierico e gli avvertimenti di Foscolo ›Al lettore‹«, in: *MLN* 105 (1990), S. 50–73, der ausgehend von einer Analyse der Verführungsszene in Padua (*Ortis,* S. 317–319; zu den früheren Fassungen vgl. *Ortis,* S. 28–30 und S. 157–160), die er als »traccia minima [...] di un possibile contro-romanzo« innerhalb des *Ortis* (Palumbo, S. 50) bezeichnet, die Entwicklung einer sinnlichen Liebeskonzeption bei Foscolo untersucht und dabei insbesondere auf den *Sesto tomo dell'Io* sowie auf den *Didimo-Chierico*-Komplex eingeht. Nach Palumbo stehen die Verzichtsliebe Jacopos und die von Didimo vertretene sinnliche Liebe nicht in einem Verhältnis der Negation zueinander, sondern sie sind Resultat unterschiedlicher, aber gleichberechtigter Wahlmöglichkeiten (S. 60).

81 *Prose varie d'arte,* S. 21.

82 *Prose varie d'arte,* S. 3.

er in der Vorrede bereits erklärt – was indes nicht stimmt, es sei denn, man deutet den etwas unpräzisen Hinweis auf die Musen und ihren Priester[83] als Erklärung, indem man unterstellt, mit dem Priester meine der Verfasser sich selbst. Eine andere Erklärung schlägt er im folgenden vor: »[...] tento d'ingannare, scrivendo, i miei giorni perseguitati ed afflitti.«[84] Damit sind zwei Auffassungen vom literarischen Schreiben genannt: Die eine sieht das Schreiben als göttliche Eingebung oder rituelle Handlung (der Dichter als Priester der Musen), die andere denkt es vom Individuum her (Schreiben als Flucht aus der Wirklichkeit mit therapeutischer Wirkung). Doch scheint keine der beiden Auffassungen für Lorenzo die richtige zu sein. Eine alternative Erklärung (»Fuor di scherzo«) mit ironisch gebrochenen Anklängen an Rousseaus *Confessions* schließlich lautet:

> Il proponimento di mostrarmi come la madre natura e la fortuna mi han fatto sa un po' d'ambizione. Lo so .... ma .... ti giuro ch'io non sono stato mai ambizioso. Ho sentito .... lo dico arrossendo .... ho sentito e sento – lascia prima ch'io mi copra con le mani la faccia – una febbre di gloria che m'ubbriaca perpetuamente la testa.[85]

Nicht Ehrgeiz also, sondern Ruhmsucht treibt den Verfasser dazu, sich selbst so darzustellen, wie die Natur und das Schicksal ihn gemacht haben. Damit zitiert er den Beginn der *Confessions,* wo Rousseau den Anspruch erhebt, einen Menschen »dans toute la vérité de la nature«[86] zu zeigen. Dieses Vorhaben ist bei Rousseau jedoch nicht mit Ruhmsucht verbunden, sondern es dient der Rechtfertigung seines Charakters und seiner Handlungen vor der Nachwelt und vor Gott. Lorenzo deutet Rousseaus Vorhaben offenbar als »ambizione«, an deren Stelle bei ihm der Wunsch nach Ruhm tritt, der sich jedoch, wie im folgenden klar wird, nicht auf das Schreiben selbst stützen kann, sondern extern motiviert werden muß.

Zwar bezeichnet Lorenzo kurz darauf die »febbre di gloria« als »fantasma«, hinter dem sich »uno scheletro che traballa su le ossa ammucchiate de' cimiteri«[87] verberge. Doch die lockende Stimme des Ruhms bleibt vernehmbar, sie verspricht ihm, daß sein Name nicht mit seinem Leichnam begraben werde, und hindert ihn dadurch am Selbstmord. Das heimliche Motiv seiner Ruhmsucht ist ein politisches:

83 Ebd.

84 *Prose varie d'arte,* S. 4.

85 *Prose varie d'arte,* S. 5.

86 Rousseau, *Œuvres complètes,* Bd. I, S. 5.

87 *Prose varie d'arte,* S. 5.

> Sogno talvolta di nuotare alla gloria per un mare di sangue. Or tu puoi desumere ciò ch'io non posso dire.
> Un pari accesso avea, non ha guari, abbattute le mie facoltà. Io aveva esiliato dal mio ingegno le vergini muse, e dal mio cuore il dolce spirito dell'amore. Addio patria, addio madre, addio cara e soave corrispondenza di pacifici affetti. Pareami di consacrare alla *Libertà* un pugnale fumante ancora nelle viscere de' miei congiunti, e di piantar la bandiera della vittoria sopra un monte di cadaveri. La mia fantasia scriveva frattanto il mio nome sulle volte dei cieli. Ma io mi sentiva rodere a un tempo dalla fame di gloria, l'ulcera sorda del supremo potere. Se non che la disperazione di conseguirlo prostrò l'anima mia, la quale giaceva aspettando il soffio distruttore della morte.[88]

Es geht (nicht anders als im *Hyperion*) um die Rettung des unter Fremdherrschaft stehenden Vaterlandes und somit um ein Thema, das auch im *Ortis*, und zwar in jenen Teilen, die erst in der Fassung von 1802 enthalten sind, von zentraler Bedeutung ist. Der plötzlich aufflammende Wunsch wird in der zitierten Stelle als Anfall (»accesso«) beziehungsweise als »fantasia« und somit als etwas Krankhaftes und vom Betroffenen nicht Beherrschbares bezeichnet. In diesem Zustand verdrängt der erträumte Freiheitskampf die ansonsten dominanten Ideale Kunst (»vergini muse«) und Liebe (»amore«). Zugleich aber weiß Lorenzo zu seiner Verzweiflung, daß seine Phantasie unerfüllbar ist (»disperazione di conseguirlo«). Da erscheint ihm eines Nachts im Traum der antike Philosoph Diogenes, der ihm mit rationalen Argumenten das Unbegründete seiner Hoffnungen darlegt. Der politische Kampf sei der falsche Weg, um zu Ruhm zu gelangen, denn: »La fama degli uomini grandi spetta per lo più tre quarti alla sorte e un quarto ai loro delitti.«[89] Man müsse, um politischen Erfolg zu haben, nicht nur Glück haben, sondern zum Despoten werden, denn die Gesetze der Nützlichkeit (man könnte auch sagen: der Staatsräson) ließen aus Verbrechen Recht werden, und das Volk bewundere nicht die guten Absichten des Ehrlichen, sondern das Glück des Rücksichtslosen. Auch müsse man immer mit Intrigen und Verleumdung rechnen. Daher gelte: »[...] non si può giovare a un popolo senza dominarlo. [...] Nè ti sarà concesso d'essere giusto impunemente.«[90] Auch dürfe man in der gegenwärtigen Situation Italiens nicht auf die Hilfe fremder Mächte bauen, denn deren Gesetze würden mit Blut geschrieben, und zwar auf Kosten der unterlegenen Italiener.

88 *Prose varie d'arte,* S. 6 (Hervorh. im Text).

89 *Prose varie d'arte,* S. 7.

90 Ebd.

## 3.6 Schreiben als Supplement für Liebe und Politik

Eine analoge Stelle findet sich in der zweiten Fassung des *Ortis,* im Brief aus Mailand vom 4. Dezember.[91] Die Rolle des Diogenes übernimmt hier der Dichter Parini, dem Ortis auf seiner Reise durch Oberitalien begegnet.[92] Eine genauere Analyse dieses wichtigen Briefes soll nun zeigen, welche Zusammenhänge zwischen Literatur, Politik, Liebe und Gesellschaft der *Ortis* konstruiert. Der Brief beginnt mit einer negativen Selbstverortung Jacopos als Schriftsteller in der Gesellschaft. Den Ratschlag seines Freundes Lorenzo, er solle sich ein Auskommen als Schriftsteller (»protezioni ed impieghi«)[93] sichern, weist Jacopo zurück. Er begründet dies damit, daß er in keine der drei Kategorien von Menschen passe, die ihm in allen Ländern begegnet seien: »[...] i pochi che comandano, l'universalità che serve, e i molti che brigano«.[94] Seine Individualität beruht somit auf der Differenz zu allen Gruppen von Menschen, sie definiert sich durch Exklusion. Dies ist nun aber besonders prekär für einen Schriftsteller, wenn er von der Gesellschaft akzeptiert und von ihr alimentiert werden möchte. Seine Individualität macht es ihm unmöglich, Hofdichter (»letterato di corte«)[95] zu sein, da dies voraussetzen würde, daß er seine die Mächtigen verstörenden Ideale, seine Tugend und sein Wissen verbergen müßte, »per non rimproverarli della loro ignoranza, e delle loro sceleraggini.«[96] Er könne sich nur unter zwei Bedingungen einmischen: Entweder die Menschen müßten sich ändern oder sie müßten ihm den Kopf abschneiden, wobei ihm die letztere Bedingung als leichter erfüllbar erscheine. Mit anderen Worten: Ein Engagement als politischer Schriftsteller ist unter den gegebenen Umständen der Exklusionsindividualität ausgeschlossen. Jacopo zieht es vor, um nicht der Tyrannei dienen oder sich ihr gleichmachen zu müssen, als ihr Opfer zu sterben. Allerdings hält ihn noch die Hoffnung auf Ruhm am Leben, die indes wie schon im *Sesto tomo dell'Io* als »fantasma« durchschaut wird und sich in einen Haufen aus Knochen und Asche auflöst.[97] Die von ihm als »delusa ambi-

91 *Ortis,* S. 236–245.

92 Der Textherausgeber Giovanni Gambarin zitiert in Fußnoten die beiden Texten gemeinsamen Stellen und weist darauf hin, daß man das nächtliche Gespräch mit Diogenes als »primo abbozzo di questo col Parini« betrachten müsse (*Ortis,* S. 241, Anm. 1, unter Hinweis auf eine Studie von Mario Fubini).

93 *Ortis,* S. 236.

94 Ebd.

95 Ebd.

96 Ebd.

97 *Ortis,* S. 237.

zione«[98] durchschaute Hoffnung besteht darin, daß er, und zwar er allein, dazu ausersehen sei, zum Retter des Vaterlandes zu werden (ein weiterer Beleg dafür, daß das romantische Subjekt sich nur als Ausnahmewesen entwerfen kann).

An dieser Stelle wird die Niederschrift des Briefes durch das Erscheinen eines Boten unterbrochen. Jacopo aber ist noch nicht fertig mit dem, was er seinem Freund zu sagen hat, und verschiebt deshalb die Absendung des Briefes um ein paar Tage. Dem schließt sich eine Reflexion über die Trennung an, unter der die Freunde zu leiden haben. Der einzige Trost für Jacopo sei es, »di piangere teco scrivendoti«.[99] Wie in bezug auf die Liebe hat das Schreiben auch im Zusammenhang mit der Freundschaft supplementäre Funktion. Das Begehren nach dem Freund ist dem nach der Geliebten durchaus analog (auch diese Angleichung der Freundschaft an die Liebe fanden wir im *Hyperion*):

> Sai quante notti io mi risveglio, e m'alzo, e aggirandomi lentamente per le stanze t'invoco co' miei gemiti! siedo e ti scrivo; e quelle carte sono tutte macchiate di pianto e piene de' miei pietosi deliri e de' miei feroci proponimenti. Ma non mi dà il cuore d'inviartele. Ne serbo taluna, e molte ne brucio. Quando poi il cielo mi manda questi momenti di calma, io ti scrivo con quanto più di fermezza mi è possibile per non contristarti col mio immenso dolore. Nè mi stancherò di scriverti; tutt'altro conforto è perduto; nè tu, mio Lorenzo, ti stancherai di leggere queste carte ch'io senza vanità e senza rossore ti ho sempre scritto ne' sommi piaceri e ne' sommi dolori dell'anima mia. Serbale. Presento che un dì ti saranno necessarie per vivere, almeno come potrai, col tuo Jacopo.[100]

Das Stocken der Sprache, dem wir oben schon begegnet sind, vollzieht sich hier als Unmöglichkeit, die Leere auszufüllen und zu überbrücken, die die Abwesenheit des Freundes bewirkt. Im Zustand nächtlicher Sehnsucht erfolgt eine Einschreibung von Spuren der eigenen Körperlichkeit (»carte [...] macchiate di pianto«) und des Außersichseins (»pietosi deliri«, »feroci proponimenti«) auf das Briefpapier. Die aus indiziellen Zeichen bestehende Sprache des Körpers aber ist nicht kommunizierbar. Sie würde den Adressaten zu sehr schmerzen (»contristarti col mio immenso dolore«). Daher kann Jacopo diese Briefe nicht absenden und er vernichtet die meisten davon. In Stunden der Ruhe dagegen gelingt es ihm, die Extremzustände seiner Gefühle (»sommi piaceri« und »sommi dolori«) in kommunizierbare Zeichen

98 *Ortis*, S. 238.
99 Ebd.
100 *Ortis*, S. 238f.

zu übersetzen. Erst damit werden diese Briefe zum Memorialtext, der das Fortleben Jacopos nach seinem Tode gewährleisten soll. (Die symbolische Ebene ist offenbar unhintergehbar.)
Im Anschluß an diese selbstreflexive Bezugnahme auf das eigene Schreiben und den Dialog mit Lorenzo folgt der Bericht von der Begegnung mit Parini. Gegenstand des Gesprächs zwischen Jacopo und Parini sind die Nöte des Vaterlandes, die der Dichter wortreich beklagt:

> Mi parlò a lungo della sua patria: fremeva e per le antiche tirannidi e per la nuova licenza. Le lettere prostituite: tutte le passioni languenti e degenerate in una indolente vilissima corruzione; non più la sacra ospitalità, non la benevolenza, non più l'amor figliale .... e poi mi tesseva gli annali recenti e i delitti di tanti uomicciattoli [...].[101]

Parinis Rede weckt Jacopos Inbrunst und seinen Zorn (»sovrumano furore«);[102] er ruft aus, daß er für das Vaterland sterben wolle. Doch der pessimistische Parini bremst ihn und fragt, weshalb er seinen Eifer nicht auf andere Passionen richte. Dies bringt Jacopo die Ausweglosigkeit seiner Situation zu Bewußtsein; er erzählt Parini von seiner unglücklichen Liebe zu Teresa, für die es nur eine Lösung gebe: »[...] non veggo più che il sepolcro«.[103] Nur der Gedanke an seine Mutter (»madre tenera e benefica«)[104] und die Hoffnung, das Vaterland zu befreien, hielten ihn noch vom Selbstmord ab. Hier zeigt sich, wie der Bereich des Politischen und der des Privaten in einer Art Endlosschleife wechselseitig aufeinander verweisen, indem Jacopo versucht, den im jeweiligen Bereich fehlenden Sinn im jeweils anderen Bereich zu finden. Denn zu Beginn des Textes war es ja genau umgekehrt, nachdem Jacopo sich aus dem Politischen in die Idylle des Privaten zurückgezogen hatte und ihm dort der fehlende Sinn in Gestalt von Teresa erschienen war.[105] Jetzt also, da die Liebe zu Teresa ohne Aussicht auf Erfüllung ist, dient umgekehrt die politische Hoffnung, die allerdings schon von Beginn an gescheitert ist, der Aufrechterhaltung des Lebensmutes. Parini

101 *Ortis,* S. 239.

102 *Ortis,* S. 240.

103 Ebd.

104 Ebd.

105 Vgl. den Brief vom 26. Oktober, der die erste Begegnung mit der »divina fanciulla« (*Ortis,* S. 141) Teresa erzählt und mit folgenden Worten endet: »O Lorenzo! lo spettacolo della bellezza basta forse ad addormentare a' mortali tutti i dolori? vedi per me una sorgente di vita: unica certo e .... chi sa! fatale. Ma se io sono condannato ad avere l'anima sempre in tempesta, non è tutt'uno?« (*Ortis,* S. 142) Die Hoffnung, in Gestalt von Teresa den fehlenden Sinn zu finden, ist, wie die Stelle zeigt, von Beginn an eine durchschaute.

zerstört diese Illusionen endgültig: »[...] forse questo tuo furore di gloria potrebbe trarti a difficili imprese, ma .... credimi, la fama degli eroi spetta un quarto alla loro audacia, due quarti alla sorte, e l'altro quarto ai loro delitti.«[106] Nun folgen dieselben Argumente, deren sich auch Diogenes bedient hatte (s. o.) und die auf einen anti-rousseauistischen Nenner gebracht wie folgt lauten: »I mortali sono naturalmente schiavi, naturalmente tiranni, naturalmente ciechi.«[107]

Am Ende des Briefes, dessen narrativer Teil mit der Trennung von Jacopo und Parini schließt, steht eine längere Erzählerreflexion,[108] in der Ortis darüber klagt, daß das in seiner Jugend in ihm lodernde himmlische Feuer mittlerweile erloschen sei und er nun in einer »vota oscurità«[109] umhertappe. Er sei beherrscht von einer verzweifelten Liebe, »questo amore ch'io celo a me stesso, ma che riarde ogni giorno e che è omai fatto onnipotente, immortale ... ahi!«[110] In ihm brennt sozusagen das falsche Feuer. Wenn dieses Hindernis nicht wäre, so würde er den Auftrag seines Vaterlandes erfüllen und das von ihm erblickte Leid aufschreiben. An dieser Stelle treten die Liebe zu Teresa und die Vaterlandsliebe in eine manifeste Opposition zueinander, nachdem sie bislang weitgehend als analog modelliert worden sind. Dies zeigt, daß Liebe und Politik einander nicht supplementieren können. Ein möglicher Ausweg scheint das Schreiben zu sein, das jedoch von Jacopo selbst nicht geleistet werden kann, da er zu sehr von seiner Liebe okkupiert ist. Doch formuliert er einen Appell an die »pochi sublimi animi che solitarj o perseguitati su le antiche sciagure della nostra patria fremete«:[111] Sie sollen sich daran machen und die politischen Leiden Italiens an die Nachwelt weitergeben: »Scrivete. Perseguitate con la verità i vostri persecutori. E poichè non potete opprimerli, mentre vivono, co' pugnali, opprimeteli almeno con l'obbrobrio per tutti i secoli futuri.«[112]

Liebe und Politik haben also eine wichtige Gemeinsamkeit: Beide stehen in einem supplementären Verhältnis zum Schreiben; in beiden Fällen soll das Schreiben Abhilfe schaffen und ein Scheitern in ein Gelingen verwandeln. Die Frage ist jedoch, ob dieser doppelte Anspruch erfüllt werden kann. Auf

106 *Ortis,* S. 241 (in variierender Wiederaufnahme der oben bereits zitierten Stelle aus dem *Sesto tomo: Prose varie d'arte,* S. 7).

107 *Ortis,* S. 242.

108 *Ortis,* S. 243–245.

109 *Ortis,* S. 243.

110 Ebd.

111 *Ortis,* S. 244.

112 Ebd.

der Ebene des *énoncé* jedenfalls scheitert Jacopo als Liebender und als Politiker, und dies, obwohl er schreibt. Sein zweifaches Scheitern wird in der Parini-Episode besiegelt; so sagt der Dichter beim Abschied zu Jacopo: »Tu porterai da per tutto e sempre con te le tue generose passioni a cui non potrai soddisfare giammai. Tu sarai sempre infelice. Io non posso consolarti co' miei consiglj, perchè neppur giovano alle mie sventure derivanti dal medesimo fonte.«[113] Der Dichter kann keinen Trost mehr spenden, weil er selbst des Trostes bedürftig ist. Deutlicher läßt sich der historische Funktionswandel der Literatur, ihr Umstellen von Problemlösung auf Problembeschreibung, nicht formulieren. Das Spannungsverhältnis zwischen dieser Einsicht und dem performativen Appell an die Leser, politisch zu handeln, der auf der Hoffnung nach einer politischen Funktion der Literatur beruht, bleibt im Text ungelöst. Diese Spannung ist wie auch bei Hölderlin ein Teil der epochalen Signatur des Romans.

113 *Ortis,* S. 247.

# 4. Madame de Staël *(Corinne)*

## 4.1 Madame de Staëls Analyse der Liebe als Signatur der Moderne *(De la littérature)*

Die literarhistorische Bedeutung von Germaine de Staël (1766–1817) war von Beginn an umstritten. Dies hat wohl primär mit dem Skandalon eines »génie mâle dans un corps de femme«[1] zu tun, einer Frau, die nicht nur als Autorin von Romanen in Erscheinung trat (was in der französischen Literatur seit dem 17. Jahrhundert durchaus keine Seltenheit war), sondern sich auch in die von Männern beherrschte Domäne des Theoriediskurses und der Politik einzumischen wagte.[2] Ihr bekanntester und bedeutendster Roman *Corinne ou l'Italie* (1807), der nach seiner Veröffentlichung bei der intellektuellen Elite wie auch beim Lesepublikum ein durchaus positives Echo hervorrief,[3] gilt heute kaum noch als einer der ganz großen Romane des

1 So eine bekannte Äußerung von Alphonse de Lamartine, hier zitiert nach: Hubert de Phalèse, *Corinne à la page. Analyse du roman de Mme de Staël, »Corinne ou l'Italie«,* Paris 1999, S. 17.

2 Ein frühes Zeugnis der von Ambivalenz geprägten Bewertung Mme de Staëls als Verfasserin von Theorieschriften sind die Äußerungen Goethes, der ihren *Essai sur les fictions* 1795 übersetzte und am 6. Oktober 1795 an Schiller schrieb: »Im einzelnen werden Sie sehr viel Gutes finden, da sie aber einseitig und doch wieder gescheut und ehrlich ist, so kann sie mit sich selbst auf keine Weise einig werden; als Text aber können Sie es gewiß fürtrefflich brauchen.« (*Der Briefwechsel zwischen Schiller und Goethe.* Herausgegeben von Emil Staiger, Frankfurt a. M. 1966, S. 143 f.) Eine Woche später, am 13. Oktober 1795, ist dann etwas abschätzig von Mme de Staëls »weibliche[r] Methode« die Rede (S. 144).

3 Man denke an die Rezension von August Wilhelm Schlegel, »Corinne ou l'Italie, par Mad. de Staël Holstein«, in: *Sämmtliche Werke.* Herausgegeben von Eduard Böcking, Bd. XII: *Vermischte und kritische Schriften. Sechster Band,* Leipzig 1847, Nachdruck: Hildesheim 1971, S. 188–206, der von einer »harmonischen Dichtung« (S. 188) spricht, der Italiendarstellung sein höchstes Lob zollt (S. 193 f.), Mme de Staël zu ihrem Vorteil mit Rousseau (S. 196) und Winckelmann (S. 197) vergleicht und *Corinne* aufgrund der Behandlung der Liebesthematik (der »vorzugsweise romantische[n] Leidenschaft«) als romantisches Buch einordnet (S. 198 f.), was aus dem Munde des Romantiktheoretikers Schlegel naturgemäß ein ausdrückliches Lob darstellt. Ebenfalls positiv ist die Reaktion von Benjamin Constant (ursprünglich 1807 in *Le Publiciste* erschienen, 1829 dann in *De Madame de Staël et de ses ouvrages* aufgenommen), der, literarästhetisch weniger progressiv als Schlegel, vor allem die moralische Wirkung des Romans hervorhebt und die darin zum Ausdruck kommende »profonde connaissance de la nature et du cœur humain« lobt (*De Madame de Staël et de ses ouvrages,* in: *Œuvres.* Texte présenté et annoté par Alfred Roulin, Paris 1957, S. 825–852,

19. Jahrhunderts,[4] und dies, obwohl es zwischen 1800 und 1830 in Frankreich nur wenige literarische Texte von ähnlicher Qualität und vergleichbarem Problembewußtsein gibt. Die Abwertung der *Corinne* zeichnete sich schon im 19. Jahrhundert ab, wo neben anerkennenden sehr früh auch kritische und spöttische Urteile zu finden sind.[5]

Mme de Staëls Kanonisierung stützt sich aus heutiger Sicht weniger auf ihr Romanwerk als auf ihre Theorieschriften, vor allem *De la littérature* (1800) und *De l'Allemagne* (1810/1813). Was die literarhistorische Verortung dieser Texte betrifft, so sind die Urteile schwankend. Während etwa Philippe Van Tieghem[6] Mme de Staël als Verkünderin einer »esthétique ouverte« bezeichnet, die in entscheidender Weise zur Etablierung der Romantik (im französischen Sinne, also bezogen auf Hugo und Lamartine) mit beigetragen habe,[7] warnen Gérard Gengembre und Jean Goldzink davor, *De la littérature* darauf zu reduzieren, daß es Positionen der romantischen Ästhetik antizipiere, weil

hier S. 837). Constants Rezension stellt eine Reaktion auf die Angriffe dar, welche in der konservativen Kritik der damaligen Zeit häufig zu finden waren und welche den Roman der »immoralité« und der »invraisemblance« ziehen; vgl. hierzu Simone Balayé, *Madame de Staël. Lumières et liberté,* Paris 1979, S. 151–155, die auch darauf hinweist, daß *Corinne* ebenso wie Mme de Staëls erster Roman *Delphine* ein Publikumserfolg war (S. 151).

4 Bezeichnenderweise gibt es bis heute keine Pléiade-Ausgabe von Mme de Staëls Werken.

5 Exemplarisch für die Ambivalenz der Beurteilung von *Corinne* ist Balzac, der einerseits im »Avant-propos« zur *Comédie humaine* Mme de Staëls Roman in eine Reihe mit den bedeutendsten Vertretern der Gattung stellt (unter anderem nennt er *Don Quijote, Robinson Crusoe, La Nouvelle Héloïse* und *Werther*), andererseits in den *Illusions perdues* von den »improvisations qui déparent le roman de *Corinne*« spricht und Louise de Bargeton von Lucien de Rubempré mit Verachtung als »Corinne d'Angoulême« bezeichnen läßt (de Phalèse, *Corinne à la page,* S. 25). Auffälligerweise stehen die negativen Urteile häufig in einem misogynen Zusammenhang, so auch bei dem Maler Étienne Delécluze, der in seinem Tagebuch über eine Mutter und ihre Tochter schreibt: »Ce barbotage d'honnêteté, de poésie et de mœurs de comédienne a été suggéré à la mère et adopté facilement par la fille, j'en suis sûr, par le roman de *Corinne.* La lecture de cet ouvrage est comme un breuvage empoisonné pour toutes les filles d'esprit qui se mêlent d'écrire.« (ebd., S. 24)

6 *Les grandes doctrines littéraires en France. De la Pléiade au surréalisme* (1946), Paris 1990, S. 159–170.

7 Die offene Ästhetik der Romantik zeichne sich durch die Wendung des Blicks auf die Welt außerhalb der Kunst und auf die »profondeurs mystérieuses du moi« aus (*Les grandes doctrines littéraires en France,* S. 160), und Mme de Staël habe diesen Wandel herbeigeführt. »C'est dans ses œuvres que puisèrent la plupart des théoriciens du Romantisme tant son apport était riche en suggestions.« (ebd.) Zu Mme de Staëls Stellung in der europäischen Romantik vgl. auch Ernst Behler, *Ironie und literarische Moderne,* Paderborn 1997, S. 79ff., für den Mme de Staël in *De la littérature* als eine der Ersten eine gültige Formulierung der romantisch-modernen Ästhetik als einer Ästhetik der Veränderung, der Nicht-Identität, der Reflexivität und der Melancholie vorgelegt hat.

dies dem Werk in seiner Fülle und Gesamtintention nicht gerecht werde.[8] Joachim Küpper[9] situiert Mme de Staëls ästhetiktheoretische Schriften diesseits des romantischen Epochenbruchs im Sinne Foucaults, weil die Autorin die ästhetisch avancierten Positionen der deutschen Romantik zwar rezipiere, dabei aber »an den Horizont des idealisierenden Paradigmas« und an die »taxonomische Geordnetheit« des klassischen Diskurses gebunden bleibe.[10] Programmatisch verwende sie den klassischen Nachahmungsbegriff und sie identifiziere das Ästhetische mit dem moralisch Schönen.[11] Andererseits, so Küpper weiter, habe sie »mit der These von der Milieuabhängigkeit ästhetischer Produktion einen nicht unerheblichen Beitrag zur argumentativen Zurückdrängung des regelästhetischen Denkens geliefert«.[12] Darin sieht Küpper immerhin einen Vorgriff auf die »Ablösung des Konzepts a-historischer Geordnetheit durch das romantische Konzept der Historisierung«,[13] wenngleich er diesen Aspekt bei seiner literarhistorischen Verortung von Mme de Staël nicht in Rechnung stellt.[14]

Wenn man dagegen *De la littérature* nicht vereindeutigend liest und wenn man insbesondere den Roman *Corinne* in die Betrachtung mit einbezieht, dann ergibt sich ein anderes Bild. Dann zeigt sich nämlich, daß Mme de Staël voll und ganz am Diskurs der europäischen Romantik teilhat. Das zentrale Element ist auch bei Mme de Staël der Nexus zwischen Liebe und Literatur, und zwar sowohl in *De la littérature* als auch in *Corinne*.

8 »Introduction«, in: Mme de Staël, *De la littérature,* hg. v. Gérard Gengembre/Jean Goldzink, Paris 1991, S. 7–47, hier S. 27.

9 *Ästhetik der Wirklichkeitsdarstellung und Evolution des Romans von der französischen Spätaufklärung bis zu Robbe-Grillet. Ausgewählte Probleme zum Verhältnis von Poetologie und literarischer Praxis,* Stuttgart 1987, S. 59–63.

10 Ebd., S. 60.

11 Ebd., S. 61.

12 Ebd., S. 62.

13 Ebd.

14 Nach Küppers These erfolgt der romantische Epistemenbruch mit dem Übergang zu tiefendimensionaler Modellierung bei Chateaubriand (*Ästhetik der Wirklichkeitsdarstellung,* S. 64–74). Dessen eigentlich konservative »poétique du christianisme« rekurriere auf den altbekannten Gedanken, »daß das Reale un-ideal« sei, das heißt, daß sich das Moralische und sein Gegenteil »zu einer unauflöslichen Einheit« verbänden (S. 66), wobei Chateaubriand diesen Gedanken allerdings neu begründe. Das Böse und Häßliche sei bei ihm nämlich nicht mehr wie noch bei Diderot ein taxonomisch notwendiger Oppositionsterm zum moralisch Guten und Schönen, sondern es sei konstitutiv in der Natur des Menschen angelegt. Dadurch aber könnten die Texte nicht mehr das Idealschöne, sondern sie müßten das Schlechte und Häßliche »als integrales Element des Wirklichen« (S. 68) darstellen. Die Wirklichkeit werde infolgedessen opak, und damit erst sei für die Literatur das »Dispositiv komplexer, ›tiefendimensionaler‹ Modellierung« (ebd.) gewonnen.

Wie fundamental der Zusammenhang von Liebe und Literatur für Mme de Staëls Ästhetiktheorie ist, geht schon aus dem Vorwort zur zweiten Auflage von *De la littérature* hervor. Der gegen die klassizistische Ästhetik gerichtete Hauptgedanke ihres Werkes ist die Übertragung des aufklärerischen *perfectibilité*-Konzepts auf die Literatur. Nur unter der Voraussetzung, daß die Literatur wie auch die Gesellschaft sich verändert, ist es legitim und notwendig, vom klassizistisch-ahistorischen Nachahmungsgedanken abzukehren und nicht, wie bisher üblich, eine normative Poetik, also eine Anweisung zur Herstellung von literarischen Texten, sondern eine nicht-normative Analyse der Wechselbeziehungen zwischen Literatur und Gesellschaft zu verfassen.[15] Nun muß man wissen, daß der von Mme de Staël zugrundegelegte Literaturbegriff sowohl die »écrits philosophiques« als auch die »ouvrages d'imagination« umfaßt.[16] Für beide gilt die Perfektibilität jedoch nicht in gleicher Weise: »J'ai distingué avec soin dans mon ouvrage ce qui appartient aux arts d'imagination, de ce qui a rapport à la philosophie; j'ai dit que ces arts n'étoient point susceptibles d'une perfection indéfinie, tandis qu'on ne pouvoit prévoir le terme où s'arrêteroit la pensée.«[17] Die von den Griechen geschaffene Dichtung sei nach wie vor das unübertroffene Modell für die Dichtung der Moderne. Allerdings, so heißt es weiter, seien die Griechen nicht in jeder Hinsicht überlegen, denn durch den Fortschritt der Gedanken ändere sich auch die *sensibilité* der Menschen, die dann entsprechend erst von der modernen Dichtung adäquat ausgedrückt werden könne: »J'ai soutenu que, dans les bons ouvrages modernes, l'expression de l'amour avoit acquis plus de délicatesse et de profondeur que chez les anciens, parce qu'il est un certain genre de sensibilité qui s'augmente en proportion des idées.«[18]

Die Nichtgültigkeit der Fortschrittsthese für die Dichtung wird somit im Hinblick auf die Liebe wieder aufgehoben. Die Liebe ist Ausdruck, ja Movens der Perfektibilität im Bereich des imaginativen Schreibens und besitzt daher einen privilegierten Status in Mme de Staëls literarischer Ästhetik. Zugleich ist die Liebe gekoppelt an die Entwicklung der »pensée«, das heißt, ihr kommt allgemein erkenntniskritische Funktion zu. Will man also die moderne Literatur in ihrer Besonderheit verstehen, so muß man die Evolution der Liebesdarstellung studieren. In dieser Hinsicht ist zunächst einmal

15 *De la littérature considérée dans ses rapports avec les institutions sociales.* Nouvelle édition critique établie, présentée et annotée par Axel Blaeschke, Paris 1998, S. 2.

16 *De la littérature,* S. 16.

17 *De la littérature,* S. 6.

18 *De la littérature,* S. 7.

auffällig, daß, wie es im Kapitel IX des ersten Teiles heißt, die Liebe zwischen Mann und Frau eine nachantike Erfindung ist.[19] In der Antike hätten die Männer ihre Frauen nicht als gleichwertige Partnerinnen, sondern als Sklavinnen betrachtet,[20] was bei diesen die Entwicklung von Geist, Seele und Gefühlen unterdrückt habe. »De-là vient que les poètes de l'antiquité n'ont le plus souvent peint dans l'amour que les sensations.«[21] Einziger Grund, eine bestimmte Frau zu bevorzugen, sei ihre äußere Schönheit gewesen. Da Schönheit aber ein nicht-individuelles Merkmal sei (»cet avantage est commun à un assez grand nombre d'elles«),[22] habe es zu keinen exklusiven und totalisierenden Liebesbeziehungen kommen können. Die in der Moderne erfolgende Einbeziehung der Frauen als Intimpartnerinnen in das soziale Leben habe nicht nur die Liebe möglich gemacht, sondern auch die Verbreitung des von der Privatsphäre handelnden Romans nach sich gezogen, denn: »avant que les femmes eussent créé des intérêts dans la vie privée, les aventures particulières captivoient peu la curiosité des hommes; ils étoient absorbés par les occupations politiques.«[23]

Liebeskonzepte, soziale Beziehungen, die Stellung der Frauen und die Literatur als Medium der Reflexion hängen somit aufs engste zusammen. Wenn der Roman wie in England auf die Darstellung des Wunderbaren, des Allegorischen und der Historie verzichtet und sich einzig auf die Erfindung von Charakteren und Ereignissen des Privatlebens verlegt, dann ist sein bevorzugter Gegenstand die Liebe. Die Voraussetzung dafür ist die gesellschaftlich anerkannte Stellung der Frauen in der Privatsphäre, ihr »bonheur causé par les affections domestiques«.[24] Es kommt zu einer Intensivierung der Beziehungen zwischen Männern und Frauen durch die »sensibilité«. »L'Angleterre est le pays du monde où les femmes sont le plus véritablement aimées.«[25] Und da Romane durch Liebe angeregt werden (»l'amour

19 Analog argumentiert beinahe zeitgleich auch Chateaubriand im *Génie du christianisme* (II. Teil, Buch III, Kap. II): »Ce que nous appelons proprement amour parmi nous, est un sentiment dont l'antiquité a ignoré jusqu'au nom. Ce n'est que dans les siècles modernes qu'on a vu se former ce mélange des sens et de l'âme, cette espèce d'amour, dont l'amitié est la partie morale. C'est encore au christianisme que l'on doit ce sentiment perfectionné [...].« (*Essai sur les révolutions. Génie du christianisme.* Texte établi, présenté et annoté par Maurice Regard, Paris 1978, S. 689)

20 *De la littérature,* S. 148.

21 Ebd.

22 Ebd.

23 *De la littérature,* S. 149.

24 *De la littérature,* S. 222.

25 *De la littérature,* S. 223.

inspire les romans«),[26] besitzen die Engländer die meisten und die besten Romane.

Auch die bedeutendsten Vertreter der Gattung außerhalb Englands, *La Nouvelle Héloïse* und *Werther*, sind Liebesromane. Ihr Sonderstatus resultiert daraus, daß bei ihnen die Passion selbstreflexiv wird: »Il n'y a que Rousseau et Goethe qui aient su peindre la passion réfléchissante, la passion qui se juge elle-même, et se connoît sans pouvoir se dompter.«[27] Dabei zeigt sich, daß Literatur und Gesellschaft in komplexer Wechselwirkung zueinander stehen, daß literarische Texte sozusagen als Relaisstationen in einem Regelkreis fungieren. Denn einerseits ist *Werther* eine Darstellung von Seelenzuständen und gesellschaftlichen Verhältnissen, die für Deutschland typisch sind. Andererseits weckt der Roman bei seinen Lesern jenen Enthusiasmus, den er darstellt, der ihnen aber selbst als Disposition schon innewohnt: »L'enthousiasme que Verther a excité, sur-tout en Allemagne, tient à ce que cet ouvrage est tout-à-fait dans le caractère national. Ce n'est pas Goethe qui l'a créé, c'est lui qui l'a su peindre. Tous les esprits en Allemagne, comme je l'ai dit, sont disposés à l'enthousiasme: or, Verther fait du bien aux caractères de cette nature.«[28] Dies ist eine klare Abkehr von den Prämissen der Imitatio-Poetik, die ja auf Idealisierung und nicht auf die Darstellung des Realen zielt. Wenn Mme de Staël also immer wieder auf die Prinzipien des Nützlichen und der Vernunft zurückkommt,[29] so hat dies eher den Charakter eines rhetorischen Zugeständnisses an die Vertreter der konservativen Orthodoxie, als daß es sich mit Küpper[30] als Beleg für ihre Zugehörigkeit zum Paradigma der Nachahmung deuten ließe. Eine genaue Lektüre ihres Buches macht deutlich, daß ihre Auffassung von Literatur mit den Prinzipien der Imitatio-Poetik nicht mehr kompatibel ist.

Dies zeigt sich insbesondere in ihrer Beurteilung des *Werther*. Sie betrachtet den Roman als kritisches Reflexionsmedium, als Instrument der gesellschaftlichen Selbstbeschreibung und der daraus resultierenden Erkenntnis. Er ermöglicht nämlich einen Blick in den Abgrund der menschlichen Natur, wo alle Wahrheiten dem suchenden Auge erkennbar werden (»cet abîme de la nature, où toutes les vérités se découvrent à l'œil qui sait les y chercher«).[31]

26 Ebd.

27 *De la littérature,* S. 241.

28 Ebd.

29 So beispielsweise am Ende ihrer Ausführungen zu *Werther,* wo es heißt: »[...] c'est un livre qui rappelle à la vertu la nécessité de la raison.« (*De la littérature,* S. 242)

30 *Ästhetik der Wirklichkeitsdarstellung,* S. 59–63.

31 *De la littérature,* S. 240.

Er stellt eine kritische Diagnose, indem er zeigt, daß der einzelne doppelt konditioniert ist: durch seine eigene Natur und durch den Bezug zu seiner gesellschaftlichen Umwelt. Erst das Zusammentreffen eines »mauvais ordre social« mit einem »esprit énergique« und der dadurch bewirkte »mélange de maux« führen zum Selbstmord.[32] Dieser wird von Mme de Staël im übrigen nicht, wie dies im Rahmen der Imitatio-Poetik üblich gewesen wäre, als Vorbild für negatives Verhalten verurteilt, denn nicht die in einem Roman dargestellten Handlungen (»le fait inventé«),[33] sondern allein die Gefühle (»les sentimens qu'on y développe«)[34] hinterlassen im Leser tiefe Spuren. Was Mme de Staël hier beschreibt, ist die Tendenz des modernen Romans zur Verinnerlichung, zur Psychologisierung, wie sie seit der *Princesse de Clèves* zu beobachten ist. Damit einher geht die Hybridisierung der Gattung, die Verschmelzung von Fiktion und Reflexion, von Romanhaftigkeit und Philosophie: »Quelle sublime réunion l'on trouve dans Verther, de pensées et de sentimens, d'entraînement et de philosophie!«[35] Ausdruck dieser Verschmelzung ist eben jene »passion réfléchissante«, jene selbstreflexive Passion, von der oben bereits die Rede war. In der Verschmelzung verschiedener Diskursformen bekundet sich jene Tendenz zur Entdifferenzierung, die, wie im Bisherigen vielfach nachgewiesen wurde, ein Charakteristikum des europäischen romantischen Diskurses ist.

## 4.2 Die Begegnung von Corinne und Oswald im Zeichen der Opposition Dichtung vs. Liebe: Vom Theaterdiskurs zur Intimkommunikation

Mme de Staëls fiktionales Hauptwerk *Corinne ou l'Italie*[36] zeichnet sich durch Merkmale aus, die sie in *De la littérature* am *Werther* hervorgehoben hat. Im Mittelpunkt steht die »passion réfléchissante« zwischen Corinne, einer

32 Ebd.
33 *De la littérature,* S. 241.
34 Ebd.
35 *De la littérature,* S. 240f.
36 Dieser Roman hat, nachdem er, wie oben erwähnt, schon frühzeitig von Autoren wie Balzac und auch Stendhal ambivalent bewertet wurde, lange Zeit ein literarhistorisches Schattendasein gefristet. Als exemplarisches Zeugnis hierfür diene die Abwertung von Mme de Staëls fiktionalem Werk (im Gegensatz zu ihrem Theoriewerk) bei Gustave Lanson, *Histoire de la littérature française.* Remaniée et complétée pour la période 1850–1950 par Paul Tuffrau, Paris o.J., wo es heißt: »[…] Elle n'a pas l'invention artistique: dans *Delphine* et dans *Corinne,* tout ce qui n'est pas autobiographie sentimentale ou connaissance

Dichterin, die sich von allen gesellschaftlichen und familialen Konventionen losgesagt hat, und Oswald Nelvil, einem Adeligen und Offizier, der sich im Gegensatz zu ihr von den Zwängen seiner Herkunft nicht befreien kann. Ebenso wie *Werther* dies (Mme de Staël zufolge) tut, macht *Corinne* die doppelte Konditionierung des Individuums durch seine Anlagen und durch die Gesellschaft sichtbar. Die Handlungsebene ist relativ schwach ausgeprägt, es dominieren Reflexion und die Darstellung und Analyse von Gefühlen und Erinnerungen. Ähnlich wie im analytischen Drama (z. B. *König Oedipus* von Sophokles) geht es um die allmähliche Aufdeckung der verborgenen Ursachen eines von Beginn an vorhandenen, aber nicht artikulierbaren Problems, das zwischen den Liebenden steht. Die Spannung im Roman entsteht im ersten Teil durch die lange Hinauszögerung der Auflösung und im zweiten Teil durch die Hilflosigkeit, mit der man die nun deutlich vorgezeichnete Katastrophe auf die Protagonisten zukommen sieht. Der Text präsentiert sich als Kombination aus Roman und Reisebeschreibung, ist also von hybrider Gattungszugehörigkeit, wobei die von Oswald und Corinne unternommenen Besichtigungen Roms und Neapels den Rahmen für essayartige Ausführungen und Reflexionen bilden, die zum Teil an die Thesen

positive, est médiocre et banal. [...] Impuissante à créer, elle excelle à noter; et si elle a le style le moins artiste du monde, comme *écrivain d'idées* elle est supérieure.« (S. 878; Hervorh. im Text) Erst in jüngerer Zeit gibt es Forschungsbeiträge – vor allem, aber nicht ausschließlich, von feministischer Seite –, welche zu einer Neubewertung von *Corinne* als einem ganz zentralen Text der französischen und europäischen Romantik und innerhalb der Geschichte des französischen Romans geführt haben. Beispielhaft seien hier genannt: Joan DeJean, »Staël's *Corinne.* The Novel's Other Dilemma«, in: *Stanford French Review* 11 (1987), S. 77–87, die den Roman aufgrund seines Rückgriffs auf die weibliche Salon-Tradition (Madeleine de Scudéry) und auf den Roman des 18. Jahrhunderts als »*mise en abyme* of the first 150 years of the French novel's history« (S. 78) und zugleich als Subvertierung des männlich geprägten Romanmodells um 1800 (S. 81) liest; Marie-Claire Vallois, »Voice as Fossil. Madame de Staël's *Corinne or Italy:* An Archaeology of Feminine Discourse«, in: *Tulsa Studies in Women's Literature* 6/1 (1987), S. 47–60, die von der Strategie supplementärer weiblicher Identitätskonstitution durch fiktionales (nicht autobiographisches) Schreiben bei Mme de Staël spricht; Udo Schöning, »Die Funktionalisierung des Ortes in Mme de Staëls *Corinne ou l'Italie*«, in: *Romanistische Zeitschrift für Literaturgeschichte* 23/1–2 (1999), S. 55–67, der die funktionale Bezogenheit von Ort und Handlung in *Corinne* nachweist und darin ein Verfahren erblickt, »das in dieser Form und Konsequenz ohne Vorläufer ist« (S. 65); der Roman bilde eine Brücke zwischen dem von Rousseau geprägten Naturempfinden und den Techniken des realistischen Romans; Philippe Dufour, »*Corinne* ou les tartines«, in: *L'Information littéraire* 52/1 (2000), S. 38–45, der die komposite Struktur des Romans analysiert und zeigt, daß dessen Abwertung sich vor allem auf seinen enzyklopädischen Anspruch einer »littérature d'idées« zurückführen lasse, während seine poetischen Passagen zukunftsweisend für die französische Romantik gewirkt haben.

von *De la littérature* anknüpfen. In dieser Hinsicht ähnelt *Corinne* mehr der *Nouvelle Héloïse* als dem *Werther,* der zwar auch Analyse und Fiktion verbindet, aber in gedrängter Form und ohne ausgedehnte essayistische Exkurse. Im folgenden sollen die Zusammenhänge zwischen Liebe, Literatur und Gesellschaft in *Corinne* untersucht werden.

Schon die erste Begegnung Oswalds mit Corinne steht programmatisch im Zeichen der Dichtung. Corinne, »la femme la plus célèbre de l'Italie, [...] poëte, écrivain, improvisatrice«,[37] wird auf dem Römischen Kapitol zur Dichterin gekrönt. Die Begegnung erfolgt also im Rahmen einer symbolträchtigen kulturpolitischen Inszenierung von höchster öffentlicher Relevanz. Die Wahrscheinlichkeit, daß es in diesem Rahmen zu einer persönlichen Begegnung mit anschließender Intimkommunikation zwischen der Hauptperson und einem Individuum als Teil der anonymen Zuschauermasse kommen kann, ist realistisch betrachtet äußerst gering. Denn durch die Öffentlichkeit der Dichterkrönung wird zwar der eben erst in Rom angekommene, aus Schottland angereiste Oswald auf Corinne aufmerksam gemacht, was aus seiner Sicht die Voraussetzung für die Begegnung schafft; während der Feier aber ist er nur einer unter vielen Zuschauern, dem besondere Beachtung zu schenken für Corinne *a priori* keine Veranlassung besteht. Die Unwahrscheinlichkeitsschwelle wird nun dadurch gesenkt, daß Oswald ein Fremder ist und daß man ihm dies ansieht. Durch sein von den Umstehenden abweichendes Verhalten wird Corinne auf ihn aufmerksam, als sie während ihrer Improvisation zum Thema »La gloire et le bonheur de l'Italie« durch Beifallsstürme unterbrochen wird:

> Corinne fut interrompue pendant quelques moments par les applaudissements les plus impétueux. Le seul Oswald ne se mêla point aux transports bruyants qui l'entouraient. Il avait penché sa tête sur sa main lorsque Corinne avait dit: *Ici l'on se console des peines même du cœur;* et depuis lors il ne l'avait point relevée. Corinne le remarqua, et bientôt à ses traits, à la couleur de ses cheveux, à son costume, à sa taille élevée, à toutes ses manières enfin, elle le reconnut pour un Anglais. Le deuil qu'il portait, et sa physionomie pleine de tristesse la frappèrent. Son regard, alors attaché sur elle, semblait lui faire doucement des reproches; elle devina les pensées qui l'occupaient, et se sentit le besoin de le satisfaire, en parlant du bonheur avec moins d'assurance, en consacrant à la mort quelques vers au milieu d'une fête.[38]

37 *Corinne ou l'Italie.* Édition présentée, établie et annotée par Simone Balayé, Paris 1985, S. 49.

38 *Corinne,* S. 64f. (Hervorh. im Text).

Die Stelle markiert den Beginn privater Kommunikation durch das Mißlingen der öffentlichen Kommunikation. Corinne singt einen Hymnus auf Italien, auf seine einstmals politische, nunmehr kulturelle Größe, schließlich auf seine Natur des Überflusses, die alle Verletzungen der Menschen zu heilen vermöge. Die erwartete Publikumsreaktion ist eine durch Applaus manifestierte kollektive Zustimmung, die Oswald jedoch als einziger verweigert. Durch seine vorenthaltene Zustimmung wird er für Corinne erst sichtbar. Dadurch erkennt Corinne, daß er sich auch anderweitig von der anonymen Masse des Publikums unterscheidet. Sein Verhalten und seine Erscheinung werden zu Zeichen, die Corinne zu dechiffrieren versucht. Sie identifiziert ihn als Engländer und deutet seinen Blick als stillen Vorwurf gegen ihren Italien-Enthusiasmus. Dies bewirkt ihrerseits den Wunsch nach einem geänderten Kommunikationsverhalten (»[elle] se sentit le besoin de le satisfaire, en parlant du bonheur avec moins d'assurance«). Aus der zunächst anonymen wird eine persönlich-dialogische Kommunikation. Mit Vilém Flusser[39] kann man die Kommunikationssituation auf dem Kapitol – und das ist die für Dichtung in archaischen Kulturen der Mündlichkeit typische – als »Theaterdiskurs« bezeichnen.[40] Ein solcher zeichnet sich aus durch die Kopräsenz von Sender und Empfängern und das Vorhandensein einer Wand, »welche das Theater wie eine Muschel gegen die Außenwelt und deren Geräusche abschließt«.[41] Damit steht der Theaterdiskurs in einem Spannungsfeld zwischen »Treue« zur vermittelten Information durch Abschirmung nach außen und »Fortschritt« der Information durch interne Instabilität, denn innerhalb der Theaterstruktur kann potentiell jeder Empfänger zum Sender werden. »Da der Theaterdiskurs offen für Dialoge ist und immer wieder in Dialoge ausgefaltet werden kann, läuft er ständig Gefahr, daß die ursprüngliche Information von Geräuschen infiziert wird, welche die Gedächtnisse der Empfänger aussenden.«[42] Genau dies geschieht

39 *Kommunikologie,* in: *Schriften,* hg. v. Stefan Bollmann / Edith Flusser, Bd. 4, Mannheim 1996, S. 21.

40 Natürlich ist die italienische Kultur des späten 18. Jahrhunderts (die Haupthandlung des Romans beginnt in den 1790er Jahren) keine archaische Kultur der Mündlichkeit, obgleich es tatsächlich noch Repräsentanten oraler Dichtung, darunter auch Frauen, gab, denen Mme de Staël auf ihrer Italienreise begegnet ist (vgl. Madelyn Gutwirth, *Madame de Staël, Novelist. The Emergence of the Artist as Woman,* Urbana / Chicago / London 1978, S. 173). Wie zu zeigen sein wird, erzählt der Roman Corinnes Übergang vom Bereich der Mündlichkeit in den der Schrift. Die Entstehung eines modernen Aufschreibesystems wird auf diese Weise in allegorischer Verdichtung dargestellt, und es zeigt sich, welch zentrale Rolle die Liebe bei dieser Genese spielt (vgl. hierzu vor allem Kap. 4.5).

41 Flusser, *Kommunikologie,* S. 21.

42 Ebd., S. 22.

in *Corinne* während der Improvisation auf dem Kapitol. Oswalds verweigerte Zustimmung und seine Differenz zu den anderen Zuhörern erzeugen ein störendes Geräusch, durch das die Kommunikation in Frage gestellt und die Information ›infiziert‹ wird. Indem sie nach der Unterbrechung vom Glück in gedämpfteren Tönen spricht und ihre Aufmerksamkeit auf den Tod richtet, ändert Corinne die Semantik ihrer poetischen Mitteilung. Dies verfehlt nicht seine Wirkung: »Oswald fut tellement ravi par ces dernières strophes, qu'il exprima son admiration par les témoignages les plus vifs; et cette fois les transports des Italiens eux-mêmes n'égalèrent pas les siens. En effet, c'était à lui plus qu'aux Romains que la seconde improvisation de Corinne était destinée.«[43] Aus dem Theaterdiskurs ist ein Dialog zwischen Corinne und einem privilegierten Zuhörer geworden. Die semantische und die pragmatische Dimension der Mitteilung haben sich entscheidend geändert. Dadurch konnte die Unwahrscheinlichkeit der Kontaktaufnahme zwischen der berühmten Corinne und dem unbekannten Fremden überwunden werden.

Wenn Corinne im Rahmen einer öffentlichen Kommunikationssituation, die ja für Dichtung konstitutiv ist, dazu übergeht, einen privaten Dialog mit einem privilegierten Adressaten zu führen, so hat dies Implikationen, die erst im Verlauf des Romans sichtbar werden. In diesem heimlichen Adressatenwechsel (der von der Gesamtheit des Publikums unbemerkt bleibt) deutet sich ein Substitutions- und Konkurrenzverhältnis zwischen poetischer und intimer Kommunikation, zwischen Dichtung und Liebe an, das in der an die Improvisation anschließenden Krönungsszene zu emblematischer Gestalt verdichtet wird. Auf dem Höhepunkt emotionaler Ergriffenheit, nachdem man Corinne den Kranz aus Myrte und Lorbeer aufs Haupt gesetzt und sie somit zur Nachfolgerin von Petrarca und Tasso gemacht hat, kommt es nämlich erneut zu einer Interaktion zwischen Corinne und Oswald. Sie weint vor Rührung und bedeckt ihr Gesicht mit einem Taschentuch. Daraufhin tritt Oswald ergriffen nach vorne, um sie anzusprechen, woran ihn seine Schüchternheit (»invincible embarras«)[44] jedoch hindert. Sie bemerkt seine Anstalten und blickt ihn an, ohne daß er es merken kann. Als man sie dann zum Triumphwagen führt, dreht sie sich mehrmals unter einem Vorwand nach Oswald um, wobei ihr schließlich der Kranz vom Kopf fällt. Oswald nützt die Gelegenheit, um den Kranz aufzuheben, ihn Corinne zurückzugeben und sie dabei anzusprechen. Abgesehen davon, daß dieser

43 *Corinne*, S. 66.
44 *Corinne*, S. 68.

Zwischenfall (der Verlust und Wiedergewinn des Dichterkranzes durch die Anwesenheit eines geliebten Mannes) die erste direkte verbale Kommunikation zwischen Oswald und Corinne ermöglicht, ist er angesichts des Fortgangs der Handlung als Vorwegnahme der tragischen Liebesbeziehung zu deuten, die sich zwischen beiden Protagonisten entwickeln wird und die dazu führt, daß Corinne ihre Dichterlaufbahn ihrer Liebe zu Oswald opfert (bildlich gesprochen: daß sie ihm den Kranz gibt), dann aber nach dem Verlust des Geliebten und aufgrund dieses Verlustes zur modernen Schriftstellerin wird (bildlich: daß sie den Kranz von ihm zurückerhält). Die handlungsgenerierende Opposition Liebe vs. Dichtung wird an dieser Stelle also paradigmatisch exponiert.

Neben ihrer paradigmatischen hat die Szene auch eine syntagmatische Funktion, die wie schon gesagt darin besteht, daß Oswald und Corinne hier zum ersten Mal verbal miteinander kommunizieren. Das Besondere an dieser Kommunikation ist die Sprachwahl: Oswald spricht Corinne auf italienisch an, sie aber antwortet in akzentfreiem Englisch, was für ihn natürlich eine Überraschung ist. Denn er schließt daraus, daß Corinne, die ihm geradezu als die Inkarnation Italiens erscheint, in England gelebt haben muß, andernfalls sie die Sprache nicht so gut beherrschen würde. Dies ändert sofort das Bild, das er sich von Corinne macht: »Corinne jusqu'alors l'avait enchanté comme la plus charmante des étrangères, comme l'une des merveilles du pays qu'il voulait parcourir; mais cet accent anglais lui rappelait tous les souvenirs de sa patrie, cet accent naturalisait pour lui tous les charmes de Corinne.«[45] Diese ›Naturalisierung‹ ist deshalb von so großer Bedeutung für ihn, weil er in Nationalklischees denkt und glaubt, daß Italienerinnen zwar leidenschaftlich, aber unfähig zu tiefen und dauerhaften Empfindungen seien. Nun hofft er, mit Hilfe Corinnes, in die er sich, ohne es sich selbst schon eingestehen zu können, verliebt hat, eine Synthese von England und Italien, von Vertrautheit und Fremde, von Vergangenheit und Zukunft finden zu können.

Über all dies sinnt Oswald nach, als Corinne längst den Triumphwagen bestiegen hat und entschwunden ist. Gedankenversunken findet Oswald sich nach langer Zeit[46] auf der Engelsbrücke wieder, also gegenüber der Engelsburg, in der sich das Grabmal des Kaisers Hadrian befindet: »Le silence du lieu, les pâles ondes du Tibre, les rayons de la lune qui éclairai-

45 *Corinne,* S. 69.

46 Die Krönungszeremonie findet, wie es im Text heißt, am Morgen statt (S. 49). Als Oswald sich der Engelsburg nähert, scheint der Mond, das heißt, er muß viele Stunden durch Rom gewandert sein, ohne daß dies im Text explizit gesagt würde.

ent les statues placées sur le pont, et faisaient de ces statues comme des ombres blanches regardant fixement couler et les flots et le temps qui ne les concernent plus; tous ces objets le ramenèrent à ses idées habituelles.«[47] Diese von der Todesstimmung (»tombeau d'Adrien«)[48] ausgelösten »idées habituelles« beziehen sich auf Oswalds Vater, an dessen Tod der Sohn sich mitschuldig fühlt. Um sich von seinem Kummer abzulenken, ist er auf Anraten seiner Ärzte von Schottland nach Italien gereist. Nun weiß der Leser an dieser Stelle des Romans noch nicht (und er wird es auch erst sehr viel später erfahren), weshalb Oswald seinem Vater gegenüber Schuldgefühle hat, doch es finden sich hier einige Andeutungen, die sich im Lichte des Gesamttextes als heimliche Vorwegnahmen identifizieren lassen. Oswald faßt sich an die Brust und berührt dabei das Porträt seines Vaters, das er immer bei sich trägt. Er nimmt das Porträt, betrachtet es, »et le moment de bonheur qu'il venait d'éprouver, et la cause de ce bonheur, ne lui rappelèrent que trop le sentiment qui l'avait rendu jadis si coupable envers son père; cette réflexion renouvela ses remords.«[49] Da das Glücksgefühl, das er eben noch empfunden hat, auf Corinne zurückgeht, muß der Grund für seine Gewissensbisse offenbar in irgendeiner Weise mit seinem Verhältnis zu Frauen zu tun haben.

Ein weiterer versteckter Hinweis im Text findet sich etwas weiter oben. Nachdem Corinne in perfektem Englisch mit Oswald gesprochen hat, fragt dieser sich in erlebter Rede: »Était-elle Anglaise? avait-elle passé plusieurs années de sa vie en Angleterre? […] Qui sait si leurs familles n'étaient pas en relation ensemble? Peut-être même l'avait-il vue dans son enfance!«[50] Darauf folgt ein Erzählerkommentar, der die platonisierende Vermutung anstellt, es könne sich um einen Anamnesis-Effekt handeln. Dieser Kommentar ist jedoch irreführend, denn wie sich auf dem Höhepunkt des Romans herausstellen wird,[51] hat Corinne tatsächlich in ihrer Jugend längere Zeit in England gelebt, und ihrer beider Familien sind miteinander so eng verbunden gewesen, daß sie vorübergehend sogar als mögliche Braut für Oswald gegolten hat. Oswalds Vater hat sich dann aber gegen Corinne entschieden, weil er erkannt hat, daß sie geistig zu unabhängig sei, um die untergeordnete Rolle einer häuslich zurückgezogen lebenden Ehefrau zu spielen.[52] Oswalds

47 *Corinne,* S. 69f.
48 *Corinne,* S. 68.
49 *Corinne,* S. 70.
50 *Corinne,* S. 69.
51 Buch XIV, *Corinne,* S. 360–390.
52 *Corinne,* S. 466–468.

Vermutungen sind somit mehr als berechtigt, und es handelt sich keineswegs, wie der Erzähler suggeriert, um eine »image innée de ce qu'on aime, qui pourrait persuader qu'on reconnaît l'objet que l'on voit pour la première fois«.[53] Auch der kryptische Hinweis auf die Ursache für Oswalds Gewissensbisse findet später seine Auflösung.[54] Oswald verliebt sich während eines Frankreichaufenthaltes 1791 in eine Mme d'Arbigny, will dieser dann bei einem zweiten Besuch 1793 in den Revolutionswirren aus (von ihr allerdings nur vorgetäuschten) Kalamitäten helfen, ist sogar entschlossen, sie zu heiraten, was aber dem Willen seines Vaters nicht entspräche.[55] Bei seiner Rückkehr nach Schottland ist der Vater bereits tot, so daß Oswald sich nun nicht nur über Mme d'Arbignys Täuschungsversuche ärgern muß (sie hat vorgegeben, von ihm schwanger zu sein), sondern vor allem sich schuldig am Tod seines Vaters fühlt: »[...] j'appris qu'il était mort profondément affligé de mon séjour en France, craignant que je renonçasse à la carrière militaire; que je n'épousasse une femme dont il pensait peu de bien [...]. Qui sait si ces douloureuses pensées n'ont pas abrégé ses jours! Corinne, Corinne, ne suis-je pas un assassin, ne le suis-je pas, dites-le-moi?«[56] Schließlich zeigt sich auch noch, daß die beiden am Ende der Kapitol-Szene angedeuteten Sachverhalte, nämlich Oswalds Vermutungen, er könnte Corinne kennen, und seine Gewissensbisse gegenüber dem toten Vater, auf intrikate Weise miteinander verknüpft sind. Denn Oswald hat Corinne, als sie noch in Schottland lebt, nur deshalb nicht kennengelernt, weil er, während sein Vater sie besucht, gerade zum ersten Mal in Frankreich weilt. Zu diesem Zeitpunkt hat sein Vater den Brief geschrieben, in dem er sein negatives Urteil über Corinne fällt.[57]

Somit sind in der Kapitol-Szene latent schon alle wesentlichen Konfliktpotentiale des Romans enthalten. Es geht einerseits um die Opposition Liebe vs. Dichtung, andererseits um den Gegensatz zwischen England und Italien und den damit verbundenen Gesellschaftsmodellen einschließlich der darin vorgesehenen Rolle der Frau. England wird dabei als das konservativere Land modelliert, in dem die Frauen im Gegensatz zu dem offeneren Italien keine außerhäuslichen Entwicklungsmöglichkeiten haben. Die zwischen Corinne und Oswald sich anbahnende Liebesbeziehung wird somit von Sachverhalten belastet und schließlich verhindert, die, ohne daß es die Beteilig-

53 *Corinne,* S. 69.
54 Buch XII, *Corinne,* S. 305–336.
55 *Corinne,* S. 322.
56 *Corinne,* S. 332.
57 *Corinne,* S. 466–468.

ten zu diesem Zeitpunkt auch nur ahnen können, von Beginn an insgeheim wirksam sind. All dies wird nicht explizit gesagt, sondern auf subtile und erst im nachhinein durchschaubare Weise angedeutet.

### 4.3 Der Gegensatz von weiblicher Autonomie und männlicher Heteronomie unter den Bedingungen des Allianzdispositivs

Corinne und Oswald verkörpern zwei gegensätzliche Modelle der Relationierung von Individuum und Gesellschaft. Nicht zuletzt deshalb ist ihre Liebesbeziehung zum Scheitern verurteilt. Corinne ist der personifizierte Normenverstoß; sie weicht von allen zur Verfügung stehenden Rollenmodellen ab: So lebt sie als alleinstehende Frau ohne familiale Bindungen. Man kennt ihren wahren Namen nicht, da sie sich von ihrer Familie losgesagt hat. *Corinne* ist ein Künstlername.[58] Ihr Beruf ist der der Nationaldichterin, eine im Prinzip männliche Domäne, die allerdings in Italien im 18. Jahrhundert tatsächlich auch den Frauen nicht verschlossen war. Zum Zeitpunkt der Dichterkrönung ist sie erst 26 Jahre alt. Durch ihr Charisma, ihre Schönheit und Intelligenz schlägt sie die sie umgebenden Menschen in ihren Bann. Als weibliches Genie lebt sie in völliger Autonomie. Ihre Ausnahmestellung wird von Oswald als solche wahrgenommen und kommentiert, etwa wenn er in einem Gespräch mit ihr sagt: »Qui pourrait vous ressembler [...]? et peut-on faire des lois pour une personne unique?«,[59] oder wenn er von Corinnes »supériorité« beeindruckt ist, die ihn »au-dessus de toutes les règles ordinaires«[60] dünkt.
Oswald ist dagegen befangen in den Zwängen und Vorurteilen seiner Herkunft, er lebt unter dem Gesetz seines Vaters, das er jedoch in all seiner Ambivalenz erfährt. Dieses Gesetz scheint in seinen Ansprüchen unerfüllbar zu sein, die geforderte Liebe niemals groß genug sein zu können: »Je n'ai jamais rien aimé plus profondément que mon père, et cependant il me semble que si j'avais su, comme je le sais à présent, combien son caractère

58 Corinna ist der Name einer antiken Dichterin, die mit Pindar befreundet war. Sie hat laut Mme de Staël als Namensgeberin für ihre Romanheldin gedient. Ein naheliegender, von der Autorin jedoch abgestrittener Bezug ist der zu der italienischen Dichterin Corilla Olimpica (1727–1800), die ebenso wie Corinne zur Dichterkönigin auf dem Römischen Kapitol gekrönt worden war. Vgl. Simone Balayé, »Préface«, in: *Corinne,* S. 7–24, hier S. 21, und Gutwirth, *Mme de Staël, Novelist,* S. 173.

59 *Corinne,* S. 86.

60 *Corinne,* S. 166.

était unique dans le monde, mon affection eût été plus vive encore et plus dévouée.«[61] Zwar wiederholt er bis zum Überdruß, daß es für ihn undenkbar sei, gegen den Willen des Vaters zu handeln und etwa eine Frau zu heiraten, mit der der Vater nicht einverstanden gewesen wäre. Doch gerade diese Insistenz scheint ein Symptom für die heimliche Ablehnung des väterlichen Gesetzes zu sein, die Oswald sich nicht eingestehen kann und auf die er mit Schuldgefühlen und Selbstbestrafungswünschen reagiert. Als Ausbruchsversuch läßt sich der Frankreichaufenthalt im Jahr 1791, also mitten in der Revolutionszeit, interpretieren:

> J'avais envie d'aller en France, où venait d'éclater cette révolution qui, malgré la vieillesse du genre humain, prétendait à recommencer l'histoire du monde. Mon père avait conservé quelques préventions contre Paris, qu'il avait vu vers la fin du règne de Louis XV, et ne concevait guère comment des cotteries pouvaient se changer en nation, des prétentions en vertus, et des vanités en enthousiasme. Néanmoins il consentit au voyage que je désirais parce qu'il craignait de rien exiger: il avait une sorte d'embarras de son autorité paternelle, quand le devoir ne lui commandait pas d'en faire usage. Il redoutait toujours que cette autorité n'altérât la vérité, la pureté d'affection qui tient à ce qu'il y a de plus libre et de plus involontaire dans notre nature, et il avait, avant tout, besoin d'être aimé.[62]

Oswalds Wunsch, nach Frankreich zu reisen, wird durch Neugierde ausgelöst. Diese wird geweckt durch den Versuch, mit der Menschheitsgeschichte *tabula rasa* zu machen, wie er von der Französischen Revolution unternommen wurde. Es manifestiert sich in Oswalds Neugierde somit die Opposition alt vs. neu, Vater vs. Sohn, Ancien régime vs. Revolution. Der damit heraufbeschworene Konflikt mit dem Vater wird durch dessen Verzicht auf die Ausübung seiner väterlichen Autorität vorläufig entschärft. Diese Autorität will nicht auf äußerem Zwang und Verboten beruhen, sondern sie fordert freiwillige Unterwerfung und Liebe. Sie muß daher als eine Art Über-Ich in das zu unterwerfende Subjekt introjiziert werden, das heißt, der Sohn muß die Autorität des Vaters verinnerlichen, was Oswald schließlich auch trotz seiner Ausbruchsversuche beispielhaft tut. Was hier zum Ausdruck kommt, ist die Subjektivierung von Macht, ihre Delegierung an die Selbstkontrolle der Individuen, wie sie für die moderne europäische Gesellschaft charakteristisch ist.[63]

61 *Corinne,* S. 305.

62 *Corinne,* S. 305f.

63 Vgl. die diesbezüglichen Ausführungen von Michel Foucault, *Histoire de la sexualité 1. La volonté de savoir,* Paris 1976, wie sie oben in Kap. 1.2 referiert werden.

Durch die Selbstbeschränkung der Macht entstehen aber auch Freiräume, in die der einzelne sich vorwagen und in denen er alternative Existenzentwürfe erproben kann. Eben dies versucht Oswald zunächst in Frankreich, genauer in Paris, »la ville la plus sociale qui soit au monde«,[64] von dessen »tourbillon spirituel«[65] er sich mitreißen läßt. Dort begegnen ihm der comte Raimond, der selbstlos und großzügig ist, und seine Schwester, die verwitwete Mme d'Arbigny, die mit Berechnung versucht, Oswald zu verführen und ihn zu heiraten. Was Oswald über seine Beziehung zu Mme d'Arbigny sagt, ist aus dem Rückblick gesprochen und relativiert sich durch die Situation, in der er sich befindet, als er Corinne sein Leben erzählt. Als er erstmals auf Mme d'Arbigny zu sprechen kommt, vergleicht er sie zu ihrem Nachteil mit Corinne und wertet seine Vergangenheit dadurch gegenüber der Gegenwart ab: »C'est en m'élevant au-dessus de moi-même, Corinne, que vous dissipez ma mélancolie naturelle; c'est en me faisant valoir moins que je ne vaux réellement, qu'une femme, dont je vous parlerai bientôt, étourdissait ma tristesse intérieure.«[66] Die Perspektive des erzählenden legt sich über die des erlebenden Ichs, seine Erlebnisse werden einer rückblickenden Kritik unterzogen, so daß seine tatsächlichen damaligen Empfindungen nur noch in Brechungen mitgeteilt werden. Zwischen den Zeilen liest man aber heraus, daß es Mme d'Arbigny durchaus verstanden hat, ihn für sich einzunehmen, und daß er sich offenbar in sie verliebt hatte: »[...] elle flattait l'amour-propre avec beaucoup d'adresse [...] et ce que j'éprouvais habituellement auprès de madame d'Arbigny m'était doux et nouveau«.[67] Die Neuheit, die er gesucht hat, begegnet ihm also in Gestalt einer ihn faszinierenden Frau. Das Zusammentreffen dieser persönlichen Begegnung mit den historischen Ereignissen der Revolution führt dazu, daß Oswald 1793 ein zweites Mal nach Paris reist, um Mme d'Arbigny, deren Bruder inzwischen gestorben ist, zu Hilfe zu kommen. Aus dieser für Oswald dilemmatischen Situation – einerseits fühlt er sich verpflichtet, Mme d'Arbigny zu helfen, an-

64 *Corinne*, S. 307.

65 Ebd.

66 *Corinne*, S. 308.

67 *Corinne*, S. 310. – An einer anderen Stelle wird vom Erzähler noch deutlicher gesagt, daß Mme d'Arbigny Oswalds erste Liebe war und daß dieses Gefühl, weil es mit dem Tod des Vaters in Zusammenhang steht, für Oswald mit unangenehmen Erinnerungen belastet ist: »[...] il se souvint qu'il avait aimé, bien moins, il est vrai, qu'il n'aimait Corinne, et l'objet de son premier choix ne pouvait lui être comparé; mais enfin c'était ce sentiment qui l'avait entraîné à des actions irréfléchies, à des actions qui avaient déchiré le cœur de son père.« (*Corinne*, S. 201) Allerdings wird an dieser Stelle nicht gesagt, um wen es sich handelt.

dererseits weiß er, daß eine Heirat, die sie anstrebt, niemals die Zustimmung seines Vaters finden würde – resultiert schließlich sein Schuldkomplex gegenüber dem Vater, der vor Oswalds Rückkehr stirbt und den Kummer um eine mögliche falsche Entscheidung seines Sohnes mit ins Grab nimmt. Nach dem Tod des Vaters kommt es zu einem zweiten Fluchtversuch, der allerdings diesmal nicht von Oswald selbst, sondern von den um seine Gesundheit bangenden Ärzten ausgelöst wird. Oswald begibt sich nicht deshalb auf die Reise nach Italien, weil er sein Leben erhalten möchte, sondern weil er hofft, sich dort ablenken zu können.[68] Die Begegnung mit Corinne aber weckt in ihm neuen Lebensmut. In der Gestalt dieses normsprengenden weiblichen Genies bietet sich ihm die Möglichkeit, aus der von seinem Vater repräsentierten Ordnung auszubrechen. Doch anstatt diese Chance zu ergreifen, fragt er sich, ob Corinne nicht von seinem Vater abgelehnt worden wäre (»l'idée […] qu'un tel mariage aurait été sûrement condamné par son père«).[69] Wie die für seinen Vater, so sind auch seine Gefühle für Corinne von Ambivalenz geprägt: »Corinne était un miracle de la nature, et ce miracle ne se faisait-il pas en faveur d'Oswald, quand il pouvait se flatter d'intéresser une telle femme. Mais quel était son nom, quelle était sa destinée, quels seraient ses projets, s'il lui déclarait l'intention de s'unir à elle?«[70] Oswald bleibt somit letztlich trotz seiner Ausbruchsversuche im Allianzdispositiv befangen, für ihn geht es darum, die Familientradition fortzusetzen und im Einklang mit dem Vater zu handeln, selbst als dieser schon tot ist. Entscheidende Bedeutung kommt dabei dem Brief zu, den der Vater 1791 an Corinnes Vater geschrieben hat und in dem er eine Heirat zwischen Oswald und Corinne gewissermaßen testamentarisch ausschließt.[71] Deshalb entscheidet Oswald sich schließlich auch für die von seinem Vater für ihn ausgesuchte Lucile, die Corinnes Halbschwester ist und von der es heißt, sie sei »une jeune fille qui semblait si bien en harmonie avec les espérances pures et calmes de la vie domestique«.[72]

Die Prinzipien des adeligen Allianzdispositivs formuliert übrigens in unübertrefflicher Klarheit der comte d'Erfeuil in einem Gespräch mit Oswald, in dem er ihn davor warnt, eine Mésalliance einzugehen: »Croyez-moi, mon cher Nelvil, si vous voulez faire des sottises, faites-en qui soient réparables; mais pour le mariage il ne faut jamais consulter que les convenances. Je vous

68 *Corinne,* S. 27.

69 *Corinne,* S. 166.

70 Ebd.

71 *Corinne,* S. 466–468.

72 *Corinne,* S. 469.

parais frivole; hé bien, néanmoins je parie que dans la conduite de la vie je serai plus raisonnable que vous.«[73] Oswald bricht das Gespräch indigniert ab, weil er d'Erfeuil nicht seine von ihm abgelehnte »frivolité« vorhalten möchte, doch zeigt sich an seinem späteren Verhalten, daß d'Erfeuil mit seiner Warnung recht behalten wird. Denn daß Oswald der »sensibilité« zuneigt, ist im Rahmen des Allianzdispositivs ein Fehler, da hier eine Heirat nicht auf der Grundlage von Liebe geschlossen werden kann. Oswald mißachtet die Regeln des Allianzdispositivs, indem er einerseits an ihm festhält (man denke an die oben zitierte Stelle, in der er sich nach Corinnes Herkunft fragt, und vor allem an seine Selbstunterwerfung unter das väterliche Gesetz), andererseits eine Heirat nach persönlicher Neigung schließen möchte, und zwar mit einer Frau, die mit den Prinzipien dieses Dispositivs gebrochen hat. Pflicht und Neigung lassen sich für Oswald nicht verbinden. Am Ende wird er sich für die Pflicht, das heißt für den Willen des Vaters entscheiden.[74]

Nun stellt sich die Frage, weshalb Corinne sich in Oswald verliebt, dessen Vater sie ja kennt und dessen Beschränkungen und Vorurteile sie sich nicht nur aufgrund ihres Vorwissens über die in England herrschenden sozialen Normen und Lebensformen vorstellen kann, sondern die sie im täglichen Umgang mit ihm ständig erlebt, etwa in Form von vorgefaßten Meinungen über Italien und seine Bewohner. Nachdem ihr Oswald bei der Dichterkrönung durch seine Differenz zu allen anderen Zuhörern aufgefallen ist und sie im zweiten Teil ihrer poetischen Improvisation eine werbende Privatkommunikation mit ihm begonnen hat, setzt sie ihr Werben fort, indem sie sich ihm als Fremdenführerin anbietet. Sie ist, wie sie ihm gesteht, auf der Suche nach einem »objet qui pouvait mériter toutes les affections de

73 *Corinne,* S. 87.

74 Vgl. auch das Gespräch zwischen d'Erfeuil und Oswald im IX. Buch, als d'Erfeuil seinen Freund wegen des Leichtsinns kritisiert, mit dem er sich öffentlich mit Corinne zeigt, ohne mit ihr verheiratet zu sein (*Corinne,* S. 243, vgl. auch S. 278). Hier stehen sich die Stimme der Konvenienz und die Regeln der Gesellschaft einerseits (»on n'est heureux que par ce qui est convenable«, so d'Erfeuil) und die Rechte des Individuums andererseits gegenüber (»Mais le sérieux, répondit lord Nelvil, c'est l'amour et le bonheur«, beide Zitate *Corinne,* S. 243). Ironischerweise wird die Katastrophe der Liebe am Ende durch Oswalds ›Rückzieher‹ verursacht, durch seine Unfähigkeit, sich von den Prinzipien des Allianzdispositivs zu lösen und tatsächlich die hier von ihm vehement eingeklagten Rechte des Individuums gegen die Ansprüche der Gesellschaft zu verteidigen. Nachdem Corinne ihre Liebe zugunsten der Rechte des Allianzdispositivs geopfert hat, wird sie schwer krank. D'Erfeuil dagegen, der ihr in Schottland zufällig wiederbegegnet, pflegt sie gesund: »[...] ainsi c'était l'homme frivole qui la soignait, et l'homme sensible qui lui perçait le cœur.« (*Corinne,* S. 506)

son cœur«,[75] nach einem ihrer »sensibilité« entsprechenden Liebespartner, der sie glücklich machen kann. Doch spricht sie andererseits über die Liebe ohne jegliche Naivität. Sie glaube nicht, daß eine empfindsame Frau 26 Jahre alt werden könne, ohne jemals der »illusion de l'amour«[76] zu verfallen. Auf eine verdeckte Liebeserklärung Oswalds antwortet sie, als ob sie neben sich stünde und ihre Gefühle als Beobachterin von außen betrachten und analysieren könnte: »Laissons au temps, laissons au hasard [...] à décider si cette impression d'un jour que j'ai produite sur vous durera plus qu'un jour. Si nos ames s'entendent, notre affection mutuelle ne sera point passagère.«[77]

Diese rational-selbstdistanzierte Haltung bewahrt sie jedoch nur so lange, wie sie sich der ihr angenehmen Gegenwart Oswalds sicher weiß. In dem Moment aber, da Oswald sich ihr zu entziehen droht, weil ihm bewußt wird, daß eine Verbindung mit Corinne nicht die Zustimmung seines Vaters gefunden hätte, verspürt sie eine so heftige Verlustangst, daß sich ihre sanfte und abwartende Zuneigung schlagartig in eine heftige Passion verwandelt: »Elle s'attendait à chaque instant à recevoir la nouvelle de son départ, et cette crainte exaltait tellement son sentiment, qu'elle se sentit saisie tout à coup par la passion, par cette griffe de vautour sous laquelle le bonheur et l'indépendance succombent. [...] L'imagination ardente de Corinne était la source de son talent; mais, pour son malheur, cette imagination se mêlait à sa sensibilité naturelle, et la lui rendait souvent très douloureuse.«[78] Ihr Künstlertum und ihre Liebe speisen sich somit beide aus der Quelle ihrer Imagination, die sich im Falle der Liebe mit ihrer »sensibilité« unheilvoll verbindet.

Wenn die Imagination als Quelle des Künstlerischen durch ihre Verbindung mit der »sensibilité« abgelenkt wird, so ist damit schon angedeutet, daß

75 *Corinne,* S. 94.

76 Ebd.

77 *Corinne,* S. 93.

78 *Corinne,* S. 125. – Zum Bedingungszusammenhang von Liebe und Verlustangst vgl. auch *Corinne,* S. 229: »[...] il n'y avait pas de sécurité dans le bonheur que donnait lord Nelvil; et peut-être faut-il expliquer, par ce tort même, l'exaltation de la passion de Corinne; peut-être ne pouvait-elle aimer à ce point que celui qu'elle craignait de perdre.« Auch Oswald leidet unter der Angst, Corinne zu verlieren, und fühlt sich dadurch an den Tod seines Vaters erinnert (S. 251). Zuvor schon war ihm durch die erste, oben angesprochene Trennung von Corinne bewußt geworden, wie sehr er sie liebt (S. 132). Wie in Benjamin Constants *Adolphe* entsteht die Liebe in *Corinne* aus Verlustangst und Schmerz. Beide Autoren stehen diesbezüglich in der Tradition der Moralistik. Zu Constant vgl. Thomas Klinkert, »Kontingenz und Aura. Metamorphosen der romantischen Liebe bei Benjamin Constant und Marcel Proust«, in: Friedrich Balke / Volker Roloff (Hg.), *Erotische Recherchen. Zur Decodierung von Intimität bei Marcel Proust,* München (voraussichtlich 2002).

Liebe und Künstlertum bei Corinne nicht koexistieren können, sondern in einem Konkurrenz- und Substitutionsverhältnis zueinander stehen. Die beiden stehen sich gegenüber wie Heteronomie und Autonomie. Folgerichtig ist Corinne dann auch bereit, ihre künstlerische Tätigkeit Oswald zuliebe aufzugeben. Sie weiß, daß Oswald nur in England leben kann, und sie kennt aus eigener Erfahrung die untergeordnete Rolle, die den Frauen in der englischen Gesellschaft zugedacht ist. Daher will sie die Kunst der Liebe opfern. Nach dem Scheitern der Liebesbeziehung aber macht sie während ihres Besuches von Santa Croce in Florenz dem abwesenden Oswald Vorwürfe, weil er ihr Genie zerstört habe: »Oh! pourquoi donc Oswald a-t-il étouffé ces dons que j'avais reçus du ciel et que je devais faire servir à exciter l'enthousiasme dans les ames qui s'accordent avec la mienne?«[79] Sie bittet Gott darum, daß er ihr das verlorene poetische Talent wiedergeben möge. Dabei fällt ihr Blick auf eine Grabschrift, die lautet: »Seule à mon aurore, seule à mon couchant, je suis seule encore ici.«[80] Diese Inschrift deutet sie als ernüchternde Antwort auf ihr Gebet. Ihre Erfolge als Dichterin wären für sie wertlos, weil sie nach der Trennung von Oswald niemanden mehr hat, mit dem sie sie teilen könnte: »[...] il me fallait son regard pour récompense.«[81]

Oswald erweist sich somit als der ideale, aber unerreichbare Adressat für Corinnes Dichtung.[82] Die oben analysierte Stelle, in der die aus Anlaß ihrer Dichterkrönung improvisierende Corinne sich an Oswald als den heimlichen Adressaten ihrer Dichtung wendet und in die öffentliche Kommunikationssituation einen privaten Dialog einflicht, wird erneut als dicht geknüpfter Knoten erkennbar, in dem die wesentlichen Elemente der folgenden Geschichte schon enthalten sind. Während Corinne dort über den Tod sprach, um den trauernden Oswald zu trösten, befindet sie sich hier nun in der nationalen Gedächtnisstätte Santa Croce, »la plus brillante assemblée de morts qui soit peut-être en Europe«.[83]

79 *Corinne,* S. 516. – Ähnlich schon zuvor bei der verpaßten Begegnung im Londoner Hyde Park: »[...] il m'a précipitée du char de triomphe dans l'abîme des douleurs. Je l'aime, et toutes les joies de la vie ont disparu. Je l'aime, et tous les dons de la nature sont flétris.« (S. 489)

80 *Corinne,* S. 517.

81 Ebd.

82 So auch die Analyse von Nancy K. Miller, »Performances of the Gaze: Staël's *Corinne, or Italy*«, in: *Subject to Change. Reading Feminist Writing,* New York 1988, S. 162–203, hier S. 186: »Corinne wants, I think, not so much a match in marriage as the perfect *destinataire:* the addressee basic to the transactions of narrative communication; a privileged interlocutor and reader in the form of a friend and lover.«

83 *Corinne,* S. 515.

## 4.4 Der Zusammenhang von Dichtung, Liebe und Tod

Der Text ist von einer durchlaufenden Reflexion über die zentrale kulturelle Bedeutung des Todes und über dessen Zusammenhang mit Dichtung und Liebe durchzogen.[84] Es sei hier nur an die wichtigsten Momente dieser Reflexion erinnert. Es beginnt mit Corinnes Improvisation über Rom als »patrie des tombeaux«[85] und setzt sich fort mit Corinnes und Oswalds gemeinsamem Besuch des Pantheon, wo Corinne die Hoffnung äußert, daß Oswald nach ihrem Tode ihre dann dort aufgestellte Büste besuchen werde,[86] und der Engelsburg, jenes zur Festung umfunktionierten Grabmals des Kaisers Hadrian, das zum historischen Gedächtnisort der Stadt Rom geworden ist: »Tous les évènements de l'histoire de Rome depuis Adrien jusqu'à nos jours sont liés à ce monument.«[87]

Die Liebe ist stets metonymisch eingebunden in die Reflexionen über den Tod. Das wird besonders deutlich beim Besuch der antiken Gräber, die entlang der via Appia angelegt wurden, um die Lebenden zur Nachahmung der Toten anzuspornen.[88] Im Angesicht der Gräber kommt es zu einer sehr deutlichen Aussage Corinnes hinsichtlich der Einmaligkeit ihrer Liebe zu Oswald.[89] Ein weiteres Moment der Todesreflexion ist die Aufführung des vielleicht berühmtesten Dramas über Liebe und Tod, Shakespeares *Romeo und Julia,*[90] das sich als partielle *mise en abyme* des Romans deuten läßt, weil in beiden Fällen die Liebe durch ein väterliches Verbot verhindert wird. Corinne spielt bei der Aufführung die weibliche Hauptrolle und führt – wie schon bei ihrer ersten Improvisation – über die Rampe hinweg einen privaten Dialog mit Oswald.[91] Im fünften Akt verschwimmen für Oswald

84 Die poetologische Funktion des Todes für die Literatur des 18. Jahrhunderts untersucht am Beispiel der Laokoon-Diskussion ausführlich Mathias Mayer, *Dialektik der Blindheit und Poetik des Todes. Über literarische Strategien der Erkenntnis,* Freiburg 1997. Unter der Poetik des Todes versteht Mayer »den transzendentalen Zusammenhang, daß der Tod zur Bedingung der Möglichkeit von Kunst gehört« (S. 160). Diese Erkenntnis bricht sich in der Ästhetikdiskussion des späten 18. Jahrhunderts im Zusammenhang mit der Ausdifferenzierung von Dichtung gegen Malerei beziehungsweise Kunst gegen Natur Bahn. – Auch in *Corinne* läßt sich, wie in diesem Kapitel gezeigt werden soll, eine implizite Poetik des Todes nachweisen.

85 *Corinne,* S. 65.

86 *Corinne,* S. 97.

87 *Corinne,* S. 99.

88 *Corinne,* S. 128.

89 *Corinne,* S. 132.

90 *Corinne,* S. 192–200.

91 *Corinne,* S. 197.

die Grenzen zwischen Fiktion und Realität: Corinnes/Julias gespielter Tod wirkt so echt, daß Oswald von den gegensätzlichsten Empfindungen erfaßt wird. »Il ne pouvait supporter de voir Corinne dans les bras d'un autre; il frémissait en contemplant l'image de celle qu'il aimait ainsi privée de vie; enfin il éprouvait, comme Roméo, ce mélange cruel de désespoir et d'amour, de mort et de volupté, qui font de cette scène la plus déchirante du théâtre.«[92] Als Julia aus ihrem Schlaf erwacht, verliert Oswald vollends die Fassung und muß von seinem Begleiter aus dem Saal geführt werden. Er betritt Corinnes Garderobe und zitiert außer sich vor Bestürzung und immer noch unfähig, zwischen Realität und Fiktion zu unterscheiden, die Abschiedsworte Romeos, die dieser an die vermeintlich tote Julia richtet, bevor er das Gift nimmt: »Eyes, look your last! arms, take your last embrace.«[93] Erschrocken fragt ihn Corinne, ob er denn gewillt sei, sie zu verlassen, was er heftig bestreitet: »Non, non, interrompit Oswald, non, je jure ....«.[94] In diesem Moment füllt sich die Garderobe mit den Freunden und Bewunderern Corinnes, so daß die Liebenden das Gespräch nicht zu Ende führen können: »Corinne recevait tous ces éloges avec un air de douceur et de bienveillance; mais son âme était restée suspendue à ce mot *je jure* .... qu'Oswald avait prononcé, et dont l'arrivée du monde avait interrompu la suite: ce mot pouvait en effet contenir le secret de sa destinée.«[95]

Was hier besonders deutlich wird, ist die den gesamten Text strukturierende Figur der Unterbrechung und des Aufschubs. Die Euphorie der Liebenden wird von Beginn an durch ein Unbehagen gestört, dessen Ursachen immer nur angedeutet werden. Die Auflösung erfolgt erst während des Neapelbesuches, als Corinne und Oswald einander ihre Lebensgeschichte offenbaren. Auch dies steht wieder im Kontext einer dichten Isotopie des Todes. Bevor Oswald seine Geschichte erzählt, besichtigen sie Pompeji, die ungewöhnlichste Ruine des Altertums, in der das Alltagsleben einer Stadt vollständig bewahrt worden ist. Der Text modelliert die vom Vesuv vernichtete und dadurch konservierte Stadt als einen Ort des plötzlichen Todes (»On ne peut voir nulle part une image aussi frappante de l'interruption subite de la vie.«)[96] und der Überlagerung und Schichtung von Tod und Leben beziehungsweise von verschiedenen Zeitebenen: »C'est avec des morceaux de lave pétrifiée que sont bâties la plupart de ces maisons qui ont été ensevelies

92 *Corinne,* S. 199.
93 *Corinne,* S. 200. Vgl. *Romeo and Juliet,* V, 3, V. 112f.
94 *Corinne,* S. 200.
95 Ebd. (Hervorh. im Text).
96 *Corinne,* S. 300.

par d'autres laves. Ainsi, ruines sur ruines, et tombeaux sur tombeaux.«[97] Damit ist Pompeji der ideale Ort für die Tätigkeit des Archäologen, der mit Hilfe seiner Imagination immer tiefer in die Vergangenheit eindringt und diese zu rekonstruieren versucht. Oswald erklärt seine Faszination für diese Tätigkeit und seine Affinität zu den Monumenten vergangener Größe aus dem Wunsch, in der Geschichte eine Kompensation für die fehlende Größe der Gegenwart zu finden.[98] Schließlich besteigen die beiden Reisenden den todbringenden Berg (»l'empire de la mort«),[99] und an der Grenze zwischen Leben und Tod, in der Nähe einer Einsiedlerklause, erzählt Oswald die Geschichte seines Lebens.[100] Seine ›Beichte‹ wird durch ihre textsyntagmatische Einbettung und ihren metonymischen Bezug zu Pompeji und zum Vesuv zu einer Archäologie der Seele, einer Freilegung von deren tiefsten und verborgensten Schichten. »Vous voulez lire jusqu'au fond de l'ame de votre malheureux ami«,[101] so beginnt Oswald seine Erzählung, die unter dem Zeichen des Schmerzes und des Todes steht. »[...] mes blessures vont se rouvrir, je le sens«,[102] so sagt Oswald am Anfang, und er endet mit dem Wunsch, falls Corinne ihn nicht trösten könne, möge sich die Erde öffnen und ihn in das Reich der Toten hinabsteigen lassen.[103] Das sein Leben überschattende Ereignis ist der unzeitige Tod seines Vaters, den er, wie er glaubt, durch sein Liebesverhältnis mit Mme d'Arbigny herbeigeführt hat. Das postum wirksame Gesetz des Vaters überschattet nun seinerseits Oswalds Liebe zu Corinne, die, wie sich durch Corinnes nachgereichten Lebensbericht und die dadurch ausgelösten Nachforschungen herausstellen wird, der Vater explizit verboten hat.

Nach Oswalds Beichte kommt es zu einem weiteren Aufschub von acht Tagen, als Corinne erfährt, daß Oswald in Briefkontakt mit ihrer Stiefmutter Lady Edgermond steht.[104] Corinne möchte Oswald ihre Vorgeschichte in schriftlicher Form mitteilen, und die Tatsache, daß er mit Lady Edgermond zu tun hat, macht es erforderlich, einige zusätzliche Erklärungen einzufügen.[105] In der Zwischenzeit bereitet Corinne ein Fest vor, als dessen Höhepunkt sie eine Improvisation als letzte Manifestation ihres Talentes vor

97 Ebd.
98 *Corinne,* S. 302.
99 *Corinne,* S. 304.
100 *Corinne,* S. 305–336.
101 *Corinne,* S. 304.
102 Ebd.
103 *Corinne,* S. 336.
104 *Corinne,* S. 340.
105 *Corinne,* S. 341.

dessen möglichem Untergang vorsieht. Auf dem Weg zu dem ländlichen Fest besichtigen die Liebenden in Begleitung der Festgemeinde das Grab Vergils, welches der Erzähler als »asile funéraire de la gloire«[106] bezeichnet. Die Szene steht im Zeichen des Nachdenkens über den Nachruhm toter Dichter (»C'est tout ce que l'homme, sur cette terre, peut arracher à la mort«).[107] Menschen aus aller Welt pilgern an das Grab des antiken Dichters[108] und sorgen durch ihr Eingedenken dafür, daß seine kulturelle Leistung den Tod überdauert. Die Grabbesucher wollen selbst an der Unsterblichkeit des Dichters partizipieren, indem sie ihren Namen in die Mauern der Grabstätte einritzen. Doch wird dies vom Erzähler verurteilt, da die obskuren Namen der Unbekannten im Widerspruch zu der dem Grab angemessenen Einsamkeit stünden. Nur Geister von ähnlich hohem Rang hätten den Anspruch, in das Gedächtnis der Nachwelt aufgenommen zu werden. »Il n'y a que Pétrarque qui fût digne de laisser une trace durable de son voyage au tombeau de Virgile.«[109] Als Oswald Corinne darauf aufmerksam macht, daß die am Grab Vergils empfangenen Eindrücke sich schlecht mit den Vorbereitungen zu einem Fest vertrügen, antwortet sie: »[…] combien de fêtes se sont passées non loin des tombeaux!«[110] Hinter dieser Aussage verbirgt sich ein Hinweis auf die Entstehung von Kultur aus der rituellen Pflege des Totengedächtnisses.[111]

Dies wird in der folgenden Improvisation eindrucksvoll entfaltet. Der Ort der Veranstaltung, das heißt die vom Todesberg Vesuv dominierte Landschaft vor den Toren Neapels, gibt das Thema vor:

> Du haut de la petite colline qui s'avance dans la mer et forme le cap Misène, on découvrait parfaitement le Vésuve, le golfe de Naples, les îles dont il est parsemé, et la campagne qui s'étend depuis Naples jusqu'à Gaëte, enfin la contrée de l'univers où les volcans, l'histoire et la poësie ont laissé le plus de traces. Aussi,

106 *Corinne,* S. 345.

107 Ebd.

108 Solche Pilgerreisen kommen auch, wie oben gezeigt wurde, in Hölderlins *Hyperion* (Besuch von Homers Grab) und in Foscolos *Jacopo Ortis* (Besuch von Petrarcas Haus in Arquà) vor. Rousseaus Grab in Ermenonville wurde ebenfalls zum Zielpunkt von Wallfahrten begeisterter Leser.

109 Ebd.

110 Ebd.

111 Vgl. hierzu Jan Assmann, »Schrift, Tod und Identität. Das Grab als Vorschule der Literatur im alten Ägypten«, in: Aleida Assmann/Jan Assmann/Christof Hardmeier (Hg.), *Schrift und Gedächtnis. Beiträge zur Archäologie der literarischen Kommunikation,* München 1983, S. 64–93.

d'un commun accord, tous les amis de Corinne lui demandèrent-ils de prendre pour sujet des vers qu'elle allait chanter *les souvenirs que ces lieux retraçaient.*[112]

Von dieser erinnerungsgesättigten Landschaft, in der die Natur, die Geschichte und die Dichtung ihre Spuren hinterlassen haben und miteinander um die Vorherrschaft wetteifern, nimmt Corinnes Improvisation ihren Ausgang. Landschaft und Mythologie bilden dabei eine untrennbare Einheit; alles in der realen Umgebung Wahrnehmbare ist mythologisch beziehungsweise poetisch codiert: »La terre de l'Énéide vous entoure, et les fictions consacrées par le génie sont devenues des souvenirs dont on cherche encore les traces.«[113] Vergil ist also nicht nur durch sein Grabmal präsent, sondern auch durch sein Werk, wodurch die oben angesprochene enge Beziehung zwischen Totengedenken und Kultur erneut unterstrichen wird. Indem Corinne dieses Werk zitiert (sie evoziert insbesondere Aeneas' Abstieg in die Unterwelt, also ein Handlungselement, das für die Überschreitung der Grenze zwischen Leben und Tod steht), stellt sie sich in einen Traditionszusammenhang mit Vergil und auch mit Petrarca, der seinerseits dem antiken Dichter an dessen Grab durch das Pflanzen eines Lorbeerbaums die Ehre erwiesen haben soll.[114] Sie selbst ist ja seit der Dichterkrönung auf dem Kapitol die legitime Nachfolgerin des *poeta laureatus* Petrarca, und ihre erste Improvisation seit der Krönungszeremonie schlägt den Bogen zu jenem Ereignis zurück, worauf nicht zuletzt die Ehrbezeugungen der Festgäste hinweisen, die Myrte und Lorbeer zu ihren Füßen werfen,[115] Zweige jener Pflanzen, aus denen auch Corinnes Dichterkranz bestand.[116]

Die Improvisation operiert mit einer Reihe von Oppositionen, die jedoch alle dekonstruiert werden. So, wie in der bereits zitierten Stelle (»[...] les fictions consacrées par le génie sont devenues des souvenirs [...]«)[117] Fiktionen sich in kulturelle Erinnerungen verwandeln, stellen diese Erinnerungen, indem sie ihre Spuren in der umgebenden Landschaft hinterlassen, einen Nexus zwischen Vergangenheit und Gegenwart her: »[...] ici l'on peut embrasser d'un coup d'œil tous les temps et tous les prodiges.«[118] Die Opposition von Gegenwart und Vergangenheit wird somit in der Präsenz des Raumes aufgehoben. Dementsprechend löst sich die Zeit in eine Serie von

112 *Corinne,* S. 348 (Hervorh. im Text).
113 *Corinne,* S. 349.
114 *Corinne,* S. 345.
115 *Corinne,* S. 352.
116 *Corinne,* S. 67.
117 *Corinne,* S. 349.
118 Ebd.

Wiederholungen auf; das Glück, nach dem die Menschen zu allen Zeiten gesucht haben, existiert – nicht anders als bei Rousseau und Hölderlin – nur in der Perspektive des Verlustes: »De siècle en siècle, bizarre destinée! l'homme se plaint de ce qu'il a perdu. L'on dirait que les temps écoulés sont tous dépositaires, à leur tour, d'un bonheur qui n'est plus [...]«.[119] Die Opposition unterschiedlicher Zeiten wird auch im Nebeneinander alter und neuer Bergmassive aufgehoben. Ebenso wird die Opposition Land vs. Meer dekonstruiert, indem das Land sich, bedingt durch die Nähe des Vulkans, dem Meer angleicht: »Ici la terre est orageuse comme la mer, et ne rentre pas comme elle paisiblement dans ses bornes.«[120] Die Erdoberfläche verliert ihre Solidität, sie wird zu einer »surface prête à s'entr'ouvrir«[121] und damit zu einer Metapher der menschlichen Passionen: »La campagne de Naples est l'image des passions humaines: sulfureuse et féconde, ses dangers et ses plaisirs semblent naître de ces volcans enflammés qui donnent à l'air tant de charmes, et font gronder la foudre sous nos pas.«[122] Die Passionen sind somit durch Ambivalenz charakterisiert, durch eine *coincidentia oppositorum* (»sulfureuse et féconde«, »dangers et plaisirs«), und vor allem durch den räumlichen Gegensatz Oberfläche vs. Tiefe, der durch die Instabilität der Oberfläche (»prête à s'entr'ouvrir«) gefährdet ist. In Analogie zu den jederzeit möglichen, aber unberechenbaren Eruptionen der tödlichen Lava, deren Gefahr die Menschen ausgesetzt sind, ist hiermit das Bild einer Herrschaft der Tiefe über die Oberfläche entworfen. Der Mensch unterliegt der zerstörerischen Gewalt seiner Leidenschaften ebenso wie die Natur um Neapel der Gewalt des Vulkans: »Les passions exercent en nous une tyrannie tumultueuse, qui ne nous laisse ni liberté ni repos.«[123] Der Mensch ist zerrissen, sein fortschrittsgläubiger Geist (»pensée«) orientiert sich auf die Zukunft, während seine Seele (»ame«) sich nach der verlorenen Heimat und damit nach der Vergangenheit sehnt.[124]

Die Ambivalenz der Passionen, insbesondere der Liebe, ist jedoch notwendige Voraussetzung für die schöpferische Leistung des Dichtens. Die Liebe wird apostrophiert als »suprême puissance du cœur, mystérieux enthousiasme qui renferme en lui-même la poésie, l'héroïsme et la religion«.[125] Um

119 *Corinne,* S. 350.
120 *Corinne,* S. 349f.
121 *Corinne,* S. 350.
122 Ebd.
123 *Corinne,* S. 354.
124 *Corinne,* S. 350.
125 *Corinne,* S. 353.

dichten zu können, muß man sich der Liebe unterwerfen. Die den ganzen Roman durchziehende Opposition Liebe vs. Dichtung wird hiermit dekonstruiert. Die Unterwerfung unter die Liebe bedeutet, daß man besonders leidensfähig sein muß, denn die Dichter werden als Ausnahmemenschen vom Schicksal verfolgt, sie müssen ihre Kommunikation mit dem Numinosen durch Leid und Schmerz teuer bezahlen. »Quand notre esprit s'élève aux plus hautes pensées, nous sentons, comme au sommet des édifices élevés, un vertige qui confond tous les objets à nos regards; mais alors même la douleur, la terrible douleur, ne se perd point dans les nuages, elle les sillonne, elle les entr'ouvre.«[126] Die Wiederaufnahme des Verbums »entr'ouvrir«, das oben im Zusammenhang mit dem den Vesuv umgebenden Erdboden als Metapher für die Herrschaft der Passionen gebraucht wurde, konstituiert auf der metaphorischen Ebene eine Äquivalenz zwischen der Erde und dem Himmel, zwischen unten und oben, und dekonstruiert somit auch diese Opposition. Der geistige Aufstieg des Dichters wird konterkariert durch seinen körperlichen Abstieg in den Schmerz. Am Ende ihrer Improvisation bezieht Corinne sich damit auf ihre eigene Situation, auf ihre Beziehung zu Oswald, die, wie sie hier schon antizipiert, großes Leid über sie bringen wird. Sie fragt, wofür der Schmerz ein Zeichen sei, und erleidet einen Schwächeanfall (»pâleur mortelle«).[127] Oswald fängt sie auf, und als sie in seinen Armen wieder zu sich kommt, trägt sie in sich bereits den Keim des Todes (»piqûre mortelle«).[128]

Daß Corinne mit dieser Improvisation poetisches Neuland betreten hat, zeigt sich an der geteilten Reaktion des Publikums.[129] Die anwesenden Neapolitaner bewundern zwar die harmonische Schönheit ihrer Sprache, haben aber wenig Verständnis für den traurigen Grundton, denn Dichtung ist für sie Unterhaltung und Ablenkung, nicht aber Mittel schmerzvoller Erkenntnis. Die Engländer unter den Zuhörern dagegen sind voller Bewunderung darüber, daß Corinne melancholische Gefühle mit Hilfe der italienischen Imagination ausgedrückt habe.[130] Die Verbindung von Dichtung, Imagination, Leid und Erkenntnis ist die Signatur eines neuen literarhistorischen Paradigmas: der Romantik. Der hier in emblematischer Verdichtung vollzogene und von den Romantikern erhoffte Funktionswandel der Dichtung –

126 *Corinne,* S. 354.
127 Ebd.
128 *Corinne,* S. 355.
129 Ebd.
130 Es manifestiert sich hierin auch die von Mme de Staël in *De la littérature* und später in *De l'Allemagne* propagierte Verbindung der Literaturen des Nordens und des Südens.

von der repräsentativ-ornamentalen zur existentiell-epistemologischen Funktion – muß vom Dichter unter Einsatz seines Lebens errungen werden. Dabei zeigt sich erneut, daß die Romantiker sich nicht mit der Unterhaltungsfunktion der Dichtung begnügen wollen, sondern daß sie nach Entdifferenzierung durch die Verbindung getrennter Funktionen streben.
Der Zusammenhang von Dichtung, Liebe und Tod wird im folgenden noch weiter entfaltet. Bei der Rückkehr nach Neapel zieht ein Gewitter auf, wodurch ein alter Mann, der im Meer badet, zu ertrinken droht. Oswald, der den anderen vorausgeeilt ist, rettet ihn, verliert aber, nachdem er an Land zurückgekehrt ist, vor Anstrengung das Bewußtsein. Als Corinne Oswalds am Strand zurückgelassene Kleidung entdeckt, glaubt sie einen Moment lang, er sei ertrunken. Schließlich sieht sie den Bewußtlosen am Strand liegen, stürzt sich auf ihn und hilft – in Umkehrung der obigen Situation, in der sie ohnmächtig in Oswalds Arme fiel – ihn wiederzubeleben. In ihrem Schrecken wirft sie ihm die Grausamkeit vor, mit der er sein Leben ohne Rücksicht auf ihren Schmerz aufs Spiel gesetzt habe, worauf er antwortet, er habe im Angesicht des Todes nur Angst um sie gehabt. »Admirable expression de l'amour partagé, de l'amour au plus heureux moment de la confiance mutuelle! Corinne, vivement émue par ces délicieuses paroles, ne put se les rappeler jusqu'à son dernier jour sans un attendrissement qui, pour quelques instants du moins, fait tout pardonner.«[131]
Dieser Erzählerkommentar deutet das unglückliche Ende einer Liebesbeziehung an, die nun in die Phase der Entscheidung tritt. Im Anschluß an die Lebensrettungsszene nämlich erfährt Oswald, daß Corinne ihren Vater persönlich gekannt hat. Der Anlaß dafür ist die Wiederherstellung des bei der Rettungsaktion zerstörten Porträts von Oswalds Vater durch Corinne. Oswald glaubt, sie habe unter göttlicher Eingebung die Gesichtszüge seines Vaters erahnt. »C'est un miracle du ciel qui vous désigne à moi comme la compagne de mon sort, puisqu'il vous révèle le souvenir de celui qui doit à jamais disposer de moi.«[132] Er gibt ihr einen Ring, den sein Vater seiner Mutter einst geschenkt hatte, als Garantie dafür, daß er ihr gehöre, solange sie ihm den Ring nicht zurückgebe. »J'en prends l'engagement solennel avant de savoir qui vous êtes; c'est votre ame que j'en crois, c'est elle qui m'a tout appris.«[133] Mit dieser Verpflichtung stellt er scheinbar die Rechte des Individuums über die der Familienallianz. Er verlobt sich mit Corinne,

131 *Corinne,* S. 358.
132 *Corinne,* S. 359.
133 Ebd.

ohne über ihre Herkunft Bescheid zu wissen. Und doch muß man genau lesen, was er sagt: »Corinne […], règne à jamais sur ma vie. […] Et dès cet instant je ne suis plus libre, tant que vous le conserverez […]«.[134] Er sagt nicht, daß er sie heiraten werde, sondern nur (in der Sprache konventioneller Liebesmetaphorik), daß Corinne über ihn herrschen solle und daß er nicht mehr frei sei. Corinne aber muß ihm nun mitteilen, daß sein Versprechen auf einem Irrtum beruhe. Sie habe die Gesichtszüge ihres Vaters nicht kraft einer »inspiration du cœur«[135] erahnt, sondern ihn persönlich gekannt. Als Oswald daraufhin sein Versprechen erneuert, formuliert er es schon nicht mehr positiv, sondern negativ: »[…] je jure de ne jamais être l'époux d'une autre, tant que vous ne me renverrez pas cet anneau.«[136]

Oswald unterstellt sich damit in doppelter Weise dem Gesetz: Er will einerseits keine Frau heiraten, die der Vater abgelehnt hätte; andererseits will er, sollte das väterliche Verbot auch Corinne betreffen, keine andere Frau als Corinne heiraten, sofern sie es ihm durch Einbehalten des Ringes verbietet. Durch den Ring geht also die gesetzgebende Kraft auf Corinne über. Oswald unterwirft sich ihr als einer väterlichen Instanz.[137] Dabei zeigt sich, daß der Vater keine Gebote, sondern nur Verbote aussprechen kann. Daß Corinne als Frau die Rolle des Gesetzgebers übernehmen kann, ist ein Zeichen für die Krise der väterlichen Autorität und des von ihr beherrschten Allianzdispositivs. Corinne droht dieses Dispositiv durch ihren Autonomieanspruch aus den Angeln zu heben.

134 Ebd.

135 *Corinne,* S. 360.

136 Ebd.

137 Die Äquivalenz zwischen Corinne und Oswalds Vater zeigt sich nach der Trennung der Liebenden auch darin, daß Oswald nun ihr gegenüber ähnliche Gewissensbisse hat wie einst gegenüber dem Vater. Nachdem er durch M. Dickson und den comte d'Erfeuil erfahren hat, daß Corinne in Schottland war, als sie ihm den Ring zurückschickte, begreift er seinen Irrtum und seine Ungerechtigkeit ihr gegenüber, die darin bestand, ihr zu unterstellen, sie habe ihn vergessen: »[…] il s'accusait d'être le plus barbare et le plus perfide des hommes; il se représentait le dévouement, la tendresse de Corinne, sa résignation, sa générosité dans le moment même où elle le croyait le plus coupable, et il opposait la dureté, la légèreté dont il l'avait payée. Il se répétait sans cesse que personne ne l'aimerait jamais comme elle l'avait aimé, et qu'il serait puni, de quelque manière, de la cruauté dont il avait usé envers elle […]« (*Corinne,* S. 537f.).

## 4.5 Von der Mündlichkeit zur Schriftlichkeit: Corinnes Autorwerdung

In Corinnes Lebensgeschichte,[138] die sie Oswald unmittelbar darauf nach langem Aufschub endlich zu lesen gibt, wird die Krise des Allianzdispositivs aus weiblicher Sicht dargestellt und begründet. Von entscheidender Bedeutung ist dabei, daß die Nationaldichterin Corinne, die bislang im Roman nur mit mündlichen Improvisationen hervorgetreten ist, ihre Lebensgeschichte schriftlich niedergelegt hat.[139] Damit nämlich wird ihre Entwicklung von der Mündlichkeit zur Schriftlichkeit eingeleitet, vom archaischen Dichtertum zur modernen Autorschaft.[140] Während Corinnes Improvisatio-

138 *Corinne,* S. 360–390.

139 Als Oswald aus Anlaß von Corinnes Dichterkrönung Erkundigungen über sie einzieht, erfährt man zwar, daß sie auch Schriftstellerin sei und Werke publiziert habe (*Corinne,* S. 49f.), doch auf der Ebene der erzählten Geschichte tritt sie bis zu ihrer Lebenserzählung nur als Improvisatorin und als Briefschreiberin in Erscheinung.

140 Das Verhältnis von Mündlichkeit und Schriftlichkeit wurde in der Forschungsliteratur bereits verschiedentlich diskutiert. DeJean, »Staël's *Corinne*«, geht aus von der von Hélène Cixous stammenden Unterscheidung zwischen »venue au langage« und »venue à l'écriture«. Eine Manifestation von Mündlichkeit im Sinne einer »venue au langage« erblickt DeJean in Mme de Staëls Rückgriff auf die Tradition des weiblichen Romans des 17. Jahrhunderts, welcher im Kontext einer primär mündlichen Salon- und Konversationskultur entstand. Diese spezifisch weibliche Tradition der Mündlichkeit wurde im 18. Jahrhundert zu unterdrücken versucht; Mme de Staël lasse sie, so DeJean, durch den Konversationsstil ihres Romans und durch Corinnes Improvisationen wiederaufleben, wobei sie jedoch zugleich deutlich mache, daß diese Tradition an ein Ende gekommen sei. Corinnes »venue à l'écriture« deutet DeJean negativ als Zwang, unter dem Frauen stehen und der ihre mündliche Stimme zum Schweigen bringt (S. 87); Corinnes Schreiben sei aber subversiv, indem es sich als weibliche Rachephantasie vollziehe (S. 86). Marie-Claire Vallois, »Voice as Fossil«, untersucht die Verschiebungen und Entstellungen, die sich in *Corinne* nachweisen lassen, ausgehend von Mme de Staëls Bemerkung aus *De l'Allemagne:* »Les femmes cherchent à s'arranger comme un roman, et les hommes comme une histoire.« (S. 49) und von der dieser Behauptung widersprechenden Tatsache, daß man in der Staël-Kritik immer wieder versucht habe, die lebendige Stimme der Autorin dingfest zu machen. Diese Stimme aber werde in den Texten durch eine Kette von Substitutionen und von Aufspaltungen entstellt und sie werde zugleich als fossile Stimme der toten Mutter bewahrt. Das Schreiben dagegen sei das transgressive Moment, welches die Liebesidylle zwischen Corinne und Oswald zerstöre. Die Argumentation dieser freudianisch inspirierten Lektüre ist leider nicht immer klar und stringent, vieles wird bloß postuliert, nicht aber textanalytisch belegt. Nancy K. Miller, »Performances of the Gaze«, S. 187–196, deutet den Romanschluß mit Corinnes letztem öffentlichem Auftritt und der darin sichtbar werdenden Trennung von Schreiben und Vorführung überzeugend als Subjekt- und Autorwerdung, also als Übergang von der Mündlichkeit zur Schriftlichkeit (S. 194). Die Autorwerdung sei paradox (»[...] it is paradoxically when she is no longer performing that Corinne becomes the figure of the woman writer [...]«, S. 195), und

nen als Theaterdiskurse durch die Simultaneität von Produktion und Rezeption und somit durch die Kopräsenz von Dichterin und Publikum gekennzeichnet sind, erfolgt durch ihren Wechsel in den Bereich der Schriftlichkeit die Trennung dieser Kommunikationsinstanzen. Das impliziert selbstverständlich auch einen Wechsel der Thematik. Wie wir gesehen haben, sind Gegenstände von Corinnes Improvisationen Italien als kulturelle Einheit und Subjekt der Geschichte beziehungsweise die geschichtsträchtige Gegend um Neapel. Corinne spricht in den beiden Improvisationen nur andeutungsweise von sich selbst, so zum Beispiel S. 352–354, wo man ihre Rede über trauernde Frauen, Tod und Liebe auch als Kommentierung ihrer aktuellen Situation lesen kann; dies bleibt aber implizit.

Von nun an aber wird beinahe ausschließlich sie selbst Gegenstand ihrer schriftlichen Äußerungen sein, von denen die erste, längste und wichtigste ihre Lebensgeschichte ist. Mit diesem Text eignet Corinne sich die moderne Gattung der Autobiographie an.[141] Corinne ist die Tochter des Engländers Lord Edgermond und seiner Frau aus erster Ehe, einer Italienerin. Die Opposition England vs. Italien steht somit für die Opposition Vater vs. Mutter. Corinne, die beim Tod ihrer Mutter zehn Jahre alt ist und gemäß dem Wunsch der Mutter bis zu ihrem 15. Lebensjahr in Italien bleibt, damit ihre Bildung (»éducation«)[142] abgeschlossen werden kann, lernt in England, wohin sie dem mittlerweile wiederverheirateten Vater dann nachfolgt, eine Gesellschaft kennen, in der die Frauen eine untergeordnete Rolle spielen.

diese Herausforderung der männlichen Diskursordnung verlange einen hohen Preis: »*Corinne* demonstrates vividly the ways in which the singular challenge to the grounds of representation posed by the woman of genius is defeated by the limits of social reality.« (S. 196) Mit Millers Analyse von Corinnes Autorwerdung stimme ich weitgehend überein. Allerdings ist die von mir eingenommene Perspektive keine feministische, sondern eine allgemein literaturgeschichtliche, woraus sich andere Akzentuierungen ergeben.

141 Volker Kapp, »Von der Autobiographie zum Tagebuch (Rousseau – Constant)«, in: Alois Hahn/Volker Kapp (Hg.), *Selbstthematisierung und Selbstzeugnis: Bekenntnis und Geständnis,* Frankfurt a. M. 1987, S. 297–310, legt dar, daß die Memoirenliteratur wie die Autobiographie einen »Seitentrieb der Historiographie« (S. 298) bilden und daß es bis zum 18. Jahrhundert eine »Kompetenzverteilung zwischen denen, die Geschichte machen, und denen, die sie schreiben« (ebd.), gab. Erst die Emanzipation der »hommes de lettres« von ihrer Rolle als Hofschriftsteller und Panegyriker führt zur Ausdifferenzierung einer autobiographischen Bekenntnisliteratur, deren Subjekte nicht Politiker sind, sondern Literaten. – Wenn Corinne mit ihren dichterischen Manifestationen zunächst das Lob des italienischen Vaterlandes singt (also panegyrisch und ›historiographisch‹ tätig wird), um sich danach auf sich selbst als problematisches Subjekt zurückzuwenden, so wird hiermit eine literarhistorische Entwicklung in kondensierter Form nachvollzogen.

142 *Corinne,* S. 361.

Von ihrer Stiefmutter wird sie über den Unterschied zwischen Italien und England belehrt: »Ma chère enfant, ce n'est pas ici comme en Italie, les femmes n'ont d'autre vocation parmi nous que les devoirs domestiques […]«.[143] Lady Edgermond, die das englische Gesellschaftsmodell favorisiert, fordert Corinne folgerichtig auf, alles zu vergessen, was mit Italien zusammenhängt. Besonderen Anstoß nimmt sie an Corinnes künstlerischem Talent und sie verbietet ihr, Verse zu zitieren, in denen das Wort *Liebe* vorkommt.[144] Die in England herrschende Auffassung von der Pflicht der Frauen gegenüber den Männern steht somit in Opposition zur Entfaltung jeglichen weiblichen Talents, sie dient der Unterdrückung weiblicher Kreativität: »On dirait, à les entendre, que le devoir consiste dans le sacrifice des facultés distinguées que l'on possède, et que l'esprit est un tort qu'il faut expier, en menant précisément la même vie que ceux qui en manquent; mais est-il vrai que le devoir prescrive à tous les caractères des règles semblables?«[145]
Dem stellt Corinne eine andere Auffassung entgegen. Sie möchte ihren Geist und ihre Imagination bilden und entfalten und beides dem von ihr geliebten Oswald zur Verfügung stellen:

> Non, Oswald, pardonnez à l'orgueil de Corinne; mais je me croyais faite pour une autre destinée; je me sens aussi soumise à ce que j'aime, que ces femmes dont j'étais entourée, et qui ne permettaient ni un jugement à leur esprit, ni un désir à leur cœur: s'il vous plaisait de passer vos jours au fond de l'Écosse, je serais heureuse d'y vivre et d'y mourir auprès de vous: mais loin d'abdiquer mon imagination, elle me servirait à mieux jouir de la nature; et plus l'empire de mon esprit serait étendu, plus je trouverais de gloire et de bonheur à vous en déclarer le maître.[146]

Corinne versucht offenbar, die Prinzipien des Allianzdispositivs mit denen weiblicher Autonomie zu verbinden. Sie will sich einerseits dem Mann aus Liebe unterwerfen, andererseits aber nicht darauf verzichten, ihre Talente zu entfalten. Damit ähnelt sie Oswald, der ja, wie oben gezeigt wurde, ebenfalls zugleich die Gesetze des Allianzdispositivs befolgen und seine Ehefrau nach Maßgabe persönlicher Zuneigung und »sensibilité« auswählen möchte. Gesetzt den Fall, diese Verbindung widersprüchlicher Prinzipien wäre möglich, so würde es sich doch um einen individuellen und höchst prekären Kompromiß handeln. Ein solcher Kompromiß ist aufgrund der Vorgeschichte Corinnes und Oswalds und aufgrund ihrer gegensätzlichen

143 *Corinne,* S. 363.
144 Ebd.
145 *Corinne,* S. 366.
146 Ebd.

Auffassung vom Verhältnis zwischen Gesetz und Freiheit undenkbar. Während Oswald sich trotz seiner Ausbruchsversuche doch immer wieder freiwillig dem Gesetz unterwirft und sich unter von außen diktierte Handlungszwänge setzt, plädiert Corinne für absolute Freiheit in Dingen der Liebe. So lautet ihr Appell an Oswald: »Eloignez de vous, à cet égard, toute idée de devoir; je ne connais pour l'amour ni promesse ni garantie. [...] Soyez donc libre maintenant, Oswald, libre chaque jour, libre encore quand vous seriez mon époux; car si vous ne m'aimiez plus, je vous affranchirais, par ma mort, des liens indissolubles qui vous attacheraient à moi.«[147] Zwei Aspekte fallen hier besonders auf. Das ist zum einen die Gleichsetzung des Endes der Liebe mit dem eigenen Tod. Ein Leben jenseits der Liebe zu Oswald liegt offenbar für Corinne nicht mehr im Bereich des Möglichen. Dies ist ein Zeichen für den totalisierenden und exklusiven Charakter der von Corinne empfundenen Liebe. Zum anderen konzediert Corinne ihrem Geliebten die Freiheit der Entscheidung, während sie selbst ihm gegenüber nicht frei ist. Wie gezeigt wurde, ist ihre Liebe ja erst eigentlich aus der Angst heraus entstanden, sie könnte Oswald verlieren.[148] Der Zwangscharakter ihrer Liebe und die Oswald zugestandene Freiheit, sich, wenn er will, anderen Zwängen als dem der Liebe zu unterwerfen, stehen zueinander in deutlicher Opposition. (Ähnlich gegensätzlich war das Verhältnis zwischen dem Unbedingtheitsanspruch von Saint-Preux' Liebe zu Julie und der Unterwerfung unter ihren Willen selbst auf die Gefahr hin, daß dieser die Liebe gefährden und zerstören könnte.)

Durch den Verzicht auf jeglichen gesellschaftlich-familialen Rahmen muß Liebe letztlich auf sich selbst gegründet werden, sie muß sich ihr eigenes Gesetz geben. Dieses Gesetz ist die Nicht-Vorhersagbarkeit, man könnte auch sagen: die Kontingenz. Corinne verspürt in sich eine Liebesfähigkeit und sie hat eine Idealvorstellung von einem Mann, der vor ihrer Begegnung mit Oswald in der Wirklichkeit nichts entspricht. Sie hofft sogar, sich der absoluten Gewalt einer Bindung entziehen zu können, um ihre Freiheit zu bewahren. Die ihr eigene »nature passionnée«[149] empfindet sie als Bedrohung ihres Glücks und ihres Lebens. Daß sie sich schließlich in Oswald verliebt, resultiert nicht aus seiner Perfektion, aus seiner Übereinstimmung mit ihrem Ideal, sondern aus seiner Widersprüchlichkeit und seinen Fehlern: »[...] je ne savais pas qu'il existe des défauts qui peuvent accroître

147 *Corinne,* S. 390.
148 *Corinne,* S. 125.
149 *Corinne,* S. 388.

l'amour même par l'inquiétude qu'ils lui causent. Oswald, la mélancolie, l'incertitude qui vous découragent de tout, la sévérité de vos opinions, troublent mon repos sans refroidir mon sentiment; je pense souvent que ce sentiment ne me rendra pas heureuse; mais alors c'est moi que je juge, et jamais vous.«[150] Das Liebesobjekt wird, anders als bei Hölderlin oder Foscolo, wo die Geliebte angelisiert wird, in keiner Weise idealisiert. Damit ist aber auch impliziert, daß Liebe nicht auf Freiheit gegründet ist, sondern daß sie als Reaktion auf Verlustangst entsteht und somit das Subjekt heteronom werden läßt. Im Gegensatz zu der von Oswald geforderten freiwilligen Zustimmung ist Corinne in ihrer Liebe zu ihm selbst nicht frei, sondern sie unterliegt einem inneren Zwang.

Die Widersprüchlichkeit ihrer Liebe erscheint noch größer, wenn man bedenkt, daß, wie oben gezeigt wurde, die Dichtung die Tochter der Liebe ist, das heißt, daß man an der Liebe leiden muß, um zum Dichter zu werden. Nun ist aber Corinne schon Dichterin, bevor sie Oswald begegnet. Was also gewinnt ihre Dichtung durch den Geliebten? Auf den ersten Blick scheint es sich um ein Verlustgeschäft zu handeln, denn Corinne opfert ihr Dichtertalent ihrer Liebe. »Tout ce génie, qui jadis enflammait ma pensée, n'est plus que de l'amour.«[151] So spricht Corinne zu Oswald, kurz bevor er sie verlassen muß. Oswald nämlich folgt dem Ruf seines Regiments und kehrt nach England zurück.[152] Obwohl die beiden ein Wiedersehen vereinbaren, wird sich die Trennung als endgültig erweisen. Die Gründe dafür liegen bei beiden Betroffenen. Von Oswald heißt es, daß er bei seiner Rückkehr nach England wieder zu sich selbst findet; er wechselt wieder in seinen angestammten Raum, in dem das Allianzdispositiv unangefochtene Gültigkeit besitzt, und macht die Grenzüberschreitung in den Bereich der Moderne rückgängig: »En approchant de l'Angleterre, tous les souvenirs de la patrie rentrèrent dans l'ame d'Oswald; l'année qu'il venait de passer en Italie n'était en relation avec aucune autre époque de sa vie. C'était comme une apparition brillante qui avait frappé son imagination, mais n'avait pu changer entièrement les opinions ni les goûts dont son existence s'était composée jusqu'alors. Il se retrouvait lui-même [...].«[153] Zu diesem ›dispositionellen‹ Grund gesellen sich weitere, ›konjunkturelle‹ Gründe. Der eine ist die Begegnung mit Lady Edgermond und ihrer Tochter Lucile, die die von Oswalds Vater für ihn auserwählte Braut ist und die Oswald durchaus gefällt. Er be-

150 Ebd.

151 *Corinne,* S. 443.

152 *Corinne,* S. 435ff.

153 *Corinne,* S. 447.

wundert ihre »figure vraiment angélique« und schwärmt von ihrer »pureté céleste«.[154] Der zweite Grund ist die Tatsache, daß Corinne vor Ablauf der vereinbarten Jahresfrist Oswald nach England nachreist und daß dadurch der Briefkontakt zwischen ihnen abbricht. Weil seine Briefe unbeantwortet bleiben, glaubt Oswald, daß Corinne ihn vergessen habe. Sie hingegen begegnet ihm mehrmals heimlich zunächst in London, dann in Schottland, beobachtet ihn zusammen mit Lucile und opfert sich schließlich, da sie glaubt, daß ihre Liebe keine Chance mehr habe. Den Entschluß trifft sie am Grab ihres Vaters in Gegenwart ihrer Schwester Lucile, deren Gebet um Oswalds Liebe sie belauscht und das sie erfüllen helfen möchte: »L'innocence de Lucile, sa jeunesse, sa pureté exaltaient son imagination, et elle [sc. Corinne] était, un moment du moins, fière de s'immoler pour qu'Oswald fût en paix avec son pays, avec sa famille, avec lui-même.«[155]

In England und Schottland herrschen unangefochten das Gesetz des Vaters und somit das Allianzdispositiv. Diesem Gesetz entzieht sich Corinne, indem sie nach ihrem Verzicht auf die Liebe zu Oswald nach Italien zurückkehrt, wo sie aus ihrem Schmerz heraus den Weg von der archaischen Improvisation zur modernen Literatur weitergeht. Sie hinterläßt eine fragmentarische Schrift, in der sie ihre eigene Situation analysiert. War ihre schriftliche Lebensgeschichte eine Aneignung der modernen Gattung Autobiographie, so versucht sie sich nun im Genre der intimen Bekenntnisliteratur. Gegenstand der *Fragments des pensées de Corinne*[156] sind die Liebe zu Oswald, der Grund für ihr Scheitern und der Zusammenhang dieser Liebe mit ihrer Kunst. Sie bezeichnet sich – wie alle romantischen Künstler – als Ausnahmewesen, das mit besonderen geistigen und seelischen Qualitäten ausgestattet sei, sich aber von den anderen Menschen so sehr unterscheide, daß nichts anderes als diese Qualitäten zu ihren Gunsten sprechen könnte. Die romantische Künstlerin ist einsam und benötigt aus diesem Grund jenen einzigen Menschen, der zu ihr paßt (»il n'y a pour elle qu'un objet dans l'univers«).[157]

Das Liebesverhältnis wird als privilegiertes Kommunikationsverhältnis gefaßt: Corinne bezeichnet sich als »une personne qui ne parlait qu'à lui [sc. Oswald] du fond du cœur«.[158] Oswald ist der einzige, der sie versteht.[159]

154 *Corinne,* S. 450.
155 *Corinne,* S. 504.
156 *Corinne,* S. 520–526.
157 *Corinne,* S. 521.
158 Ebd.; vgl. auch S. 523f.
159 *Corinne,* S. 523.

Naheliegenderweise ist er denn auch der präferierte Adressat ihrer Dichtung: »J'aurais aimé que mon nom lui parvînt avec quelque gloire; j'aurais voulu qu'en lisant un écrit de moi il y sentît quelque sympathie avec lui.«[160] Da diese einzige, mit Höchstrelevanz ausgestattete Person sich ihr entzogen hat, fehlt ihr nun die Kraft, ihr Leid durch künstlerische Arbeit zu sublimieren, wie dies etwa dem Maler Domenichino[161] gelang, der, eingesperrt in ein Kloster, Bilder an die Mauern seines Gefängnisses malte und somit Spuren hinterließ. Im Gegensatz zu dem eingesperrten Künstler aber empfinde sie kein äußeres, sondern inneres Leid: »[...] mais il [sc. le Dominiquin] souffrait par les circonstances extérieures; le mal n'était pas dans l'ame; quand il est là, rien n'est possible, la source de tout est tarie.«[162] Diesen Seelenschmerz sprachlich mitzuteilen, fehlt ihr die Kraft; nur die Liebe wäre fähig, solche Abgründe auszuloten.[163] Da diese Liebe aber durch den Verlust des Liebesobjekts zerstört wurde, fehlt ihr der Lebensmut und sie fühlt, daß sie sich dem Tode nähert. Sie hält ihren Schmerz für gerechtfertigt, denn sie wisse aufgrund ihrer Erfahrung, welchen Wert die Ausnahmebeziehung zu Oswald für sie gehabt habe und könne daher den unersetzlichen Verlust richtig einschätzen.

> Que cela est insensé, diront au contraire la plupart des hommes, de mourir pour l'amour, comme s'il n'y avait pas mille autres manières d'exister! L'enthousiasme en tout genre est ridicule pour qui ne l'éprouve pas. La poésie, le dévouement, l'amour, la religion, ont la même origine; et il y a des hommes aux yeux desquels ces sentiments sont de la folie. Tout est folie, si l'on veut, hors le soin que l'on prend de son existence; il peut y avoir erreur et illusion par-tout ailleurs.[164]

160 *Corinne,* S. 520.

161 Dieser Maler spielt im Text eine zentrale Rolle, insofern Corinne bei ihrem ersten öffentlichen Auftritt gekleidet ist wie die Sibylle auf einem seiner Gemälde (»Elle était vêtue comme la Sibylle du Dominiquin [...]«, *Corinne,* S. 52). Als Oswald, der inzwischen mit Lucile verheiratet ist, nach Italien reist, besucht er mit seiner Frau ein Museum in Bologna und betrachtet ausgiebig eben jene Sibylle des Domenichino (S. 561). Zuvor hatte er in Parma eine Ähnlichkeit seiner Frau mit einer Madonna von Correggio bemerkt. Als Lucile ihn nun vor dem Domenichino-Gemälde fragt, ob die Sibylle mehr zu seinem Herzen spreche als die Madonna, antwortet er: »La Sibylle ne rend plus d'oracles; son génie, son talent, tout est fini: mais l'angélique figure du Corrège n'a rien perdu de ses charmes; et l'homme malheureux qui fit tant de mal à l'une ne trahira jamais l'autre.« (S. 562) Über die Bedeutung dieser Aussage kann man nur urteilen, wenn man bedenkt, daß das Correggio-Gemälde kurz davor steht, sich von der Wand abzulösen (S. 558f.).

162 *Corinne,* S. 521.

163 *Corinne,* S. 522.

164 *Corinne,* S. 523.

Die zum Tode führende Liebe erscheint vom gesellschaftlichen Standpunkt aus als widervernünftig (»insensé«). Corinne aber schreibt ihr einen göttlichen Ursprung zu (»enthousiasme«) und stellt sie auf eine Stufe mit Dichtung, Hingabe und Religion. Wenn aber Liebe und Dichtung aufgrund ihres gemeinsamen Ursprungs in einer metonymischen Beziehung zueinander stehen, so erscheint es als folgerichtig, daß die Zerstörung der Liebe das Versiegen der dichterischen Inspiration nach sich zieht. Corinne kann also nicht mehr Dichterin sein, sie muß moderne Schriftstellerin werden und sich selbst zum Gegenstand machen.

Dies geschieht dann in Corinnes letztem öffentlichen Auftritt.[165] Zwar ist dieser mit dem Titel überschrieben *Dernier chant de Corinne,* doch trägt sie ihren Gesang nicht selbst vor. Sie hat ihn aufgeschrieben und läßt ihn von einem jungen Mädchen rezitieren. Was sich in dieser Abschiedsvorstellung vollzieht, ist die definitive Trennung von Autor und Text im Rahmen einer öffentlichen Inszenierung.[166] Corinne ist zwar bei der Aufführung anwesend, aber aufgrund ihrer körperlichen Schwäche unfähig, selbst auf die Bühne zu treten. Oswald sitzt im Publikum, und so kommt es zu einer letzten Begegnung der Liebenden, einer indirekten Zwiesprache Corinnes mit Oswald im Medium ihres »chant du cygne«.[167] In diesem Text macht Corinne sich selbst zum Thema. Sie blickt auf ihre eigene Geschichte zurück, nimmt Abschied von ihrem italienischen Publikum, dessen Toleranz gegenüber den Frauen sie ihre Huldigung erweist, und beschreibt ihre aktuelle Situation, in der sie durch ihre Liebe (»affections orageuses«)[168] vorzeitig gebrochen worden sei. Am Ende begrüßt sie den nahenden Tod.

Diese Abschiedsvorstellung steht in asymmetrischer Korrespondenz zu der ersten Begegnung zwischen Corinne und Oswald. Während Corinne auf dem Kapitol nicht im eigenen Namen, sondern als Nationaldichterin für ganz Italien sprach, um sich dann auf eine Intimkommunikation mit Oswald einzulassen, spricht sie nun einzig für sich selbst, ist aber körperlich auf der Bühne gar nicht mehr anwesend. Der erste Auftritt markiert den

165 *Corinne,* S. 582–584.

166 Hans Ulrich Gumbrecht, »Beginn von ›Literatur‹/Abschied vom Körper?«, in: Gisela Smolka-Koerdt/Peter M. Spangenberg/Dagmar Tillmann-Bartylla (Hg.), *Der Ursprung von Literatur. Medien, Rollen, Kommunikationssituationen zwischen 1450 und 1650,* München 1988, S. 15–50, legt dar, daß die neuzeitliche Literatur vor dem Hintergrund des Buchdrucks als Medium der Ausgrenzung des Körpers aus der Kommunikation entstanden ist. – Dieser Prozeß wird in *Corinne* in allegorischer Verdichtung und aus weiblicher Perspektive dargestellt.

167 *Corinne,* S. 581.

168 *Corinne,* S. 583.

Beginn der Kommunikation mit Oswald, dieser Auftritt ihr Ende. Bei der ersten Begegnung wurde sie zur Dichterin gekrönt, hat aber, indem sie sich nach Oswald umblickte, ihren Lorbeerkranz verloren, den ihr der damals noch Unbekannte dann wieder zurückgab. Dies habe ich als Vorwegnahme der Gesamthandlung gedeutet, in deren Verlauf Corinnes Dichtung in ein Konkurrenzverhältnis zur Liebe tritt, um dann nach dem Verlust der Liebe wieder zurückgewonnen zu werden, allerdings nicht als Dichtung, sondern als moderne Literatur. Die Trennung von Text und Körper macht es möglich, daß der Autor sich selbst zum Thema macht. Als Nationaldichterin spricht Corinne im Namen des Kollektivs, das sie repräsentiert. Als Schriftstellerin spricht sie nur noch im eigenen Namen. Das Fehlen des Körpers wird kompensiert durch die Wiedereinführung des Autors als Figur des Textes. Damit aber ist eine historische Bewegung angestoßen, an deren Ende im 20. Jahrhundert die Einschreibung des Autortodes in den Text stehen wird.[169] Mme de Staëls Roman bündelt somit als paradigmatisch romantischer Text literarhistorische Entwicklungslinien, die von der französischen Klassik bis zur Moderne des 20. Jahrhunderts reichen.

169 Vgl. hierzu Thomas Klinkert, *Bewahren und Löschen. Zur Proust-Rezeption bei Samuel Beckett, Claude Simon und Thomas Bernhard,* Tübingen 1996, und ders., *Lektüren des Todes bei Marcel Proust,* Köln 1998 [Privatdruck der Marcel Proust Gesellschaft].

# 5. Giacomo Leopardi (ausgewählte Texte zur Liebe)[1]

## 5.1 Leopardi als pessimistischer Dichter – ein Oxymoron?

Giacomo Leopardi (1798–1837) ist der jüngste der hier behandelten Autoren. Seine Hauptwerke sind in den zwanziger und dreißiger Jahren des 19. Jahrhunderts entstanden. Dennoch gehören sie thematisch und problemgeschichtlich in den Zusammenhang dieser Untersuchung. Das mag vielleicht auf den ersten Blick erstaunen, weil Leopardi sich von allen anderen untersuchten Autoren durch seinen abgrundtiefen Pessimismus unterscheidet. Man hat ihn deshalb schon im 19. Jahrhundert in die Nähe Schopenhauers gerückt.[2] Nun sind Pessimismus und Nihilismus Erscheinungen, die ihre Wurzel in der Frühromantik haben. Man denke etwa an die »Rede des toten Christus, daß kein Gott sei« aus Jean Pauls *Siebenkäs,* an die Figur des Roquairol aus dem *Titan* desselben Autors, an Klingemanns *Nachtwachen. Von Bonaventura* oder an Senancours *Obermann.* In solchen Texten werden in radikaler Weise die Konsequenzen aus dem verlorenen Glauben an Gott gezogen, bei Jean Paul hypothetisch, weil die nihilistische Rede des toten Christus in einen Traum eingelagert ist, bei Klingemann und Senancour als Ausdruck einer den Protagonisten zugeschriebenen Überzeugung. Auch Hölderlins Hyperion durchleidet nach der ersten Trennung von Alabanda eine Nihilismus-Krise, die dann allerdings durch die Begegnung mit der göttlichen Diotima beendet wird.

Der Pessimismus ist somit um 1820 kein Novum mehr. Gleichwohl gewinnt er bei Leopardi durch Radikalisierung eine andere Qualität. Leopardi macht aus dem atheistischen Pessimismus ein philosophisches System. Bekanntlich wandelt sich seine Auffassung von der Natur in den zwanziger Jahren.[3]

1 Dieses Kapitel ist die überarbeitete und erweiterte Fassung meines Aufsatzes »Zur poetologischen Funktion der Liebe bei Leopardi«, in: *Italienisch* 40 (1998), S. 78–91.

2 Vgl. den 1858 erschienenen Dialog von Francesco De Sanctis, »Schopenhauer e Leopardi«, in: *Opere.* A cura di Niccolò Galla, Milano/Napoli o.J., S. 932–975. Vgl. zur Problematik Giuseppe Invernizzi, »Leopardi, Schopenhauer e il pessimismo europeo«, in: *Italienisch* 40 (1998), S. 16–31, der in der Tat wichtige Berührungspunkte zwischen Leopardi und Schopenhauer sieht und diese auf deren gemeinsame Rezeption der Aufklärung zurückführt.

3 Vgl. die prägnante Zusammenfassung von Leopardis diesbezüglicher Entwicklung bei Enrico De Angelis, »Giacomo Leopardi oder: Gibt es eine italienische Romantik?«, in: *Aurora* 53 (1993), S. 47–54.

Zunächst galt ihm die Natur als das höchste Ziel der Dichtung: »[...] il fine dell'arte [...] non è mica l'arte, ma la natura, e il sommo dell'arte è la naturalezza [...]«.[4] Dahinter steht ein positives Bild von der Natur in der Tradition Rousseaus. Daß der Mensch leidet, ist ein Resultat seiner Entfernung von dieser positiven Natur. Sein Leiden ist aber kein Naturgesetz, wie es zu Beginn des 1822 entstandenen *Inno ai patriarchi* heißt: »[...] Immedicati affanni / Al misero mortal, nascere al pianto, / E dell'etereo lume assai più dolci / Sortir l'opaca tomba e il fato estremo, / Non la pietà, non la diritta impose / Legge del cielo. [...]« (V. 6–11)[5] Verantwortlich für das Leid ist ein menschlicher Sündenfall, ein »antico / Error che l'uman seme alla tiranna / Possa de' morbi e di sciagura offerse« (V. 11–13). Die Natur an sich ist gut, sie wird in *Alla primavera*[6] (ebenfalls 1822 entstanden) als »santa« und als »[v]aga natura« (V. 20, 90) apostrophiert. Nur wenige Jahre später, im Jahr 1826, stellt Leopardi jedoch folgende erschütternde Diagnose, über deren provokatives Potential sich der Autor durchaus im klaren ist:

> Tutto è male. Cioè tutto quello che è, è male; che ciascuna cosa esista è un male; ciascuna cosa esiste per fin di male; l'esistenza è un male e ordinata al male; il fine dell'universo è il male; l'ordine e lo stato, le leggi, l'andamento naturale dell'universo non sono altro che male, nè diretti ad altro che al male. Non v'è altro bene che il non essere; non v'ha altro di buono che quel che non è; le cose che non son cose: tutte le cose sono cattive. Il tutto esistente; il complesso dei tanti mondi che esistono; l'universo; non è che un neo, un bruscolo in metafisica. L'esistenza, per sua natura ed essenza propria e generale, è un'imperfezione, un'irregolarità, una mostruosità.[7]

Die Existenz und das Universum sind nicht nur sinnlos, sondern ihre Finalität ist das Übel (»male«). Damit macht Leopardi sich, wie er selbst erkennt, zum Antipoden von Leibniz und Pope; er negiert die Theodizee und die optimistische Vorstellung von der besten aller möglichen Welten, an deren Stelle er gleichwohl nicht kurzerhand ihre Umkehrung setzen will: »Non ardirei però estenderlo a dire che l'universo esistente è il peggiore degli universi possibili, sostituendo così all'ottimismo il pessimismo. Chi può conos-

4 Zitiert wird nach folgender Ausgabe unter der üblichen Angabe der von Leopardi selbst stammenden Paginierung: *Zibaldone di pensieri*. Edizione critica e annotata a cura di Giuseppe Pacella, 3 Bände, Milano 1991. Zitat: *Zibaldone,* S. 20.

5 Die *Canti* und die *Operette morali* werden nach folgender Ausgabe zitiert: *Poesie e prose*. A cura di Rolando Damiani e Mario Andrea Rigoni, 2 Bände, Milano [1]1987/1988, Bd. 1: *Poesie,* Milano [7]1998, Bd. 2: *Prose,* Milano [6]1997. Der *Inno ai patriarchi* findet sich in Bd. I, S. 36–39.

6 Bd. I, S. 33–35.

7 *Zibaldone,* S. 4174.

cere i limiti della possibilità?«[8] Hier artikuliert sich eine Skepsis hinsichtlich der Grenzen des Wißbaren, die im Widerspruch zu den zitierten apodiktischen Behauptungen über die negative Finalität der Existenz steht.[9]
Ein grundlegender Widerspruch herrscht auch zwischen der Erkenntnis der Sinnlosigkeit und der Tatsache, daß Leopardi dichtet. Mit gutem Grund fragt Winfried Wehle: »Ist ein ›schönes Gedicht‹, allein schon dadurch, daß es entstehen konnte, nicht die eindrucksvollste Widerlegung von L[eopardi]s Nihilismus?«[10] Wenn, wie Leopardi sagt, die Nicht-Existenz tatsächlich das einzig vorstellbare Gut wäre, dann müßte die unweigerliche Konsequenz der sofortige Selbstmord sein. Wenn der Autor diese Konsequenz nicht gezogen hat, so legt dies den Rückschluß nahe, daß er mit seinem Leben und vor allem mit seinem Schreiben der Existenz dennoch einen Sinn abzugewinnen versucht hat. Es soll untersucht werden, wie solche Sinngebung bei Leopardi aussieht. Wie bei Rousseau und Hölderlin entsteht dadurch auch bei Leopardi eine für sein Werk charakteristische Grundspannung, die, wie Wehle im Hinblick auf *A se stesso* bemerkt hat, dekonstruktivistisches Denken antizipiert und somit nur durch solches Denken adäquat erfaßt werden kann.[11] Rousseau und Hölderlin gehen davon

8 Ebd.

9 Weitere berühmte Belege für Leopardis radikalen Pessimismus sind der *Dialogo della Natura e di un Islandese* (1824) aus den *Operette morali* und *La Ginestra* (1836) aus den *Canti.* Im *Dialogo* (*Poesie e prose,* Bd. II, S. 76–83) wirft der Isländer der Natur vor, sie sei »nemica scoperta degli uomini, e degli altri animali, e di tutte le opere [s]ue« (S. 80), worauf die Natur entgegnet, die Welt sei nicht zum Vergnügen des Menschen geschaffen worden, und ihr, der Natur, sei Wohl und Wehe der Menschen völlig gleichgültig. Das Leben des Universums sei »un perpetuo circuito di produzione e distruzione, collegate ambedue tra se di maniera, che ciascheduna serve continuamente all'altra, ed alla conservazione del mondo« (S. 82). Als der Isländer verzweifelt fragt, wem die »vita infelicissima dell'universo« denn gefalle oder nütze, wird er – wie zur Bestätigung für die Sinnlosigkeit der Existenz – von zwei hungrigen Löwen gefressen oder, nach einer anderen Überlieferung, durch einen Sandsturm getötet (S. 82f.). In *La Ginestra* (Bd. I, S. 124–133), dem letzten großen ›philosophischen‹ Gedicht der *Canti* (danach folgen als Abgesang zwei kurze Texte mit den Titeln *Imitazione* und *Scherzo*), wird im Angesicht des Vesuv und des von ihm ausgehenden tödlichen Vernichtungspotentials eine bittere Anklage gegen die das 19. Jahrhundert beherrschende Ideologie des Fortschritts erhoben (»Dipinte in queste rive / Son dell'umana gente / *Le magnifiche sorti e progressive.*«, V. 49–51; Hervorh. im Text) und die Natur als am Leiden der Menschen Schuldige bezeichnet, »[…] che de' mortali / Madre è di parto e di voler matrigna.« (V. 124f.)

10 *Leopardis Unendlichkeiten. Zur Pathogenese einer* poesia non poesia. *»L'Infinito« / »A se stesso«,* Tübingen 2000, S. 110, Anm. 68.

11 »Mit *A se stesso* riskiert Leopardi ein Gedicht, das gewissermaßen die Palinodie seiner selbst ist. Es bleibt unabgeschlossen, ein offenes Kunstwerk. Jeder, der es textgemäß begehen will, hat eine Deutungsarbeit zu leisten, die, auf der Höhe ihrer modernen Entfal-

aus, daß die Welt prinzipiell gut ist und daß für den Menschen die Aussicht auf Rettung beziehungsweise auf Restitution der verlorenen Einheit durch Erziehung, Philosophie und bei Hölderlin vor allem durch Dichtung besteht, wenngleich sich bei der konkreten Ausgestaltung der Ideen zur Rettung zunehmend die Einsicht in deren Unmöglichkeit durchsetzt. Umgekehrt, aber durchaus analog stellt sich bei Leopardi eine Gegenstrebigkeit zwischen philosophisch begründetem Pessimismus und poetisch formulierter Hoffnung auf Glück und somit auf Sinnhaftigkeit ein. Wie zu zeigen sein wird, spielt die Liebe in diesem Zusammenhang eine wesentliche Rolle.

## 5.2 Die »teoria del piacere« *(Zibaldone)*

In einem Eintrag des *Zibaldone* vom 27. Juni 1820 sagt Leopardi, daß man im Erleben der Liebe, in der Gegenwart der Geliebten, bei ihren Gunstbezeugungen, selbst bei der sexuellen Erfüllung mehr auf der Suche nach dem Glück sei, als daß man es tatsächlich verspüre: »[...] il tuo cuore agitato, sente sempre una gran mancanza, un non so che di meno di quello che sperava, un desiderio di qualche cosa anzi di molto di più.«[12] Mit geradezu psychoanalytischem Scharfsinn *avant la lettre* erkennt Leopardi die grundsätzliche Unerfüllbarkeit des Begehrens, in dessen Zentrum sich eine Leere (»una gran mancanza«) befindet. Da das Begehren selbst dann, wenn es ans Ziel kommt, nicht erfüllbar ist, besteht das höchste Glück der Liebe in einer »quieta e dolce malinconia«, bei der man weint, ohne zu wissen weshalb. In diesem Zustand ist man, anders als bei der Erfüllung, die keine ist, dem Glück am nächsten (»[la tua anima] quasi gusta la felicità«). Paradoxerweise erfolgt also die größtmögliche Annäherung an das Glück mittels seines Gegenteils, des Schmerzes.

Auf diese Stelle verweist Leopardi später im Kontext einer weitergehenden Ausführung zum Thema Glück.[13] Seine »teoria del piacere«[14] beruht auf der Annahme, daß das Verlangen nach Glück auf ein sowohl räumlich als auch zeitlich Unendliches gerichtet ist.[15] (»Piacere« und »felicità« werden

tung, sich als Dekonstruktivismus einen Namen machen wird.« (*Leopardis Unendlichkeiten,* S. 93) Nach meiner Auffassung läßt sich dieser Befund für Leopardis Werk im oben erläuterten Sinn verallgemeinern.

12 *Zibaldone,* S. 142.

13 *Zibaldone,* S. 165–182.

14 *Zibaldone,* S. 181.

15 *Zibaldone,* S. 165.

hierbei gleichgesetzt.) Da aber jedes konkrete Objekt des Begehrens, von dem es sich Erfüllung erhofft, endlich und begrenzt ist, kann das prinzipiell unendliche Begehren niemals erfüllt werden. Es besteht eine konstitutive Diskrepanz zwischen dem Begehren und seinem Objekt: »Il fatto è che quando l'anima desidera una cosa piacevole, desidera la soddisfazione di un suo desiderio infinito, desidera veram[ente] *il* piacere, e non un tal piacere; ora nel fatto trovando un piacere particolare, e non astratto, e che comprenda tutta l'estensione del piacere, ne segue che il suo desiderio non essendo soddisfatto di gran lunga, il piacere appena è piacere [...]. E perciò tutti i piaceri debbono esser misti di dispiacere [...].«[16]

Das Sehnen des Menschen nach dem Unendlichen hängt mit seiner »facoltà immaginativa« zusammen, das heißt mit der Fähigkeit, sich Nicht-Existentes vorstellen zu können. Die Imagination ist zwar prinzipiell unabhängig vom Streben nach Glück, aber sie findet in dessen Bereich eines ihrer wichtigsten Betätigungsfelder. Die Fähigkeit, sich in der Wirklichkeit nicht vorhandene Objekte des Begehrens vorzustellen, hat für den Menschen kompensatorische Funktion. Sie ist ein Geschenk der – zu diesem Zeitpunkt von Leopardi noch positiv bewerteten – Natur, die zwar weder dem Menschen adäquate, sein Begehren erfüllende Objekte geben noch ihn von seinem angeborenen Sehnen nach dem Unendlichen befreien kann, weil der »amor del piacere« aus dem Selbsterhaltungstrieb resultiert und somit unhintergehbar ist, aber ihm mit den aus der Imagination geborenen Illusionen ein geeignetes Supplement (»supplire«) zur Verfügung stellt.[17]

An diese Theorie der Imagination und der von ihr produzierten Illusionen knüpfen sich im folgenden 1. anthropologische, 2. epistemologische und 3. poetologische Überlegungen. 1. »L'immaginaz[ione] come ho detto è il primo fonte della felicità umana. Quanto più questa regnerà nell'uomo, tanto più l'uomo sarà felice.«[18] Als Beweis dafür, daß die Imagination Quelle des Glücks ist, nennt Leopardi (ebenso wie Hölderlin) das Glück der Kinder, bei denen sich die Herrschaft der Imagination mit einer Unkenntnis der Wahrheit verbindet. Evolutionsgeschichtliches Pendant hierzu sind die Menschen der Antike. 2. »E notate [...] che la natura ha voluto che l'immaginaz[ione] non fosse considerata dall'uomo come tale, cioè non ha voluto che l'uomo la considerasse come facoltà ingannatrice, ma la confondesse colla facoltà conoscitrice, e perciò avesse i sogni dell'immaginaz[ione] p[er] cose reali e quindi fosse animato dall'immaginario come dal vero (anzi

16 *Zibaldone*, S. 166f. (Hervorh. im Text).
17 *Zibaldone*, S. 167.
18 *Zibaldone*, S. 168.

più, perchè l'immaginario ha forze più naturali, e la natura è sempre superiore alla ragione).«[19] Der von der Natur gewünschte Zustand ist demnach die Gleichsetzung von Imagination und Erkenntnisvermögen. Daß es sich dabei um eine Illusion handelt, soll nicht durchschaut werden. Die fehlende Kenntnis der Wahrheit ist Voraussetzung für das menschliche Glück. Dies impliziert den Verzicht auf Erkenntnis. Der Unterschied zwischen Antiken und Modernen ist hieran festzumachen: Während die Alten (wie auch heute noch die Kinder) an die eigenen Illusionen glaubten, werden sie von den Modernen als Illusionen durchschaut. Dies erklärt die »superiorità degli antichi sopra i moderni in ordine alla felicità«.[20] Ganz analoge Gedanken finden sich im übrigen, wie gezeigt wurde, bei Hölderlin und Foscolo.

3. Da das Begehren nach Annehmlichkeit (»il desiderio del piacere«)[21] unendlich ist, erscheinen erstrebenswerte Objekte nur von ferne als schön, nicht aber aus der Nähe, wenn man ihre Endlichkeit erkennt. Dies hat Auswirkungen auf die Dichtung, wo man »il bello aereo, le idee infinite«, das heißt diejenigen Ideen, die man nicht umfassen kann,[22] bevorzugt. (Dies entspricht im übrigen dem Mathematisch-Erhabenen bei Kant.)[23] Auch diesbezüglich waren die Antiken den Modernen überlegen. Das »bello aereo« wird in der Moderne durch die rationale Durchdringung der Welt zerstört. Als einzige Möglichkeit, dennoch poetische Schönheit zu erfahren, bleibt den Modernen die Melancholie: »La malinconia, il sentimentale moderno ec. perciò appunto sono così dolci, perchè immergono l'anima in un abbisso di pensieri indeterminati de' quali non sa vedere il fondo nè i contorni.«[24] Und dies, so heißt es im unmittelbaren Anschluß, ist der Grund dafür, weshalb man in der Liebe dem Glück am nächsten kommt, wenn man leidet. Leopardi weist hier explizit auf jene oben schon zitierte Stelle[25] zurück und

19 Ebd.

20 Ebd.

21 *Zibaldone,* S. 169.

22 *Zibaldone,* S. 170.

23 Vgl. hierzu Franca Janowski, »Dulcedo naufragii. Das Motiv des Schiffbruchs im ›Infinito‹ von Giacomo Leopardi«, in: *GRM,* N. F. 45 (1995), S. 334–348, hier S. 340 ff., die vermutet, daß Leopardi zwar nicht Kant, aber Schiller gelesen hat und dadurch mit der Kantschen Theorie des Erhabenen indirekt vertraut war. – Zu Kants Theorie des Erhabenen vgl. *Kritik der Urteilskraft,* § 23–29. Kant unterscheidet das Mathematisch-Erhabene und das Dynamisch-Erhabene. Das Mathematisch-Erhabene resultiert aus der Vorstellung des Unendlichen: »Erhaben ist also die Natur in derjenigen ihrer Erscheinungen, deren Anschauung die Idee ihrer Unendlichkeit bei sich führt.« (§ 26)

24 *Zibaldone,* S. 170.

25 *Zibaldone,* S. 142. Die Stelle sei noch einmal in Erinnerung gerufen: »[...] il tuo cuore agitato, sente sempre una gran mancanza, un non so che di meno di quello che sperava,

führt den Gedanken deshalb nicht weiter aus. Seine »teoria del piacere« liefert nun also nachträglich die Begründung für die dortige Diagnose, wonach man in der Präsenz der geliebten Person niemals glücklich sein kann und sich im Zentrum dieser Präsenz eine »gran mancanza« auftut.
Von zentraler Bedeutung ist ganz offenbar die aufgezeigte Verbindung anthropologischer, epistemologischer und poetologischer Aspekte in Leopardis »teoria del piacere«. Nicht weniger bedeutsam ist die auf der Melancholie beruhende Analogie zwischen Dichtung und Liebe.[26] Im folgenden soll gezeigt werden, wie sich dieses Verhältnis im Jahr 1824 im Eingangstext zu den *Operette morali* gestaltet, zu einem Zeitpunkt, da Leopardis Auffassung von der Natur sich schon in Richtung jenes oben beschriebenen radikalen Pessimismus verschoben hat, ohne doch die grundlegenden Ideen bezüglich der Unendlichkeit und der Unerfüllbarkeit des menschlichen Begehrens aufzugeben.

## 5.3 Liebe und Dichtung als »fantasmi« *(Storia del genere umano)*

In der *Storia del genere umano*[27] entwirft Leopardi in mythologischer Einkleidung eine in Parallele zur Ontogenese gesetzte Entwicklungsgeschichte der Menschheit, in der wiederum die Liebe im Zusammenhang mit der Dichtung eine wichtige Rolle spielt. Diese Phylogenese des Menschengeschlechts besteht aus vier Phasen. In der ersten Phase sind die Menschen mit ihrem Schicksal zufrieden, was sich aus ihrer kindlichen Hoffnung auf eine glückliche Zukunft erklärt. Leopardi knüpft hier an seine »teoria del piacere« an,

un desiderio di qualche cosa anzi di molto di più. I migliori momenti dell'amore sono quelli di una quieta e dolce malinconia dove tu piangi e non sai di che, e quasi ti rassegni riposatamente a una sventura e non sai quale.«

26 Im weiteren Fortgang der Argumentation entwickelt Leopardi dann eine Poetologie des »infinito«, die sehr genau die Zusammenhänge des gleichnamigen berühmten Gedichts aus den *Canti* erfaßt (zur Verdeutlichung der Korrespondenzen zitiere ich die betreffenden Stellen aus *L'infinito,* Bd. I, S. 49, in eckigen Klammern): »Del rimanente alle volte l'anima desidererà ed effettivamente desidera una *veduta ristretta e confinata* in certi modi, come nelle situazioni romantiche *[questa siepe, che da tanta parte / Dell'ultimo orizzonte il guardo esclude].* La cagione è la stessa, cioè il *desiderio dell'infinito,* perchè allora in luogo della vista, lavora l'immaginaz[ione] e il fantastico sottentra al reale. L'anima s'immagina quello che non vede *[interminati / Spazi di là da quella, e sovrumani / Silenzi, e profondissima quiete / Io nel pensier mi fingo],* che quell'albero, quella *siepe,* quella torre gli nasconde, e va errando in uno spazio immaginario, e si figura cose che non potrebbe se la sua vista si estendesse da per tutto, perchè il reale escluderebbe l'immaginario.« (*Zibaldone,* S. 171; Hervorh. T. K.)

27 *Poesie e prose,* Bd. II, S. 5–19.

die, wie gezeigt wurde, darauf beruht, daß der Mensch ein angeborenes Verlangen nach dem Unendlichen hat. Obwohl die Erde kleiner und weniger vielfältig als heute ist, erscheint sie den Menschen schön und unendlich groß. Nachdem aber die »lietissime speranze« und die darauf gegründete »opinione di felicità«[28] unerfüllt bleiben, beginnen die Menschen, die Erde zu erkunden, und entdecken deren Einförmigkeit und Begrenztheit. In ihrem Unglück verzweifeln viele an ihrem Schicksal und begehen Selbstmord. Um die drohende Selbstauslöschung der Menschheit zu verhindern, beschließt Jupiter, den Zustand der Menschen mit wirkungsvolleren Mitteln zu verbessern. Das verlorene Glück der Kindheit läßt sich indes nicht restituieren oder gar perpetuieren – dies stünde im Widerspruch zu den universellen Naturgesetzen. Deshalb verändert Jupiter die Gestalt der Erde mit dem Ziel, den Menschen den Schein der Unendlichkeit (»una viva similitudine dell'immensità«)[29] vor Augen zu stellen. Sein Eingriff in die Schöpfung führt in diese die grundlegende Unterscheidung zwischen Sein und Schein, zwischen »apparenze« und »sostanza«[30] ein. Das Glück der Menschen hat kein *fundamentum in re,* sondern es verdankt sich der Imagination, welche angeregt wird durch die scheinbare Unendlichkeit der Welt. Auch dies steht im Einklang mit der »teoria del piacere«, die besagt, daß die Imagination und die von ihr produzierten Illusionen dem Menschen als Supplement für das real unerreichbare Unendliche dienen.

Die Wirkung des Supplements ist jedoch nicht von unbegrenzter Dauer. Denn auch nach dem Eintritt in die relativ lange und glückliche Phase der Scheinhaftigkeit, die zweite Epoche der Menschheitsgeschichte, verfallen die Menschen am Ende wieder in die einstige Unzufriedenheit, schätzen erneut den Tod höher als das Leben und tun sich durch Gottlosigkeit und Niedertracht hervor. Auch kollektive Bestrafungen wie die Sintflut ändern nichts am grundlegenden Problem, weil der Mensch von Natur aus so veranlagt ist, daß er im Unterschied zum Tier nach dem Unmöglichen strebt (»bramando sempre e in qualunque stato l'impossibile«),[31] und zwar um so mehr, je weniger Übeln er ausgesetzt ist. Um den Menschen von seiner konstitutiven Unzufriedenheit abzulenken, schickt Jupiter ihm daher Krankheiten und Unglücksfälle (»mali veri«)[32] und verwickelt ihn in tausend Mühen und Geschäfte (»mille negozi e fatiche«).[33]

28 Bd. II, S. 5.
29 Ebd.
30 Ebd.
31 Ebd.
32 Ebd.
33 Ebd.

Der Übergang in die dritte Phase wird durch die Einführung weiterer Unterschiede eingeleitet. Jupiter läßt Klimazonen und Jahreszeiten entstehen, so daß die Menschen fortan damit beschäftigt sind, sich gegen die Widrigkeiten der Witterung zu schützen. Außerdem befiehlt Jupiter seinem Sohn Merkur, Städte zu gründen, die Menschheit in Völker, Nationen und Sprachgruppen einzuteilen und den Völkern Gesang und Künste zu schenken. Dies ist die Geburtsstunde der menschlichen Kultur und staatlicher Organisationen (»leggi, stati e ordini civili«).[34] Die Dominanz des Scheins über das Sein manifestiert sich auf dieser Entwicklungsstufe durch die Entsendung von göttlichen ›Gespenstern‹ mit Namen Gerechtigkeit, Tugend, Ruhm, Liebe usw., die das Leben der Menschen fortan bestimmen (»alcuni fantasmi di sembianze eccellentissime e soprumane, ai quali [Giove] permise in grandissima parte il governo e la potestà di esse genti: e furono chiamati Giustizia, Virtù, Gloria, Amor patrio e con altri sì fatti nomi.«)[35] Eines dieser göttlichen ›Gespenster‹, die im folgenden – in Hervorhebung ihrer Scheinhaftigkeit – auch als Masken (»larve«)[36] bezeichnet werden, ist die Liebe. Sie ersetzt den ursprünglich, vor dem Eintritt in den Kulturzustand vorhandenen Geschlechtstrieb (»impeto di cupidità«).[37] Die »fantasmi« tragen entscheidend dazu bei, daß in der dritten Phase der Menschheitsgeschichte zunächst ein Zustand nie dagewesener Annehmlichkeit (»comodità«, »dolcezza«)[38] herrscht. Es ist Aufgabe der Dichter und Künstler, die Menschen zur kulthaften Verehrung der »fantasmi« als Garanten dieses Zustands anzuspornen.

Hier zeigt sich in deutlicher Weise die besondere Funktion der Liebe in Leopardis anthropologischer Konstruktion. Die Liebe ist ein wichtiges Element menschlicher Kultur. Kultur aber ist eine aus der Not geborene Hilfskonstruktion, ein Supplement, das den naturgegebenen Defekt des Menschen, seinen Hang zum Unglücklichsein, reparieren soll. Unterstützt wird sie dabei von den Dichtern und Künstlern. Durch ihre Benennung als »fantasma« wird die Liebe deutlich im Bereich des Scheinhaften, des Imaginären lokalisiert. Liebe und die sie besingende Dichtung stehen zueinander in Korrelation, wobei die Dichtung der Liebe zu dienen hat. Das bedeutet aber, daß auch die Dichtung im Bereich des Scheinhaften angesiedelt ist.

34 Bd. II, S. 11.
35 Ebd.
36 Ebd.
37 Ebd.
38 Ebd.

Bei dem erreichten Gleichgewicht bleibt es jedoch nicht. Denn der einmal durch die Götter eingeleitete kulturelle Fortschritt läßt sich nicht aufhalten. Mittlerweile befindet die Menschheit sich in der heute als Antike bezeichneten Phase ihrer Entwicklung, die den Keim ihrer Zerstörung bereits in sich trägt: Dieser Keim ist die Weisheit (»Sapienza«), neben Gerechtigkeit, Tugend, Liebe usw. eine der »larve«, die den Menschen verspricht, sie werde ihnen die Wahrheit zeigen. Diese werde zu den Menschen herabsteigen und ihnen Kenntnisse vermitteln, die sie den Göttern beinahe gleichwerden ließen (»dovere il genere umano venire in sì fatti termini, che di altezza di conoscimento, eccellenza d'instituti e di costumi, e felicità di vita, per poco fosse comparabile al divino«).[39] In ihrer Hybris bitten die Menschen Jupiter, ihnen die Wahrheit zumindest vorübergehend herabzuschicken. Der erzürnte Gott beschließt, »di punire in perpetuo la specie umana«,[40] indem er die Wahrheit für immer auf die Erde schickt und die »vaghi fantasmi« (Gerechtigkeit, Tugend, Vaterlandsliebe usw.) von dort entfernt. Die Wahrheit nämlich wird den Menschen die Augen öffnen über ihr konstitutives und durch nichts zu heilendes Unglück. Um so schmerzlicher werden sie heimgesucht werden von dem ihnen angeborenen Glücksverlangen, als ihnen nunmehr unwiderruflich bewußt sein wird, daß das Glück für sie unerreichbar ist. Auch werden sie der »naturale virtù immaginativa«[41] beraubt sein, die ihnen in der Vergangenheit allein über das Fehlen des Glücks hinwegzuhelfen vermochte. Die menschliche Vereinzelung wird fortschreiten, bis es statt Nationen nur noch verfeindete Individuen geben wird: »[…] ciascheduno odierà tutti gli altri, amando solo, di tutto il suo genere, se medesimo.«[42]

Als einziger Trost verbleibt den mittlerweile in ihrer vierten Entwicklungsphase befindlichen Menschen einer der »fantasmi«, und zwar der am wenigsten vornehme von allen (»il manco nobile di tutti«):[43] die Liebe. Wahrheit und Liebe stehen sich oppositiv gegenüber und teilen sich die Herrschaft über die Menschheit, weil es der die Liebe bekämpfenden Wahrheit nicht möglich ist, diese zu besiegen. Liebe hat also auch auf dieser Entwicklungsstufe eine kompensatorische Funktion. Denn fortan leben die Menschen zwar unter der Tyrannei der Wahrheit, und das Ende der Geschichte scheint erreicht. Doch ist auch auf dieser Stufe noch Veränderung möglich.

39 Bd. II, S. 13.
40 Bd. II, S. 14.
41 Bd. II, S. 15.
42 Bd. II, S. 16.
43 Ebd.

Einige herausragende Menschen nämlich (»singolari per finezza d'intelletto, congiunta a nobiltà di costumi e integrità di vita«),[44] erwecken durch ihr unverdientes Leiden das Mitleid der Götter. Deshalb gestatten diese dem Gott Amor (der trotz beider Namensgleichheit im Italienischen nicht identisch ist mit dem »fantasma« Liebe), von Zeit zu Zeit auf die Erde hinabzusteigen und einigen auserwählten Menschen eine bislang unbekannte Erfahrung zuteil werden zu lassen, die der Wahrheit der Glückseligkeit näherkommt als deren Schein: »[...] cosa al tutto nuova nel genere umano, piuttosto verità che rassomiglianza di beatitudine«.[45] Das von Amor vermittelte Glück wird nur um ein geringes vom göttlichen Glück selbst übertroffen, und es ist besser als der größtmögliche Glückszustand der Menschen in den allerbesten Zeiten (»qualunque più fortunata condizione fosse in alcun uomo ai migliori tempi«).[46] Diese bisher ungekannte Intensität des Glücks, der *sostanza* näherstehend als der *apparenza,* bewirkt Amor durch die Restitution früherer Entwicklungszustände: zum einen durch die Wiedereinführung der »larve« der dritten Phase, zum anderen gar durch die Erfüllung des alten Menschheitswunsches nach Wiederherstellung der Kindheit, der »infinita speranza« und der »belle e care immaginazioni degli anni teneri«,[47] die der ersten Phase zugehören. Wie bei Hölderlin ist das Glück also nur denkbar als Restitution der Kindheit. Die »verità [...] di beatitudine« aber wird paradoxerweise bewirkt durch die Wiedereinführung evolutionsgeschichtlich überholter Zustände, die dem Bereich des Scheinhaften und Imaginären und somit auch dem Bereich der Dichtung angehören. Aus der Potenzierung und dem Supplementcharakter des Imaginären[48] erwächst eine Erfahrung, die einer Partizipation am Sein zumindest sehr nahekommt. Die diese Erfahrung ermöglichende Liebe ist eine sich selbst durchschauende Illusion, deren Bedeutung für die Dichtung Leopardis gar nicht überschätzt werden kann und die ich im folgenden an ausgewählten Beispielen aus den *Canti,* zunächst aber an einer frühen autobiographischen Skizze näher untersuchen möchte.

44 Bd. II, S. 17.
45 Bd. II, S. 18.
46 Ebd.
47 Bd. II, S. 19.
48 Der Geschlechtstrieb wird ersetzt durch die Liebe, diese wiederum durch Amor; die eigentlich verschwundenen »fantasmi« kehren zurück, das Imaginäre der Kindheit wird restituiert.

## 5.4 Liebe als Reflexionsmodell und als Anlaß zum Dichten *(Memorie del primo amore)*

Nicht zu Unrecht gilt Leopardi als philosophischer Dichter,[49] denn seine poetischen Texte explizieren die ihnen zugrundeliegenden philosophischen, anthropologischen und epistemologischen Basisannahmen. Wie bei Hölderlin gehen Dichtung und Philosophie bei Leopardi eine enge, die Ausdifferenzierung in Spezialdiskurse konterkarierende Verbindung ein. Die Liebe hat dabei die Funktion, das Verhältnis zwischen Subjekt und Objekt als grundsätzlich illusionär darzustellen. Es wird zwar nicht geleugnet, daß Liebe auf der Ebene der Primärerfahrung durchaus ein durch Sinneswahrnehmungen induziertes, reales Gefühl sein kann; das, worum es jedoch eigentlich geht, ist die auf der Ebene der Reflexion erfolgende Verarbeitung des Gefühls. Liebe wird zum Anlaß einer sich vom ursprünglichen Objekt der Liebe lösenden Reflexion, die von einem nach innen gerichteten Erkenntnisinteresse geleitet ist und im Medium schriftlicher Aufzeichnung erfolgt. Dadurch erhält die Liebe sowohl epistemologische als auch poetologische Relevanz. Dies zeigt sich exemplarisch bereits in den zum Jahreswechsel 1817/18 entstandenen *Memorie del primo amore,* einer Art Tagebuch, in dem Leopardi die Wirkungen beschreibt, die die Liebe zu einer entfernten Verwandten in ihm hervorruft. Der zum *innamoramento* führenden Begegnung des Neunzehnjährigen mit der sieben Jahre älteren, verheirateten Cousine seines Vaters, Geltrude Cassi, geht der Wunsch voraus, mit anmutigen Frauen über die Herrschaft der Schönheit (»impero della bellezza«)[50] zu sprechen. Das heißt, daß der Schreibende hofft, psychische Vorgänge und Wahrnehmungen, die ihm unerklärlich sind, durch Kommunikation verstehen und verarbeiten zu können.[51] Es bedeutet aber auch, daß trotz seines Insistierens

49 Siehe hierzu ausführlich die Beiträge in Sebastian Neumeister/Raffaele Sirri (Hg.), *Leopardi. Poeta e pensatore/Dichter und Denker,* Napoli 1997.

50 *Memorie del primo amore,* in: *Scritti e frammenti autobiografici.* A cura di Franco D'Intino, Roma 1995, S. 3–44, hier S. 3.

51 Nach Luhmann, *Liebe als Passion. Zur Codierung von Intimität* (1982), Frankfurt a.M. 1995, ist es, wie in Kap. 0.4 gezeigt wurde, Aufgabe des »symbolisch generalisierten Kommunikationsmediums« Liebe, »kommunikative Behandlung von Individualität zu ermöglichen« (S. 15). Dies ergibt sich aus der Notwendigkeit, im Rahmen der funktional differenzierten Gesellschaft die Extensivierung unpersönlicher Beziehungen durch die Intensivierung persönlicher Beziehungen zu kompensieren. Liebe bedeutet also Kommunikation, und sie hat innerhalb der Gesellschaft eine stabilisierende Funktion. Analog verhält es sich mit der Kunst. Diese, so Luhmann, *Die Kunst der Gesellschaft,* Frankfurt a.M. 1995, S. 26 und 33, überwindet die ansonsten unhintergehbare Differenz von Wahrnehmung und Kommunikation, sie ermöglicht die Kommunikation über Wahrnehmung. Dadurch

auf der eigenen Unerfahrenheit[52] in ihm bereits vor der Begegnung mit Geltrude eine Erwartungshaltung hinsichtlich derjenigen Affekte bestanden hat, welche unsere Kultur als Liebe bezeichnet. Vermittelt wurde ihm eine solche Erwartungshaltung durch literarische Texte. Die Überzeugung des Verfassers, die eigenen Gefühle aufrichtig und ungefiltert erlebt und aufgezeichnet zu haben, steht somit im Konflikt mit der Tatsache, daß Liebe als literarisch vermitteltes Modell ihm bereits vor der ersten Erfahrung die ›Unschuld‹ geraubt hat. Dieser Konflikt wird durch den Hinweis des Verfassers, daß er, um das eigene Gefühl nicht zu verfälschen, auf jegliche Lektüre von Texten zur Liebe, die Petrarcas eingeschlossen, verzichte, nicht entschärft, sondern im Gegenteil deutlich hervorgehoben: »[...] nè ho pur mai voluto in questi giorni leggere niente d'amoroso, perchè, come ho notato, gli affetti altrui mi stomacavano, ancorchè non ci fosse punto d'affettazione; manco il Petrarca, comechè credessi che ci avrei trovato sentimenti somigliantissimi ai miei.«[53] Die damit aufgeworfene Frage lautet: Läßt sich ›Liebe‹ diesseits kultureller Prägung überhaupt als unverfälschtes, originäres Gefühl erleben?
Der Text gibt darauf eine komplexe, tendenziell negative Antwort, denn Liebe erweist sich als vielschichtiges Phänomen: Einerseits ist sie ein kulturelles Affektmodell, »qualcheduno di quegli affetti senza i quali non si può esser grandi«,[54] und zwar deshalb, weil sie, wie es auch in der *Storia del genere umano* heißt, jenseits des Triebhaft-Körperlichen angesiedelt ist. Als Voraussetzung für Größe und Dichterruhm (nichts anderes ist mit »esser grandi« gemeint, s. u.) besitzt Liebe poetologische Funktion. Sie ist ein unentbehrlicher »poetogener« Faktor.[55] Andererseits bietet sie Anlaß zu introspektiver Reflexion eigenen Erlebens, die sich im Medium schriftlicher Aufzeichnung artikuliert. Das Schreiben hat dabei eine dreifache Funktion: Es dient der reflektierenden Analyse, der bewahrenden Aufzeichnung und der psychischen Entlastung:

hat sie gesellschaftsstabilisierende Funktion (ebd., S. 81). Aus dieser Analogie von Liebe und Kunst/Literatur läßt sich folgern, daß, wenn Liebe zum Gegenstand der Literatur wird, dem stets ein autoreflexives Moment eignet. Daß Liebe bei Leopardi in einem grundlegenden Zusammenhang mit Dichtung steht, hat die obige Analyse der »teoria del piacere« aus dem *Zibaldone* ebenso wie die Untersuchung der *Storia del genere umano* erwiesen.

52 *Memorie del primo amore,* S. 39.

53 *Memorie del primo amore,* S. 43f.

54 *Memorie del primo amore,* S. 42.

55 Den Begriff »poetogen« verwenden Aleida Assmann/Jan Assmann, »Archäologie der literarischen Kommunikation«, in: Miltos Pechlivanos et al. (Hg.), *Einführung in die Literaturwissenschaft,* Stuttgart 1995, S. 200–206, hier S. 204.

> Volendo pur dare qualche *alleggiamento al mio cuore,* e non sapendo nè volendo farlo altrimenti che collo *scrivere,* nè potendo oggi scrivere altro, tentato il verso, e trovatolo restio, ho scritto queste righe, anche ad oggetto di *speculare minutamente le viscere dell'amore,* e di *poter sempre riandare* la prima vera entrata nel mio cuore di questa sovrana passione.[56]

Daß Leopardi, wie aus diesem Zitat hervorgeht, gleichzeitig seine Erfahrung auch in Form von Versen zu versprachlichen sucht (es handelt sich um die erste Fassung des später unter dem Titel *Il primo amore* in die *Canti* aufgenommenen Textes),[57] ist ein deutliches Indiz dafür, welche Art Größe gemeint ist, wenn es heißt: »qualcheduno di quegli affetti senza i quali non si può esser grandi«[58] – es handelt sich um Dichterruhm, der eines Tages aus der, wie die Liebeserfahrung erwiesen hat, übermäßigen Sensibilität des Herzens erwachsen soll: »[...] forse una volta mi farà fare e scrivere qualche cosa che la memoria n'abbia a durare«.[59] Das Ziel der Liebeserfahrung ist also von Anfang an die Dichtung. Dementsprechend hat der Verfasser jener Zeilen, wie er zugibt, den eigenen Gefühlszustand künstlich aufrechtzuerhalten versucht (»con ogni cura aiutati e coltivati gli affetti miei«)[60] – auch dies steht im Widerspruch zu dem Anspruch, das Gefühl ungefiltert zu erleben und aufzuzeichnen. Welcher Art die besagten Affekte sind, geht nun daraus hervor, daß eine reale Beziehung zu der ›Geliebten‹, da diese verheiratet ist und nach kurzem Besuch wieder abreist, weder möglich noch auch – anders als etwa bei *Werther* oder *Jacopo Ortis,* wo ähnliche Hindernisse bestehen – beabsichtigt ist.[61] Sieht man von den durch die Mutter gestörten gemeinsamen Schachabenden ab, so versucht der Liebende erst gar nicht, seinen Affekt in intersubjektive, gar erotisch motivierte Interaktion umzusetzen, sondern er macht diesen Affekt und damit sich selbst insbesondere nach der Abreise der Geliebten zum Objekt erkenntniskritischer Neugier: Der Text liest sich geradezu wie das Protokoll eines wissenschaftlichen Experiments, dessen erklärtes Ziel es ist, die Liebe gründlich zu studieren (»di speculare minuta-

56 *Memorie del primo amore,* S. 18f. (Hervorh. T. K.)

57 Bd. I, S. 43–46. – Zum Verhältnis zwischen den *Memorie* und *Il primo amore* sowie zu der gattungsgeschichtlichen Situierung des frühen Gedichts in der Elegientradition siehe ausführlich Karl Maurer, *Giacomo Leopardis »Canti« und die Auflösung der lyrischen Genera,* Frankfurt a. M. 1957, S. 17–55.

58 *Memorie del primo amore,* S. 42.

59 Ebd.

60 Ebd.

61 Zu Leopardis Verhältnis zu Goethe und Foscolo vgl. z. B. Riccardo Massano, »*Werther, Ortis* e *Corinne* in Leopardi (filigrana dei *Canti*)«, in: Centro nazionale di studi leopardiani (Hg.), *Leopardi e il Settecento,* Firenze 1964, S. 415–435.

mente le viscere dell'amore«).[62] Dabei beobachtet der Liebende an sich zwar Symptome wie »inquietudine indistinta, scontento, malinconia, qualche dolcezza, molto affetto, e desiderio non sapeva nè so di che«,[63] »doloretto acerbo«[64] oder »ricordanza malinconica«,[65] doch zielt seine Liebe nicht auf die Erlangung des realen Objekts, sondern auf eine bloße Idee, die durch den Kontakt mit der Wirklichkeit nur beschmutzt würde: »[...] il guardare o pensare ad altro aspetto [...] mi par che m'intorbidi e imbruttisca la vaghezza dell'idea che ho in mente, di maniera che lo schivo a tutto potere.«[66]

## 5.5 Liebe als Gegenstand ausgewählter *Canti*

Wenn das Liebesobjekt zur Idee gemacht wird, so läßt dies an platonisierende Konzepte denken. Doch darf man sich nicht täuschen lassen. Denn anders als bei Platon eignet der Idee bei Leopardi nichts Substanzhaftes, sondern sie ist im Bereich des Scheins und des sich seiner selbst bewußten Imaginären angesiedelt und hat deshalb eine besondere Affinität zur Dichtung (zentraler Bezugsautor ist deshalb nicht Platon, sondern Rousseau).[67]

62 *Memorie del primo amore,* S. 18f.

63 *Memorie del primo amore,* S. 10.

64 *Memorie del primo amore,* S. 13.

65 *Memorie del primo amore,* S. 14.

66 *Memorie del primo amore,* S. 23; ähnlich schon S. 15.

67 Zu Rousseau vgl. Karlheinz Stierle, »Poesia, industria e modernità. La polemica di Leopardi contro Lodovico di Breme«, in: Giorgio Bárberi Squarotti/Carlo Ossola (Hg.), *Letteratura e industria,* 2 Bde, Firenze 1997, Bd. 1, S. 163–175, hier S. 168, Anm. 6, der zu Recht von der »influenza decisiva di Rousseau su Leopardi« spricht. Susanne Koopmann, *Studien zur verborgenen Präsenz Rousseaus im Werk Giacomo Leopardis,* Tübingen 1998, hat Leopardis Rousseau-Rezeption ausführlich untersucht. Leopardis Verhältnis zu Platon wird dargelegt bei Massimo Mandolini Pesaresi, »›Platonisches‹ Klima bei Leopardi«, in: Hans-Ludwig Scheel/Manfred Lentzen (Hg.), *Giacomo Leopardi. Rezeption – Interpretation – Perspektiven,* Tübingen 1992, S. 249–259, der angesichts der Komplexität der Frage nach Leopardis Platonismus durchaus abwägend und vorsichtig urteilt, allerdings einer Fehllektüre unterliegt, wenn er sagt: »In der ›Storia del genere umano‹ [...] leugnet der italienische Dichter nicht, daß die Liebe – die wahre Göttin, nicht ihr täuschendes Phantom – gelegentlich die Stätte der Sterblichen aufsucht.« (S. 256) Dabei berücksichtigt Mandolini Pesaresi weder die allegorische und ironische Grundstruktur dieses Textes (zur Ironie vgl. Franco Musarra, »Marche ironiche nella *Storia del genere umano*«, in: Hans-Ludwig Scheel/Manfred Lentzen (Hg.), *Giacomo Leopardi. Rezeption – Interpretation – Perspektiven,* Tübingen 1992, S. 217–225) noch die expliziten Hinweise darauf, daß eine Substanzhaftigkeit der Liebe im Sinne Platons nicht gemeint ist (siehe dazu die obige Analyse). Infolgedessen kann keine Rede davon sein, daß die Liebe für Leopardi eine »objektive kosmische Macht« (Mandolini Pesaresi, S. 256) wäre. Das komplexe, dialektische Verhältnis zwischen Leopardi und Platon wird von Emanuele Severino, »Leopardi: poesia

Diesen Zusammenhang zwischen Liebe und Dichtung möchte ich im folgenden anhand einiger später, nach 1829 entstandener *Canti* weiter untersuchen. Es wird sich dabei zeigen, daß in diesen Texten einige wichtige, aus der *Storia del genere umano* bekannte Gedanken wiederkehren.

*Il pensiero dominante* (*Canti,* Nr. XXVI)[68] ist eine Hymne an die Liebe. Dies wird allerdings erst am Ende des Textes deutlich, ab V. 125, wo von einer weiblichen Person (»colei$_{126}$«) die Rede ist, die im Sprecher »gran diletto$_{128}$« hervorruft, von ihm als »Angelica beltade$_{130}$« und »angelica sembianza$_{142}$« bezeichnet wird und die der Gegenstand seines »pensiero dominante« ist. Bis dahin liest sich der Text wie ein Rätsel. Der von der Geliebten ausgelöste Gedanke der Liebe ist textinterner Adressat des Gedichtes und somit kataphorisch immer schon präsent. Durch diese Gespanntheit nach dem Ende hin erhält die Nennung der Geliebten ein besonderes Gewicht, was dann allerdings durch die fehlende Konkretisierung wieder relativiert wird. Dem »pensiero dominante« werden zahlreiche superlativische Eigenschaften zugeschrieben, insbesondere die schon im Titel genannte Fähigkeit, alle anderen Gedanken und Affekte zu unterdrücken beziehungsweise zu verdrängen: »Dolcissimo, possente / Dominator di mia profonda mente$_{1-2}$«; »[…] il suo poter fra noi / Chi non sentì? […]$_{8-9}$« usw.

Die Liebe – oder genauer: der Gedanke der Liebe – hat zahlreiche positive Auswirkungen. So vermittelt dieser Gedanke dem Sprecher eine »[g]ioia celeste$_{28}$«, angesichts deren die üblichen menschlichen Beschäftigungen als »intollerabil noia$_{24}$« erscheinen. Die durch die Paronomasie »gioia$_{27}$« / »noia$_{24}$« in Reimstellung deutlich markierte semantische ist zugleich eine zeitliche Opposition, insofern die »noia« dem Bereich der Vergangenheit, die »gioia« dem der Gegenwart zugehört. Die Differenz zwischen glückserfüllter Gegenwart und leidvoller Vergangenheit ist so groß, daß der Sprecher im Rückblick gar nicht mehr verstehen kann, wie er in der Vergangenheit, ohne die von ihm apostrophierte Liebe, »la vita infelice e il mondo sciocco$_{38}$« überhaupt habe ertragen können. Die Liebe läßt also ein kognitives Problem entstehen und stellt die transtemporale Einheit der Person in Frage.[69] Selbst

e filosofia nell'età della tecnica«, in: Sebastian Neumeister/Raffaele Sirri (Hg.), *Leopardi. Poeta e pensatore/Dichter und Denker,* Napoli 1997, S. 497–512, hier S. 500, dargelegt.

68 Bd. I, S. 93–97.

69 Ähnlich schon in *Il primo amore* (*Canti,* Nr. X, Bd. I, S. 43–46), V. 67–81, wo durch den Verlust des Liebesobjekts das Ich sich selbst fremd wird: »Deh come mai da me sì vario fui, / E tanto amor mi tolse un altro amore?« (V. 79–80) Siehe hierzu und zu Leopardis Liebesdichtung allgemein Claudia Lohmann-Bormet, *Leopardis »Canti« im Kontext zeitgenössischer Lyrikpraxis und Poetik. Eine vergleichende Untersuchung aus diskurstheoretischer Sicht,* Diss. München 1996, S. 125–145.

die vom Sprecher bislang permanent empfundene Todesangst wird durch die Liebe neutralisiert (V. 44–52). So mächtig ist die Liebe, daß der Sprecher sagen kann: »Pregio non ha, non ha ragion la vita / Se non per lui [sc. il pensiero dominante], per lui ch'all'uomo è tutto$_{80-81}$«; er bezeichnet die Liebe gar als »Sola discolpa al fato, / Che noi mortali in terra / Pose a tanto patir senz'altro frutto$_{82-84}$«. Ganz im Einklang mit der *Storia del genere umano,* allerdings aus der Innenperspektive des Leidenden und nicht aus der Überperspektive des Geschichtsphilosophen, wird hier der Liebe als der einzigen Instanz gehuldigt, die das leidvolle Dasein erträglich mache. Zugleich wird deutlich, daß diese Wohltat der Liebe nur wenigen Auserwählten (und auch diesen nur vorübergehend, »talvolta$_{85}$«) zuteil wird (»Non alla gente stolta, [sondern nur] al cor non vile$_{86}$«). Der Sprecher gehört zu jenen Auserwählten. Er stellt sich in Opposition zu den negativen Erscheinungen der Gegenwart (»i codardi, e l'alme / Ingenerose, abbiette$_{54-55}$«, »umana viltà$_{58}$«, »età superba$_{59}$«), die er mit Verachtung straft. Ursache dieser Verachtung ist der Utilitarismus seines Zeitalters, »che l'util chiede, / E inutile la vita / Quindi più sempre divenir non vede$_{62-64}$«.[70] Die vom »dolce pensiero$_{88}$« der Liebe vermittelten »gioie$_{88}$« sind so groß, daß der Sprecher das ertragene Leid sogar noch einmal auf sich nehmen würde, wenn er wüßte, daß sein jetziger Zustand das Ziel solchen Leides sein würde (V. 88–99). Aus dieser Sicht erscheint die Liebe gar als Rechtfertigung des Leides im Sinne einer säkularisierten Theodizee (»discolpa al fato$_{82}$«).[71]

Diese emphatisch-optimistische Auffassung wird jedoch in der unmittelbar folgenden Strophe (V. 100–116) wieder zurückgenommen. Hier vergleicht der Sprecher das durch die Liebe hervorgerufene Glück mit den Träumen der Unsterblichen, und er bezeichnet den »dolce pensiero$_{110}$« der Liebe als einen die Wahrheit beschönigenden Traum, als »[s]ogno e palese error$_{111}$«. Die Liebe gehört dem Bereich des Scheinhaften an, ist aber im Gegensatz zu anderen »leggiadri errori$_{112}$« von göttlicher Natur, und deshalb vermag sie es, die Wahrheit, daß der Mensch zum Leiden geboren ist, zu beschönigen, ja sich dem eigenen Scheincharakter zum Trotz der Wahrheit anzugleichen (»E

70 Leopardis Kritik an der Fortschrittsgläubigkeit seines Zeitalters äußert sich in deutlichster Form in der *Palinodia al marchese Gino Capponi* (*Canti,* Nr. XXXII, Bd. I, S. 113–120). Vgl. hierzu die Analyse von Sebastian Neumeister, »Leopardi und die Moderne«, in: Karl Maurer/Winfried Wehle (Hg.), *Romantik: Aufbruch zur Moderne,* München 1991, S. 383–400.

71 Zur Theodizee-Problematik bei Leopardi vgl. Franca Janowski, »Mythos und Skepsis. Leopardis Gratwanderung zwischen Romantik und Aufklärung«, in: Hans-Ludwig Scheel/Manfred Lentzen (Hg.), *Giacomo Leopardi. Rezeption – Interpretation – Perspektiven,* Tübingen 1992, S. 125–140.

spesso al ver s'adegua$_{115}$«), das heißt, sich an deren Stelle zu setzen (V. 111–116). Dies bedeutet jedoch anders als zuvor keine Rechtfertigung des Leids, sondern lediglich die Erkenntnis, daß die Liebe das Leid verdeckt.
Die Substitution der Wahrheit durch den Schein dauert bis zum Tod des vom Gedanken an die Liebe Erfaßten an: »E tu per certo, o mio pensier, [...] / Meco sarai per morte a un tempo spento: / Ch'a vivi segni dentro l'alma io sento / Che in perpetuo signor dato mi sei$_{117-122}$«. Dauerhaft glaubt der Sprecher künftig vom Gedanken der Liebe beherrscht zu werden. Der Antagonismus zwischen Sein und Schein, der bislang zugunsten des Seins gelöst worden ist, kippt nun (vorläufig) zugunsten des Scheins um. Die Begründung für diese Umkehrung gibt der Text ab V. 125: Hier ist erstmals die Rede von einer Frau, die in dem Sprecher Liebesgefühle hervorruft (»gran diletto$_{128}$«, »gran delirio$_{129}$«). Die textinterne Pragmatik ändert sich in diesem Schlußteil des Gedichts: War bislang der »pensiero dominante« textinterner Adressat, so wendet sich der Sprecher ab V. 130 in einer Apostrophe an die »Angelica beltade« seiner Geliebten, die den Gedanken an die Liebe auslöst (es handelt sich also um einen metonymisch motivierten Adressatenwechsel). Doch die scheinbar schon gelöste Ambivalenz von Schein und Sein wird umgehend wieder eingeführt, wenn es heißt: »Tu sola fonte / D'ogni altra leggiadria, / Sola vera beltà parmi che sia.$_{133-135}$« (Zuvor schon ist in V. 131 von einer »finta imago« die Rede.) Die Geliebte *scheint* dem Liebenden die wahre Schönheit zu inkarnieren. Dieser letztlich nicht auflösbaren semantischen Ambivalenz entspricht auf der Diskursebene in der daran anschließenden letzten Strophe die Serie von fünf Fragesätzen, die alles andere als eine selbstsichere Bestätigung der behaupteten Wahrheit dieser Schönheit sind. Gefragt wird nämlich stets nach einem Element, das die behauptete Totalität und Exklusivität des Gedankens an die Geliebte gefährden könnte und das dann implizit negiert wird, denn es handelt sich um rhetorische Fragen:

> Da che ti vidi pria,
> Di qual mia seria cura ultimo obbietto
> Non fosti tu? quanto del giorno è scorso,
> Ch'io di te non pensassi? ai sogni miei
> La tua sovrana imago
> Quante volte mancò? Bella qual sogno,
> Angelica sembianza,
> Nella terrena stanza,
> Nell'alte vie dell'universo intero,
> Che chiedo io mai, che spero

Altro che gli occhi tuoi veder più vago?
Altro più dolce aver che il tuo pensiero?
(V. 136–147)

Die behauptete Positivität der Wahrheit wird somit zumindest teilweise zurückgenommen durch die Negativität des Aussagemodus (Frage, Verneinung, negative Semantik der Verben: »mancò«, »Che chiedo io mai, che spero / Altro«) und die daraus resultierende Dissonanz. Der Text endet somit im Suspens.

*Il pensiero dominante* ist von den Texten der *Canti* einer der optimistischsten. Begründet wird dieser Optimismus durch die Behauptung, die Erkenntnis der Wahrheit, wonach der Mensch zum Leiden geboren sei, könne überdeckt werden durch die positiven Affekte, die von einer »Angelica beltade« ausgelöst würden und sich in Form eines »pensiero dominante« kristallisierten. Dieser epistemologische Optimismus beruht auf der Annahme, ein evolutionsgeschichtlich überholter Zustand (im Sinne der *Storia del genere umano*) könne restituiert werden, die einmal erkannte Wahrheit könne wieder vergessen oder doch zumindest durch ein Simulakrum ersetzt werden. Unsere Analyse hat indes ergeben, daß der Text selbst diesen Optimismus zumindest teilweise zurücknimmt, indem er sowohl auf semantischer als auch auf syntaktischer Ebene die weiterhin bestehende Ambivalenz von Sein und Schein hervorhebt.

Ein kurzer Blick auf syntagmatisch benachbarte *Canti* zeigt, daß der auch in *Il pensiero dominante* entgegen dem offiziellen Programm des Textes aufscheinende Pessimismus dort deutlich dominiert. In dem unmittelbar folgenden Gedicht *Amore e morte* (*Canti,* Nr. XXVII)[72] werden Liebe und Tod als Geschwister bezeichnet: Während die Liebe positive Werte schaffe (»il bene$_{5}$«, »il piacer maggiore$_{6}$«), wirke der Tod positiv, indem er »ogni gran dolore,/ Ogni gran male$_{8-9}$« annulliere. Liebe und Tod seien solidarisch, erstere rufe den Wunsch nach dem Tod im Herzen des Liebenden hervor. Der Tod erweist sich als Letzthorizont einer transzendenzfreien Welt: Der Sprecher fordert den Tod auf, er möge ihn befreien von »Ogni vana speranza onde consola / Se coi fanciulli il mondo$_{117-118}$«. Liebe erzeugt somit nicht mehr die Illusion, daß das Leben Sinn habe oder lebenswert sei, sondern sie evoziert trotz der mit ihr verbundenen positiven Gefühle sofort den Wunsch nach der Befreiung vom Dasein durch den erlösenden Tod. Ähnlich aber, wie in *Il pensiero dominante* der alles beherrschende Gedanke sich beinahe vollstän-

72 Bd. I, S. 98–101.

dig von dem ihn ursprünglich auslösenden Objekt emanzipiert und zum Gegenstand eines Gedichts wird, anstatt handlungspraktische Relevanz zu gewinnen (etwa in Form eines in Gedichtform eingekleideten Appells an die Geliebte, sie möge das Liebesflehen erhören), bewirkt die in *Amore e morte* formulierte Erkenntnis nicht etwa den sofortigen Selbstmord des Sprechers, sondern sie wird umgesetzt in ein reflektierendes Gedicht. Der eigentliche Sinn der Erfahrungen, Erkenntnisse und Einsichten scheint es zu sein, in poetische Texte umgesetzt zu werden. Die Gedichte schreiben sich in den zwischen der Erkenntnis und ihrer möglichen Umsetzung liegenden Zwischenraum ein. Der Aufschub wird ihnen zur Ermöglichungsbedingung. War in der *Storia del genere umano* das Verhältnis zwischen Liebe und Dichtung so beschaffen, daß die Dichtung zur Verehrung der Liebe (und der anderen »fantasmi«) aufrufen sollte, so wird in der dichterischen Praxis dieses Verhältnis gewissermaßen umgekehrt, indem nun die Liebe in ihrer Scheinhaftigkeit zum Anlaß und zur Ermöglichung der Dichtung wird.
Auch in *Aspasia* (*Canti,* Nr. XXIX)[73] fungiert die Liebe als reflexionsauslösendes und desillusionierendes Moment. Zwar ist hier die Rede von der sinnlichen Schönheit der Geliebten, von ihren mit Frühlingsblumenduft erfüllten Gemächern, von der »arcana voluttà$_{20}$«, die ihr auf »nitide pelli$_{19}$« ausgestreckter Körper ausstrahlt, usw. Doch wird diese körperlich faßbare Sinnlichkeit konterkariert von Begriffen wie »L'angelica tua forma$_{18}$« und »quasi un raggio / Divino$_{27-28}$«. Die zitierende Verwendung Petrarkischer Konzepte und Vokabeln (»Torna dinanzi al mio pensier$_{1}$«, »per deserti campi$_{4}$«, der vom Liebespfeil getroffene Sprecher, V. 28–32) trägt ebenfalls zur Spiritualisierung der Liebe bei. Entscheidend ist jedoch, daß in diesem Text die Liebe ganz explizit als von der realen Person unabhängige Projektion und Konstruktion des Liebenden entworfen wird: »Vagheggia / Il piagato mortal quindi la figlia / Della sua mente, l'amorosa idea [...]$_{37-39}$«. Diese Projektion sei der realen Geliebten zum Verwechseln ähnlich. Entdecke der Liebende die Verwechslung, so beschuldige er zu Unrecht in seinem Zorn die Geliebte, daß sie nicht mit seiner »idea« übereinstimme. Im Rückblick analysiert der Sprecher ernüchtert seine Liebe zu Aspasia als ihrer selbst bewußte Projektion, deren Wirkung inzwischen beendet ist. Er sei sich der Täuschung bewußt gewesen, und der »piacere / Di quella dolce somiglianza$_{86-87}$ [zwischen seiner Idee und der realen Aspasia]« habe ihn dazu gebracht, der realen Aspasia zu dienen. Das Ende seines »lungo / Servaggio ed aspro$_{87-88}$« begrüßt der Sprecher mit folgenden Worten: »con-

73 Bd. I, S. 103–106.

tento abbraccio / Senno con libertà$_{105-106}$«. Der Text endet, wie auch Claudia Lohmann-Bormet bemerkt hat, in der Aporie: »Erkennen der Illusionen ist zum einen Befreiung, zum anderen Sinnverlust.«[74] Einerseits sei ein Leben ohne Liebesaffekte und »gentili errori$_{107}$« wie eine sternenlose Winternacht, andererseits sei der einstigen Knechtschaft der jetzige Zustand der Trägheit und Bewegungslosigkeit vorzuziehen (V. 110–112). Unter diesen Bedingungen ist eine Konstitution von Sinnhaftigkeit, und sei es im Modus des Scheinhaften, nicht mehr vorstellbar. Was bleibt, ist die Dichtung als Medium, in dem sich das aporetische Selbstbewußtsein des Ichs in seiner Schmerzhaftigkeit sprachlich artikulieren kann.

74 *Leopardis »Canti« im Kontext zeitgenössischer Lyrikpraxis und Poetik*, S. 144.

# Zusammenfassung

0. Die ästhetische Revolution der Romantik wird häufig in Parallele zur politischen Revolution von 1789 gesehen: Im Bereich des Symbolischen ist der Einschnitt des späten 18. Jahrhunderts nicht weniger grundlegend als im Bereich des Politischen. So konstatiert Michel Foucault[1] auf der Ebene des epistemologischen Apriori einen Epochenbruch in den letzten Jahrzehnten des 18. Jahrhunderts. In seiner Nachfolge spricht Friedrich A. Kittler[2] aus medienhistorischer Perspektive vom Aufschreibesystem 1800. Die revolutionären Veränderungen des späten 18. Jahrhunderts lassen sich als Ausdruck eines tiefgreifenden Strukturwandels der westeuropäischen Gesellschaften deuten. Niklas Luhmann hat diesen Wandel beschrieben und theoretisiert. Nach seiner These kommt in der zweiten Hälfte des 18. Jahrhunderts der seit längerem schon angelegte Umbau von stratifikatorischer auf funktionale Differenzierung des Gesellschaftssystems zum Bewußtsein und findet seinen Niederschlag in der gesellschaftlichen Selbstbeschreibung (»Semantik«). In einer Gesellschaft, die sich in differenzierte, operativ geschlossene Teilsysteme mit funktionaler Spezialisierung wie Politik, Wirtschaft, Recht, Kunst und Religion aufgliedert, kann der einzelne nicht mehr dauerhaft und ausschließlich einem bestimmten Teilbereich zugehören. Individualität definiert sich folglich nicht mehr durch Inklusion, sondern durch Exklusion; das Individuum ist das, was nicht in der kommunikativen Teilhabe des Menschen an den verschiedenen Teilbereichen aufgeht, es befindet sich außerhalb der Gesellschaft. Der damit einhergehende Verlust an Ganzheit wird auf der Ebene der Semantik kompensiert durch eine emphatische Thematisierung des Individuums.

Dazu gehört ganz wesentlich die Entstehung einer neuen Liebesauffassung. Liebe dient nun nicht mehr wie in der höfischen Kultur des Mittelalters der Teilhabe an der dominanten Gesellschaftsschicht, sie ist auch nicht wie im *amour-passion* des 17. Jahrhunderts ein frivoles Spiel von Verdacht und Entlarvung, sondern es ist ihre Aufgabe, »Autonomie zur Reflexion zu bringen«.[3] Liebe wird selbstreferentiell, das heißt, sie läßt sich nicht mehr auf objektive Merkmale wie Schönheit, Verdienst, Standeszugehörigkeit zurückführen, sondern muß durch sich selbst begründet werden. Dies ist mit einer Reihe

1 *Les mots et les choses. Une archéologie des sciences humaines,* Paris 1966.

2 *Aufschreibesysteme 1800 • 1900* (1985), München 31995.

3 *Liebe als Passion. Zur Codierung von Intimität* (1982), Frankfurt a.M. 1995, S. 51.

von Unzumutbarkeiten und Paradoxien verbunden. Wenn Liebe nicht auf objektive Eigenschaften fundiert werden kann, dann ist sie der doppelten Kontingenz unterworfen. Beide Partner können das Liebesangebot annehmen oder ablehnen. Durch ihre Zufälligkeit wird Liebe höchst unwahrscheinlich. Da aber die romantische Liebe das Individuum zum »Weltbestätiger« erhebt und somit das Individuelle universalisiert, muß die Zufälligkeit einer Begegnung retrospektiv in Notwendigkeit umgedeutet werden. Die Literatur, die diese Evolution der Liebessemantik begleitet und beeinflußt, befördert einerseits die Durchsetzung des neuen Liebesideals, reflektiert aber andererseits von einer Metaebene aus die diesem inhärenten Aporien.

Die vorliegende Untersuchung situiert sich vor diesem Theoriehorizont. Ihre These ist, daß die Literatur, die sich selbst im späten 18. Jahrhundert zu einem autonomen Funktionsbereich ausdifferenziert,[4] durch die Thematisierung von Liebe und den Entwurf von Liebesmodellen nicht nur einen wichtigen Beitrag zur Evolution der Liebessemantik leistet, sondern daß sie im Medium der Liebe zugleich sich selbst thematisiert. Es besteht nämlich eine wichtige Homologie zwischen Literatur und Liebe. Beide dienen der Stabilisierung der Gesellschaft, die durch die Entkopplung von Funktionsbereich und Individuum auseinanderzufallen droht. Die Extensivierung unpersönlicher Beziehungen wird nach Luhmann durch die Intensivierung persönlicher Beziehungen mit Hilfe des symbolisch generalisierten Kommunikationsmediums Liebe aufgefangen. In ähnlicher Weise sorgt die Kunst (zu der die Literatur als Teilbereich gehört) durch die »strukturelle Kopplung von Wahrnehmung und Kommunikation«[5] in Gestalt des »Quasi-Objekts« Kunstwerk für eine Stabilisierung der Gesellschaft. Aufgrund dieser Homologie, so meine These, kann die Literatur durch die Thematisierung von Liebe ihre eigenen Probleme reflektieren.

Die Ausdifferenzierung führt dazu, daß die einzelnen Funktionssysteme sich auf je eine dominante Funktion spezialisieren. Nach Gerhard Plumpe und Niels Werber[6] ist die Funktion der Kunst die Unterhaltung, die von ihr verwendeten und bearbeiteten Gegenstände werden nach der Leitdifferenz interessant vs. langweilig codiert. Die Ausdifferenzierung wird in der Ästhe-

4 Vgl. Niels Werber, *Literatur als System. Zur Ausdifferenzierung literarischer Kommunikation,* Opladen 1992, und Gerhard Plumpe, *Ästhetische Kommunikation der Moderne,* 2 Bde, Opladen 1993.

5 *Die Kunst der Gesellschaft,* Frankfurt a.M. 1995, S. 80.

6 »Literatur ist codierbar. Aspekte einer systemtheoretischen Literaturwissenschaft«, in: Siegfried J. Schmidt (Hg.), *Literaturwissenschaft und Systemtheorie. Positionen, Kontroversen, Perspektiven,* Opladen 1993, S. 9–43.

tiktheorie des 18. Jahrhunderts, insbesondere in Kants *Kritik der Urteilskraft*, theoretisch erfaßt. Kant trennt die Bereiche Ästhetik, wissenschaftliche Kommunikation und Moral. Damit ist impliziert, daß die Kunst keinen externen Zwecken mehr unterworfen werden kann; das kunstspezifisch Schöne definiert sich als Zweckmäßigkeit ohne Zweck. Nun findet sich aber die avantgardistische Literatur um 1800 nicht mit der konstatierten Ausdifferenzierung ab; sie reagiert darauf mit dem Postulat der Entdifferenzierung, indem sie der Kunst die Aufgabe stellt, die verlorene Einheit der Antike oder der Kindheit zu restituieren oder zum politischen Handeln aufzurufen, oder aber sie realisiert die Entdifferenzierung durch diskursive Entgrenzung (insbesondere durch die Interferenz von literarischem und philosophischem Diskurs). Zugleich reflektieren die literarischen Texte die Unmöglichkeit dieses Unterfangens. Aus diesem Spannungsverhältnis gewinnt die Literatur ihre Themen und ihren ästhetischen Reiz. Methodologisch verbindet die Arbeit systemtheoretische und diskursarchäologische Fragestellungen mit literaturwissenschaftlicher Textanalyse.

1. Der Hauptteil der Untersuchung beginnt mit Rousseau, weil dessen Strategie des Bruchs mit allen vorhandenen Modellen[7] schon bei den zeitgenössischen Lesern den Eindruck hervorrief, daß seine *Nouvelle Héloïse* eine neuartige, individualistische, auf dem freien Gefühl des Herzens beruhende Auffassung von Liebe entwickelt habe und zugleich die Erfindung einer »littérature différente«[8] markiere. Der Text, der nicht nur die Zeitgenossen, sondern auch die nachfolgende Generation der Romantiker nachhaltig beeindruckte, hat wesentlichen Anteil an der für die Neuzeit und insbesondere das 18. Jahrhundert typischen »mise en discours du sexe«.[9] Dabei knüpft er an die Beziehungskonstellation in Madame de Lafayettes *La Princesse de Clèves* an. Hier wie dort geht es um die Frage, wie eine Liebesbeziehung auf Dauer gestellt werden kann. Diese Frage ist ein Indiz für die zunehmende Brüchigkeit des alteuropäischen Allianzdispositivs.[10] Während bei Madame de Lafayette das Verhältnis zwischen Ehe und Passion ein agonales und letztlich destruktives ist, versucht Rousseau die beiden Beziehungsmodelle

7 Ursula Link-Heer, »Literarhistorische Periodisierungsprobleme und kultureller Bruch: das Beispiel Rousseau«, in: Bernard Cerquiglini/Hans Ulrich Gumbrecht (Hg.), *Der Diskurs der Literatur- und Sprachhistorie. Wissenschaftsgeschichte als Innovationsvorgabe,* Frankfurt a. M. 1983, S. 243–264.

8 Claude Labrosse, *Lire au XVIII^e siècle. La »Nouvelle Héloïse« et ses lecteurs,* Lyon 1985, S. 35.

9 Foucault, *Histoire de la sexualité 1: La volonté de savoir,* Paris 1976.

10 Ebd., S. 140–143.

miteinander zu versöhnen. Dies geschieht durch die Integration von Julies ehemaligem Geliebten Saint-Preux in die Gemeinschaft von Clarens. Rousseau versucht damit, Ehe und Liebe, Allianz- und Sexualitätsdispositiv zu kombinieren. Dieser Kompromiß aber schlägt fehl, weil er auf der Verdrängung der von Julie und Saint-Preux empfundenen Passion beruht. Symptom dieser Verdrängung und zugleich *mise en abyme* des Romans ist das von Julie errichtete Elisée, ein künstlicher Garten, in dem alle Spuren menschlichen Eingreifens getilgt worden sind und der zugleich Metapher der von Julie aus eigener Kraft wiederhergestellten Tugend (und somit des wiedergewonnenen Paradieses, worauf ja schon der Name »Elisée« verweist) und Metonymie der verdrängten Passion ist, denn er befindet sich in unmittelbarer Nähe des Ortes, an dem Julie und Saint-Preux sich zum ersten Mal geküßt haben, und erinnert somit an den ›Sündenfall‹. In seiner widersprüchlichen Einheit von Kunst und Natur, von Bewahren und Löschen, von Sündenfall und Tugend ist der Garten eine Allegorie des auf analogen Widersprüchen beruhenden Textes und mithin des diesem zugrundeliegenden Rousseauschen ›Systems‹. Die von Wolmar geforderte Transparenz der Tugend erweist sich als unmöglich; der verlorene Naturzustand läßt sich nicht wiederherstellen. Die Liebenden haben schon am Beginn ihrer Briefbeziehung die Erfahrung gemacht, daß die Sprache der Liebe auf Verstellung und Rhetorisierung, und nicht, wie Saint-Preux es von Julie erwartete, auf Transparenz und Eindeutigkeit beruht. Auch in Clarens ist ein Zusammenleben nur auf der Grundlage einer nicht-transparenten Zeichenverwendung möglich. Indem er die Grenzen der Transparenz aufzeigt, begibt der Text sich an den Rand des klassischen Repräsentationsdiskurses und antizipiert die Episteme der Opazität und der historischen Tiefendimension.[11] Da den Liebenden das Ausleben ihrer Passion verwehrt bleibt, übertragen sie ihre libidinöse Energie auf das Medium des Briefes, sie setzen die verbotene Sexualität in Diskursproduktion um. Die Liebe wird in die Erinnerung verlagert und mit Hilfe des Imaginären sublimiert und dadurch auf Dauer gestellt. Sichtbares Zeichen dafür sind einerseits die von Saint-Preux in Meillerie hinterlassenen Inschriften, die »monumens d'une passion si constante et si malheureuse«,[12] andererseits die Transformation des Mediums Brief in das Medium Buch.[13]

11 Foucault, *Les mots et les choses*.

12 Rousseau, *Œuvres complètes,* Bd. II, S. 518.

13 Ebd., S. 229.

2. Hölderlin, für den Rousseau ein zentraler Bezugsautor war,[14] übernimmt von diesem die Vorstellung vom Verlust des Paradieses und seiner postulierten Wiederherstellung. Die Dichtung als »Lehrerin der Menschheit«[15] soll, wie es im *Ältesten Systemprogramm des deutschen Idealismus* heißt, der konstatierten und als negativ empfundenen Ausdifferenzierung der modernen Gesellschaft durch ästhetische Entdifferenzierung entgegenarbeiten. So wie bei Rousseau die Entzweiung zwischen Ratio und Gefühl nur mit Hilfe von Verdrängung und Illusion geheilt werden konnte, ist auch bei Hölderlin die verlorene Einheit nur als poetisches Postulat zu restituieren. Symptomatisch dafür ist die Liebe, die für die Doppelnatur des Menschen steht, für seinen sterblichen und seinen unsterblichen Anteil. Die Liebe zur Natur, die der Erzähler zu Beginn des *Hyperion* beschwört, sein Wunsch, mit ihr zu verschmelzen und damit aus dem Bewußtsein und der Zeit herauszutreten, erweisen sich als unerfüllbar; die punktuelle Naturekstase wird durch Reflexion zerstört. Das Erzählen steht – untypisch für die Gattung des Briefromans – im Zeichen der Dominanz begrifflicher Abstraktion und Reflexion. Dabei zeigt sich, daß das Denken ebenso wie die Erfahrung von der Logik der Differenz geprägt ist: Will man etwas Positives denken, so muß man sein begriffliches Negativ mitdenken. Ebenso läßt sich die Erfahrung der Liebe nur auf dem Hintergrund ihres Gegenteils, des Mangels, denken. Die taxonomische, auf begrifflichen Differenzen beruhende Ordnung wird dabei temporalisiert und in Geschichten umgesetzt. So veranschaulicht die Adamas-Erfahrung die Parallelität von Liebe und Schreiben als Mangelerfahrung. Die Begegnung mit Alabanda ist geprägt durch die Affinität und das Ineinandergreifen von Liebe und Gewalt. Die Liebe zu dem Freund wird nicht nur auf metaphorischer Ebene als gewaltsames Ereignis codiert, sondern sie führt Hyperion auch auf Handlungsebene in den Bereich der Gewalt, der gegenüber seine Einstellung sich wandelt von strikter Ablehnung zu bedingter Akzeptanz der Gewalt als Mittel zum Zweck im Kampf gegen die Fremdherrschaft. Mit Alabanda und Diotima stehen sich zwei alternative Handlungsmodelle gegenüber: Veränderung der unbefriedigenden Wirklichkeit durch politisch-militärische Aktion vs. Einwirken auf die Mentalität der Menschen durch Erziehung und Dichtung. Das Alabanda-Modell zerbricht am Versuch seiner Verwirklichung. Zu dem Zeitpunkt, da Alabanda sich als Dritter im Bunde zugunsten der Liebe seines Freundes zu

14 Jürgen Link, *Hölderlin–Rousseau, retour inventif,* aus dem Deutschen von Isabelle Kalinowski, Paris (Saint-Denis) 1995.

15 Hölderlin, *Sämtliche Werke und Briefe in drei Bänden,* Bd. II, S. 576.

opfern gedenkt, ist Hyperions Liebesbeziehung zu Diotima jedoch ebenfalls bereits zerbrochen. Dieses Scheitern ist überdeterminiert. Während Hyperion die Liebe zu der göttlichen Diotima als »Medium der Totalinklusion«[16] konzipiert und ihr somit eine kompensatorische Funktion für alle in der Realität empfundenen Defizite (Leiden an der Entzweiung der Gegenwart und der verlorenen antiken Größe) zuschreibt, durchschaut die Geliebte von Anfang an die in solcher Zumutung liegenden Unmöglichkeiten. Schon Hyperions erneute Zuwendung zu Alabanda gibt ihr recht, denn darin zeigt sich das Unzulängliche selbst der Diotima-Liebe für Hyperion. Als dann das Befreiungsprojekt an sich selbst scheitert und Hyperion den Tod sucht, ist Diotimas Schicksal besiegelt. Am Ende bleibt Hyperion nur die doppelte Hoffnung, einerseits in illusionärer Verschmelzung mit der Natur der verlorenen Geliebten wieder nahezukommen (wobei jedoch aus früheren Textstellen klar hervorgeht, daß solche Ekstase zeitlich begrenzt sein muß und somit die Dissonanzen niemals dauerhaft aufgelöst werden können), und andererseits ihr Vermächtnis zu erfüllen und zum Dichter zu werden (und somit zwar nicht das Volk erziehen zu können, aber immerhin der toten Geliebten ein Denkmal zu setzen). Die zweite Hoffnung erfüllt der seine eigene Genese erzählende Roman *Hyperion,* dessen eigentliches Thema in diesem Sinne lautet: Von der Buchwerdung der Liebe.

3. Wie Hölderlin, so reflektiert auch Foscolo über den Stellenwert der Literatur in der durch funktionale Differenzierung gekennzeichneten Moderne. Das vermeintliche politische Engagement des *Ortis* ist nicht ein naiver Aufruf zum Handeln, sondern der Roman reflektiert im Gegenteil gerade die Unmöglichkeit für den Literaten, jenseits des eigenen Teilsystems zu handeln. Damit thematisiert der Text eines der Grundprobleme der funktional differenzierten Gesellschaft: die operative Geschlossenheit der Teilsysteme Literatur und Politik. Als romantischer Metaroman zeichnet sich der *Ortis* durch erhöhte semiotisch-literarische Selbstreflexivität aus. Die früheste überlieferte Fassung der *Ultime lettere* kombiniert die Figurenkonstellation und Handlungselemente der *Nouvelle Héloïse* mit denen des *Werther* und stellt damit ihre metaliterarische Reflexivität unter Beweis. Dieses metaliterarische Bewußtsein findet eine wichtige Bestätigung in der Arquà-Episode, die man als Keimzelle der romanimmanenten Poetologie betrachten kann. Alle wichtigen Themen des Textes (Liebe, Funktion der Literatur als kulturelles Gedächtnis in Opposition zur Politik, Selbstreflexion des Schreibens) wer-

16 Niels Werber, *Liebe als Roman,* Bochum 2000.

den hier zusammengeführt und poetologisch codiert. Die einzige Möglichkeit, die erträumte Einheit von Religion, Politik und Kunst zu erreichen, ist ihre Verlagerung in die Literatur als Medium der Erinnerung, denn die Beobachtung der Realität führt zu der Erkenntnis, daß diese Einheit unwiederbringlich verloren ist (wie der achtlose Umgang der Bewohner des Petrarca-Hauses mit den Spuren des illustren Vorgängers dokumentiert). Die positive Seite dieser Ausdifferenzierung ist die, daß die Literatur als autopoietisches Gedächtnismedium keiner externen Gedächtnispflege bedarf, während die Politik in dieser Hinsicht auf die Leistungen anderer Systeme angewiesen ist. Die Spezialisierung auf die Gedächtnisfunktion ermöglicht es, daß der Text zum Memorialtext des Ichs wird, das sich selbst zwar nur differentiell, durch die Spiegelung in fremden Texten, konstituieren kann, sich dafür aber einschreiben darf in eine literarische Tradition, die von der Antike bis zur Gegenwart reicht und in deren Zentrum Petrarca steht. Dieser Inklusion in den Bereich der Literatur steht die Exklusion des romantischen Ichs aus allen Bereichen der Gesellschaft (Politik, ländliche Idylle, Universität, Liebesbeziehungen) gegenüber. Jacopo Ortis kultiviert diese Ausgeschlossenheit und bedient sich Teresas, der »creatura della [sua] fantasia«,[17] als einer Projektionsfläche für seine Selbststilisierung. In diesem Zusammenhang wird die poetologische Codierung dieser Liebe offenkundig. Als Bedeutungsträger fungiert der zum Vergleich für die unerfüllbare Liebe herangezogene Signifikant *Venere:* die Göttin Venus steht einerseits für die antike Kultur, ihre Kunst und die damit verbundene illusionäre Einheit (denn die Antiken konnten, wie Jacopo meint, an die eigenen Illusionen glauben). Andererseits ist Venus als der Abendstern metonymisch mit einer nächtlichen Begegnung zwischen Teresa und Jacopo verbunden, bei der die Literatur als Ersatz für das unerfüllbare Begehren fungiert. In der nicht stattfindenden Liebe thematisiert das Schreiben mithin seine eigenen Voraussetzungen. Liebe wird zum Medium poetologischer Codierung. Sie steht in einem supplementären Verhältnis zum Schreiben. Dasselbe gilt für die Politik; nicht zufällig wird Jacopos unerfüllbare Liebe zu Teresa in eine Analogie zu seiner Vaterlandsliebe gestellt. Das komplexe Verhältnis zwischen Liebe, Politik und Schreiben findet seine zentrale Verdichtung in der Parini-Episode. Im Gespräch mit dem berühmten Dichter wird deutlich, daß für Jacopo das Politische ebenso wie das Private in bezug auf den jeweils anderen Bereich Ersatzfunktion hat, daß also in keinem der beiden Bereiche ein intrinsischer Sinn liegt, daß sie einander aber auch nicht substituieren können, so daß sich als ein-

17 *Ultime lettere di Jacopo Ortis,* S. 63.

ziger Ausweg aus dem Scheitern in beiden Bereichen das Schreiben anbietet. Die Literatur aber kann als ausdifferenziertes Teilsystem die anderen Teilsysteme nur noch beobachten und die in ihnen anfallenden Probleme beim Namen nennen; sie kann jedoch nicht die verlorenen oder verweigerten Handlungsmöglichkeiten substituieren.

4. Auch in Mme de Staëls Roman *Corinne* spielt der Nexus von Liebe und Literatur eine zentrale Rolle. Gegenstand des Romans ist der Zusammenhang von Liebe, Gesellschaft, Literatur und weiblicher Autorschaft. Die Beziehung von Corinne und Oswald steht von Beginn an im Zeichen der Dichtung. Im Rahmen von Corinnes Dichterkrönung auf dem römischen Kapitol verwandelt sich der »Theaterdiskurs«[18] in eine dialogische Kommunikation zwischen Corinne und Oswald. Die Ablösung von öffentlicher Kommunikation durch Intimkommunikation macht deutlich, daß Dichtung und Liebe zusammenhängen, aber auch zueinander in Opposition stehen. Daß Corinne den Dichterkranz verliert und ihn aus Oswalds Händen zurückerhält, nimmt den Verlauf der Handlung vorweg: Corinne wird ihr Dichtertum zugunsten der Liebe aufgeben, am Ende aber durch die (enttäuschte) Liebe zur Schriftstellerin werden. Neben ihrer poetologischen Funktion hat die Liebe auch eine soziale Dimension. In Gestalt von Corinne und Oswald begegnen sich zwei gegensätzliche Modelle der Relationierung von Individuum und Gesellschaft. Während Corinne als weibliches Genie den Anspruch auf Autonomie verkörpert, steht der Offizier Oswald im Banne des Allianzdispositivs und unter dem Gesetz des Vaters. Normverstoß und Normkonformismus prallen aufeinander. Doch benötigt Corinne als Dichterin einen privilegierten Adressaten, das heißt, die Dichtung genügt sich nicht selbst. Corinne macht daher Oswald den Vorschlag, ihre weibliche Autonomie mit den Prinzipien des Allianzdispositivs zu verbinden. Dieser Kompromiß scheitert hauptsächlich daran, daß Oswald sich nach der Rückkehr in sein Land dem väterlichen Gesetz nicht länger entziehen kann. Die Dichtung ist zwar auf die Liebe hin ausgerichtet, doch kann es unter den gegebenen gesellschaftlichen Voraussetzungen keine glückliche Synthese von Dichtertum und Liebe geben. Stärker ist daher die Affinität von Dichtung und Tod, die sich nicht nur darin äußert, daß Corinne (wie Diotima und Jacopo Ortis) nach der Trennung von Oswald aus enttäuschter Liebe sterben wird, sondern die in einem umfassenderen Sinne im Roman

18 Vilém Flusser, *Kommunikologie,* in: *Schriften,* hg. v. Stefan Bollmann/Edith Flusser, Bd. 4, Mannheim 1996, S. 21.

thematisiert wird. Besonders aufschlußreich ist in diesem Zusammenhang die Reise nach Neapel und Pompeji, wo der Tod allgegenwärtig ist, und schließlich an das Grab Vergils, wo Corinne in einer Improvisation die gedächtnisbildende und kulturkonstitutive Funktion der Dichtung hervorhebt. Sie stellt sich damit wie Hyperion und Jacopo Ortis in einen Traditionszusammenhang mit großen Vorbildern. In ihrer Improvisation spricht sie auch über die Ambivalenz der Passionen, ihre zerstörerische Kraft und ihr schöpferisches Potential. Die destruktive Gewalt der Leidenschaften entbindet Kreativität; deshalb muß, wer dichten will, sich dieser Gewalt und dem von ihr ausgehenden Schmerz unterwerfen. Diese Improvisation läßt die Dichtung zum Mittel schmerzvoller Erkenntnis werden; zugleich ist die Dichtung damit selbstreflexiv geworden. Die Evolution von der Dichtung zur Literatur, die Corinnes Geschichte erzählt, ist an dieser Stelle schon weit fortgeschritten. Diese Evolution impliziert einen Wandel der Kommunikationssituation und der verwendeten Medien. Corinne verzichtet zugunsten ihrer Liebe auf ihren Dichterberuf. Anstatt weiterhin mündlich zu improvisieren, beginnt sie zu schreiben. Sie eignet sich die moderne Form der Autobiographie und des intimen Bekenntnisbuches an und reflektiert über ihre von Schmerz und Zerrissenheit geprägte Situation. Bei ihrem letzten öffentlichen Auftritt wird die Trennung von Körper und Medium, von Autor und Text sinnfällig nachvollzogen: Corinne hat ihren Schwanengesang aufgeschrieben und läßt ihn von einem jungen Mädchen rezitieren.

5. Leopardis poetologisch codierte Liebesauffassung, wie sie sich im Rahmen seiner »teoria del piacere«[19] herauskristallisiert, ist von einer grundlegenden Spannung geprägt. Im Zentrum des Begehrens situiert sich nämlich eine Leere (»gran mancanza«), so daß es stets unerfüllt bleiben muß. Glücklicher als bei der Erlangung eines Liebesobjekts ist das Subjekt, wenn es unter der Abwesenheit des geliebten Objekts leidet (»malinconia«), das heißt, es nähert sich dem Glück paradoxerweise mittels seines Gegenteils, des Schmerzes, an. Dies erklärt sich dadurch, daß das Begehren sich auf ein Unendliches richtet, so daß es durch endliche Objekte nicht gestillt werden kann. Als Supplement für die konstitutive Unerfüllbarkeit seines Begehrens besitzt der Mensch die Imagination, die es ihm gestattet, sich das nichtexistente Unendliche vorzustellen und dabei illusionäre Erfüllung zu finden. Glücklich kann der Mensch also nur sein, wenn er auf Erkenntnis und Wahrheit verzichtet, wenn er wie die Kinder seine eigenen Illusionen nicht

19 *Zibaldone,* S. 165–182.

durchschaut. Nachdem die rationale Durchdringung der Welt in der Moderne den illusionären Erkenntnismodus zerstört hat, können die Menschen Glück nur noch durch Liebesleid und durch Dichtung erfahren, deren Gemeinsames die Melancholie ist. In der *Storia del genere umano* knüpft Leopardi an die »teoria del piacere« an. Der Text erklärt die Evolution des Menschen und der Erde als Folge des unerfüllbaren menschlichen Begehrens nach Unendlichkeit. Jupiters dadurch provozierte Eingriffe in die Schöpfung führen zur Entstehung der menschlichen Kultur und staatlicher Organisationen. In dieser Phase wird Annehmlichkeit durch Schein erzeugt, wobei »fantasmi« wie Tugend, Gerechtigkeit und Liebe mitwirken, zu deren Verehrung die Menschen durch Kunst und Dichtung angespornt werden. Der ultimative Verlust des Glücks wird durch den Wunsch nach Wahrheit herbeigeführt, was zur Folge hat, daß die Menschen nun ihr unheilbares Unglück und ihre Illusionen durchschauen. In dieser letzten Phase der Evolution bleibt als einziger Trost der Gott Amor, der einigen Auserwählten das Glück bringt, indem er bereits überwundene Entwicklungszustände bis hin zur eigentlich unwiederbringlichen Kindheit restituiert. Die Wahrheit des Glücks wird also paradoxerweise durch Rückkehr zum Schein gewährleistet. Diese an Rousseau erinnernde illusionäre Restitution ist auch Gegenstand von Leopardis Dichtung. Dabei wird Liebe, wie sich in den frühen *Memorie del primo amore* beobachten läßt, zum Reflexionsmodell für den angehenden Dichter, der versucht, sein Liebeserlebnis in Schreiben umzusetzen. Dies geschieht in zwei Schritten: zum einen im Tagebuch, das der reflektierenden Analyse, der bewahrenden Aufzeichnung und der psychischen Entlastung dient; zum anderen in der Anfertigung eines Gedichts *(Il primo amore),* in dem die Erfahrung durch literarische Muster (die vornehmlich von Petrarca entlehnt sind) verarbeitet und stilisiert wird. Es geht dabei nicht um das Liebeserlebnis als solches, sondern um seine poetogene Qualität. Liebe wird zum Anlaß von poetischer Diskursivierung. In den *Canti* wird die Funktion der Liebe dichterisch modelliert. In dem optimistischen Gedicht *Il pensiero dominante* wird die Macht der Liebe besungen, dem von ihr erfaßten Menschen eine »gioia celeste« zu vermitteln. Doch erweist sich die Liebe auch hier als dem Bereich des Scheinhaften zugehörig; sie ist keine Rechtfertigung des Leids, wie es zunächst den Anschein hatte, sondern kann das Leid nur verdecken. Der Text endet im Widerspruch: die Aussage wird durch den Aussagemodus (Fragen, Negationen) dementiert. Die Funktion der Liebe, zum Anlaß dichterischer Produktion und epistemologischer Reflexion zu werden, erweist sich auch an Texten wie *Amore e morte* und *Aspasia.* Wenn in den späten *Canti* die Liebe zum Gegenstand epistemologischer Reflexionen wird, so bestätigt dies eine in den frühen *Memorie* angelegte Tendenz von Leopardis Schreiben. Die Illusionslosigkeit, mit der über die Liebe geredet wird, entspricht der Reflexivität, mit der der romantische Dichter Leopardi über die Funktion der Dichtung in der Moderne spricht: Liebe und Dichtung sind durchschaute, aber nichtsdestoweniger lebensnotwendige Illusionen.

Alle untersuchten Texte verwenden die Liebe als Medium der Selbstreflexion. Die Liebe hat dabei immer die Doppelfunktion eines thematischen (auf das Verhältnis zwischen Individuum und Gesellschaft bezogenen) und eines metapoetischen (auf den Text bezogenen) Elements. Rousseau versucht das Allianz- und das Sexualitätsdispositiv in einem prekären Kompromiß miteinander zu verbinden, was jedoch auf längere Sicht unmöglich ist (thematische Ebene). Das von Julie entworfene Elisée erweist sich in seiner Widersprüchlichkeit als Allegorie nicht nur der Liebe zwischen Julie und Saint-Preux, sondern auch des Textes, der diese Liebe mitteilt (metapoetische Ebene). Während Rousseau sich vor allem an der Unmöglichkeit einer transparenten Zeichenverwendung abarbeitet und damit zugleich einen epistemologischen Kommentar über die Grenzen des klassischen Repräsentationsdiskurses liefert, leiden seine romantischen Nachfolger an der Unfähigkeit der autonom gewordenen Literatur, jenseits der eigenen Systemgrenzen zu operieren. Der realgeschichtlichen Ausdifferenzierung stellen sie eine postulierte Entdifferenzierung entgegen, indem sie wie etwa Hölderlin und Foscolo ihre Helden auf eine politische Mission schicken, die sich indes jeweils als unerfüllbar erweist. Die einstmalige Größe Griechenlands oder Italiens läßt sich weder mit politischen noch mit literarischen Mitteln restituieren, ebenso wenig wie die Liebe der Protagonisten ihre schmerzhaften Verlusterfahrungen zu kompensieren vermag. Beide Formen des Scheiterns verweisen wechselseitig aufeinander, wodurch die Liebe zum Tropus des literarischen Textes wird. Bei Mme de Staël geht es um das Problem einer weiblichen Autorschaft, die an den Bedingungen des männlichen Allianzdispositivs zerbricht. Obwohl Corinne an ihrer unerfüllten Liebe zu Oswald zugrunde geht, wandelt sie sich andererseits unter dem Eindruck dieser schmerzvollen Erfahrung von der mündlichen Dichterin zur modernen, schriftgebundenen Autorin. Leopardi schließlich verwendet die Liebe von Beginn an als Reflexionsmodell; bei ihm geht es nur noch am Rande um dessen thematische Funktion, im Mittelpunkt steht vielmehr von vornherein die poetogene Qualität der Liebe. Damit steht er am Ende der hier untersuchten literarischen Reihe, die gemeinsame Tendenzen der französischen, der deutschen und der italienischen Literatur um 1800 erkennbar werden ließ.

# Literaturverzeichnis

## 1. Primärtexte

*Athenaeum. Eine Zeitschrift.* Herausgegeben von August Wilhelm Schlegel und Friedrich Schlegel, 3 Bände, Reprographischer Nachdruck: Darmstadt 1992.

Chateaubriand, François-René, *Essai sur les révolutions. Génie du christianisme.* Texte établi, présenté et annoté par Maurice Regard, Paris 1978.

Constant, Benjamin, »De Madame de Staël et de ses ouvrages«, in: *Œuvres.* Texte présenté et annoté par Alfred Roulin, Paris 1957, S. 825–852.

De Sanctis, Francesco, »Schopenhauer e Leopardi«, in: *Opere.* A cura di Niccolò Galla, Milano/Napoli o.J., S. 932–975.

Foscolo, Ugo, *Ultime lettere di Jacopo Ortis.* Edizione critica a cura di Giovanni Gambarin, Firenze [2]1970 (*Edizione nazionale delle opere di Ugo Foscolo,* Bd. IV).

–, *Prose varie d'arte.* Edizione critica a cura di Mario Fubini, Firenze 1961 (*Edizione nazionale delle opere di Ugo Foscolo,* Bd. V).

Goethe, Johann Wolfgang, *Die Leiden des jungen Werthers.* Synoptischer Druck der beiden Fassungen 1774 und 1787. Herausgegeben und eingeleitet von Annika Lorenz und Helmut Schmiedt, Paderborn 1997.

–, *Werke. Hamburger Ausgabe in 14 Bänden.* Bd. 12: *Schriften zur Kunst.* Textkritisch durchgesehen von Erich Trunz, kommentiert von Herbert von Einem. *Schriften zur Literatur. Maximen und Reflexionen.* Textkritisch durchgesehen und kommentiert von Hans Joachim Schrimpf, [9]1981, Nachdruck München 1982.

Hölderlin, Friedrich, *Sämtliche Werke und Briefe in drei Bänden.* Herausgegeben von Jochen Schmidt, Frankfurt a.M. 1992–1994.

Hoffmann, E.T.A., *Der goldne Topf,* in: *Gesammelte Werke in Einzelausgaben.* Bd. 1: *Fantasiestücke in Callots Manier.* Textrevision und Anmerkungen von Hans-Joachim Kruse, Berlin/Weimar 1994, S. 221–315.

Horaz (d.i. Quintus Horatius Flaccus), *Ars poetica. Die Dichtkunst.* Lateinisch/Deutsch, übersetzt und herausgegeben von Eckart Schäfer, Stuttgart 1984.

–, *Oden und Epoden.* Lateinisch/Deutsch. Übersetzt und herausgegeben von Bernhard Kytzler, Stuttgart [6]1995.

Kant, Immanuel, *Kritik der Urteilskraft.* Herausgegeben von Karl Vorländer. Mit einer Bibliographie von Heiner Klemme, Hamburg [7]1990.

Lafayette, Madame de, *Romans et Nouvelles.* Édition critique avec chronologie, introduction, bibliographie et notes, établie par Alain Niderst. Édition revue et corrigée, Paris 1997.

La Rochefoucauld, François, *Réflexions ou Sentences et Maximes morales. Suivi de Réflexions diverses et des Maximes de Madame de Sablé*. Édition présentée, établie et annotée par Jean Lafond. Deuxième édition revue et corrigée, Paris 1976.

Leopardi, Giacomo, *Memorie del primo amore,* in: *Scritti e frammenti autobiografici.* A cura di Franco D'Intino, Roma 1995, S. 3–44.

–, *Poesie e prose.* A cura di Rolando Damiani e Mario Andrea Rigoni, 2 Bde, Milano [1]1987/1988, Bd. 1: *Poesie,* Milano [7]1998, Bd. 2: *Prose,* Milano [6]1997.

–, *Zibaldone di pensieri.* Edizione critica e annotata a cura di Giuseppe Pacella, 3 Bde, Milano 1991.

Petrarca, Francesco, *Canzoniere.* Edizione commentata a cura di Marco Santagata, Milano 1996.

Platon, *Das Gastmahl,* in: *Sämtliche Dialoge.* Herausgegeben und mit Einleitungen, Literaturübersichten, Anmerkungen und Registern versehen von Otto Apelt, Bd. III, Hamburg 1998.

Ronsard, Pierre de, *Les Amours.* Introduction, bibliographie, relevé de variantes, notes et lexique par Henri Weber et Catherine Weber, Paris [2]1985.

Rousseau, Jean-Jacques, *Œuvres complètes.* Édition publiée sous la direction de Bernard Gagnebin et Marcel Raymond, 5 Bde, Paris 1959–1995.

Schiller, Friedrich, *Werke und Briefe in zwölf Bänden.* Herausgegeben von Otto Dann et al., Bd. 8: *Theoretische Schriften.* Herausgegeben von Rolf-Peter Janz et al., Frankfurt a.M. 1992.

Schiller / Goethe, *Der Briefwechsel zwischen Schiller und Goethe.* Herausgegeben von Emil Staiger, Frankfurt a.M. 1966.

Schlegel, August Wilhelm, »Corinne ou l'Italie, par Mad. de Staël Holstein«, in: *Sämmtliche Werke.* Herausgegeben von Eduard Böcking, Bd. XII: *Vermischte und kritische Schriften. Sechster Band,* Leipzig 1847, Nachdruck: Hildesheim 1971, S. 188–206.

Staël, Germaine de, *Lettres sur les ouvrages et le caractère de J.-J. Rousseau.* Avec une préface de Marcel Françon, Genève 1979.

–, *De la littérature considérée dans ses rapports avec les institutions sociales.* Nouvelle édition critique établie, présentée et annotée par Axel Blaeschke, Paris 1998.

–, *Corinne ou l'Italie.* Édition présentée, établie et annotée par Simone Balayé, Paris 1985.

–, »Sulla maniera e la utilità delle traduzioni«, in: *Manifesti romantici e altri scritti della polemica classico-romantica.* A cura di Carlo Calcaterra. Nuova edizione ampliata a cura di Mario Scotti, Torino [2]1979, S. 79–92.

Voltaire, *Lettres à M. de Voltaire sur* La Nouvelle Héloïse (*ou* Aloïsia) *de Jean-Jacques Rousseau, citoyen de Genève,* in: Voltaire, *Mélanges.* Texte établi et annoté par Jacques van den Heuvel, Paris 1961, S. 395–409.

## 2. Sekundärliteratur

Albert, Claudia, »Allharmonie und Schweigen – musikalische Motive in Hölderlins *Hyperion*«, in: Hansjörg Bay (Hg.), *»Hyperion« – terra incognita. Expeditionen in Hölderlins Roman,* Opladen/Wiesbaden 1998, S. 161–175.

Assmann, Aleida/Assmann, Jan, »Archäologie der literarischen Kommunikation«, in: Miltos Pechlivanos et al. (Hg.), *Einführung in die Literaturwissenschaft,* Stuttgart 1995, S. 200–206.

Assmann, Aleida/Assmann, Jan/Hardmeier, Christof (Hg.), *Schrift und Gedächtnis. Beiträge zur Archäologie der literarischen Kommunikation,* München 1983.

Assmann, Aleida/Harth, Dietrich (Hg.), *Mnemosyne. Formen und Funktionen der kulturellen Erinnerung,* Frankfurt a.M. 1991.

Assmann, Jan, »Schrift, Tod und Identität. Das Grab als Vorschule der Literatur im alten Ägypten«, in: Aleida Assmann/Jan Assmann/Christof Hardmeier (Hg.), *Schrift und Gedächtnis. Beiträge zur Archäologie der literarischen Kommunikation,* München 1983, S. 64–93.

Assmann, Jan/Hölscher, Tonio (Hg.), *Kultur und Gedächtnis,* Frankfurt a.M. 1988.

Bachmaier, Helmut, »Nachwort« zu: Friedrich Hölderlin, *Gedichte. Hyperion,* München 1978, S. 295–325.

Balayé, Simone, *Madame de Staël. Lumières et liberté,* Paris 1979.

Barthes, Roland, *Fragments d'un discours amoureux,* Paris 1977.

Bay, Hansjörg (Hg.), *»Hyperion« – terra incognita. Expeditionen in Hölderlins Roman,* Opladen/Wiesbaden 1998.

Beck, Ulrich/Beck-Gernsheim, Elisabeth, *Das ganz normale Chaos der Liebe,* Frankfurt a.M. 1990.

Behler, Ernst, »Kritische Gedanken zum Begriff der europäischen Romantik« (1972), in: *Studien zur Romantik und zur idealistischen Philosophie,* Paderborn u.a. 1988, S. 86–115.

–, »Romantik, das Romantische«, in: Joachim Ritter/Karlfried Gründer (Hg.), *Historisches Wörterbuch der Philosophie,* Bd. 8, Darmstadt 1992, Sp. 1076–1086.

–, *Ironie und literarische Moderne,* Paderborn 1997.

Bellenot, Jean-Louis, »Les formes de l'amour dans la *Nouvelle Héloïse* et la signification symbolique des personnages de Julie et de Saint-Preux«, in: *Annales Jean-Jacques Rousseau* 23 (1953/55), S. 149–208.

Bertaux, Pierre, *Hölderlin und die Französische Revolution,* Frankfurt a.M. 1969.

Binni, Walter, *Foscolo e la critica. Storia e antologia della critica* (1957), Firenze [3]1966.

Birus, Hendrik, »Zum Verhältnis von Hermeneutik und Sprachtheorie im 18. Jahrhundert«, in: *Sprache der Gegenwart* 71 (1986), S. 143–174.

Blößner, Norbert, »Kontextbezogenheit und argumentative Funktion: Methodische Anmerkungen zur Platondeutung«, in: *Hermes* 126 (1998), S. 189–201.

–, *»The Encomium of a Noble Man«. Anmerkungen zu Eric Voegelins* Politeia-*Interpretation,* München 2001.

Bobsin, Julia, *Von der Werther-Krise zur Lucinde-Liebe. Studien zur Liebessemantik in der deutschen Erzählliteratur 1770–1800,* Tübingen 1994.

Bolz, Norbert W., »Über romantische Autorschaft«, in: Friedrich A. Kittler/Horst Turk (Hg.), *Urszenen,* Frankfurt a.M. 1977, S. 44–52.

Bourdieu, Pierre, *Les règles de l'art. Genèse et structure du champ littéraire,* Paris 1992.

Bürger, Christa, »Statt einer Interpretation. Anmerkungen zu Kleists Erzählen«, in: David E. Wellbery (Hg.), *Positionen der Literaturwissenschaft. Acht Modellanalysen am Beispiel von Kleists »Das Erdbeben in Chili«* (1985), München [3]1993, S. 88–109.

Centanin, Silvana, »L'›Ortis‹ foscoliano e ›La virtù sconosciuta‹ di Vittorio Alfieri«, in: *Lettere italiane* 29 (1977), S. 325–339.

Cerruti, Marco, »Dalla fine dell'antico regime alla Restaurazione«, in: Alberto Asor Rosa (Hg.), *Letteratura italiana.* Volume primo: *Il letterato e le istituzioni,* Torino 1982, S. 391–432.

Constantine, David, *Friedrich Hölderlin,* München 1992.

Curtius, Ernst Robert, *Europäische Literatur und lateinisches Mittelalter* (1948), Tübingen/Basel [11]1993.

De Angelis, Enrico, »Über die romantische Liebe«, in: Enrico De Angelis/Ralph-Rainer Wuthenow/Remo Ceserani (Hg.), *Deutsche und italienische Romantik,* Pisa 1989, S. 233–248.

–, »Giacomo Leopardi oder: Gibt es eine italienische Romantik?«, in: *Aurora* 53 (1993), S. 47–54.

De Angelis, Enrico/Wuthenow, Ralph-Rainer/Ceserani, Remo (Hg.), *Deutsche und italienische Romantik,* Pisa 1989.

DeJean, Joan, »Staël's *Corinne.* The Novel's Other Dilemma«, in: *Stanford French Review* 11 (1987), S. 77–87.

De Man, Paul, »Intentional Structure of the Romantic Image« (1960), in: *The Rhetoric of Romanticism,* New York 1984, S. 1–17.

–, »The Image of Rousseau in the Poetry of Hölderlin« (1965), in: *The Rhetoric of Romanticism,* New York 1984, S. 19–45.

–, »The Rhetoric of Temporality«, in: Charles S. Singleton (Hg.), *Interpretation – Theory and Practice,* Baltimore 1969, S. 173–209.

–, »Rhétorique de la cécité: Derrida lecteur de Rousseau«, in: *Poétique* 1 (1970), S. 455–475.

–, *Allegories of Reading. Figural Language in Rousseau, Nietzsche, Rilke, and Proust,* New Haven 1979.

Derrida, Jacques, *De la grammatologie,* Paris 1967.

D'Intino, Franco, »Introduzione«, in: Giacomo Leopardi, *Scritti e frammenti autobiografici,* hg. v. Franco D'Intino, Roma 1995, S. XI–CVII.

Dinzelbacher, Peter (Hg.), *Europäische Mentalitätsgeschichte. Hauptthemen in Einzeldarstellungen,* Stuttgart 1993.

Dufour, Philippe, »*Corinne* ou les tartines«, in: *L'Information littéraire* 52/1 (2000), S. 38–45.

Ehlich, Konrad, »Text und sprachliches Handeln. Die Entstehung von Texten aus dem Bedürfnis nach Überlieferung«, in: Aleida Assmann/Jan Assmann/Christof Hardmeier (Hg.), *Schrift und Gedächtnis,* München 1983, S. 24–43.

Eibl, Karl, *Die Entstehung der Poesie,* Frankfurt a. M./Leipzig 1995.

Eichner, Hans (Hg.), *›Romantic‹ and its Cognates. The European History of a Word,* Toronto/Manchester 1972.

Elkholy, Sharin N., »What's Gender Got to do With it?: A Phenomenology of Romantic Love«, in: *Athenäum. Jahrbuch für Romantik* 9 (1999), S. 121–159.

Engel, Manfred, *Der Roman der Goethezeit.* Bd. 1: *Anfänge in Klassik und Frühromantik. Transzendentale Geschichten,* Stuttgart/Weimar 1993.

Escarpit, Robert, »La définition du terme ›littérature‹« (1962), in: *Le littéraire et le social. Éléments pour une sociologie de la littérature,* Paris 1970, S. 259–272.

Flusser, Vilém, *Kommunikologie,* in: *Schriften,* hg. v. Stefan Bollmann/Edith Flusser, Bd. 4, Mannheim 1996.

Fohrmann, Jürgen/Müller, Harro (Hg.), *Diskurstheorien und Literaturwissenschaft,* Frankfurt a. M. 1988.

– (Hg.), *Literaturwissenschaft,* München 1995.

– (Hg.), *Systemtheorie der Literatur,* München 1996.

Foucault, Michel, »Introduction« zu *Rousseau juge de Jean-Jacques. Dialogues* (1962), in: ders., *Dits et écrits,* 4 Bde, hg. v. Daniel Defert/François Ewald, Bd. I, Paris 1994, S. 172–188.

–, »Le ›non‹ du père« (1962), in: ders., *Dits et écrits,* 4 Bde, hg. v. Daniel Defert/François Ewald, Bd. I, Paris 1994, S. 189–203 [Besprechung von Jean Laplanche, *Hölderlin et la question du père,* Paris 1961].

–, »Un ›fantastique‹ de bibliothèque« (1964), in: ders., *Dits et écrits,* 4 Bde, hg. v. Daniel Defert/François Ewald, Bd. I, Paris 1994, S. 293–325.

–, *Les mots et les choses. Une archéologie des sciences humaines,* Paris 1966.

–, *L'Archéologie du savoir,* Paris 1969.

–, *Histoire de la sexualité 1. La volonté de savoir,* Paris 1976.

–, »Qu'est-ce que les Lumières?« (1984), in: ders., *Dits et écrits,* 4 Bde, hg. v. Daniel Defert/François Ewald, Bd. IV, Paris 1994, S. 562–578.

Frank, Manfred, »›Ein Grundelement der historischen Analyse: die Diskontinuität‹. Die Epochenwende von 1775 in Foucaults ›Archäologie‹«, in: Reinhart Herzog/Reinhart Koselleck (Hg.), *Epochenschwelle und Epochenbewußtsein,* München 1987, S. 97–130.

–, »Zum Diskursbegriff bei Foucault«, in: Jürgen Fohrmann/Harro Müller (Hg.), *Diskurstheorien und Literaturwissenschaft,* Frankfurt a.M. 1988, S. 25–44.

–, »Fragmente einer Geschichte der Selbstbewußtseins-Theorie von Kant bis Sartre«, in: ders. (Hg.), *Selbstbewußtseinstheorien von Fichte bis Sartre,* Frankfurt a.M. 1991, S. 413–599.

Freud, Sigmund, *Die Traumdeutung* (1900), in: *Studienausgabe,* hg. v. A. Mitscherlich et al., Bd. II, Frankfurt a.M. 1982.

–, *Drei Abhandlungen zur Sexualtheorie* (1905), in: *Studienausgabe,* hg. v. A. Mitscherlich et al., Bd. V, Frankfurt a.M. 1982, S. 37–145.

–, *Jenseits des Lustprinzips* (1920), in: *Studienausgabe,* hg. v. A. Mitscherlich et al., Bd. III, Frankfurt a.M. 1982, S. 213–272.

Fuchs, Peter, »Die kleinen Verschiebungen. Zur romantischen Codierung von Intimität«, in: Walter Hinderer (Hg.), *Codierungen von Liebe in der Kunstperiode,* Würzburg 1997, S. 49–62.

Gaier, Ulrich, »Hölderlins ›Hyperion‹: Compendium, Roman, Rede«, in: *Hölderlin-Jahrbuch* 21 (1978/79), S. 88–143.

–, *Hölderlin. Eine Einführung,* Tübingen/Basel 1993.

Galle, Roland, »›Aveu‹ und Intimitätsbildung. Das Geständnis der Princesse de Clèves als Abschied von der höfischen Gesellschaft«, in: *Poetica* 12 (1980), S. 182–204.

–, *Geständnis und Subjektivität. Untersuchungen zum französischen Roman zwischen Klassik und Romantik,* München 1986.

Garbe, Christine, *Die ›weibliche‹ List im ›männlichen‹ Text. Jean-Jacques Rousseau in der feministischen Kritik,* Stuttgart 1992.

Gengembre, Gérard/Goldzink, Jean, »Introduction«, in: Mme de Staël, *De la littérature,* hg. v. Gérard Gengembre/Jean Goldzink, Paris 1991, S. 7–47.

Gerhardi, Gerhard C., »Rousseau und seine Wirkung auf Europa«, in: E. Wischer (Hg.), *Propyläen Geschichte der Literatur,* Bd. IV: *Aufklärung und Romantik 1700–1830,* Berlin 1988, S. 160–184.

Girard, René, *Mensonge romantique et vérité romanesque* (1961), Paris 1995.

Goody, Jack/Watt, Ian, »The Consequences of Literacy«, in: Jack Goody (Hg.), *Literacy in Traditional Societies,* Cambridge 1968, S. 27–68.

Grivel, Charles, »La place d'amour«, in: Didier Coste/Michel Zéraffa (Hg.), *Le récit amoureux,* Seyssel 1984, S. 101–127.

Groddeck, Wolfram, »›Hörst Du? hörst Du? Diotima's Grab!‹ Zur Aporie der Schriftlichkeit in den *Hyperion*-Briefen«, in: Hansjörg Bay (Hg.), *»Hyperion« – terra incognita. Expeditionen in Hölderlins Roman,* Opladen/Wiesbaden 1998, S. 176–189.

Grubb Jensen, Kirsten, »Le relazioni fra il *Werther* di Johann Wolfgang Goethe e *Le Ultime Lettere di Jacopo Ortis* di Ugo Foscolo«, in: *Revue Romane* 11/1 (1976), S. 113–137.

Gumbrecht, Hans Ulrich, »Schriftlichkeit in mündlicher Kultur«, in: Aleida Assmann/Jan Assmann/Christof Hardmeier (Hg.), *Schrift und Gedächtnis. Beiträge zur Archäologie der literarischen Kommunikation,* München 1983, S. 158–174.

–, »Beginn von ›Literatur‹/Abschied vom Körper?«, in: Gisela Smolka-Koerdt/Peter M. Spangenberg/Dagmar Tillmann-Bartylla (Hg.), *Der Ursprung von Literatur. Medien, Rollen, Kommunikationssituationen zwischen 1450 und 1650,* München 1988, S. 15–50.

Gumbrecht, Hans Ulrich/Pfeiffer, K. Ludwig (Hg.), *Materialität der Kommunikation,* Frankfurt a.M. 1988.

Gurkin Altman, Janet, *Epistolarity. Approaches to a Form,* Columbus (Ohio) 1982.

Gutwirth, Madelyn, »Madame de Staël, Rousseau and the Woman Question«, in: *PMLA* 86 (1971), S. 100–109.

–, *Madame de Staël, Novelist. The Emergence of the Artist as Woman,* Urbana/Chicago/London 1978.

–, »Forging a Vocation: Germaine de Staël on Fiction, Power, and Passion«, in: *Bulletin of Research in the Humanities* 86 (1983/85), S. 242–254.

Haberer, Brigitte, »Zwischen Sprachmagie und Schweigen. Metamorphosen des Sprechens in Hölderlins ›Hyperion oder Der Eremit in Griechenland‹«, in: *Hölderlin-Jahrbuch* 26/27 (1988/91), S. 117–133.

Hausmann, Frank-Rutger, »Jacopo Ortis, Teresa T*** und die Melancholie. Themen und Strukturen der ›Ultime lettere di Jacopo Ortis‹ von Ugo Foscolo«, in: Peter Wunderli/W. Müller (Hg.), *Romania historica et Romania hodierna,* Frankfurt a.M./Bern 1982, S. 369–383.

Haverkamp, Anselm/Lachmann, Renate (Hg.), *Gedächtniskunst. Raum – Bild – Schrift. Studien zur Mnemotechnik,* Frankfurt a.M. 1991.

Haverkamp, Anselm/Lachmann, Renate/Herzog, Reinhart (Hg.), *Memoria. Vergessen und Erinnern,* München 1993.

Hempfer, Klaus W., »Die Pluralisierung des erotischen Diskurses in der europäischen Lyrik des 16. und 17. Jahrhunderts (Ariost, Ronsard, Shakespeare, Opitz)«, in: *Germanisch-Romanische Monatsschrift,* N.F. 38 (1988), S. 251–264.

–, »Schwierigkeiten mit einer ›Supertheorie‹: Bemerkungen zur Systemtheorie Luhmanns und deren Übertragbarkeit auf die Literaturwissenschaft«, in: *SPIEL* 9/1 (1990), S. 15–36.

–, »Intertextualität, Systemreferenz und Strukturwandel: die Pluralisierung des erotischen Diskurses in der italienischen und französischen Renaissance-Lyrik (Ariost, Bembo, Du Bellay, Ronsard)«, in: Michael Titzmann (Hg.), *Modelle des literarischen Strukturwandels,* Tübingen 1991, S. 7–43.

Henrich, Dieter, »Hegel und Hölderlin«, in: *Hegel im Kontext* (1971), Frankfurt a.M. [3]1981, S. 9–40.

Hinderer, Walter (Hg.), *Codierungen von Liebe in der Kunstperiode,* Würzburg 1997.

–, »Zur Liebesauffassung der Kunstperiode. Einleitung«, in: ders. (Hg.), *Codierungen von Liebe in der Kunstperiode,* Würzburg 1997, S. 7–33.

–, »Liebessemantik als Provokation«, in: ders. (Hg.), *Codierungen von Liebe in der Kunstperiode,* Würzburg 1997, S. 311–338.

Hörisch, Jochen, »Die ›poetische Logik‹ des ›Hyperion‹. Versuch über Hölderlins Versuch einer Subversion der Regeln des Diskurses«, in: Friedrich A. Kittler/Horst Turk (Hg.), *Urszenen. Literaturwissenschaft als Diskursanalyse und Diskurskritik,* Frankfurt a.M. 1977, S. 167–201.

Hoffmeister, Gerhart, *Deutsche und europäische Romantik,* Stuttgart 1990.

Howells, R.J., »Rousseau, *La Nouvelle Héloïse* and the Power of Writing«, in: *Degré Second* 9 (1985), S. 15–31.

Invernizzi, Giuseppe, »Leopardi, Schopenhauer e il pessimismo europeo«, in: *Italienisch* 40 (1998), S. 16–31.

Jäger, Georg, »Die Wertherwirkung. Ein rezeptionsästhetischer Modellfall« (1972/74), in: Hans Peter Herrmann (Hg.), *Goethes ›Werther‹. Kritik und Forschung,* Darmstadt 1994, S. 223–231.

–, »Freundschaft, Liebe und Literatur von der Empfindsamkeit bis zur Romantik: Produktion, Kommunikation und Vergesellschaftung von Individualität durch ›kommunikative Muster ästhetisch vermittelter Identifikation‹«, in: *SPIEL* 9/1 (1990), S. 69–87.

–, »Liebe als Medienrealität. Eine semiotische Problemexplikation«, in: Siegfried J. Schmidt (Hg.), *Literaturwissenschaft und Systemtheorie. Positionen, Kontroversen, Perspektiven,* Opladen 1993, S. 44–65.

–, »Systemtheorie und Literatur. Teil I. Der Systembegriff der Empirischen Literaturwissenschaft«, in: *Internationales Archiv für Sozialgeschichte der Literatur* 19/1 (1994), S. 95–126.

Jahraus, Oliver/Schmidt, Benjamin Marius, »Systemtheorie und Literatur. Teil III.

Modelle Systemtheoretischer Literaturwissenschaft in den 1990ern«, in: *Internationales Archiv für Sozialgeschichte der Literatur* 23/1 (1998), S. 66–111.

Jakobson, Roman, »Linguistics and Poetics« (1960), in: ders., *Selected Writings,* hg. v. S. Rudy, Bd. 3: *Poetry of Grammar and Grammar of Poetry,* The Hague / Paris / New York 1981, S. 18–51.

Janowski, Franca, »Mythos und Skepsis. Leopardis Gratwanderung zwischen Romantik und Aufklärung«, in: Hans-Ludwig Scheel / Manfred Lentzen (Hg.), *Giacomo Leopardi. Rezeption – Interpretation – Perspektiven,* Tübingen 1992, S. 125–140.

–, »Dulcedo naufragii. Das Motiv des Schiffbruchs im ›Infinito‹ von Giacomo Leopardi«, in: *Germanisch-Romanische Monatsschrift,* N. F. 45 (1995), S. 334–348.

Janz, Marlies, »Hölderlins Flamme – Zur Bildwerdung der Frau im ›Hyperion‹«, in: *Hölderlin-Jahrbuch* 22 (1980/81), S. 122–142.

Jauß, Hans Robert, *Literaturgeschichte als Provokation,* Frankfurt a. M. 1970.

–, »Rousseaus ›Nouvelle Héloïse‹ und Goethes ›Werther‹ im Horizontwandel zwischen französischer Aufklärung und deutschem Idealismus« (1982), in: *Ästhetische Erfahrung und literarische Hermeneutik,* Frankfurt a. M. 1991, S. 585–653.

Jost, François, »Le roman épistolaire et la technique narrative au XVIIIe siècle«, in: *Comparative Literature Studies* 3 (1966), S. 397–427.

Jüttner, Siegfried, »Aufklärer zwischen Salon und Nation. Zur Einschätzung von Buch und Lektüre im 18. Jahrhundert«, in: Wido Hempel (Hg.), *Französische Literatur im Zeitalter der Aufklärung. Gedächtnisschrift für Fritz Schalk,* Frankfurt a. M. 1983, S. 152–183.

Jurt, Joseph, *Das literarische Feld. Das Konzept Pierre Bourdieus in Theorie und Praxis,* Darmstadt 1995.

Kapp, Volker, »Von der Autobiographie zum Tagebuch (Rousseau – Constant)«, in: Alois Hahn / Volker Kapp (Hg.), *Selbstthematisierung und Selbstzeugnis: Bekenntnis und Geständnis,* Frankfurt a. M. 1987, S. 297–310.

Kittler, Friedrich A., »Der Dichter, die Mutter, das Kind. Zur romantischen Erfindung der Sexualität«, in: Richard Brinkmann (Hg.), *Romantik in Deutschland. Deutsche Vierteljahresschrift,* Sonderband 1978, S. 102–114.

–, »Autorschaft und Liebe«, in: ders. (Hg.), *Austreibung des Geistes aus den Geisteswissenschaften. Programme des Poststrukturalismus,* Paderborn 1980, S. 142–173.

–, »Ein Erdbeben in Chili und Preußen«, in: David E. Wellbery (Hg.), *Positionen der Literaturwissenschaft. Acht Modellanalysen am Beispiel von Kleists »Das Erdbeben in Chili«* (1985), München [3]1993, S. 24–38.

–, *Aufschreibesysteme 1800 • 1900* (1985), München [3]1995.

Klinger, Cornelia, *Flucht Trost Revolte. Die Moderne und ihre ästhetischen Gegenwelten,* München 1995.

Klinkert, Thomas, *Bewahren und Löschen. Zur Proust-Rezeption bei Samuel Beckett, Claude Simon und Thomas Bernhard,* Tübingen 1996.

–, *Lektüren des Todes bei Marcel Proust,* Köln 1998 [Privatdruck der Marcel Proust Gesellschaft].

–, »Zur poetologischen Funktion der Liebe bei Leopardi«, in: *Italienisch* 40 (1998), S. 78–91.

–, *Einführung in die französische Literaturwissenschaft,* Berlin 2000.

–, »Kontingenz und Aura. Metamorphosen der romantischen Liebe bei Benjamin Constant und Marcel Proust«, in: Friedrich Balke / Volker Roloff (Hg.), *Erotische Recherchen. Zur Decodierung von Intimität bei Marcel Proust,* München (voraussichtlich 2002).

Knaupp, Michael, »Die raum-zeitliche Struktur des *Hyperion*«, in: *Le pauvre Holterling* 8 (1988), S. 13–16.

Köhler, Erich, »Rousseau«, in: *Vorlesungen zur Geschichte der französischen Literatur: Aufklärung II,* hg. v. Dietmar Rieger, Stuttgart 1984, S. 15–51.

Koller, Hans-Christoph, »Die philanthropische Pädagogik und das Zeichensystem ›Literatur‹«, in: *SPIEL* 9/1 (1990), S. 173–197.

Koopmann, Susanne, *Studien zur verborgenen Präsenz Rousseaus im Werk Giacomo Leopardis,* Tübingen 1998.

Koppe, Franz, *Grundbegriffe der Ästhetik,* Frankfurt a.M. 1983.

Koselleck, Reinhart, »Das achtzehnte Jahrhundert als Beginn der Neuzeit«, in: Reinhart Herzog / Reinhart Koselleck (Hg.), *Epochenschwelle und Epochenbewußtsein,* München 1987, S. 269–282.

Krause, Detlef, *Luhmann-Lexikon. Eine Einführung in das Gesamtwerk von Niklas Luhmann* (1996), Stuttgart ²1999.

Kremer, Detlef, *Prosa der Romantik,* Stuttgart / Weimar 1996.

Kreutzer, Hans Joachim, »Tönende Ordnung der Welt. Über die Musik in Hölderlins Lyrik«, in: Gerhard Kurz et al. (Hg.), *Hölderlin und die Moderne. Eine Bestandsaufnahme,* Tübingen 1995, S. 240–279.

Kristeva, Julia, *Histoires d'amour* (1983), Paris 1988.

Kunkel, Ulrike, »Die Intellektuellen und die Macht. Zu den politischen Ansichten eines ›libero scrittore‹: Ugo Foscolo (1778–1827)«, in: *Italienische Studien* 13 (1992), S. 23–42.

–, *Intertextualität in der italienischen Frühromantik. Die Literaturbezüge in Ugo Foscolos »Ultime lettere di Jacopo Ortis«,* Tübingen 1994.

Küpper, Joachim, *Ästhetik der Wirklichkeitsdarstellung und Evolution des Romans von der französischen Spätaufklärung bis zu Robbe-Grillet. Ausgewählte Probleme zum Verhältnis von Poetologie und literarischer Praxis,* Stuttgart 1987.

–, »Zum romantischen Mythos der Subjektivität. Lamartines *Invocation* und Nervals *El Desdichado*«, in: *Zeitschrift für französische Sprache und Literatur* 98 (1988), S. 137–165.

–, »Exkurs. Diskursskizze Mittelalter - Renaissance - Manierismus«, in: ders., *Diskurs-Renovatio bei Lope de Vega und Calderón,* Tübingen 1990, S. 230–304.

–, »›Politische Romantik‹. Ugo Foscolos *Ultime lettere di Jacopo Ortis*«, in: *Poetica* 30 (1998), S. 98–128.

Labrosse, Claude, *Lire au XVIIIe siècle. La »Nouvelle Héloïse« et ses lecteurs,* Lyon 1985.

Lachmann, Renate, *Gedächtnis und Literatur. Intertextualität in der russischen Moderne,* Frankfurt a. M. 1990.

Lampenscherf, Stephan, »›Heiliger Plato, vergieb ...‹. Hölderlins ›Hyperion‹ oder Die neue Platonische Mythologie«, in: *Hölderlin-Jahrbuch* 28 (1992/93), S. 128–151.

Lanson, Gustave, *Histoire de la littérature française.* Remaniée et complétée pour la période 1850–1950 par Paul Tuffrau, Paris o. J.

Leube, Eberhard, »Die Unüberschaubarkeit der Welt: Zur Herausbildung eines ›modernen‹ literarischen Selbstverständnisses bei Foscolo und Breme«, in: Bernhard König/J. Lietz (Hg.), *Gestaltung – Umgestaltung. Beiträge zur Geschichte der romanischen Literaturen,* Tübingen 1990, S. 151–161.

Link, Jürgen, »›Hyperion‹ als Nationalepos in Prosa«, in: *Hölderlin-Jahrbuch* 16 (1969/70), S. 158–194.

–, »Literaturanalyse als Interdiskursanalyse. Am Beispiel des Ursprungs literarischer Symbolik in der Kollektivsymbolik«, in: Jürgen Fohrmann / Harro Müller (Hg.), *Diskurstheorien und Literaturwissenschaft,* Frankfurt a. M. 1988, S. 284–307.

–, *Hölderlin–Rousseau, retour inventif,* aus dem Deutschen von Isabelle Kalinowski, Paris (Saint-Denis) 1995 (deutsche Ausgabe: Opladen 1998).

–, »Spiralen der inventiven ›Rückkehr zur Natur‹. Über den Anteil Rousseaus an der Tiefenstruktur des ›Hyperion‹«, in: Hansjörg Bay (Hg.), *»Hyperion« – terra incognita. Expeditionen in Hölderlins Roman,* Opladen / Wiesbaden 1998, S. 94–115.

Link-Heer, Ursula, »Literarhistorische Periodisierungsprobleme und kultureller Bruch: das Beispiel Rousseau«, in: Bernard Cerquiglini / Hans Ulrich Gumbrecht (Hg.), *Der Diskurs der Literatur- und Sprachhistorie. Wissenschaftsgeschichte als Innovationsvorgabe,* Frankfurt a. M. 1983, S. 243–264.

–, »Facetten des Rousseauismus. Mit einer Auswahlbibliographie zu seiner Geschichte«, in: *Zeitschrift für Literaturwissenschaft und Linguistik* 63 (1986), S. 127–163.

–, »›Barbarus hic ego sum‹. Figuren des Anderen bei Rousseau«, in: Christoph Jamme (Hg.), *Grundlinien der Vernunftkritik,* Frankfurt a. M. 1997, S. 33–54.

–, »Michel Foucault und die Literatur«, in: Joseph Jurt (Hg.), *Zeitgenössische französische Denker: eine Bilanz,* Freiburg 1998, S. 119–142.

Lohmann-Bormet, Claudia, *Leopardis »Canti« im Kontext zeitgenössischer Lyrikpraxis und Poetik. Eine vergleichende Untersuchung aus diskurstheoretischer Sicht,* Diss. München 1996.

Lotman, Jurij M., *Die Struktur literarischer Texte,* aus dem Russ. v. Rolf-Dietrich Keil, München 1972.

Luhmann, Niklas, »Einführende Bemerkungen zu einer Theorie symbolisch generalisierter Kommunikationsmedien«, in: *Soziologische Aufklärung 2. Aufsätze zur Theorie der Gesellschaft,* Opladen 1975, S. 170–192.

–, *Gesellschaftsstruktur und Semantik. Studien zur Wissenssoziologie der modernen Gesellschaft,* Bd. 1 (1980), Frankfurt a. M. 1998.

–, *Liebe als Passion. Zur Codierung von Intimität* (1982), Frankfurt a. M. 1995.

–, »Das Problem der Epochenbildung und die Evolutionstheorie«, in: Hans Ulrich Gumbrecht / Ursula Link-Heer (Hg.), *Epochenschwellen und Epochenstrukturen im Diskurs der Literatur- und Sprachhistorie,* Frankfurt a. M. 1985, S. 11–33.

–, »Paradigmawechsel in der Systemtheorie. Ein Paradigma für Fortschritt?«, in: Reinhart Herzog / Reinhart Koselleck (Hg.), *Epochenschwelle und Epochenbewußtsein,* München 1987, S. 305–322.

–, »Individuum, Individualität, Individualismus«, in: *Gesellschaftsstruktur und Semantik. Studien zur Wissenssoziologie der modernen Gesellschaft,* Bd. 3 (1989), Frankfurt a. M. 1993, S. 149–258.

–, *Die Kunst der Gesellschaft,* Frankfurt a. M. 1995.

–, »Eine Redeskription ›romantischer Kunst‹«, in: Jürgen Fohrmann / Harro Müller (Hg.), *Systemtheorie der Literatur,* München 1996, S. 325–344.

–, *Die Gesellschaft der Gesellschaft,* 2 Bde (1997), Frankfurt a. M. 1999.

Mahoney, Dennis F., *Der Roman der Goethezeit (1774–1829),* Stuttgart 1988.

Mandolini Pesaresi, Massimo, »›Platonisches‹ Klima bei Leopardi«, in: Hans-Ludwig Scheel / Manfred Lentzen (Hg.), *Giacomo Leopardi. Rezeption – Interpretation – Perspektiven,* Tübingen 1992, S. 249–259.

Martelli, Mario, »La parte del Sassoli«, in: *Studi di Filologia italiana* 28 (1970), S. 177–251.

Massano, Riccardo, »*Werther, Ortis* e *Corinne* in Leopardi (filigrana dei *Canti*)«, in: Centro nazionale di studi leopardiani (Hg.), *Leopardi e il Settecento,* Firenze 1964, S. 415–435.

Matzat, Wolfgang, »Affektrepräsentation im klassischen Diskurs: *La Princesse de Clèves*«, in: Fritz Nies / Karlheinz Stierle (Hg.), *Französische Klassik. Theorie – Literatur – Malerei,* München 1985, S. 231–266.

–, *Diskursgeschichte der Leidenschaft. Zur Affektmodellierung im französischen Roman von Rousseau bis Balzac,* Tübingen 1990.

Maurer, Karl, *Giacomo Leopardis »Canti« und die Auflösung der lyrischen Genera,* Frankfurt a. M. 1957.

Maurer, Karl/Wehle, Winfried (Hg.), *Romantik: Aufbruch zur Moderne,* München 1991.

Mayer, Gerhart, »Hölderlins ›Hyperion‹ – ein frühromantischer Bildungsroman«, in: *Hölderlin-Jahrbuch* 19/20 (1975/77), S. 244–257.

Mayer, Mathias, *Selbstbewußte Illusion. Selbstreflexion und Legitimation der Dichtung im »Wilhelm Meister«,* Heidelberg 1989.

–, *Dialektik der Blindheit und Poetik des Todes. Über literarische Strategien der Erkenntnis,* Freiburg 1997.

Menninghaus, Winfried, *Unendliche Verdopplung. Die frühromantische Grundlegung der Kunsttheorie im Begriff absoluter Selbstreflexion,* Frankfurt a. M. 1987.

Meyer, Friederike/Ort, Claus-Michael, »Literatursysteme – Literatur als System. Eine theoretische Vorbemerkung«, in: *SPIEL* 9/1 (1990), S. 1–14.

Meyer-Kalkus, Reinhart, »Werthers Krankheit zum Tode. Pathologie und Familie in der Empfindsamkeit«, in: Friedrich A. Kittler/Horst Turk (Hg.), *Urszenen. Literaturwissenschaft als Diskursanalyse und Diskurskritik,* Frankfurt a. M. 1977, S. 76–138.

Miller, Nancy K., »Performances of the Gaze: Staël's *Corinne, or Italy*«, in: *Subject to Change. Reading Feminist Writing,* New York 1988, S. 162–203.

Moravetz, Monika, *Formen der Rezeptionslenkung im Briefroman des 18. Jahrhunderts. Richardons »Clarissa«, Rousseaus »Nouvelle Héloïse« und Laclos' »Liaisons Dangereuses«,* Tübingen 1990.

Musarra, Franco, »Marche ironiche nella *Storia del genere umano*«, in: Hans-Ludwig Scheel/Manfred Lentzen (Hg.), *Giacomo Leopardi. Rezeption – Interpretation – Perspektiven,* Tübingen 1992, S. 217–225.

Neumann, Gerhard, »Hexenküche und Abendmahl. Die Sprache der Liebe im Werk Heinrich von Kleists«, in: Walter Hinderer (Hg.), *Codierungen von Liebe in der Kunstperiode,* Würzburg 1997, S. 169–196.

Neumeister, Sebastian, »Leopardi und die Moderne«, in: Karl Maurer/Winfried Wehle (Hg.), *Romantik: Aufbruch zur Moderne,* München 1991, S. 383–400.

Neumeister, Sebastian/Raffaele Sirri (Hg.), *Leopardi. Poeta e pensatore/Dichter und Denker,* Napoli 1997.

Nicoletti, Giuseppe, »*Ultime lettere di Jacopo Ortis* di Ugo Foscolo«, in: Alberto Asor-Rosa (Hg.), *Letteratura italiana. Le opere.* Volume terzo: *Dall'Ottocento al Novecento,* Torino 1995, S. 27–68.

–, »*Dei Sepolcri* di Ugo Foscolo«, in: Alberto Asor-Rosa (Hg.), *Letteratura italiana. Le opere.* Volume terzo: *Dall'Ottocento al Novecento,* Torino 1995, S. 69–125.

Oesterle, Günter (Hg.), *Erinnern und Vergessen in der europäischen Romantik,* Würzburg 2001.

Ogden, Mark R., »Amor dei intellectualis. Hölderlin, Spinoza and St. John«, in: *Deutsche Vierteljahresschrift* 63 (1989), S. 420–460.

Ort, Claus-Michael, »Systemtheorie und Literatur: Teil II. Der literarische Text in der Systemtheorie«, in: *Internationales Archiv für Sozialgeschichte der Literatur* 20/1 (1995), S. 161–178.

Palumbo, Matteo, »Jacopo Ortis, Didimo Chierico e gli avvertimenti di Foscolo ›Al lettore‹«, in: *MLN* 105 (1990), S. 50–73.

Petry, Uwe, »Vitae parallelae. Zur Poetik von Foscolos Roman ›Ultime lettere di Jacopo Ortis‹ und seiner Bezugnahme auf ›Die Leiden des jungen Werther‹«, in: *Italienische Studien* 20 (1999), S. 108–139.

Phalèse, Hubert de, *Corinne à la page. Analyse du roman de Mme de Staël, »Corinne ou l'Italie«,* Paris 1999.

Plumpe, Gerhard, *Ästhetische Kommunikation der Moderne,* 2 Bde, Opladen 1993.

Plumpe, Gerhard/Werber, Niels, »Literatur ist codierbar. Aspekte einer systemtheoretischen Literaturwissenschaft«, in: Siegfried J. Schmidt (Hg.), *Literaturwissenschaft und Systemtheorie. Positionen, Kontroversen, Perspektiven,* Opladen 1993, S. 9–43.

Pulcini, Elena, *Amour-passion et amour conjugal. Rousseau et l'origine d'un conflit moderne,* Paris 1998.

Puppo, Mario, *Romanticismo italiano e romanticismo europeo,* Milano 1985.

Rath, Wolfgang, *Liebe. Die Geschichte eines Dilemmas,* München 1998.

Reese-Schäfer, Walter, *Niklas Luhmann zur Einführung* (1992), Hamburg [3]1999.

Rigoni, Mario Andrea, »Romanticismo leopardiano«, in: Sebastian Neumeister/Raffaele Sirri (Hg.), *Leopardi. Poeta e pensatore/Dichter und Denker,* Napoli 1997, S. 475–487.

Romberg, Bertil, *Studies in the Narrative Technique of the First-Person Novel,* Stockholm 1962.

Rosenberg, Rainer, »Eine verworrene Geschichte. Vorüberlegungen zu einer Biographie des Literaturbegriffs«, in: *Zeitschrift für Literaturwissenschaft und Linguistik* 20/77 (1990), S. 36–65.

Roth, Stefanie, *Friedrich Hölderlin und die deutsche Frühromantik,* Stuttgart 1991.

Rougemont, Denis de, *L'amour et l'occident* (1939), Paris 1996.

Rousset, Jean, »Une forme littéraire: le roman par lettres«, in: *Forme et signification. Essais sur les structures littéraires de Corneille à Claudel,* Paris 1962, S. 65–108.

–, *Leurs yeux se rencontrèrent. La scène de première vue dans le roman,* Paris 1981.

Ryan, Lawrence, *Hölderlins »Hyperion«. Exzentrische Bahn und Dichterberuf,* Stuttgart 1965.
–, »Hölderlins ›Hyperion‹: Ein ›romantischer‹ Roman?«, in: Jochen Schmidt (Hg.), *Über Hölderlin,* Frankfurt a. M. 1970, S. 175–212.

Scharfschwerdt, Jürgen, *Friedrich Hölderlin. Der Dichter des »deutschen Sonderweges«,* Stuttgart u. a. 1994.
Scheel, Hans-Ludwig, »Ortis und Werther: vergleichbar oder unvergleichlich? Ein Experiment mit Notionsfeldern«, in: K.-R. Bausch / Hans-Martin Gauger (Hg.), *Interlinguistica. Sprachvergleich und Übersetzung,* Tübingen 1971, S. 312–325.
Scheel, Hans-Ludwig / Lentzen, Manfred (Hg.), *Giacomo Leopardi. Rezeption – Interpretation – Perspektiven,* Tübingen 1992.
Schmidt, Siegfried J., *Die Selbstorganisation des Sozialsystems Literatur im 18. Jahrhundert,* Frankfurt a. M. 1989.
Schmitt, Carl, *Politische Romantik* (1919), München / Leipzig 1925.
Schneider, Manfred, *Liebe und Betrug. Die Sprachen des Verlangens,* München / Wien 1992.
Schnell, Rüdiger, »Die ›höfische Liebe‹ als Gegenstand von Psychohistorie, Sozial- und Mentalitätsgeschichte. Eine Standortbestimmung«, in: *Poetica* 23 (1991), S. 374–424.
Schöning, Udo, »Die Funktionalisierung des Ortes in Mme de Staëls *Corinne ou l'Italie*«, in: *Romanistische Zeitschrift für Literaturgeschichte* 23/1–2 (1999), S. 55–67.
Schulz, Gerhard, *Die deutsche Literatur zwischen Französischer Revolution und Restauration.* Erster Teil: *Das Zeitalter der Französischen Revolution, 1789–1806,* München 1983.
Schwanitz, Dietrich, »Selbstthematisierung im englischen Liebesroman«, in: Alois Hahn / Volker Kapp (Hg.), *Selbstthematisierung und Selbstzeugnis: Bekenntnis und Geständnis,* Frankfurt a. M. 1987, S. 281–296.
–, *Systemtheorie und Literatur. Ein neues Paradigma,* Opladen 1990.
Scuderi, Ermanno, »Leopardi poeta d'amore«, in: *Le ragioni critiche* 12 (1983), S. 12–16.
Severino, Emanuele, »Leopardi: poesia e filosofia nell'età della tecnica«, in: Sebastian Neumeister / Raffaele Sirri (Hg.), *Leopardi. Poeta e pensatore / Dichter und Denker,* Napoli 1997, S. 497–512.
Smith, Louise Z., »Sensibility and Epistolary Form in *Héloïse* and *Werther*«, in: *L'Esprit créateur* 17 (1977), S. 361–376.
Smolka-Koerdt, Gisela / Spangenberg, Peter M. / Tillmann-Bartylla, Dagmar (Hg.), *Der Ursprung von Literatur. Medien, Rollen, Kommunikationssituationen zwischen 1450 und 1650,* München 1988.

Stackelberg, Jürgen von, »Der Briefroman und seine Epoche. Briefroman und Empfindsamkeit«, in: *Romanistische Zeitschrift für Literaturgeschichte* 1 (1977), S. 293–309.

Starobinski, Jean, *La transparence et l'obstacle* (1957), erweiterte Neuausgabe: Paris 1971.

–, *L'œil vivant,* Paris 1970.

Steland, Dieter, »Quellenstudien zu Foscolos *Ultime lettere di Jacopo Ortis* (Montaigne, La Rochefoucauld, Pascal, Pope, Chamfort)«, in: Wilfried Floeck / Dieter Steland / Horst Turk (Hg.), *Formen innerliterarischer Rezeption,* Wiesbaden 1987, S. 37–69.

Stierle, Karlheinz, »Theorie und Erfahrung. Das Werk Jean-Jacques Rousseaus und die Dialektik der Aufklärung«, in: Jürgen v. Stackelberg et al. (Hg.), *Europäische Aufklärung,* Bd. III, Wiesbaden 1980, S. 159–208.

–, »Die Modernität der französischen Klassik. Negative Anthropologie und funktionaler Stil«, in: Fritz Nies / Karlheinz Stierle (Hg.), *Französische Klassik. Theorie – Literatur – Malerei,* München 1985, S. 81–128.

–, »Poesia, industria e modernità. La polemica di Leopardi contro Lodovico di Breme«, in: Giorgio Bárberi Squarotti / Carlo Ossola (Hg.), *Letteratura e industria,* 2 Bde, Firenze 1997, Bd. 1, S. 163–175.

Striedter, Jurij (Hg.), *Russischer Formalismus. Texte zur allgemeinen Literaturtheorie und zur Theorie der Prosa* (1969), München [4]1988.

–, »Zur formalistischen Theorie der Prosa und der literarischen Evolution«, in: ders. (Hg.), *Russischer Formalismus. Texte zur allgemeinen Literaturtheorie und zur Theorie der Prosa* (1969), München [4]1988, S. IX–LXXXIII.

Süßenberger, Claus, *Rousseau im Urteil der deutschen Publizistik bis zum Ende der Französischen Revolution. Ein Beitrag zur Rezeptionsgeschichte,* Bern / Frankfurt a. M. 1974.

Ter-Nedden, Gisbert, »Die Unlust zu fabulieren und der Geist der Schrift. Medienhistorische Fußnoten zur Krise des Erzählens im 18. Jahrhundert«, in: *Jahrbuch der Jean-Paul-Gesellschaft* 32/33 (1997), S. 191–220.

Teuber, Bernhard, *Sprache – Körper – Traum. Zur karnevalesken Tradition in der romanischen Literatur aus früher Neuzeit,* Tübingen 1989.

–, »Erotik und Allegorie bei San Juan de la Cruz«, in: *Romanische Forschungen* 104 (1992), S. 104–131.

–, »Chair, ascèse et allégorie. Sur la généalogie chrétienne du sujet désirant selon Michel Foucault«, in: *Vigiliae Christianae* 48 (1994), S. 367–384.

Theile, Wolfgang, »Poetologisches Erzählen. Foscolos *Ultime lettere di Jacopo Ortis* zwischen ›romanzo‹ und ›vero‹«, in: *Romanistisches Jahrbuch* 39 (1988), S. 99–113.

Todorov, Tzvetan, *Théories du symbole* (1977), Paris 1985.

Trousson, Raymond / Eigeldinger, Frédéric S. (Hg.), *Dictionnaire de Jean-Jacques Rousseau,* Paris 1996.

Tyrell, Hartmann, »Romantische Liebe – Überlegungen zu ihrer ›quantitativen Bestimmtheit‹«, in: Dirk Baecker et al. (Hg.), *Theorie als Passion. Niklas Luhmann zum 60. Geburtstag,* Frankfurt a. M. 1987, S. 570–599.

Vallois, Marie-Claire, »Voice as Fossil. Madame de Staël's *Corinne or Italy:* An Archaeology of Feminine Discourse«, in: *Tulsa Studies in Women's Literature* 6/1 (1987), S. 47–60.

Van Tieghem, Philippe, *Les grandes doctrines littéraires en France. De la Pléiade au surréalisme* (1946), Paris 1990.

Versini, Laurent, *Le roman épistolaire,* Paris 1979.

Vietta, Silvio / Kemper, Dirk, »Einleitung«, in: dies. (Hg.), *Ästhetische Moderne in Europa. Grundzüge und Problemzusammenhänge seit der Romantik,* München 1998, S. 1–55.

Vogel, Klaus, »Ein ›verbotenes Wort‹? Mutmaßungen zum Verhältnis von Foucaults Diskurstheorie und Hölderlins Dichtungspraxis«, in: *Hölderlin-Jahrbuch* 30 (1996/97), S. 345–358.

Wackwitz, Stephan, *Friedrich Hölderlin,* bearbeitet von Lioba Waleczek, Stuttgart / Weimar [2]1997.

Waltz, Matthias, *Ordnung der Namen. Die Entstehung der Moderne: Rousseau, Proust, Sartre,* Frankfurt a. M. 1993.

Warning, Rainer, »Imitatio und Intertextualität. Zur Geschichte lyrischer Dekonstruktion der Amortheologie: Dante, Petrarca, Baudelaire«, in: Willi Oelmüller (Hg.), *Kolloquium Kunst und Philosophie,* Bd. 2: *Ästhetischer Schein,* Paderborn u. a. 1982, S. 168–207.

–, »Einige Hypothesen zur Frühgeschichte der Empfindsamkeit«, in: Sebastian Neumeister (Hg.), *Frühaufklärung,* München 1994, S. 415–423.

Wegenast, Margarethe, *Hölderlins Spinoza-Rezeption und ihre Bedeutung für die Konzeption des »Hyperion«,* Tübingen 1990.

Wehle, Winfried, »Italienische Modernität – Foscolos *Ultime lettere di Jacopo Ortis* (1802) – Abschied von der Ästhetik der Nachahmung«, in: Karl Maurer / Winfried Wehle (Hg.), *Romantik: Aufbruch zur Moderne,* München 1991, S. 235–272.

–, *Leopardis Unendlichkeiten. Zur Pathogenese einer* poesia non poesia. *»L'Infinito« / »A se stesso«,* Tübingen 2000.

Weilnböck, Harald, »›wie an den Füßen ein Kind, ergriffen und an die Felsen geschleudert‹. Die Gewaltthematik in Hölderlins *Hyperion* in beziehungsanalytischer Perspektive«, in: Hansjörg Bay (Hg.), *»Hyperion« – terra incognita. Expeditionen in Hölderlins Roman,* Opladen / Wiesbaden 1998, S. 135–160.

Weinberg, Manfred, »›Nächstens mehr.‹ Erinnerung und Gedächtnis in Hölderlins *Hyperion*«, in: Günter Oesterle (Hg.), *Erinnern und Vergessen in der europäischen Romantik,* Würzburg 2001, S. 97–116.

Wellbery, David E. (Hg.), *Positionen der Literaturwissenschaft. Acht Modellanalysen am Beispiel von Kleists »Das Erdbeben in Chili«* (1985), München [3]1993.

Wellek, René, »The Concept of Romanticism in Literary History« (1949), in: ders., *Concepts of Criticism,* hg. von Stephen G. Nichols, New Haven/London 1963, S. 128–198.

–, »Romanticism Re-examined«, in: ders., *Concepts of Criticism,* hg. von Stephen G. Nichols, New Haven/London 1963, S. 199–221.

Werber, Niels, *Literatur als System. Zur Ausdifferenzierung literarischer Kommunikation,* Opladen 1992.

–, *Liebe als Roman,* Habilitationsschrift Bochum 2000 (erscheint voraussichtlich: München 2002).

Wetzel, Hermann H., *Rimbauds Dichtung. Ein Versuch, »die rauhe Wirklichkeit zu umarmen«,* Stuttgart 1985.

–, »Leopardis ›Passero solitario‹ – eine Blauamsel, ein einsamer Sperling oder nur ein einsamer Vogel? Zur Referentialität von Poesie«, in: *Italienisch* 40 (1998), S. 92–105.

Wiegand, Irene, »Das Modell der ›höfischen Liebe‹ als Ausdruck der Weltanschauung bei Rousseau und Sade«, in: *Germanisch-Romanische Monatsschrift,* N.F. 47 (1997), S. 41–52.

Winter, Ulrich, *Der Roman im Zeichen seiner selbst. Typologie, Analyse und historische Studien zum Diskurs literarischer Selbstrepräsentation im spanischen Roman des 15. bis 20. Jahrhunderts,* Tübingen 1998.

Wunberg, Gotthart, »Mnemosyne. Literatur unter den Bedingungen der Moderne: ihre technik- und sozialgeschichtliche Begründung«, in: Aleida Assmann/Dietrich Harth (Hg.), *Mnemosyne. Formen und Funktionen der kulturellen Erinnerung,* Frankfurt a.M. 1991, S. 83–100.

# Register